# Die Strafbarkeit gemäß § 142 StGB wegen vorsatzlosen Sich-Entfernens vom Unfallort

Schriften zum Verkehrsstrafrecht

Herausgegeben von Jan Zopfs

Band 4

*Zur Qualitätssicherung und Peer Review der vorliegenden Publikation*

Die Qualität der in dieser Reihe erscheinenden Arbeiten wird vor der Publikation durch den Herausgeber der Reihe geprüft.

*Notes on the quality assurance and peer review of this publication*

Prior to publication, the quality of the work published in this series is reviewed by the editors of the series.

Christine Merkel

# Die Strafbarkeit gemäß § 142 StGB wegen vorsatzlosen Sich-Entfernens vom Unfallort

## Die Rechtslage de lege lata und de lege ferenda

PETER LANG

**Bibliografische Information der Deutschen Nationalbibliothek**
Die Deutsche Nationalbibliothek verzeichnet diese Publikation in der Deutschen Nationalbibliografie; detaillierte bibliografische Daten sind im Internet über http://dnb.d-nb.de abrufbar.

Zugl.: Mainz, Univ., Diss., 2020.

D 77

ISBN 978-3-631-84418-2 (Print)
E-ISBN 978-3-631-85553-9 (E-Book)
E-ISBN 978-3-631-85554-6 (EPub)
DOI 10.3726/18459



Peter Lang – Berlin · Bern · Bruxelles · New York · Oxford · Warszawa · Wien



Diese Publikation wurde begutachtet.

www.peterlang.com

# Vorwort

Die vorliegende Arbeit wurde im Wintersemester 2020/2021 vom Fachbereich Rechts- und Wirtschaftswissenschaften der Johannes Gutenberg-Universität Mainz als Dissertation angenommen.

Ich hatte das Glück, auf meinem Weg zur Promotion von Menschen begleitet zu werden, die mich mit viel Einsatz auf die eine oder andere Weise unterstützt und diese Arbeit zu einer besseren gemacht haben. Ihnen möchte ich an dieser Stelle herzlich danken:

Großer Dank gebührt in erster Linie meinem Doktorvater Herrn Prof. Dr. Jan Zopfs, der meine Begeisterung für das Strafrecht bereits zu frühen Studienzeiten geweckt hat und mir in allen Phasen meiner berufsbegleitenden Promotion geduldig und engagiert mit Rat und Tat zur Seite stand. Unsere Diskussionen, seine wertvollen Hinweise und konstruktive Kritik haben zum Gelingen dieser Arbeit maßgeblich beigetragen. Herrn Prof. Dr. Jörg Scheinfeld danke ich für die Erstellung des Zweitgutachtens.

Der Prof. Dr. Lang-Hinrichsen-Stiftung in Mainz danke ich ganz besonders für die großzügige finanzielle Unterstützung bei der Veröffentlichung dieser Arbeit.

Von Herzen bedanken möchte ich mich an dieser Stelle auch bei meinen lieben Freunden Herrn Rechtsanwalt Dr. Arian Nazari-Khanachayi, Frau Rechtsanwältin Dr. Daniela Tröppner sowie Herrn Rechtsanwalt Dr. Philipp F. Hardung. Ohne ihren Zuspruch, die kritische Durchsicht meiner Dissertation und den gewinnbringenden Austausch hätte diese Arbeit ihren Abschluss nicht in ihrer jetzigen Form gefunden. Meinem ehemaligen Kollegen Herrn Dr. Holger Guster danke ich zudem für die Unterstützung bei der Durchsicht des Manuskripts.

Dank gilt ebenfalls meinen Eltern, die mich während meiner gesamten Ausbildung unterstützt und so meine Promotion erst ermöglicht haben.

Meinem Mann Sebastian Merkel, der mir in allen Lebenslagen liebevoll und mit der ab und an nötigen Aufmunterung zur Seite steht und mich auch während meines Promotionsverfahrens in jeder Hinsicht unterstützt hat, ist diese Arbeit gewidmet.

Frankfurt im Februar 2021
*Christine Merkel*

# Inhaltsverzeichnis

# Literaturverzeichnis

*Anton, Peter J.:* Bedingter Vorsatz beim Vergehen der Verkehrsunfallflucht (§ 142 StGB), Dissertation, Frankfurt am Main 1980. Zitiert: *Anton*, Bedingter Vorsatz beim Vergehen der Verkehrsunfallflucht, 1980, S. ...

*Arbab-Zadeh, A.: (Vorname unbekannt):* Der innere Tatbestand des Unfallfluchtdeliktes aus ärztlich-sachverständiger Sicht, in: NJW 1965, 1049 ff. Zitiert: *Arbab-Zadeh*, NJW 1965, 1049 (…).

*Arloth, Frank:* Verfassungsrecht und § 142 StGB – Grenzen extensiver Auslegung von Täterschaft und Teilnahme, in: GA 1985, 692 ff. Zitiert: *Arloth*, GA 1985, 692 (…).

*Beier, Hubert:* Reform des § 142 StGB, in: DAR 1973, 85 ff. Zitiert: *Beier*, DAR 1973, 85 (…).

*Berger, Erich:* Gedanken zur Auslegung des § 142 StGB, in: DAR 1955, 150 ff. Zitiert: *Berger*, DAR 1955, 150 (…).

*Bernsmann, Klaus:* Der Verzicht auf Feststellungen bei § 142 StGB, in: NZV 1989, 49 ff. Zitiert: *Bernsmann*, NZV 1989, 49 (…).

*Berz, Ulrich:* Zur Auslegung des § 142 StGB, in: DAR 1975, 309 ff. Zitiert: *Berz*, DAR 1975, 309 (…).

*Ders.:* Berechtigtes und entschuldigtes Verlassen der Unfallstelle, in: Jura 1979, 125 ff. Zitiert: *Berz*, Jura 1979, 125 (…).

*Beulke, Werner:* Strafbarkeit gem. § 142 StGB bei vorsatzlosem Sich- Entfernen vom Unfallort, in: NJW 1979, 400 ff. Zitiert: *Beulke*, NJW 1979, 400 (…).

*Ders.:* Strafbarkeit gemäß § 142 StGB nach einverständlichem Verlassen der Unfallstelle und späterem Scheitern der Einigung? – OLG Köln, NJW 1981, 2367, in: JuS 1982, 815 ff. Zitiert: *Beulke*, JuS 1982, 815 (…).

*Ders.:* Zur alten und neuen Entgrenzung des § 142 StGB – Die nach einem Beschluss des Bundesverfassungsgerichts unzulässige Subsumtion des unvorsätzlichen Sich-Entfernens vom Unfallort und ihre Folgen, in: Gerechte Strafe und legitimes Strafrecht, Festschrift für Manfred Maiwald zum 75. Geburtstag, Berlin 2010, S. 21 ff. Zitiert: *Beulke*, Festschrift Maiwald, S. …

*Bindokat, Heinz:* Nochmals: Die Rückkehrpflicht bei § 142 StGB, in: NJW 1966, 1906. Zitiert: *Bindokat*, NJW 1966, 1906 (…).

*Blum, Heribert:* Das unvorsätzliche Sich-Entfernen vom Unfallort (§ 142 StGB) – zugleich eine kritische Anmerkung zum Beschluss des OLG Düsseldorf vom 1.10.2007 (NZV 2008, 107), in: NZV 2008, 495 ff. Zitiert: *Blum*, NZV 2008, 495 (…).

*Ders.:* Aktuelle Fragen zum zunächst unvorsätzlichen Sich-Entfernen vom Unfallort, in: SVR 2010, 210 ff. Zitiert: *Blum*, SVR 2010, 210 (…).

*Blum von Ann, Annemarie:* Die Straftat des unerlaubten Sich-Entfernens vom Unfallort als Vermögensdelikt, Dissertation, Hamburg 1987. Zitiert: *Blum von Ann*, Die Straftat des unerlaubten Sich-Entfernens vom Unfallort als Vermögensdelikt, 1987, S. …

*Bott, Ingo/Krell, Paul:* Der Grundsatz „nulla poena sine lege" im Lichte verfassungsgerichtlicher Entscheidungen, in: ZJS 2010, 694 ff. Zitiert: *Bott/Krell*, ZJS 2010, 694 (…).

*Bottke, Wilfried:* Entscheidungsanmerkung zu BayObLG; Urteil vom 20.07.1979 – RReg. 1 St 140/79, NJW 1980, 402, in: JA 1980, 379. Zitiert: *Bottke*, JA 1980, 379.

*Brüning, Janique:* Die Strafbarkeit gem. § 142 StGB wegen unvorsätzlichem Entfernen vom Unfallort, in: ZIS 2007, 317 ff. Zitiert: *Brüning*, ZIS 2007, 317 (…).

*Dies.:* Entscheidungsanmerkung zu OLG Hamburg, Beschluss vom 27.03.2009 – 3-13/09, in: ZJS 2009, 442 ff. Zitiert: *Brüning*, ZJS 2009, 442 (…).

*Bürgel, Heinrich:* Die Neuregelungen über das Verhalten nach Verkehrsunfällen, in: MDR 1976, 353 ff. Zitiert: *Bürgel*, MDR 1976, 353 (…).

*Burmann, Michael/Heß, Rainer:* Handbuch des Straßenverkehrsrechts, Band 1, Zivilrecht, Stand: 38. Ergänzungslieferung, München 2017. Zitiert: *Bearbeiter*, in: *Berz/Burmann*, Handbuch des Straßenverkehrsrechts, Kapitel … Rn. ….

*Deckert, Antje:* Zum Strafwürdigkeitsbegriff im Kontext legislativer Kriminalisierungsentscheidungen im Verfassungsstaat, in: ZIS 2013, 266 ff. Zitiert: *Deckert*, ZIS 2013, 266 (…).

*Dehne-Niemann, Jan:* Das Ende der Gleichsetzung „unvorsätzlich=entschuldigt" (§ 142 II Nr. 2 StGB)? – BVerfG, Beschluss vom 19.3.2007, in: Jura 2008, 135 ff. Zitiert: *Dehne-Niemann*, Jura 2008, 135 (…).

*Dietrich, Gero:* § 142 StGB und das Verbot zwangsweiser Selbstbelastung, Dissertation, Baden-Baden 1998. Zitiert: *Dietrich*, § 142 StGB und das Verbot zwangsweiser Selbstbelastung, 1998, S. …

*Dölling, Dieter/Duttge, Gunnar/ König, Stefan/Rössner, Dieter:* Gesamtes Strafrecht, StGB/StPO/Nebengesetze, Handkommentar, 4. Auflage, Baden-Baden 2017. zitiert: *Bearbeiter*, in: NK Strafrecht, § … Rn. …

*Dornseifer, Gerhard:* Struktur und Anwendungsbereich des § 142 StGB, in: JZ 1980, 299 ff. Zitiert: *Dornseifer*, JZ 1980, 299 (…).

*Dünnebier, Hans:* Die Verkehrsunfallflucht, in: GA 1957, 33 ff. Zitiert: *Dünnebier*, GA 1957, 33 (…).

*Duttge, Gunnar:* Unterdrückung archaischer Urtriebe mittels Strafrecht? Grund und Grenzen einer Pönalisierung der Verkehrsunfallflucht, in: JR 2001, 181 ff. Zitiert: *Duttge*, JR 2001, 181 (…).

*Ders.:* Rechtsvergleichende Anmerkungen zur Strafbarkeit der Führerflucht (Art. 92 II SVG), in: ZStrR 2001, 147 ff. Zitiert: *Duttge*, ZStrR 2001, 147 (…).

*Eisenberg, Ulrich:* Übungsklausur Strafrecht, Die gefälschten Dollar-Noten, in: Jura 1983, 267 ff. Zitiert: *Eisenberg*, Jura 1983, 267 (…).

*Erdsiek, Gerhard:* 1. Zur Schweigepflicht des Arztes nach dem Tode des Patienten 2. Verfassungswidrigkeit des § 142 StGB?, in: NJW 1963, 632 ff. Zitiert: *Erdsiek*, NJW 1963, 632 (…).

*Fischer, Thomas:* Strafgesetzbuch mit Nebengesetzen, Kommentar, 66. Auflage, München 2019. Zitiert: *Fischer*, StGB Kommentar, § … Rn. …

*Franke, Dietmar:* Feststellungspflicht nach vorsatzlosem Sich- Entfernen vom Unfallort (§ 142 StGB) – OLG Stuttgart VerkMitt 1977, Nr. 73 und OLG Köln VerkMitt 1977, Nr. 74, in: JuS 1978, 456 ff. Zitiert: *Franke*, JuS 1978, 456 (…).

*Franzke, Matthias/Nugel, Michael:* Unfallmanipulationen im Kraftfahrtbereich, in: NJW 2017, 2071 ff. Zitiert: *Franzke/Nugel*, NJW 2017, 2071 (…).

*Frisch, Wolfgang*: Vorsatz und Risiko, Köln 1983. Zitiert: *Frisch*, Vorsatz und Risiko, 1983, S. …

*Geppert, Klaus:* Zur Frage der Verkehrsunfallflucht (§ 142 StGB) bei vorsätzlich herbeigeführtem Verkehrsunfall, in: GA 1970, 1 ff. Zitiert: *Geppert*, GA 1970, 1 (…).

*Ders.:* Unerlaubtes Entfernen vom Unfallort (§ 142 StGB), in: Jura 1990, 78 ff. Zitiert: *Geppert*, Jura 1990, 78 (…).

*Ders.:* Unfallflucht (§ 142 StGB) in strafrechtlicher Sicht und vor dem Hintergrund des ‚nemo-tenetur-Satzes, in: BA 1991, 31 ff. Zitiert: *Geppert*, BA 1991, 31 (…).

*Ders.:* Anmerkung zum Beschluss des BVerfG vom 19.3.2007 – 2 BvR 2273/06 (DAR 2007, 258) (zur Erstreckung der Strafbarkeit nach § 142 Abs. 2 Nr. 2 StGB auf Fälle unvorsätzlichen Sichentfernens vom Unfallort), in: DAR 2007, 380 ff. Zitiert: *Geppert*, DAR 2007, 380 (…).

*Graf, Jürgen:* Beck'scher Online-Kommentar OWiG, 23. Edition, Stand: 15.06.2019, München 2019. Zitiert: *Bearbeiter*, in: BeckOK OWiG, § … Rn. …

*Hallbauer, Max:* Gesetz über den Verkehr mit Kraftfahrzeugen vom 3. Mai 1909, Leipzig 1910. Zitiert: *Hallbauer*, Gesetz über den Verkehr mit Kraftfahrzeugen, 1910, S. …

*Haus, Klaus-Ludwig/Krumm, Carsten/Quarch, Matthias:* Nomos Kommentar Gesamtes Verkehrsrecht, 2. Auflage, Baden-Baden 2017. Zitiert: *Bearbeiter*, in: NK Verkehrsrecht, § … Rn. …

*Heintschel-Heinegg, Bernd von:* Beck'scher Online-Kommentar StGB, 41. Edition, Stand: 01.02.2019, München 2019. Zitiert: *Bearbeiter*, in: BeckOK StGB, § … Rn. …

*Henseler, Sven:* § 142 IV StGB – Ist eine tätige Reue des Gesetzgebers erforderlich?, Dissertation, Frankfurt am Main 2011. Zitiert: *Henseler*, § 142 IV StGB, 2011, S. …

*Hentschel, Peter/König, Peter/Dauer, Peter:* Beck'sche Kurzkommentare, Band 5, Straßenverkehrsrecht, 45. Auflage, München 2019. Zitiert: *Bearbeiter*, in: Beck'sche Kurzkommentare Straßenverkehrsrecht, § …, Rn. …

*Herzberg, Rolf Dietrich:* Garantenpflichten aufgrund gerechtfertigten Vorverhaltens – BGH, NJW 1970, 2252, in: JuS 1971, 74 ff. Zitiert: *Herzberg*, JuS 1971, 74 (…).

*Heublein, Joachim:* Reformüberlegungen zu § 142 StGB, in: DAR 1985, 15 ff. Zitiert: *Heublein*, DAR 1985, 15 (…).

*Hillenkamp, Thomas:* Zu den Folgen einer „verfassungskonformen" Auslegung des § 142 II Nr. 2 StGB, in: Ein menschengerechtes Strafrecht als Lebensaufgabe, Festschrift für Werner Beulke zum 70. Geburtstag, Heidelberg 2015, S. 449 ff. Zitiert: *Hillenkamp*, Festschrift Beulke, S. …

*Himmelreich, Klaus/Halm, Wolfgang:* Überblick über neue Entscheidungen in Verkehrsstraf- und bußgeldsachen, in: NStZ 2008, 382 ff. Zitiert: *Himmelreich/Halm*, NStZ 2008, 382 (…).

*Himmelreich, Klaus/Bücken, Michael/Staub, Carsten:* Verkehrsunfallflucht, Verteidigerstrategien im Rahmen des § 142 StGB – mit Auslandsteil, 7. Auflage, Heidelberg 2019. Zitiert: *Himmelreich/Bücken/Krumm*, Verkehrsunfallflucht, S. …

*Jäger, Peter:* Der objektive Tatbestand der Verkehrsunfallflucht (§ 142 Abs. 1 StGB), Dissertation, Bonn 1973. Zitiert: *Jäger*, Der objektive Tatbestand der Verkehrsunfallflucht, 1973, S. …

*Jagusch, Heinrich:* Der neue § 142 StGB gegen Unfallflucht, in: NJW 1975, 1631 ff. Zitiert: *Jagusch*, NJW 1975, 1631 (…).

*Ders.:* Zum Umfang der Vorstellungspflicht gem. § 142 StGB, in: NJW 1976, 504 ff. Zitiert: *Jagusch*, NJW 1976, 504 (…). : *Jahn, Matthias*

Vorsatzloses Sich-Entfernen vom Unfallort, in: JuS 2007, 689 ff. Zitiert: *Jahn*, JuS 2007, 689 (…).

*Ders.:* Strafrecht BT: Verkehrsunfallflucht, Anmerkung zu BGH, Beschluss vom 15.11.2010 – 4 StR 413/10 in: JuS 2011, 274 ff. Zitiert: *Jahn*, JuS 2011, 274 (…).

*Jähnke, Burkhard/Laufhütte, Heinrich Wilhelm/Odersky, Walter*: Leipziger Kommentar StGB, 4. Band (§§ 80 bis 145d), 12. Auflage, Berlin 2007. Zitiert: *Bearbeiter*, in: LK StGB, § … Rn. …

*Janiszewski, Horst:* Zur Neuregelung des § 142 StGB, in: DAR 1975, 169 ff. Zitiert: *Janiszewski*, DAR 1975, 169 (…).

*Ders.:* Anmerkung zu BGHSt 28, 129 in: JR 1978, 116. Zitiert: *Janiszewski*, JR 1978, 116.

*Ders.:* Überlegungen zu Entkriminalisierung des Verkehrsstrafrechts auf der Grundlage eines Gesetzesantrags, in: DAR 1994, 1 ff. Zitiert: *Janiszewski*, DAR 1994, 1 (…).

*Joecks, Wolfgang:* Studienkommentar StGB, 12. Auflage, München 2018. Zitiert: *Joecks* Studienkommentar, § … Rn. …

*Ders./Miebach, Klaus*: Münchener Kommentar zum Strafgesetzbuch, 3. Auflage, München 2017. Zitiert: *Bearbeiter*, in: MüKo StGB, § … Rn. …

*Joerden, Jan C.*: Erzwungenes „Sich-Entfernen“ vom Unfallort – BayObLG; NJW 1982, 1059, in: JR 1984, 51 ff. Zitiert: *Joerden*, JR 1984, 51 (…).

*Karl, Jürgen:* Verkehrsunfallflucht, Unfallgeschehen – Aufklärungsquoten – Polizeiarbeit, in: NZV 2003, 457 ff. Zitiert: *Karl*, NZV 2003, 457 (…).

*Keller, R.*: Anmerkung zu BayObLG, Urteil vom 16.12.1988 – RReg. 2 Stg 246/88, in: JR 1989, 343 f. Zitiert: *Keller*, JR 1989, 343 (…).

*Kindhäuser, Urs:* Nomos Kommentar Strafgesetzbuch, Lehr- und Praxiskommentar, 7. Auflage, Baden-Baden 2017. Zitiert: *Kindhäuser*, in: NK StGB, § … Rn. …

*Ders./Neumann, Ulfrid/Paeffgen, Hans-Ullrich:* Strafgesetzbuch Band 1 (§§ 1-145d), 5. Auflage, Baden-Baden 2017. Zitiert: *Bearbeiter*, in: K/N/P, § … Rn. …

*Knauer, Christoph/Kudlich, Hans/Schneider, Hartmut:* Münchener Kommentar zur Strafprozessordnung, 1. Auflage, München 2016. Zitiert: *Bearbeiter*, in: MüKo StPO, § … Rn. …

*Kölbel, Ralf*: Selbstbelastungsfreiheiten – Der neo-tenetur-Satz im materiellen Strafrecht, Habilitation, Berlin 2006. Zitiert: *Kölbel*, Selbstbelastungsfreiheiten, 2006, S. …

*Kraatz, Erik:* Zur sukzessiven Verwirklichung eines Qualifikationstatbestandes, in: Jura 2009, 852 ff. Zitiert: *Kraatz*, Jura 2009, 852 (…).

*Ders.:* Das unvorsätzliche Entfernen vom Unfallort – „causa finita“?, in: NZV 2011, 321 ff. Zitiert: *Kraatz*, NZV 2011, 321 (…).

*Krey, Volker/Hellmann, Uwe/Heinrich, Manfred:* Strafrecht Besonderer Teil Band 2 Vermögensdelikte, 17. Auflage, Stuttgart 2015. Zitiert: *Krey/Hellmann/Heinrich*, Rn.…

*Krug, Karl:* Zur Verkehrssünderflucht im kommenden Strafrecht, in: DJ 1937, 147 ff. Zitiert: *Krug*, DJ 1937, 147 (…).

*Krumm, Carsten/Staub, Carsten:* Unfallflucht: Der Vorsatz hinsichtlich der Schadensherbeiführung – zugleich Anmerkung zu KG, NZV 2016, 392, in: NZV 2016, 362 ff. Zitiert: *Krumm/Staub*, NZV 2016, 362 (…).

*Kubatta, Ziva:* Zur Reformbedürftigkeit der Verkehrsunfallflucht (§ 142 StGB), Göttinger Studien zu den Kriminalwissenschaften Band 4, Göttingen 2008. Zitiert: *Kubatta*, Zur Reformbedürftigkeit der Verkehrsunfallflucht, 2008, S. …

*Kuckuk, Günter/Reuter, Wilfried:* Die Zuordnung optischer und akustischer Wahrnehmungen zueinander für den Vorsatznachweis im Bereich des § 142 StGB, in: DAR 1978, 57 ff. Zitiert: *Kuckuk/Reuter*, DAR 1978, 57 (…).

*Kudlich, Hans:* Unvorsätzliches Entfernen vom Unfallort, in: JA 2007, 549 ff. Zitiert: *Kudlich*, JA 2007, 549 (…).

*Ders.:* „Gesetzesumgehung" und andere Fälle teleologischer Lückenschließung im Strafrecht. Zugleich ein Beitrag zur Ermittlung der sog. „Wortlautgrenze", in: Strafrechtspraxis und Reform, Festschrift für Heinz Stöckel zum 70. Geburtstag, Berlin 2010, S. 93 ff. Zitiert: *Kudlich*, Festschrift Stöckel, S. …

*Kühl, Kristian:* Grundfälle zur Vorbereitung, Versuch, Vollendung und Beendigung, in: JuS 1982, 189 ff. Zitiert: *Kühl*, JuS 1982, 189 (…).

*Ders.:* Strafrecht, Allgemeiner Teil, 8. Auflage, München 2017. Zitiert: *Kühl*, Strafrecht AT, § … Rn. …

*Kuhlen, Lothar:* Zum Verhältnis vom Bestimmtheitsgrundsatz und Analogieverbot, in: Festschrift für Harro Otto, Berlin 2007, S. 89 ff. Zitiert: *Kuhlen*, Festschrift Otto, S. …

*Küper, Oswald:* Die Flucht nach einem Verkehrsunfall – Eine kriminalpolitische Untersuchung unter besonderer Berücksichtigung der Straflosigkeit der Selbstbegünstigung, Dissertation, Hamburg 1964. Zitiert: *O. Küper*, Die Flucht nach einem Verkehrsunfall, 1964, S. …

*Küper, Wilfried:* Zur Tatbestandsstruktur der Unfallflucht, in: NJW 1981, 853 ff. Zitiert: *Küper*, NJW 1981, 853 (…).

*Ders.:* Grenzfragen der Unfallflucht – Zugleich ein Beitrag zur Deliktsbeendigung, in: JZ 1981, 209 ff. Zitiert: *Küper*, JZ 1981, 209 (…).

*Ders.:* Richterrecht im Bereich der Verkehrsunfallflucht – Nachholungspflicht auch bei „unvorsätzlichem" Verlassen des Unfallortes: Zulässige und geglückte Rechtsfortbildung durch Richterspruch?, in: Richterliche Rechtsfortbildung – Erscheinungsformen, Auftrag und Grenzen, Festschrift der Juristischen Fakultät zur 600-Jahr-Feier der Ruprecht-Karls-Universität Heidelberg, Heidelberg 1986, S. 451 ff. Zitiert: *Küper*, Festschrift Heidelberg, S. …

*Ders.*: Verfassungswidrige und verfassungskonforme Auslegung des § 142 StGB, in: NStZ 2008, 597 ff. Zitiert: *Küper*, NStZ 2008, 597 (…).

*Ders./Zopfs, Jan:* Strafrecht Besonderer Teil, Definitionen mit Erläuterungen, 10. Auflage, Heidelberg 2018. Zitiert: *Küper/Zopfs*, Rn. …

*Lackner, Karl:* Gedanke zur Reform des Tatbestandes der Unfallflucht, in: DAR 1972, 283 ff. Zitiert: *Lackner*, DAR 1972, 283 (…).

*Ders.*: Zu den Grenzen der richterlichen Befugnis, mangelhafte Strafgesetze zu berichtigen, in: Richterliche Rechtsfortbildung – Erscheinungsformen, Auftrag und Grenzen, Festschrift der Juristischen Fakultät zur 600-Jahr-Feier der Ruprecht-Karls-Universität Heidelberg, Heidelberg 1986, S. 39 ff. Zitiert: *Lackner*, Festschrift Heidelberg, S. …

*Ders./Kühl, Kristian:* Strafgesetzbuch Kommentar, 29. Auflage, München 2018. Zitiert: *Bearbeiter*, in: Lackner/Kühl, § … Rn. …

*Larenz, Karl/Canaris, Claus-Wilhelm:* Methodenlehre der Rechtswissenschaft, 3. Auflage, Berlin 1995. Zitiert: *Larenz/Canaris*, Methodenlehre, S. …

*Laschewski, Gregor:* Vorsatzloses Entfernen vom Unfallort – weiterhin strafbar? Besprechung des Beschlusses des Bundesverfassungsgerichts vom 19.3.2007, in: NZV 2007, 444 ff. Zitiert: *Laschewski*, NZV 2007, (…).

*Leipold, Klaus:* Verkehrsunfallflucht – Eine rechtsvergleichende Untersuchung der Länder Österreich, Schweiz und Bundesrepublik Deutschland, Dissertation, Pfaffenweiler 1987. Zitiert: *Leipold*, Verkehrsunfallflucht, 1987, S. …

*Ders./Tsambikakis, Michael/Zöller, Mark A.*: Anwaltkommentar Strafgesetzbuch, 2. Auflage, Bonn 2015. Zitiert: *Bearbeiter*, in: Anwaltkommentar StGB, § … Rn. …

*Lilie, Astrid:* BGH: Unvorsätzliches Entfernen vom Unfallort, Urteilsanmerkung, in: FD-StrafR 2010, 312211. Zitiert: *Lilie*, FD-StrafR 2010, 312211.

*Loos, Fritz/Schwerdtfeger, Dirk:* Grenzen der Strafbarkeit wegen „Unerlaubten Entfernens vom Unfallort" nach geltendem Recht, in: DAR 1983, 209 ff. Zitiert: *Loos/Schwerdtfeger*, DAR 1983, 209 (…).

*Magdowski, Iris J.*: Die Verkehrsunfallflucht in der Strafrechtsreform - ergänzender Beitrag zur Dogmatik und Auslegung der Neufassung des Paragraphen 142 StGB nach dem 13. Strafrechtsänderungsgesetz, Dissertation, Lübeck 1980. Zitiert: *Magdowski*, Die Verkehrsunfallflucht in der Strafrechtsreform, 1980, S. …

*Maurach, Reinhart/Schroeder, Friedrich-Christian/Maiwald, Manfred:* Strafrecht Besonderer Teil, Teilband 1: Straftaten gegen Persönlichkeits- und Vermögenswerte, 10. Auflage, Heidelberg 2009. Zitiert: *Maurach/Schroeder/Maiwald*, § … Rn. …

*Meurer, Gabriele:* Unerlaubtes Entfernen vom Unfallort - § 142 StGB. Reformdiskussionen und Gesetzgebung seit dem Ausgang des 19. Jahrhunderts, Dissertation, Berlin 2014. Zitiert: *Meurer*, Unerlaubtes Entfernen vom Unfallort, 2014, S. …

*Mikla, Stefan:* Probleme der nachträglichen Feststellungspflicht, § 142 II StGB, Dissertation, Passau 1990. Zitiert: *Mikla*, Probleme der nachträglichen Feststellungspflicht, 1990, S. …

*Ders.:* Die Strafbarkeit gem. § 142 II StGB nach unvorsätzlichem Entfernen vom Unfallort, Dissertation, Aachen 1996. Zitiert: *Mikla*, Die Strafbarkeit gem. § 142 II StGB nach unvorsätzlichem Entfernen vom Unfallort, 1996, S. …

*Mitsch, Wolfgang:* Festnahme mit Todesfolge – BGH NJW 2000, 1348, in: JuS 2000, 848 ff. Zitiert: *Mitsch*, JuS 2000, 848 (…).

*Ders.:* § 142 II StGB und Wartezeit-Irrtum (§ 142 I Nr.2 StGB), in: NZV 2005, 347 ff. Zitiert: *Mitsch*, NZV 2005, 347 (…).

*Ders.:* Die verfassungskonforme Anwendung des § 142 II Nr. 2 StGB, in: NZV 2008, 217 ff. Zitiert: *Mitsch*, NZV 2008, 217 (…).

*Ders.:* Vollendung und Beendigung der „Unfallflucht“ (§ 142 StGB), in: NZV 2009, 105 ff. Zitiert: *Mitsch*, NZV 2009, 105 (…).

*Ders.:* § 142 StGB bei Unfällen auf der Autobahn, in: NZV 2010, 225 ff. Zitiert: *Mitsch*, NZV 2010, 225 (…).

*Ders.:* Unvorsätzliches Entfernen vom Unfallort, in: JuS 2010, 303 ff. Zitiert: *Mitsch*, JuS 2010, 303 (…).

*Münch, Ingo von :* Die Verkehrsunfallflucht – ein Fremdkörper im deutschen Strafrechtssystem?, in: DAR 1957, 205 ff. Zitiert: *Von Münch*, DAR 1957, 205 (…).

*Neumann, Ulfried:* Der „mögliche Wortsinn“ als Auslegungsgrenze in der Rechtsprechung der Strafsenate des BGH, in: Eike von Savigny, Juristische Dogmatik und Wissenschaftstheorie, München 1976, S. 42 ff. Zitiert: *Neumann*, Der mögliche Wortsinn als Auslegungsgrenze, 1976, S. …

*Otto, Harro:* Grundkurs Strafrecht, Allgemeine Strafrechtslehre, Berlin 2004. Zitiert: *Otto*, Grundkurs Strafrecht – Allgemeine Strafrechtslehre, S. …

*Pieper, Harald:* Die Flucht nach einem Verkehrsunfall, Dissertation, Hamburg 1957. Zitiert: *H. Pieper*, Die Flucht nach einem Verkehrsunfall, 1957, S. …

*Pieper, Wolfgang:* Die Verkehrsunfallflucht – Eine kriminologische Untersuchung der in den Jahren 1964 und 1965 im Bereich des Verkehrsunfallkommandos der Polizei der Stadt Frankfurt am Main begangenen und abgeurteilten Delikte, Dissertation, Mainz 1970. Zitiert: *W. Pieper*, Die Verkehrsunfallflucht, 1970, S. …

*Priester, Jean-Michael:* Zum Analogieverbot im Strafrecht, in: Juristische Methodenlehre und analytische Philosophie, Kronberg 1976, S. 155 ff. Zitiert: *Priester*, Zum Analogieverbot im Strafrecht, 1976, S. …

*Ransiek, Andreas:* Das unechte Unterlassungsdelikt, in: JuS 2010, 490 ff. Zitiert: *Ransiek*, JuS 2010, 490 (…).

*Rengier, Rudolf:* Strafrecht Allgemeiner Teil, 10. Auflage, München 2018. Zitiert: *Rengier*, Strafrecht AT, § … Rn. …

*Ders.:* Strafrecht Besonderer Teil II, Delikte gegen die Person und die Allgemeinheit, 19. Auflage, München 2018. Zitiert: *Rengier*, Strafrecht BT II, § … Rn. …

*Rittig, Steffen:* Unfallflucht (§ 142 StGB) und das unvorsätzliche Sich-Entfernen vom Unfallort, Göttingen, 2011. Zitiert: *Rittig*, Unfallflucht, 2011, S. …

*Roesen, Anton:* Unfallflucht, in: NJW 1957, 1737 ff. Zitiert: *Roesen*, NJW 1957, 1737 (…).

*Rogall, Klaus:* Der Beschuldigte als Beweismittel gegen sich selbst – Ein Beitrag zur Geltung des Satzes „Nemo tenetur se ipsum prodere" im Strafprozeß, Schriften zum Prozessrecht, Band 49, Dissertation, Berlin 1977. Zitiert: *Rogall*, Der Beschuldigte als Beweismittel gegen sich selbst, 1977, S. …

*Römer, Wolfgang:* Der räumliche und zeitliche Zusammenhang mit dem Unfallgeschehen – ein Zumutbarkeitskriterium für das Unterlassungsdelikt des § 142 Abs. 2 StGB?, in: MDR 1980, 89 ff. Zitiert: *Römer*, MDR 1980, 89 (…).

*Roth-Stielow, Klaus:* Warte-, Folge-, Rückkehr- oder Selbstanzeigepflichten nach dem Verkehrsunfall, in: NJW 1963, 1188 ff. Zitiert: *Roth-Stielow*, NJW 1963, 1188 (…).

*Roxin, Claus:* Strafrecht Allgemeiner Teil, Band 1, Grundlagen Aufbau der Verbrechenslehre, 4. Auflage, München 2006. Zitiert: *Roxin*, Strafrecht AT I, § … Rn. …

*Ruck, Andreas C.:* § 142 StGB als Vermögensdelikt – Eine Untersuchung unter besonderer Berücksichtigung des ausschließlich geschützten privaten Beweissicherungsinteresses, Bochum 1985. Zitiert: *Ruck*, § 142 StGB als Vermögensdelikt, 1985, S. …

*Rudolphi, Hans-Joachim:* Anmerkung zum Beschluss des BGH vom 30.08.1978 – 4 StR 682/77, in: JR 1979, 210 ff. Zitiert: *Rudolphi*, JR 1979, 210 (…).

*Sachs, Michael:* Grundgesetz, Kommentar, 8. Auflage, München 2018. Zitiert: *Bearbeiter*, in: Sachs, GG, Art. … Rn. …

*Savigny, Friedrich C. von:* System des heutigen römischen Rechts, Band 1, Berlin 1840, Neudruck Aalen 1973. zitiert: *Savigny*, S. …

*Säzler, Otfried:* Die Verkehrsunfallflucht im geltenden und zukünftigen Strafrecht, Dissertation, München 1965. Zitiert: *Säzler*, Die Verkehrsunfallflucht im geltenden und zukünftigen Strafrecht, 1965, S. …

*Schaffhauser, René:* Grundriss des schweizerischen Strassenverkehrsrechts, Band I: Verkehrszulassung und Verkehrsregeln, Bern 1984. Zitiert: *Schaffhauser*, Grundriss des schweizerischen Straßenverkehrsrechts, 1984, Rn. …

*Schmidhäuser, Eberhard:* Fluchtverbot und Anzeigegebot bei Verkehrsunfällen, in: JZ 1955, 433 ff. Zitiert: *Schmidhäuser*, JZ 1955, 433 (…).

*Schneider, Hartmut:* Grund und Grenzen des strafrechtlichen Selbstbegünstigungsprinzips auf der Basis eines generalpräventiv-funktionalen Schuldmodells, Dissertation, Berlin 1991. Zitiert: *Schneider*, Grund und Grenzen des strafrechtlichen Selbstbegünstigungsprinzips, 1991, S. …

*Schönke, Adolf/Schröder, Horst:* Strafgesetzbuch Kommentar, 30. Auflage, München 2019. Zitiert: *Bearbeiter*, in: Schönke/Schröder, § … Rn. …

*Schröder, Horst:* Die sogenannte Rückkehrpflicht bei § 142 StGB, in: NJW 1966, 1001 ff. Zitiert: *Schröder*, NJW 1966, 1001 (…).

*Schroeder, Friedrich-Christian:* Die normative Auslegung, in: JZ 2011, 187 ff. Zitiert: *Schroeder*, JZ 2011, 187 (…).

*Schroth, Ulrich:* Wörtliche Bedeutung und Äußerungsbedeutung von Tatbestandsmerkmalen in ihrer Relevanz für das strafrechtliche Analogieverbot, Festschrift für Bernd Schünemann zum 70. Geburtstag, Berlin 2014, S. 267 ff. Zitiert: *Schroth*, Festschrift Schünemann, S. …

*Schumann, Laura S.:* Das mittels List erschlichene Einverständnis im Rahmen des § 239 I Alt. 2 StGB, Dissertation, Berlin 2018. Zitiert: *Schumann*, Das mittels List erschlichene Einverständnis im Rahmen des § 239 I Alt. 2 StGB, 2018, S. …

*Schünemann, Bernd:* Grund und Grenzen der unechten Unterlassungsdelikte, Dissertation, Göttingen 1971. Zitiert: *Schünemann*, Grund und Grenzen der unechten Unterlassungsdelikte, 1971, S. …

*Ders.:* Überkriminalisierung und Perfektionismus als Krebsschaden des Verkehrsstrafrechts oder: Deutschland – ein Land der kriminellen Autofahrer?, in: DAR 1998, 424 ff. Zitiert: *Schünemann*, DAR 1998, 424 (…).

*Ders.:* Historie der missglückten Reformversuche des § 142 StGB, in: DAR 2003, 207 ff. Zitiert: *Schünemann*, DAR 2003, 207 (…).

*Seebode, Manfred:* Über die Freiheit, die eigene Strafverfolgung zu unterstützen, in: JA 1980, 493 ff. Zitiert: *Seebode*, JA 1980, 493 (…).

*Seib, Herbert:* Zur Einführung eines strafbefreienden Rücktritts bei § 142 StGB durch Nachmeldung binnen 24 Stunden – Die Rechtsüberzeugung zur Strafbarkeit der Verkehrsunfallflucht und ihr Verhältnis zu straflosen

Selbstbegünstigungshandlungen, in: JR 1986, 397 ff. Zitiert: *Seib*, JR 1986, 397 (…).

*Simon, Eric:* Einschränkung des Notwehrrechts bei unvermeidbar irrendem Angreifer – BSGE 84, 54, in: JuS 2001, 639 ff. Zitiert: *Simon*, Jus 2001, 639 (…).

*Ders.:* Gesetzesauslegung im Strafrecht – Eine Analyse der höchstrichterlichen Rechtsprechung, Dissertation, Berlin 2005. Zitiert: *Simon*, Gesetzesauslegung im Strafrecht, 2005, S. …

*Ders.:* Anmerkung zum Beschluss des BVerfG vom 19.03.2007, in: NJW 2007, 1668 ff. Zitiert: *Simon*, NJW 2007, 1668 (…).

*Spiegel, Richard:* Gedanken zur Reform des Tatbestandes der Unfallflucht aus der Sicht des Richters, in: DAR 1972, 291 ff. Zitiert: *Spiegel*, DAR 1972, 291 (…).

*Steenbock, Maike:* Über die Unfallflucht als Straftat, Dissertation, Frankfurt am Main 2004. Zitiert: *Steenbock*, Unfallflucht, 2004, S. …

*Verrel, Torsten:* Die Selbstbelastungsfreiheit im Strafverfahren – Ein Beitrag zur Konturierung eines überdehnten Verfahrensgrundsatzes, Habilitation, München 2001. Zitiert: *Verrel*, Die Selbstbelastungsfreiheit im Strafverfahren, 2001, S. …

*Weigelt, Werner:* Verkehrsunfallflucht und unterlassene Hilfeleistung, Berlin 1960. Zitiert: *Weigelt*, Verkehrsunfallflucht und unterlassene Hilfeleistung, 1960, S. …

*Weigend, Thomas:* Zur Reform von § 142 StGB, in: Festschrift für Herbert Tröndle zum 70. Geburtstag, Berlin 1989, S. 753 ff. Zitiert: *Weigend*, Festschrift Tröndle, S. …

*Ders.:* Anmerkung zum Beschluss des BayObLG vom 13.04.1992 – 1 St RR 2/92 in JR 1993, 115 ff. Zitiert: *Weigend*, JR 1993, 115 (…).

*Wessels, Johannes/Beulke, Werner/Satzger, Helmut:* Strafrecht Allgemeiner Teil, Die Straftat und ihr Aufbau, 48. Auflage, Heidelberg 2018. Zitiert: *Wessels/Beulke/Satzger*, § … Rn. …

*Wessels, Johannes/Hettinger, Michael/Engländer, Armin:* Strafrecht Besonderer Teil I, Straftaten gegen Persönlichkeits- und Gemeinschaftswerte, 42. Auflage, Heidelberg 2018. Zitiert: *Wessels/Hettinger/Engländer*, BT I, § … Rn. …

*Wolter, Jürgen*: Systematischer Kommentar zum Strafgesetzbuch, Band III (§§ 80-173 StGB), 9. Auflage, Köln 2019. Zitiert: *Bearbeiter*, in: SK StGB, § … Rn. …

*Zabel, Gert E.*: Einige Probleme zur Unfallflucht, in: BA 1983, 328 ff. Zitiert: *Zabel*, BA 1983, 328 (…).

*Zimmermann, Gernot:* OLG Hamburg: Keine Unfallflucht bei späterer Kenntniserlangung der Beteilung, Urteilsanmerkung, in: FD-StrafR 2009, 280529. Zitiert: *Zimmermann*, FD-STrafR 2009, 280529.

*Zopfs, Jan:* Unfallflucht bei eindeutiger Haftungslage?, Dissertation, Frankfurt 1993. Zitiert: *Zopfs*, Unfallflucht bei eindeutiger Haftungslage, 1993, S. …

*Ders.:* Der Grundsatz „in dubio pro reo", Habilitation, Baden-Baden 1999. Zitiert: *Zopfs*, Der Grundsatz „in dubio pro reo", 1999, S. …

*Ders.:* Duldung versus Inkompetenz? Zur Reichweite der Feststellungsduldungspflicht bei § 142 Abs. 1 Nr. 1 StGB, in: Festschrift für Wilfried Küper zum 70. Geburtstag, Heidelberg 2007, S. 747 ff. Zitiert: *Zopfs*, Festschrift Küper, S. …

*Ders.:* Der Unfall im Straßenverkehr (§ 142 StGB) in: Zehn Jahre ZIS – Zeitschrift für Internationale Strafrechtsdogmatik, Baden-Baden 2018, S. 523 ff. Zitiert: *Zopfs*, Der Unfall im Straßenverkehr, S. …

*Ders.:* Unvorsätzliches Verlassen des Unfallorts: Brauchen wir eine (strafbewehrte?) Pflicht zur nachträglichen Meldung?, in: DAR 2020, 602 ff. Zitiert: *Zopfs*, DAR 2020, 602 (…).

# 1. Teil Einleitung

## A. Problemstellung

Mit rund 400.000 polizeilich gemeldeten Fluchten,[1] 250.000 Ermittlungsverfahren und 40.000 Aburteilungen jährlich[2] gehört der Straftatbestand des § 142 StGB[3] zur Massenkriminalität im Straßenverkehr.[4] Die Verurteilungsquote lag dabei mit zuletzt 76,1 % deutlich unter der Verurteilungsquote anderer Verkehrsstraftaten, die 88,0 % betrug.[5] Diese verhältnismäßig niedrige Verurteilungsquote scheint insbesondere auf die Anwendungsschwierigkeiten der Vorschrift zurückzuführen zu sein. Der Tatbestand in seiner derzeitigen Fassung lässt – trotz seiner praktischen Relevanz – viele Fragen offen. Die vorliegende Untersuchung adressiert eine dieser Anwendungsschwierigkeiten: Sie widmet sich der Kernfrage, ob ein Sich-Entfernen vom Unfallort ohne Vorsatz *de lege lata* Pflichten nach § 142 StGB auslöst, deren Unterlassen eine Strafbarkeit nach sich ziehen könnte.

§ 142 StGB enthält in Absatz 1 und Absatz 2 zwei unterschiedliche Tatbestände. § 142 I StGB stellt die sogenannte „Primärflucht", d.h. das unerlaubte Sich-Entfernen vom Unfallort, unter Strafe.[6] Demgegenüber regelt § 142 II StGB

---

1 *Zopfs*, in: MüKo StGB, § 142 Rn. 15.

2 *Kretschmer*, in: K/N/P, § 142 Rn. 2.

3 Bezüglich sämtlicher in dieser Arbeit verwendeter juristischer Abkürzungen wird, sofern nicht anders gekennzeichnet, auf das Verzeichnis juristischer Abkürzungen von Beck online verfügbar unter https://www.beck-shop.de/verzeichnis-juristischer-abkuerzungen/, verwiesen.

4 *Kubatta*, Zur Reformbedürftigkeit der Verkehrsunfallflucht, 2008, S. 41; *Zopfs*, in: MüKo StGB, § 142 Rn. 15. Die Polizeiliche Kriminalstatistik des Bundeskriminalamts erfasst Straftaten nach § 142 StGB zwar nicht. Es existieren ungeachtet dessen jedoch Erhebungen des Statistischen Bundesamts für Straßenverkehr und Verkehrsunfallstatistiken einzelner Polizeipräsidien, vgl. *Geppert*, Jura 1990, 78 m.w.N.; ca. 90 % aller Schadensfälle sind Unfälle mit reinen Sachschäden, vgl. *Zopfs*, Unfallflucht bei eindeutiger Haftungslage, 1993, S. 12.

5 Statistisches Bundesamt, Fachserie 10, Reihe 3, Strafverfolgung 2017, Tab. 2.1.

6 Als Hauptmotive für das Sich-Entfernen vom Unfallort nach § 142 I StGB gelten die Angst vor strafrechtlichen Folgen, insbesondere bei Fahren unter Alkoholeinfluss, die Entziehung der Fahrerlaubnis und die Vermeidung von anderen Unannehmlichkeiten, etwa durch Verlust von Schadensfreiheitsrabatt, außerdem Gleichgültigkeit und Kopflosigkeit als Folge einer Kurzschlussreaktion, *Geppert*, Jura 1990, 78; *Mikla*, Die Strafbarkeit gem. § 142 II StGB nach unvorsätzlichem Entfernen vom Unfallort, 1996,

Fälle, in denen sich der Unfallbeteiligte nach Ablauf der Wartefrist oder berechtigt bzw. entschuldigt vom Unfallort entfernt hat. Bestraft wird demnach, wer die Feststellungen nicht unverzüglich nachträglich ermöglicht.

Wie sich aus der allgemeinen Regel des § 15 StGB ergibt, stellt die Vorschrift ein Vorsatzdelikt dar. Vorsatz setzt die Kenntnis der Tatumstände voraus und muss stets bei Begehung der Tat, d.h. ausweislich des § 8 StGB zu der Zeit, in welcher der Täter handelt, bestehen.[7] In Bezug auf § 142 I StGB bedeutet das, dass der Täter beim Verlassen des Unfallorts über das für den Vorsatz erforderliche Wissen verfügen muss; insbesondere muss er zu diesem Zeitpunkt wissen, dass möglicherweise ein Unfall stattgefunden hat.[8] Verkennt ein Unfallbeteiligter beim Verlassen des Unfallorts aus tatsächlichen Gründen, dass überhaupt ein Unfall stattgefunden hat, handelt er nach § 16 I 1 StGB nicht vorsätzlich.[9] Da erst nach der Tat erlangte Kenntnisse unbeachtlich sind,[10] scheidet eine Bestrafung nach § 142 I StGB aus, sofern der Unfallbeteiligte nicht noch innerhalb des Bereichs des Unfallorts Kenntnis von seiner Unfallbeteiligung erlangt.

Im Ergebnis gleichermaßen scheidet eine Bestrafung nach § 142 I StGB aus, wenn der Unfallbeteiligte wahrheitswidrig behauptet, vom Unfall nichts bemerkt zu haben und ihm ein Vorsatz nicht nachzuweisen ist. Diese Schutzbehauptungen spielen im Bereich des § 142 I StGB eine tragende Rolle:

> *„Die treuherzige Versicherung des unfallverursachenden Fahrzeugführers, er habe von der Kollision mit einem anderen Fahrzeug nichts mitbekommen, gehört wohl zu den häufigsten Schutzbehauptungen im Verkehrsstrafrecht.“*[11]

Durch ein in Auftrag gegebenes Sachverständigengutachten sowie die Auslesung eventuell vorhandener Fahrzeugelektronik können zwar Zweifel an der Glaubhaftigkeit der Einlassung des Angeklagten sowie der Aussagen etwaiger

---

S. 131; *Ruck*, § 142 StGB als Vermögensdelikt, 1985, S. 11; *Seib*, JR 1986, 397 (399); *Zabel*, BA 1983, 328 (342), je m.w.N. Diese Motivationslage teilt derjenige Unfallbeteiligte, der sich vom Unfallort entfernt, ohne den Unfall überhaupt registriert zu haben, zunächst nicht.

7 *Sternberg-Lieben/Schuster*, in: Schönke/Schröder, § 15 Rn. 16.

8 BGH, Beschluss vom 24.07.2003 – 3 StR 159/03, NStZ 2004, 201; *Kühl*, in: Lackner/Kühl, § 142 Rn. 31.

9 Dasselbe gilt, wenn der Unfallbeteiligte den Unfall zwar bemerkt, aber irrtümlich von einem fehlenden oder nur belanglosen Fremdsachschaden ausgeht.

10 Diese Schlussfolgerung ergibt sich aus einem Umkehrschluss der §§ 16 I 1, 8 S. 1 StGB und wurde etwa in BGH, Beschluss vom 24.07.2003 – 3 StR 159/03, NStZ 2004, 201 nochmals klargestellt.

11 *Jahn*, JuS 2011, 274.

Mitfahrer begründet werden. Diese Beweismittel werden jedoch nur Aufschluss über die taktile, akustische und optische Wahrnehmbarkeit des Unfalls geben können.[12] Sie können nachweisen, dass der Unfallbeteiligte den Unfall hätte registrieren können, besitzen aber keinerlei Aussagekraft darüber, ob er den Unfall auch tatsächlich registriert hat.

Diese reine Wahrnehmbarkeit des Unfalls kann allenfalls einen Fahrlässigkeitsvorwurf begründen.[13] Ein solcher Fahrlässigkeitsvorwurf ist für eine Verurteilung nach § 142 I StGB jedoch nicht ausreichend, da es sich um ein reines Vorsatzdelikt handelt.[14] Vielmehr muss zur Überzeugung des Gerichts zweifelsfrei feststehen, dass der Unfallbeteiligte tatsächlich Kenntnis vom Unfallgeschehen hatte, als er den Unfallort verließ. Gelingt diese Feststellung auch nach abgeschlossener Amtsermittlung nach § 244 II StPO und Beweiswürdigung nicht, wird das Verfahren wegen des Grundsatzes *in dubio pro reo*[15] in einen Freispruch münden.

Aus der Sicht des Geschädigten ist das ein prekäres Ergebnis: Sein Interesse an der Feststellung der Daten der anderen Unfallbeteiligten zur Sicherung seiner zivilrechtlichen Ansprüche besteht unabhängig von Faktoren wie dem Zeitpunkt und Ort der Kenntniserlangung des Unfalls durch die anderen Unfallbeteiligten. Es stellt sich also die Frage: Wie soll die Praxis reagieren?

Um Fälle des fehlenden (nachweisbaren) Vorsatzes in den Tatbestand des § 142 StGB einzubeziehen, wurden und werden verschiedene Lösungsansätze vertreten. Insbesondere die befassten Gerichte entwickelten im Laufe der Jahrzehnte seit der Einführung des aktuell geltenden § 142 StGB divergierende Ansätze. Von „großer kriminalpolitischer Tragweite“[16] war dabei lange Zeit die Frage, ob das vorsatzlose Sich-Entfernen vom Unfallort statt der Primärpflichten des § 142 I StGB jedenfalls die Sekundärpflichten des § 142 II, III StGB auszulösen vermag. Nach § 142 II Nr. 2 StGB trifft denjenigen Unfallbeteiligten, der sich *„berechtigt oder entschuldigt“* vom Unfallort entfernt hat, die Pflicht, die Feststellungen nachträglich zu ermöglichen. Die entscheidende

---

12 Zum Beweisumfang derartiger Gutachten vgl. die Darstellung bei *Heublein*, DAR 1985, 15 (16).

13 Zutreffend *Blum von Ann*, Die Straftat des unerlaubten Sich-Entfernens vom Unfallort als Vermögensdelikt, 1987, S. 95 f.

14 *Bücken*, in: Anwaltkommentar StGB, § 142 Rn. 39; *Kindhäuser*, in: NK StGB, § 142 Rn. 31; *Kühl*, in: Lackner/Kühl, § 142 Rn. 31; *Pflieger/Quarch*, in: NK Strafrecht, § 142 Rn. 26; *Stein*, in: SK StGB, § 142 Rn. 59.

15 Weiterführend *Zopfs*, Der Grundsatz „in dubio pro reo“, 1999, S. 269 ff.

16 *Geppert*, in: LK StGB, § 142 Rn. 133.

Frage, ob vorsatzloses Sich-Entfernen unter berechtigtes oder entschuldigtes Sich-Entfernen subsumiert werden kann, hängt von der Auslegung der Begriffe *„berechtigt oder entschuldigt"* ab. Beschränken sie sich auf formal-dogmatische juristische Rechtfertigungs- und Entschuldigungsgründe oder umfassen sie ebenso jegliches durch „Nichtsdafürkönnen" geprägtes Sich-Entfernen?[17]

Im Jahr 1978 bezog erstmals der BGH Stellung zur Thematik und entschied, dass das vorsatzlose Sich-Entfernen unter § 142 II Nr. 2 StGB zu subsumieren sei.[18] Sofern der Unfallbeteiligte noch innerhalb eines zeitlichen und räumlichen Zusammenhangs zum Unfallgeschehen vom Unfall Kenntnis erlange und es dennoch unterlasse, die erforderlichen Feststellungen nachträglich zu ermöglichen, mache er sich nach § 142 II Nr. 2 StGB strafbar.[19]

Dieser Bewertung hat das BVerfG in einer Grundsatzentscheidung aus dem Jahr 2007[20] allerdings unter Berufung auf Art. 103 II GG eine Absage erteilt: Es sei mit der Wortlautgrenze unvereinbar, ein vorsatzloses Sich-Entfernen vom Unfallort als *„berechtigt oder entschuldigt"* einzustufen.[21] Stattdessen regte das BVerfG in einem Obiter Dictum zwei alternative Ansätze an: Erstens sei zu erwägen, den Begriff des Unfallorts in § 142 I StGB weit auszulegen, um den Vollendungszeitpunkt des § 142 I StGB nach hinten zu verschieben.[22] So könnten Konstellationen, in denen ein Unfallbeteiligter erst außerhalb des Orts des unmittelbaren Unfallgeschehens Kenntnis vom Unfall erlangt, von § 142 I StGB erfasst werden.[23] Zweitens könne nach der Ansicht des BVerfG ein in der Beendigungsphase des Sich-Entfernens gebildeter Vorsatz eine Strafbarkeit nach § 142 I StGB begründen, da der Tatbestand keinen abgeschlossenen Vorgang des Sich-Entfernt-Habens voraussetze.[24]

## B. Gang der Untersuchung

*Karlsruhe locuta, causa finita*? Muss der Beschluss des BVerfG – trotz seiner dogmatischen Schwächen – als das „letzte Wort" verstanden werden?

---

17 So *Laschewski*, NZV 2007, 444 (446).
18 BGH, Beschluss vom 30.08.1978 – 4 StR 682/77, BGHSt 18, 129 = NJW 1979, 434.
19 BGH, ebd.
20 BVerfG, Beschluss vom 19.03.2007 – 2 BvR 2273/06, NJW 2007, 1666.
21 BVerfG, Beschluss vom 19.03.2007 – 2 BvR 2273/06, NJW 2007, 1666 (1666 ff.).
22 BVerfG, Beschluss vom 19.03.2007 – 2 BvR 2273/06, NJW 2007, 1666 (1668).
23 BVerfG, ebd.
24 BVerfG, ebd.

Ziel dieser Arbeit ist es, die Sanktionierungsmöglichkeiten des unvorsätzlichen Sich-Entfernens vom Unfallort *de lege lata* und *de lege abrogata* zu untersuchen, um im Anschluss dessen Strafbarkeit *de lege ferenda* zu evaluieren. Es wird zunächst die Rechtslage analysiert: War das unvorsätzliche Sich-Entfernen vom Unfallort nach früherer Rechtslage strafbar? Ist es nach aktueller Rechtslage strafbar? Die befassten Gerichte haben diese Frage unterschiedlich beantwortet. Die Entwicklung der Rechtsprechung sowie die den Entscheidungen jeweils zugrunde liegenden Straftatbestände werden im zweiten Teil dieser Arbeit vorgestellt. Sodann werden die von der Rechtsprechung und Literatur vorgebrachten Argumente umfassend bewertet.

Da die vorliegende Untersuchung zu dem Ergebnis gelangt, dass das unvorsätzliche Sich-Entfernen vom Unfallort *de lege lata* straffrei ist, wird im dritten Teil dieser Arbeit die Frage thematisiert, ob das unvorsätzliche Sich-Entfernen vom Unfallort *de lege ferenda* unter Strafe gestellt werden sollte. Dazu bedarf es insbesondere einer Evaluierung der Strafwürdigkeit sowie der Strafbedürftigkeit des Verhaltens. Des Weiteren wird untersucht, ob der Grundsatz „*nemo tenetur se ipsum accusare*" („*nemo tenetur*-Grundsatz") der Einführung einer Strafbarkeit des unvorsätzlichen Sich-Entfernens vom Unfallort entgegensteht. Es werden anschließend verschiedene Möglichkeiten der Ausgestaltung einer gesetzlichen Regelung thematisiert. Am Ende wird ein konkreter Gesetzesvorschlag präsentiert, der bezweckt, das Problem des unvorsätzlichen Sich-Entfernens vom Unfallort *de lege ferenda* einer praktikablen und haltbaren Lösung zugänglich zu machen.

Im vierten Teil der Untersuchung werden die Ergebnisse thesenartig zusammengefasst.

# 2. Teil Strafbarkeit des vorsatzlosen Sich-Entfernens vom Unfallort de lege lata und de lege abrogata

Die Frage der Strafbarkeit des vorsatzlosen Sich-Entfernens vom Unfallort wird seit Langem kontrovers diskutiert. Insbesondere die Rechtsprechung zu diesem Themenkreis reicht bis in die vierziger Jahre zurück und hat – nicht nur aufgrund der unterschiedlichen zugrunde liegenden Gesetzesfassungen – im Laufe der Zeit verschiedenartige Ansätze vertreten. Im Folgenden werden zunächst die jeweiligen Straftatbestände im Sinne einer historischen Aufarbeitung vorgestellt und die in der Rechtsprechung vertretenen Lösungsansätze chronologisch aufgezeigt und bewertet. Da der Tatbestand durch das das 13. Strafrechtsänderungsgesetz im Jahr 1975[25] grundlegend reformiert wurde, differenziert diese Darstellung zwischen der Gesetzeslage vor 1975 einerseits (im Folgenden unter **A.**) und nach 1975 andererseits (im Folgenden unter **B.**). Es folgt eine rechtsvergleichende Berücksichtigung der schweizerischen und österreichischen Rechtslage (im Folgenden unter **C.**). Der Abschnitt schließt mit einem Gesamtfazit zum vorsatzlosen Sich-Entfernen vom Unfallort *de lege lata* und *de lege abrogata* (im Folgenden unter **D.**).

## A. Strafbarkeit der vorsatzlosen Verkehrsunfallflucht vor der Novelle 1975

Die Strafbarkeit der „Unfallflucht“ hat in Deutschland eine fast 100-jährige Tradition. Die Regelung hat im Laufe der Jahrzehnte mehrere Änderungen erfahren. Das Jahr 1975 markiert dabei einen bedeutenden Wendepunkt in der Historie der Vorschrift. Während bis zu diesem Zeitpunkt tatsächlich die vielzitierte „Verkehrsunfallflucht“ strafbar war, stellt das Gesetz hingegen seit 1975 „Unerlaubtes Entfernen vom Unfallort“ unter Strafe. Auch wenn sich Wortlaut und amtliche Überschrift im Laufe der Jahrzehnte vielfach änderten, wirkt die Auslegung der früheren Straftatbestände auch heute noch fort. Die historische Tradition der Vorschrift offenbart sich vor allem darin, dass die Lösungsansätze hinsichtlich des vorsatzlosen Sich-Entfernens vom Unfallort vielfach auf die Rechtsprechung

25 13. Strafrechtsänderungsgesetz vom 13.06.1975, in Kraft getreten am 21.06.1975, vgl. BGBl. I, S. 1349.

zu den jeweils vorherigen Gesetzesfassungen rekurrieren. Nicht zuletzt wird dies auch am unverändert gängigen Begriff der „Unfallflucht" deutlich, den Gerichte und Literatur auch nach der großen Reform 1975 unbeirrt weiterverwenden.[26]

Nachfolgend wird die Entwicklung der Norm vor 1975 aufgezeigt. Ein solcher Rückblick kann Aufschluss darüber geben, ob sich anhand der Vergangenheit Rückschlüsse auf die Strafwürdigkeit des vorsatzlosen Sich-Entfernens vom Unfallort und Verbesserungsmöglichkeiten des heutigen Rechtszustands ziehen lassen. Es werden zunächst die Straftatbestände vor der großen Novelle im Jahr 1975 dargestellt (im Folgenden unter **I.**), um sodann auf die Entwicklung der Rechtsprechung bis 1975 einzugehen (im Folgenden unter **II.**) und deren Argumente ausführlich zu analysieren (im Folgenden unter **III.**).

## I. Straftatbestände

### *1. § 18 VII der „Grundzüge betreffend den Verkehr mit Kraftfahrzeugen" des Bundesrats (1906)*

Nachdem Ende des 19. Jahrhunderts die „Geburtsstunde" des Ottomotors schlug,[27] entwickelte sich nicht nur der Straßenverkehr rasant; auch den Gefahren des Automobils wurde sich der Gesetzgeber zunehmend bewusst. Da der Reichsgesetzgeber nach der Reichsverfassung aus dem Jahr 1871 jedoch nur die Gesetzgebungskompetenz im Bereich des Strafrechts,[28] nicht aber im Bereich des Kraftfahrzeugverkehrs innehatte, wozu nach damaliger Sicht das Haltegebot nach Verkehrsunfällen zählte,[29] konnte zunächst keine länderübergreifende, reichseinheitliche Gesetzesregelung geschaffen werden.[30] Im Jahre 1905 existierten 31 landesrechtliche Polizeiverordnungen, welche inhaltlich nicht aufeinander abgestimmt waren[31] und somit ein „buntes Bild partikularistischer Bestimmungen" ergaben.[32]

26 Vgl. nur LG Bonn, Urteil vom 15.11.2012 – 6 S 63/12, NJOZ 2013, 1500; OLG Hamm, Beschluss vom 28.02.2018 – 20 U 188/17, BeckRS 2018, 13340. Auch *Kubatta,* Zur Reformbedürftigkeit der Verkehrsunfallflucht, 2008, S. 33 weist zutreffend darauf hin, dass der gebräuchliche Ausdruck sowohl im allgemeinen Sprachgebrauch als auch in der Kommentarliteratur immer noch „Unfallflucht" bzw. „Fahrerflucht" ist.

27 Der Ottomotor wurde am 09.05.1876 erfunden.

28 Vgl. Art. 4 Ziffer 13 der Reichsverfassung von 1871.

29 *Kubatta,* Zur Reformbedürftigkeit der Verkehrsunfallflucht, 2008, S. 18 f.

30 *Meurer,* Unerlaubtes Entfernen vom Unfallort, 2014, S. 30.

31 *Meurer,* Unerlaubtes Entfernen vom Unfallort, 2014, S. 19.

32 Vgl. die Darstellungen bei *Meurer,* Unerlaubtes Entfernen vom Unfallort, 2014, S. 27.

Die Verkehrsteilnehmer verlangten nach einer strengeren Reglementierung des Straßenverkehrs.[33] Entsprechend empfahl der Bundesrat den jeweiligen Bundesstaaten die Einführung einer strafbewehrten Anhalte- und Hilfspflicht des Kraftfahrzeugführers im Fall eines „*Zusammenstoßes* (...) *mit Personen oder Sachen.*“[34] Die Bundesstaaten leisteten dieser Empfehlung Folge und nahmen entsprechende Regelungen in ihre Landespolizeiverordnungen auf.[35] Zuwiderhandlungen galten als „Übertretung“ einer polizeilichen Anordnung und konnten gemäß § 366 Ziffer 10 RStGB geahndet werden.[36] Als Grund für die Bestrafung wurden die rücksichtslose Gesinnung des Kraftfahrzeugführers, der seine Fahrt unbeirrt fortsetze, sowie das Interesse der Allgemeinheit genannt.[37]

### 2. *§ 22 KFG (1909)*

Infolge der stetig wachsenden Bedeutung des Kraftfahrzeugs, der Zunahme des Straßenverkehrs sowie der dadurch bedingt höheren Unfallzahlen wuchs der Drang nach einer reichseinheitlichen Regelung eines Kraftfahrzeuggesetzes.[38] Trotz der Kennzeichnung der Fahrzeuge hatte die Aufregung über die Gefahren des Automobils nicht nachgelassen; gefordert wurden wirksamere und härtere Maßregeln.[39]

Auf Anstoß des Reichstagsabgeordneten *Prinz zu Schönaich-Carolath* arbeitete die Reichsregierung einen Entwurf für ein neues Kraftfahrzeuggesetz („KFG“) aus.[40] Der Entwurf bestand aus einem Abschnitt zur Haftpflicht, einem zweiten Abschnitt über die Fahrerlaubnis und einem dritten Abschnitt mit Strafvorschriften; infolge der zwischenzeitlich eingeführten Kennzeichnungspflicht von Kraftfahrzeugen enthielt der Entwurf jedoch keine Bestimmung

---

33 *Meurer*, ebd.

34 § 18 VII der „Grundzüge betreffend den Verkehr mit Kraftfahrzeugen“ des Bundesrats vom 03.05.1906: „Im Falle eines Zusammenstoßes des Kraftfahrzeugs mit Personen oder Sachen hat der Führer sofort zu halten und die nach den Umständen des Falles gebotene Hilfe zu leisten.“

35 *Kubatta*, Zur Reformbedürftigkeit der Verkehrsunfallflucht, 2008, S. 19; *O. Küper*, Die Flucht nach einem Verkehrsunfall, 1964, S. 2; *Magdowski*, Die Verkehrsunfallflucht in der Strafrechtsreform, 1980, S. 13.

36 *Kretschmer*, in: KNP, § 142 Rn. 3; *Steenbock*, Unfallflucht, 2004, S. 14.

37 *Dünnebier*, GA 1957, 33 (34) m.w.N.

38 *Henseler*, § 142 IV StGB, 2011, S. 156.

39 *Hallbauer*, Gesetz über den Verkehr mit Kraftfahrzeugen, 1910, S. 102; *Henseler*, § 142 IV StGB, 2011, S. 158.

40 *Meurer*, Unerlaubtes Entfernen vom Unfallort, 2014, S. 35.

zur Fahrerflucht.[41] Als Argument wurde der seit Inkrafttreten der „Grundzüge betreffend den Verkehrs mit Kraftfahrzeugen“ des Bundesrats sinkende prozentuale Anteil von Unfallfluchten bei Verkehrsunfällen angeführt.[42]

Im April 1908 legte der Reichskanzler *von Bülow* den Entwurf dem Bundesrat vor.[43] Anders als die Reichsregierung erachtete der Bundesrat die Kennzeichnungspflicht von Kraftfahrzeugen allein nicht für ausreichend, um die Durchsetzbarkeit von Ersatzansprüchen zu sichern; insbesondere verwies der Bundesrat auf die insgesamt steigende Zahl der Unfälle.[44] Auf seine Initiative wurde dem Entwurf der als Strafbestimmung ausgestaltete § 19 hinzugefügt, der ein Haltegebot für Kraftfahrzeugführer nach einem Zusammenstoß mit Personen oder Sachen etablierte.[45]

Der Entwurf des KFG wurde schließlich im Dezember 1908 der 29. Kommission zur Beratung überwiesen.[46] Mehrere Kommissionsmitglieder bemängelten, dass die Vorlage nicht den Sachverhalt erfasse, der bestraft werden sollte.[47] Daraufhin wurde der Entwurf nochmals überarbeitet.[48] Nachdem er auf diese Weise in ein umfassendes Fluchtverbot umgewandelt worden war, wurde die Vorschrift schließlich als § 22 KFG übernommen.[49]

Da das Reich zwischenzeitlich die Gesetzgebungskompetenz gemäß Art. 78 der Reichsverfassung an sich gezogen hatte, wurde so im Jahr 1909 die erste

41 *O. Küper*, Die Flucht nach einem Verkehrsunfall, 1964, S. 2 f.; *Meurer*, Unerlaubtes Entfernen vom Unfallort, 2014, S. 37 m.w.N.; *Steenbock*, Unfallflucht, 2004, S. 14.

42 Vgl. die Darstellung bei *Meurer*, Unerlaubtes Entfernen vom Unfallort, 2014, S. 37.

43 *Meurer*, ebd.

44 *Meurer*, Unerlaubtes Entfernen vom Unfallort, 2014, S. 37 f.; *Steenbock*, Unfallflucht, 2004, S. 14 f.

45 *Meurer*, ebd.; *Steenbock*, ebd. § 19 des Entwurfs: „Der Führer eines Kraftfahrzeuges, der im Falle eines Zusammenstoßes seines Fahrzeuges mit Personen oder Sachen nicht sofort hält, wird mit Geldstrafe bis zu 300 Mark oder mit Gefängnis bis zu zwei Monaten bestraft.“

46 *Meurer*, Unerlaubtes Entfernen vom Unfallort, 2014, S. 39; *Zopfs*, Unfallflucht bei eindeutiger Haftungslage, 1993, S. 14.

47 *Henseler*, § 142 IV StGB, 2011, S. 159; Verhandlungen des Reichstags der XII. Legislaturperiode, I. Session, Band 253, Anlagen zu den stenographischen Berichten, Nr. 1250, S. 7599, online verfügbar unter http://daten.digitale-sammlungen.de/~db/bsb00002934/images/index.html?id=00002934&nativeno=7599 (zuletzt abgerufen am 10.08.2019).

48 Zu den einzelnen Änderungen *Meurer*, Unerlaubtes Entfernen vom Unfallort, 2014, S. 39 ff.

49 *Magdowski*, Die Verkehrsunfallflucht in der Strafrechtsreform, 1980, S. 15.

reichseinheitliche Regelung geschaffen.[50] Eingeführt wurde die Vorschrift schließlich durch das „*Gesetz über den Verkehr mit Kraftfahrzeugen*", welches am 01.04.1910 in Kraft trat.[51] Zum ersten Mal war die Unfallflucht einer strafrechtlichen Sanktion unterworfen. § 22 KFG lautete:

> „*(1) Der Führer eines Kraftfahrzeuges, der nach einem Unfalle (§ 7) es unternimmt, sich der Feststellung des Fahrzeuges und seiner Person durch die Flucht zu entziehen, wird mit Geldstrafe bis zu dreihundert Mark oder mit Gefängnis bis zu zwei Monaten bestraft. Er bleibt jedoch straflos, wenn er spätestens am nächstfolgenden Tage nach dem Unfall Anzeige bei einer inländischen Polizeibehörde erstattet und die Feststellung des Fahrzeuges und seiner Person bewirkt.*
> *(2) Verläßt der Führer des Kraftfahrzeuges eine bei dem Unfalle verletzte Person vorsätzlich in hilfloser Lage, so wird er mit Gefängnis bis zu 6 Monaten bestraft. Sind mildernde Umstände vorhanden, so kann auf Geldstrafe bis zu dreihundert Mark erkannt werden.*"
> (Hervorhebung durch die Verfasserin)

§ 22 I 1 KFG etablierte statt eines Haltegebots erstmals ein Fluchtverbot, wobei es nicht erforderlich war, dass die Flucht tatsächlich gelang. Das Vergehen war vielmehr bereits vollendet, sobald die Flucht unternommen wurde.[52] Zudem statuierte § 22 I 2 KFG eine Feststellungsermöglichungspflicht, wobei Adressat der Norm – anders als nach der heutigen Gesetzeslage – nur der Führer eines Kraftfahrzeugs war. Dagegen existierte damals eine allgemeine Wartepflicht ebenso wenig wie eine nachträgliche Meldepflicht.[53] Gemäß § 22 I 2 KFG blieb der Kraftfahrzeugführer aber im Falle eines Verstoßes gegen das Fluchtverbot straflos, wenn er spätestens am auf den Unfall folgenden Tag Anzeige bei der Polizei erstattete und seine Feststellungspflichten nachträglich erfüllte. Diese Regelung zur tätigen Reue wurde eingeführt, weil durch § 22 KFG in erster Linie erreicht werden sollte, dass der Führer eines Kraftfahrzeugs sich im Falle eines Zusammenstoßes der Feststellung seiner Person nicht durch Flucht entzieht.[54]

---

50 *Dietrich*, § 142 n.F. StGB und das Verbot zwangsweiser Selbstbelastung, 1998, S. 71; *Leipold*, Verkehrsunfallflucht, 1987, S. 28; *Magdowski*, Die Verkehrsunfallflucht in der Strafrechtsreform, 1980, S. 14; *H. Pieper*, Die Flucht nach einem Verkehrsunfall, 1957, S. 6.

51 *Meurer*, Unerlaubtes Entfernen vom Unfallort, 2014, S. 43 unter Verweis auf § 26 KFG.

52 *Hallbauer*, Gesetz über den Verkehr mit Kraftfahrzeugen, 1910, S. 54.

53 Vgl. *Zopfs*, Unfallflucht bei eindeutiger Haftungslage, 1993, S. 15 m.w.N.

54 Verhandlungen des Reichstags der XII. Legislaturperiode, I. Session, Band 253, Anlagen zu den stenographischen Berichten, Nr. 1250, S. 7599, online verfügbar unter http://daten.digitale-sammlungen.de/~db/bsb00002934/images/index.html?id=00002934&nativeno=7599 (zuletzt abgerufen am 10.08.2019).

Durch die Straffreiheit bei nachträglicher Meldung wurde dem Täter ein Anreiz geschaffen, seinen Feststellungspflichten nachträglich nachzukommen und somit dem Opferschutz Rechnung getragen.[55]

§ 22 KFG sollte dazu dienen, den neuen Unfallgefahren zu begegnen.[56] Durch die zunehmende Zahl der Kraftfahrzeuge hatten nicht nur der Straßenverkehr und die Unfallzahlen zugenommen; des Weiteren war es für die Geschädigten auch schwieriger, ihre Haftungsansprüche zu sichern, da sich die Schnelligkeit des Straßenverkehrs mit der Zunahme der Kraftfahrzeuge ebenfalls erheblich gesteigert hatte. Im Falle eines Zusammenstoßes war es damit für die Beteiligten leichter, die Unfallstelle zu verlassen, was eine gesetzliche Bestimmung erforderlich machte.[57] Insoweit diente die Vorschrift als Ausgleich dafür, dass die besonderen Verhältnisse des Straßenverkehrs eine Beweissicherung verhindern, wenn die Unfallbeteiligten den Unfallort verlassen.[58] Ziel war die Sicherung der Haftpflichtansprüche der Geschädigten.[59] Zwar lässt die Formulierung des § 22 KFG im Unterschied zum gegenwärtig geltenden § 142 StGB, der auf die Feststellungen zugunsten der anderen Unfallbeteiligten rekurriert und damit das anvisierte Schutzgut eingrenzt, offen, welchem konkreten Schutzzweck die Norm zu dienen bestimmt war.[60] Aus den dem Gesetzgebungsverfahren vorausgehenden Verhandlungen des Reichstags[61] lassen sich als Schutzgüter jedoch

55 Einzelheiten bezüglich Für und Wider der tätigen Reue: *Henseler*, § 142 IV StGB, 2011, S. 257 ff.

56 Verhandlungen des Reichstags der XII. Legislaturperiode, I. Session, Band 248, Anlagen zu den stenographischen Berichten, Nr. 988, S. 5595 f., online verfügbar unter http://daten.digitale-sammlungen.de/bsb00002928/images/index.html?id=00002928&grosser=&fip=eayayztsewqeayaxssdasyztsqrseayaxs&no=&seite=195 (zuletzt abgerufen am 10.08.2019).

57 *Säzler*, Die Verkehrsunfallflucht im geltenden und zukünftigen Strafrecht, 1965, S. 1.

58 Die Ausführungen von *Lackner*, DAR 1972, 283 (287) betreffend den Gesetzesentwurf 1962 gelten gleichermaßen für die Fluchtverbote der anderen Gesetzesfassungen. Vgl. ferner *Dünnebier*, GA 1957, 33 (35).

59 *Rittig*, Unfallflucht, 2011, S. 25.

60 S. auch *Kubatta*, Zur Reformbedürftigkeit der Verkehrsunfallflucht, 2008, S. 20 sowie *Magdowski*, Die Verkehrsunfallflucht in der Strafrechtsreform, 1980, S. 15, die beide hervorheben, dass ein einheitlicher Normzweck nicht festgelegt wurde und somit mehrere Rechtsgüter in Betracht kämen.

61 Verhandlungen des Reichstags der XII. Legislaturperiode, I. Session, Band 248, Anlagen zu den stenographischen Berichten, Nr. 988, S. 5595 f., online verfügbar unter http://daten.digitale-sammlungen.de/bsb00002928/images/index.html?id=00002928&grosser=&fip=eayayztsewqeayaxssdasyztsqrseayaxs&no=&seite=195 (zuletzt abgerufen am 10.08.2019).

insbesondere die Sicherung der Haftpflichtansprüche und das Interesse der Allgemeinheit ableiten.[62] § 22 KFG zielte demnach darauf ab, Fahrzeug und Fahrer zwecks Sicherung der Haftpflichtansprüche festzustellen.[63]

Die Begründung zum Regierungsentwurf nennt als Strafgründe zudem die verwerfliche Gesinnung, die sich in der rücksichtslosen Fortsetzung der Fahrt offenbare, sowie das Interesse der Allgemeinheit an der Feststellung des Kraftfahrzeuges, seines Führers und Halters.[64] Ungeeignete Kraftfahrzeugführer und betriebsunsichere Fahrzeuge sollten von der Teilnahme am Straßenverkehr ausgeschlossen werden.[65] Teilweise wird der Zweck des § 22 KFG auch darin gesehen, eine Vollstreckungsvereitelung zur Sicherung der Haftpflichtansprüche zu verhindern,[66] sodass die Vorschrift als Ausgleich für die Betriebsgefahr des Kraftfahrzeugs dienen sollte.[67]

Festzuhalten ist, dass der Tatbestand eine mehrdimensionale Schutzrichtung verfolgte.[68] Die Abwesenheit einer näheren Eingrenzung des Schutzzwecks in den Gesetzgebungsmaterialien lässt sich wohl darauf zurückführen, dass das Rechtsgutdenken in der strafrechtlichen Doktrin des beginnenden 20. Jahrhunderts noch eine untergeordnete Rolle spielte.[69]

Nach kleineren zwischenzeitlichen Änderungen[70] wurde die Vorschrift zuletzt am 07.11.1939 durch das *„Gesetz über die Einführung der Pflichtversicherung für Kraftfahrzeughalter und zur Änderung des Gesetzes über den Verkehr mit Kraftfahrzeugen sowie des Gesetzes über den Versicherungsvertrag“*[71] novelliert.

---

62 Vgl. *Henseler*, § 142 IV StGB, 2011, S. 157 und S. 162 m.w.N.; *Schünemann*, DAR 2003, 207 (208).

63 *Leipold*, Verkehrsunfallflucht, 1987, S. 29; *Roesen*, NJW 1957, 1737.

64 Abgedruckt bei *Hallbauer*, Gesetz über den Verkehr mit Kraftfahrzeugen, 1910, S. 83 ff. (102).

65 *Dünnebier*, GA 1957, 33 (34 f.).

66 Rückblickend *Leipold*, Verkehrsunfallflucht, 1987, S. 29; *Schünemann*, DAR 2003, 207 (208).

67 *Leipold*, ebd.; zum Streit um das geschützte Rechtsgut und dessen historische Entwicklung *Arbab-Zadeh*, NJW 1965, 1049.

68 *Erdsiek*, NJW 1963, 632 (634); *Lackner*, DAR 1972, 283 (283 f.); *Spiegel*, DAR 1972, 291; *Dünnebier*, GA 1957, 33 (34); *Steenbock*, Unfallflucht, 2004, S. 19; a.A. *Schünemann*, DAR 2003, 207 (208), der den Schutzzweck wegen des Verweises auf den Unfallbegriff des § 7 KFG einzig in den zivilrechtlichen Ersatzansprüchen sieht.

69 Dazu *Lackner*, DAR 1972, 283 (283 f.); *Magdowski*, Die Verkehrsunfallflucht in der Strafrechtsreform, 1980, S. 16 und S. 19 ff.

70 Vgl. die Darstellung bei *Steenbock*, Unfallflucht, 2004, S. 16.

71 Reichsgesetzblatt 1939, Teil I, S. 2223 (2225).

Die Änderungen betrafen jedoch lediglich die in § 22 KFG vorgesehene Strafandrohung, während der wesentliche Inhalt der Vorschrift ansonsten unverändert blieb. Der Gesetzgeber erhöhte die angedrohte maximale Freiheitsstrafe der „einfachen Unfallflucht" des § 22 I KFG von zwei Monaten auf zwei Jahre Gefängnis; die der qualifizierten Unfallflucht des § 22 II KFG von sechs Monaten auf wiederum zwei Jahre Gefängnis, da sich der vorher geltende Strafrahmen „als unzulänglich" erwiesen hatte.[72] Gleichzeitig wurde die Haftpflichtversicherung für alle Kraftfahrzeuge mit Wirkung zum 01.07.1940 eingeführt, um „den Schutz der Verkehrsopfer wirksamer zu gestalten."[73]

### 3. *§ 139a RStGB (1940)*

Nachdem sich infolge der „Motorisierungswelle" der dreißiger Jahre das Verkehrsaufkommen weiter erhöht hatte, offenbarte § 22 KFG seine Unzulänglichkeiten.[74] Der nationalsozialistische Gesetzgeber erkannte die zunehmende Dichte und Schnelligkeit des Verkehrs infolge der „machtvoll einsetzende[n] Motorisierung"[75] und erachtete die Verkehrsunfallflucht als einen schwerwiegenden Pflichtverstoß gegenüber der Volksgemeinschaft.[76] Er intensivierte dementsprechend die Reformbestrebungen.[77]

Nachdem 1934 eine neue Reichsstraßenverkehrsverordnung und 1939 das *„Gesetz über die Einführung der Pflichtversicherung für Kraftfahrzeughalter"*[78] erlassen worden waren, folgte der Gesetzgeber dem Vorschlag der Strafrechtskommission, die Verkehrsunfallfluchtvorschrift in das Strafgesetzbuch aufzunehmen.[79] Im Zuge der *„Verordnung zur Änderung der Strafvorschriften über*

---

72 *Krug*, DJ 1937, 147 (151).

73 Vgl. die Einleitung des Gesetzes. *Henseler*, § 142 IV StGB, 2011, S. 162 spricht in diesem Kontext von einem Ausgleich zwischen der Verbreitung des Automobils und damit einhergehenden Gefahren, welcher nicht allein zu Lasten der durch Unfälle Geschädigten erreicht werden könne.

74 *Meurer*, Unerlaubtes Entfernen vom Unfallort, 2014, S. 80 m.w.N.; *Seib*, JR 1986, 397 (398).

75 *Freisler*, DJ 1940, 525 (526).

76 *Freisler*, DJ 1940, 525 (527); vgl. ferner *Meurer*, Unerlaubtes Entfernen vom Unfallort, 2014, S. 82 m.w.N.

77 *Magdowski*, Die Verkehrsunfallflucht in der Strafrechtsreform, 1980, S. 16 f.; weiterführend zu den nationalsozialistischen Reformbestrebungen *Meurer*, Unerlaubtes Entfernen vom Unfallort, 2014, S. 58 ff.

78 Reichsgesetzblatt 1939, Teil I, S. 2223.

79 *Steenbock*, Unfallflucht, 2004, S. 16 f.

*fahrlässige Tötung, Körperverletzung und Flucht bei Verkehrsunfällen*" vom 02.04.1940[80] wurde § 22 KFG aufgehoben und der neue § 139a in den Siebenten Abschnitt (Delikte gegen die öffentliche Ordnung) des RStGB eingeführt.[81] Er lautete wie folgt:

> „*Wer sich nach einem Verkehrsunfall der Feststellung seiner Person, seines Fahrzeugs oder der Art seiner Beteiligung an dem Unfall vorsätzlich durch Flucht entzieht, obwohl nach den Umständen in Frage kommt, daß sein Verhalten zur Verursachung des Unfalls beigetragen hat, wird mit Gefängnis bis zu zwei Jahren oder mit Haft und mit Geldstrafe oder mit einer dieser Strafen bestraft.*
> *Der Versuch ist strafbar.*
> *In besonders schweren Fällen ist die Strafe Gefängnis nicht unter sechs Monaten oder Zuchthaus.*" (Hervorhebung durch die Verfasserin)

Der Gesetzgeber erweiterte den personellen Anwendungsbereich, da er die Beschränkung des Täterkreises auf Kraftfahrzeugführer wie im vormals gültigen § 22 KFG als unangebracht ansah.[82] Adressat der Vorschrift war fortan jeder potentiell am Unfall beteiligte Verkehrsteilnehmer.[83] Somit erweiterte sich der Adressatenkreis des Tatbestands auch auf Fahrradfahrer, Reiter oder gar Fußgänger.[84] Diese Änderung sollte der „völlig veränderten Verkehrsgeschwindigkeit"[85] Rechnung tragen. Man nahm an, dass die „Quellen der Gefahren"[86] vielfältiger seien und dass jeder Verkehrsteilnehmer strafwürdig sei, der für das Zustandekommen eines Unfalls verantwortlich sei und sich anschließend seiner Verantwortung durch Flucht entziehe.[87] Die Erstreckung des Tatbestands auf alle Verkehrsteilnehmer sollte auch der Stärkung des Bewusstseins der Verkehrsgemeinschaft dienen.[88] Der Katalog der zu ermöglichenden Feststellungen wurde

---

80 Reichsgesetzblatt 1940, Teil I, S. 606.

81 *Kretschmer*, in: KNP, § 142 Rn. 3.; *Meurer*, Unerlaubtes Entfernen vom Unfallort, 2014, S. 71.

82 Zu den Motiven für die Änderung *Meurer*, Unerlaubtes Entfernen vom Unfallort, 2014, S. 80; *Säzler*, Die Verkehrsunfallflucht im geltenden und zukünftigen Strafrecht, 1965, S. 3.

83 *Zopfs*, Der Unfall im Straßenverkehr, S. 525 f.

84 Vgl. *Krug*, DJ 1937, 147 (147 f.); *Roesen*, NJW 1957, 1737.

85 *Krug*, DJ 1937, 147.

86 *Krug*, ebd.

87 *Krug*, DJ 1937, 147 (148).

88 *O. Küper*, Die Flucht nach einem Verkehrsunfall, 1964, S. 9 unter Verweis auf die amtliche Begründung, DJ 1940, 508.

neben der Person und des Fahrzeugs nunmehr auch auf die Art der Unfallbeteiligung erstreckt.

Da das strafbare Verhalten anders als bei der Vorgängernorm nicht mehr darin bestand, „*es zu unternehmen, sich der Feststellung* [...] *zu entziehen*", sondern darin, sich den Feststellungen vorsätzlich durch Flucht zu entziehen, hatte die Vorschrift ihren Charakter als Unternehmensdelikt zu Gunsten eines Erfolgsdelikts eingebüßt.[89] Durch den offenen Wortlaut „*durch Flucht entziehen*" erforderte die Tathandlung nicht zwingend eine räumliche Distanzierung vom Unfallort. Dennoch bestand Einigkeit darüber, dass nicht jedwede Vereitelungshandlung am Unfallort für die Tatbestandsmäßigkeit ausreichte, sondern dass Flucht vielmehr irgendeine Ortsveränderung voraussetzte, die jedoch nicht unbedingt vom Unfallort aus geschehen musste.[90] So erfasste der Tatbestand nach allgemeiner Auffassung auch den Fall, dass der Unfallbeteiligte die Polizeidienststelle oder das Krankenhaus, in das der Unfallverursacher das Unfallopfer gebracht hatte, verließ, bevor er die erforderlichen Feststellungen ermöglicht hatte.[91]

Eine Regelung zu nachträglichen Feststellungspflichten enthielt die Vorschrift nicht, was darauf zurückzuführen ist, dass zur damaligen Zeit eine allgemeine Wartepflicht noch nicht bestand.[92] Zudem wurde der Strafrahmen erhöht[93] und eine Versuchsstrafbarkeit eingeführt. Die bisherige Straflosigkeit im Falle der nachträglichen Meldung wurde gestrichen. Die Streichung sollte dazu dienen, alkoholisierte Täter besser zu erfassen.[94] Der Gesetzgeber war der Auffassung, die vormalige Regelung zur tätigen Reue hätte zu Missbräuchen geführt, da sie die Möglichkeit eröffnete, dass ein betrunkener Autofahrer sich erst am Folgetag, wenn seine Alkoholkonzentration im Blut zum Unfallzeitpunkt nicht mehr feststellbar war, melden konnte und trotzdem straffrei blieb.[95] Dies wollte die Neufassung vermeiden.[96]

---

89 *Krug*, DJ 1937, 147 (149) betont jedoch, dass sich daraus aufgrund der in Abs. 2 enthaltenen Versuchsstrafbarkeit keine wesentlichen Änderungen ergaben.

90 *Küper*, Festschrift Heidelberg, S. 456 f.; *Schünemann*, Grund und Grenzen der unechten Unterlassungsdelikte, 1971, S. 366.

91 *Schünemann*, Grund und Grenzen der unechten Unterlassungsdelikte, 1971, S. 366.

92 *Zopfs*, Unfallflucht bei eindeutiger Haftungslage, 1993, S. 16.

93 Als Grund dafür wird die Anpassung an den Unrechtsgehalt des Delikts angeführt, vgl. die Nachweise bei *Meurer*, Unerlaubtes Entfernen vom Unfallort, 2014, S. 81.

94 *Leipold*, Verkehrsunfallflucht, 1987, S. 31; *Schünemann*, DAR 2003, 207 (208 f.) m.w.N.

95 Amtliche Begründung, DJ 1940, 508 (509); *Jäger*, Der objektive Tatbestand der Verkehrsunfallflucht, 1973, S. 27; *Meurer*, Unerlaubtes Entfernen vom Unfallort, 2014, S. 81.

96 Amtliche Begründung, ebd.; *Jäger*, ebd.

Diese Änderung ist insbesondere vor dem Hintergrund des gewandelten Verständnisses des von der Vorschrift geschützten Schutzguts im Dritten Reich zu verstehen: Obgleich die inhaltlichen Änderungen einen eher geringfügigen Charakter aufweisen, erhielt § 139a RStGB durch sie eine „neue Stoßrichtung".[97] Der Gesetzgeber fokussierte das geschützte Rechtsgut mit der Neufassung nämlich auf die Aufklärung des Unfalls im öffentlichen Interesse.[98] Das ergibt sich zwar nicht unmittelbar aus dem Wortlaut der Vorschrift oder den Gesetzgebungsmaterialien, folgt aber aus einer Stellungnahme des damaligen Staatssekretärs im Reichsjustizministerium *Freisler*,[99] der im Zusammenhang mit der Verkehrsunfallflucht auf die von „Feigheit und Gemeinheit" geprägte Gesinnung des Täters und den damit einhergehenden schwerwiegenden Verstoß gegenüber der Verkehrsgemeinschaft rekurrierte.[100] *Freisler* hob hervor, dass bei der Beurteilung von Verkehrsvorfällen von der Vorstellung auszugehen sei, dass „der Verkehr eine Gemeinschaftsnotwendigkeit, seine Bewältigung eine Gemeinschaftsaufgabe und die Gesamtheit der Verkehrsteilnehmer eine Verkehrsgemeinschaft ist."[101] Dieser Ansatz ist auf die nationalsozialistische Rechtslehre, die den Schutz des Individuums als untergeordnet und ausschließlich die „Sittenordnung der Volksgemeinschaft" als schützenswert ansah, zurückzuführen.[102] Bei der Einführung des § 139a RStGB sollte die Aufklärung des Unfallgeschehens zwecks Ahndung von Straftaten und Einleitung von Verwaltungsmaßnahmen im Vordergrund stehen.[103]

Dieser Stoßrichtung folgend führte auch die Rechtsprechung das öffentliche Interesse an der Strafverfolgung und an der „Ausmerzung" ungeeigneter

97 *Dünnebier*, GA 1957, 33 (36). Auch die Überführung vom Nebenstrafrecht in das allgemeine Strafrecht offenbart die neue Bedeutung des Tatbestands.

98 *Henseler*, § 142 IV StGB, 2011, S. 8; *Roesen*, NJW 1957, 1737.

99 *Freisler* war von 1942 bis 1945 Präsident des Volksgerichtshofs und prägte die juristische Ideologie des Dritten Reichs maßgeblich.

100 *Freisler*, DJ 1940, 525 (525 ff.); *Kretschmer*, in: KNP, § 142 Rn. 3; *Schünemann*, DAR 1998, 424 (426). *Freisler* instruierte nicht zuletzt auch die Gerichte, auf die „Feigheit und Gemeinheit", die ein Täter der Verkehrsunfallflucht zum Ausdruck bringe, mit einer schweren Strafe zu reagieren, vgl. *Kubatta*, Zur Reformbedürftigkeit der Verkehrsunfallflucht, 2008, S. 23 m.w.N.

101 *Freisler*, DJ 1940, 525 (526).

102 Rückblickend *Leipold*, Verkehrsunfallflucht, 1987, S. 31; a.A. *Steenbock*, Unfallflucht, 2004, S. 18.

103 Rückblickend *Rittig*, Unfallflucht, 2011, S. 25; *Säzler*, Die Verkehrsunfallflucht im geltenden und zukünftigen Strafrecht, 1965, S. 7 ff.

Fahrzeugführer als Strafgrund der Vorschrift an.[104] Auch in der Literatur vertraten einige Autoren die Theorie, dass das zu schützende Rechtsgut im Schutz des öffentlichen Interesses an der Unfallaufklärung liege.[105] Begründet wurde dies damit, dass erst eine umfassende Unfallaufklärung die repressive Arbeit der Strafverfolgungsbehörden sowie die präventive Arbeit der Verkehrssicherungsbehörden ermögliche.[106] So illustriert *von Münch*, dass der Zweck der Norm nach den Ansichten in der Lehre und Rechtsprechung darin bestanden habe, den Strafverfolgungsbehörden die Aufklärung von Verkehrsunfällen zu erleichtern, um damit zum Schutz des Straßenverkehrs beizutragen.[107] Ferner habe es dem Interesse der Allgemeinheit entsprochen, ungeeigneten Fahrzeugführern die Fahrerlaubnis zu entziehen und Unfallbeteiligte schärferer behördlicher Aufsicht zu unterwerfen.[108] Zudem spreche die Einordnung des Tatbestands im Abschnitt „*Verbrechen und Vergehen wider die öffentliche Ordnung*“ dagegen, dass die Norm dem privaten Feststellungsinteresse zu dienen bestimmt gewesen sei.[109]

Demgegenüber wurden auch andere Ansichten zu dem von § 139a RStGB geschützten Rechtsgut vertreten.[110] Von den Befürwortern der privatrechtlichen Rechtsgutstheorie, welche nicht allein das öffentliche Interesse an der Unfallaufklärung, sondern das Feststellungsinteresse der Unfallbeteiligten in den Fokus stellten, wurde entgegengehalten, dass eine Vorschrift, die dem Schutz des Strafverfolgungsinteresses diene, gegen das Verbot des Selbstbelastungszwangs verstoße.[111]

---

104 *Schünemann*, DAR 1998, 424 (426) m.w.N.

105 Vgl. die Darstellung bei *von Münch*, DAR 1957, 205 (297); vgl. ferner *Magdowski*, Die Verkehrsunfallflucht in der Strafrechtsreform, 1980, S. 20 f.

106 Weiterführend *Kubatta*, Zur Reformbedürftigkeit der Verkehrsunfallflucht, 2008, S. 46.

107 Rückblickend *von Münch*, DAR 1957, 205 m.w.N.

108 *Von Münch*, ebd.

109 Rückblickend *von Münch*, DAR 1957, 205 (207); a.A. *Arloth*, GA 1985, 492 (494), der die systematische Einordnung des § 142 StGB im 7. Abschnitt des Besonderen Teils als unzutreffend bewertet.

110 Vgl. *Mikla*, Die Strafbarkeit gem. § 142 II StGB nach unvorsätzlichem Entfernen vom Unfallort, 1996, S. 10 ff. m.w.N.

111 Vgl. die Darstellung bei *Mikla*, Die Strafbarkeit gem. § 142 II StGB nach unvorsätzlichem Entfernen vom Unfallort, 1996, S. 10 ff. Zur weiteren Argumentation vgl. *O. Küper*, Die Flucht nach einem Verkehrsunfall, 1964, S. 26 ff.; *Magdowski*, Die Verkehrsunfallflucht in der Strafrechtsreform, 1980, S. 20 m.w.N.; *Säzler*, Die Verkehrsunfallflucht im geltenden und zukünftigen Strafrecht, 1965, S. 9 f.

### 4. *§ 142 StGB (1953)*

Der Wortlaut des § 139a RStGB wurde schließlich im Jahr 1953 mit dem Dritten Strafrechtsänderungsgesetz vom 04.08.1953 als § 142 StGB a.F. übernommen[112] und der Tatbestand ohne wesentliche Änderungen in den Abschnitt „*Straftaten gegen die öffentliche Ordnung*" eingefügt.

Mitte der fünfziger Jahre, als die Rechtsgutstheorie als Ausdruck liberal-rechtsstaatlichen Denkens wieder in den Fokus gerückt war,[113] bildete sich Einigkeit über das von der Norm anvisierte Schutzgut.[114] Obgleich durch die Eingliederung der Vorschrift in den Abschnitt „*Straftaten gegen die öffentliche Ordnung*" die Vermutung naheliegen könnte, dass § 142 StGB allein den öffentlichen Interessen dienen sollte, wäre dieser Schluss ein Fehlschluss. Denn nachdem der BGH zunächst noch geäußert hatte, dass die Vorschrift zwei Schutzrichtungen, nämlich das zivilrechtliche Beweissicherungsinteresse und das öffentliche Interesse an der Unfallaufklärung verfolge,[115] korrigierte er im Jahr 1955 seine Auffassung und nahm schließlich erstmalig zu Gunsten einer Beschränkung des Schutzguts auf das zivilrechtliche Beweissicherungsinteresse Stellung.[116] Der BGH stellte klar, dass die Vorschrift zwar im Abschnitt „*Verbrechen und Vergehen gegen die öffentliche Ordnung*" eingeordnet sei. Das bloße Sich-Entziehen straf- oder verwaltungsrechtlicher Folgen könne jedoch trotzdem nicht unter Strafe stehen, weil dies auf eine Pflicht zur Selbstanzeige hinausliefe, welche dem StGB fremd sei.[117] In demselben Sinne hob das BVerfG in einem Beschluss betreffend die Verfassungsmäßigkeit des § 142 StGB hervor, dass es der Sinn dieser Vorschrift sei, „zu verhindern, daß jemand sich einer möglichen schuldrechtlichen Verpflichtung gegenüber den durch den Unfall geschädigten Personen entzieht."[118]

---

112 Vgl. Drittes Strafrechtsänderungsgesetz vom 04.08.1953, BGBl. I 1953, 735 (741); *Kretschmer*, in: KNP, § 142 Rn. 3 m.w.N.

113 *Steenbock*, Unfallflucht, 2004, S. 19.

114 *Lackner*, DAR 1972, 283 (284); *Leipold*, Verkehrsunfallflucht, 1987, S. 33; *Loos/Schwerdtfeger*, DAR 1983, 209; *Meurer*, Unerlaubtes Entfernen vom Unfallort, 2014, S. 86 ff.; *Schünemann*, DAR 2003, 207 (209); *Steenbock*, Unfallflucht, 2004, S. 20; Übersicht bei *Weigelt*, Verkehrsunfallflucht und unterlassene Hilfeleistung, 1960, S. 10 ff.

115 BGH, Urteil vom 08.07.1954 – 4 StR 94/54, VRS 8, 272 (274 f.).

116 BGH, Urteil vom 26.05.1955 – 4 StR 148/55, BGHSt 8, 263 = NJW 1955, 1078 ff.: Keine passive Feststellungspflicht aus § 142 StGB, wenn bei einem Unfall ausschließlich der Täter selbst verletzt bzw. keine fremden Sachen beschädigt worden sind.

117 BGH, Urteil vom 26.05.1955 – 4 StR 148/55, BGHSt 8, 263 = NJW 1955, 1078 (1079).

118 BVerfG, Beschluss vom 29.05.1963 – 2 BvR 161/63, BVerfGE 16, 191 (193).

Die öffentlich-rechtliche Theorie, welche den Schutzzweck vorrangig in der Sicherung der Straf- und Verwaltungsverfahren zum Schutze der Allgemeinheit sah,[119] wurde nun endgültig von der zivilrechtlichen Schutztheorie verdrängt.[120] Es entsprach fortan der herrschenden Meinung, dass der Tatbestand ausschließlich den Schutz der privaten Feststellungsinteressen der Unfallbeteiligten bezwecke. [121] Stellvertretend sei hier auf die Darstellung *Dünnebiers* hingewiesen, der sich in der Begründung dem oben dargestellten Ansatz des BGH argumentativ anschließt.[122] Ergänzend hebt *Dünnebier* hervor, dass Erwägungen, welche auf die Feigheit des Fliehenden abstellen, gleichermaßen bei allen anderen Straftaten gälten; als zu sicherndes Rechtsgut übrig blieben somit lediglich die Interessen der Geschädigten.[123]

Durch die Neufassung im Jahr 1974 wurden keine erwähnenswerten Modifikationen vorgenommen.[124]

## II. Entwicklung der Rechtsprechung

Nachdem die Straftatbestände vor der Reform 1975 chronologisch dargestellt wurden, soll darauf basierend die Rechtsprechung um den Themenkreis der vorsatzlosen Verkehrsunfallflucht beleuchtet werden. Da § 142 StGB a.F.[125] insofern

---

119 Diese Ansicht wird von *Dünnebier*, GA 1957, 33 (41) als die „noch weitgehend der Auslegung zu Grunde liegende Ansicht" bezeichnet.

120 Vgl. nur *Roesen*, NJW 1957, 1737 (1738 ff.).

121 Vgl. die Darstellungen bei *Lackner*, DAR 1972, 283 (284); *Schünemann*, DAR 2003, 207 (209); vgl. ferner BT-Drucksache 7/2434, S. 4; *Arloth*, GA 1985, 492 (493); *Berz*, Jura 1979, 125; *Dornseifer*, JZ 1980, 299; *Geppert*, Jura 1990, 78; *Janiszewski*, DAR 1975, 169 (171); *Joecks* Studienkommentar, § 142 Rn. 1; *Römer*, MDR 1980, 89 (91); *Stein*, in: SK StGB, § 142 Rn. 5; *Seebode*, JA 1980, 493 (497); *Zopfs*, in: MüKo StGB, § 142 Rn. 2; a.A. *Berger*, DAR 1955, 150: „Das Verbot der Verkehrsunfallflucht dient nicht nur, wie häufig fälschlich behauptet wird, der Sicherung des privaten Feststellungsinteresses an der alsbaldigen Feststellung über Unfallablauf und Unfallbeteiligung, sondern auch dem gleichlaufenden Interesse der Öffentlichkeit."

122 *Dünnebier*, GA 1957, 33 (43) unter Bezugnahme auf BGH, Urteil vom 26.05.1955 – 4 StR 148/55, BGHSt 8, 263 = NJW 1955, 1078 (1079).

123 *Dünnebier*, GA 1957, 33 (43 f.).

124 Fassung eingeführt durch das Einführungsgesetz zum Strafgesetzbuch (EGStGB) vom 02.03.1974, BGBl. I 1974, 496 (483): „durch Flucht entzieht" statt wie bisher „vorsätzlich durch Flucht entzieht".

125 § 142 I StGB a.F. „Wer sich nach einem Verkehrsunfall der Feststellung seiner Person, seines Fahrzeugs oder der Art seiner Beteiligung an dem Unfall vorsätzlich durch

mit §§ 22 KFG, 139a RStGB übereinstimmt, als sämtliche Straftatbestände das Sich-Entziehen vor den erforderlichen Feststellungen durch Flucht unter Strafe stellten, werden im Folgenden exemplarisch ausgewählte Entscheidungen zu § 142 StGB a.F. skizziert.

### 1. *Urteil des Oberlandesgerichts Hamm vom 29.04.1957*

Wenn sich der Täter in Unkenntnis des Unfalls entfernt habe, bestehe keine Rückkehrpflicht zur Unfallstelle, entschied das OLG Hamm im Jahr 1957. Kehre der Täter aber gleichwohl zur Unfallstelle zurück, dürfe er sich den Feststellungen nicht durch Flucht entziehen; andernfalls mache er sich strafbar.[126]

#### *a. Sachverhalt*

Der Angeklagte befuhr mit einem LKW eine Landstraße, auf der ihm der LKW des Zeugen L entgegenkam. Aufgrund der Enge der Fahrbahn kam der Zeuge L beim Ausweichen mit seinem LKW von der Fahrbahn ab. Sein Anhänger rutschte in den Straßengraben und fiel um. Der Angeklagte, der unwiderlegbar nichts vom Unfall bemerkt hatte, setzt seine Fahrt fort. Rund anderthalb bis zwei Stunden später passierte der Angeklagte zufällig erneut die Unfallstelle und hielt an. Die noch anwesenden Zeugen L und S warfen ihm vor, den Unfall verursacht zu haben. Der Angeklagte bestritt sein Verschulden, bot den Zeugen aber an, sein Kennzeichen zu notieren. Dann fuhr er davon.[127]

#### *b. Prozessgeschichte*

In erster Instanz wurde der Angeklagte wegen Verkehrsunfallflucht verurteilt. Auch das LG war der Auffassung, der Angeklagte sei wegen Verkehrsunfallflucht zu verurteilen: Nachdem er an die Unfallstelle zurückgekehrt und von den Zeugen angesprochen worden war, habe er zumindest mit der Möglichkeit gerechnet, als Mitverursacher des Unfalls in Betracht zu kommen. Es habe noch ein

---

<u>Flucht entzieht</u>, obwohl nach den Umständen in Betracht kommt, daß sein Verhalten zur Verursachung des Unfalls beigetragen hat, wird mit Gefängnis bis zu zwei Jahren oder mit Haft oder mit Geldstrafe oder mit einer dieser Strafen bestraft." (Hervorhebung durch die Verfasserin).

126 OLG Hamm, Urteil vom 29.04.1957 – 2 Ss 227/57, VRS 14, 34. Eine Rückkehrpflicht ebenfalls verneinend: OLG Hamm, Urteil vom 07.11.1958 – 1 Ss 1227/58, DAR 1959, 75.

127 Zu diesem Absatz OLG Hamm, Urteil vom 29.04.1957 – 2 Ss 227/57, VRS 14, 34.

räumlicher und zeitlicher Zusammenhang zum Unfallgeschehen und damit ein berechtigtes Feststellungsinteresse bestanden. Die Revision zum OLG Hamm hatte Erfolg.[128]

### c. *Tragende Erwägungen*

Das OLG Hamm entschied, eine Rückkehrpflicht zum Unfallort bestehe nicht, wenn der Täter ohne Kenntnis des Unfalls weiterfahre und sich erst hinterher seiner möglichen Beteiligung an dem Unfall bewusst werde. Dies beruhe auf der Erwägung, dass die „entscheidende Entfernung" vom Unfallort schuldlos erfolgt sei. Komme der Täter aber gleichwohl, ohne dazu verpflichtet zu sein, zum Unfallort zurück, so sei es unzweifelhaft, dass er sich keineswegs nochmals entfernen dürfe, wenn die anderen Unfallbeteiligten noch anwesend seien und die Feststellung des Unfallhergangs noch ohne Weiteres möglich erscheine. Es bestehe kein einleuchtender Grund, den Fall nur deswegen anders zu beurteilen, weil der Angeklagte nach schuldloser und an sich zunächst endgültiger Entfernung zufällig an den Unfallort zurückgekehrt sei. Der Feststellung durch Flucht entziehen könne sich der Täter, so lange die Voraussetzungen für eine Feststellung vorlägen. Vorliegend sei der Angeklagte seinen Pflichten durch die Feststellung des polizeilichen Kennzeichens jedoch hinreichend nachgekommen.[129]

## 2. *Urteil des Oberlandesgerichts Karlsruhe vom 15.10.1959*

Das OLG Karlsruhe entschied, dass das Tatbestandsmerkmal der Flucht nur bei einem bewussten Verlassen der Unfallstelle erfüllt sei.[130]

### a. *Sachverhalt*

Am 11.02.1958 streifte der Angeklagte mit seinem PKW beim Überholen den PKW des Zeugen D. Dadurch verursachte er einen Schaden an dessen linken Kotflügel, wovon der Angeklagte jedoch nichts bemerkte. Er fuhr weiter. D folgte ihm und stoppte ihn nach einer Strecke von sieben Kilometern. Der Angeklagte erklärte ihm, für die Beschädigung nicht verantwortlich zu sein, verwies D darauf, sein Kennzeichen zu notieren und fuhr weiter zum Bahnhof, um seine Mitfahrer rechtzeitig zum Zug zu bringen.[131]

---

128 Zu diesem Absatz OLG Hamm, ebd.

129 Zu diesem Absatz OLG Hamm, Urteil vom 29.04.1957 – 2 Ss 227/57, VRS 14, 34 (35).

130 OLG Karlsruhe, Urteil vom 15.10.1959 – 1 Ss 146/59, DAR 1960, 52. Mit ähnlicher Begründung bereits OLG Hamm, Urteil vom 07.11.1958 – 1 Ss 1227/58, DAR 1959, 75.

131 Zu diesem Absatz OLG Karlsruhe, Urteil vom 15.10.1959 – 1 Ss 146/59, DAR 1960, 52.

### *b. Prozessgeschichte*

Das AG hatte den Angeklagten wegen Verkehrsunfallflucht zu einer Geldstrafe verurteilt. Seine Berufung blieb ohne Erfolg. Hiergegen wandte der Angeklagte sich mittels Revision zum OLG Karlsruhe. Das OLG Karlsruhe sprach den Angeklagten frei.[132]

### *c. Tragende Erwägungen*

Der Angeklagte habe sich den erforderlichen Feststellungen nicht durch Flucht entzogen. Da er den Unfall nicht bemerkt habe, sei er zunächst ohne Vorsatz der Verkehrsunfallflucht weitergefahren. Ein schutzwürdiges Feststellungsinteresse könne zwar nicht nur am Unfallort selbst, sondern auch später an einem anderen Ort bestehen, doch müsse der Täter in diesem Fall den Unfallort in Kenntnis des Unfalls - berechtigt oder entschuldigt - verlassen haben. Der Begriff der Flucht setze ein bewusstes Verlassen der Unfallstelle voraus. Habe der Täter den Unfallort straflos verlassen, bestehe für ihn weder eine Pflicht zur Rückkehr zum Unfallort noch eine Pflicht, sich am Ort der Kenntniserlangung für nachträgliche Feststellungen zur Verfügung zu halten.[133]

## *3. Beschluss des Bundesgerichtshofs vom 20.01.1960*

Der BGH sprach sich in einem Beschluss aus dem Jahre 1960 für eine Strafbarkeit gemäß § 142 StGB aus, wenn der Täter zunächst ohne Fluchtwillen den Unfallort verlässt, auf der Fahrt jedoch Kenntnis von seiner Unfallbeteiligung erlangt und die Fahrt sodann mit Fluchtwillen fortsetzt. Dies gelte dem BGH zufolge jedenfalls, so lange noch ein räumlicher und zeitlicher Zusammenhang mit dem Unfallgeschehen bestehe.[134]

### *a. Sachverhalt*

Der Angeklagte näherte sich mit seinem Fahrzeug einer Verkehrsinsel. Er wurde links von einem anderen Fahrzeug überholt. Da der Angeklagte sich nicht rechts hielt, touchierte das Fahrzeug des Zeugen mit den linken Rädern den Bordstein der Verkehrsinsel, wodurch die Reifen platzten und sich die Vorderachse seines Fahrzeugs verbog. Der Angeklagte nahm den Unfall unwiderlegbar nicht wahr

---

132 Zu diesem Absatz OLG Karlsruhe, ebd.

133 Zu diesem Absatz OLG Karlsruhe, Urteil vom 15.10.1959 - 1 Ss 146/59, DAR 1960, 52 (52 f.).

134 BGH, Beschluss vom 20.01.1960 – 4 StR 292/59, BGHSt 14, 89 = NJW 1960, 1019.

und fuhr weiter. Der Zeuge fuhr ihm in einem anderen Fahrzeug nach, hielt ihn nach etwa 500 Metern an und setzte ihn über den Unfall in Kenntnis. Nichtsdestotrotz war der Angeklagte nicht bereit, auf das Eintreffen der Polizei zu warten und fuhr davon, ohne die erforderlichen Feststellungen ermöglicht zu haben.[135]

### *b. Prozessgeschichte*

Der Fall wurde zunächst vor dem AG verhandelt, das den Angeklagten wegen Unfallflucht verurteilte. Die Berufung des Angeklagten verwarf das LG: Es führte aus, dass der Angeklagte sich zwar berechtigterweise von der Unfallstelle entfernt habe, seine Wartepflicht aber infolge der engen zeitlichen und räumlichen Beziehung zwischen Unfallstelle und dem Ort der Kenntniserlangung fortbestanden habe. Auf die Revision des Angeklagten legte das BayObLG dem BGH die Sache gemäß § 121 II GVG[136] zur Entscheidung vor, da es die Voraussetzungen einer Verurteilung wegen § 142 StGB als gegeben ansah und somit beabsichtigte, vom konträren Urteil des OLG Hamm aus dem Jahr 1957[137] abzuweichen.[138]

### *c. Tragende Erwägungen*

Der BGH schloss sich der Ansicht der vorinstanzlichen Gerichte im Ergebnis an und bejahte eine Strafbarkeit des Angeklagten wegen Unfallflucht.[139] Was die Norm unter Strafe stelle, sei „das Vereiteln unfallaufklärender Feststellungen durch Flucht schlechthin und nicht nur durch ein Verlassen der Unfallstelle." Der BGH begann die Auslegung des Begriffs der Flucht ausgehend von dessen Wortlaut: Er erläuterte, dass dieser Begriff nicht zwingend die Flucht vom Unfallort selbst suggeriere, sondern sich auch auf einen anderen Ort beziehen könne.[140]

---

135 Zu diesem Absatz BGH, ebd.

136 § 121 II Nr. 1 GVG: „Will ein Oberlandesgericht bei seiner Entscheidung nach Absatz 1 Nummer 1 Buchstabe a oder Buchstabe b von einer nach dem 1. April 1950 ergangenen Entscheidung eines anderen Oberlandesgerichtes oder von einer Entscheidung des Bundesgerichtshofes abweichen, so hat es die Sache dem Bundesgerichtshof vorzulegen."

137 Vgl. bereits oben unter **A.II.1**.

138 Zu diesem Absatz BGH, Beschluss vom 20.01.1960 – 4 StR 292/59, BGHSt 14, 89 = NJW 1960, 1019.

139 Zum Folgenden BGH, Beschluss vom 20.01.1960 – 4 StR 292/59, BGHSt 14, 89 = NJW 1960, 1019 (1020).

140 BGH, ebd; in eine ähnliche Richtung geht BGH, Urteil vom 26.09.1962 – 4 StR 196/62, BGHSt 18, 114, NJW 1963, 307 (308), wonach § 142 StGb das Vereiteln unfallaufklärender Feststellungen durch Flucht schlechthin und nicht nur durch ein Verlassen der Unfallstelle verbiete.

Diese Konstellation sei ebenfalls für Fälle anerkannt, in denen ein Verkehrsteilnehmer die Unfallstelle zwar in Kenntnis des Unfalls, aber entschuldigt oder erlaubt verlasse. Hier beginne die tatbestandliche „*Flucht*" erst mit dem Wegfall des Grundes des erlaubten oder entschuldigten Verlassens des Unfallorts. Eine Einschränkung dahingehend, dass eine Flucht von einem anderen als dem Unfallort nur dann unter § 142 StGB subsumiert werden könne, wenn der Unfallbeteiligte bereits beim Verlassen der Unfallstelle Kenntnis vom Unfall hatte, sei nicht geboten. Dafür spreche vor allem der Zweck des § 142 StGB: Das Interesse an einer (späteren) Klärung zivilrechtlicher Ansprüche sei davon unberührt, ob ein Unfallbeteiligter die Unfallstelle in Kenntnis oder in Unkenntnis verlassen habe. Gleichermaßen verwerflich seien sowohl das direkte als auch erst das spätere mit Kenntniserlangung einhergehende Vereiteln der Feststellungen.[141]

Der BGH schränkte seine Erwägungen jedoch insoweit ein, als eine Warte- und Duldungspflicht eines erst auf der Weiterfahrt „schlechtgläubig" gewordenen Unfallbeteiligten am Ort der Kenntniserlangung nur dann bestehe, wenn er sich noch in einem engen zeitlichen und räumlichen Zusammenhang zum Unfallort befinde. Ein solcher Zusammenhang sei anzunehmen, wenn der Unfallbeteiligte sich noch nicht so weit vom Unfallort entfernt habe und wenn noch nicht so viel Zeit verstrichen sei, dass feststellungsbereite Personen an dem Ort seiner Kenntniserlangung nicht (mehr) zu erwarten seien. Dieses Erfordernis ergebe sich daraus, dass der Gesetzgeber mit dem Begriff „*Flucht*" einen festen örtlichen Ausgangspunkt, nämlich den Unfallort, verbinde.[142]

### 4. *Urteil des Bundesgerichtshofs vom 26.09.1962*

Am 26.09.1962 bejahte der BGH in Fällen der unvorsätzlichen Flucht eine Rückkehrpflicht zum Unfallort sowie eine daraus resultierende Warte- und Feststellungspflicht am Unfallort. Wiederum schränkte der BGH diese Pflicht insoweit ein, als sie voraussetze, dass ein zeitlicher und räumlicher Zusammenhang zum Unfallgeschehen vorhanden sein müsse.[143]

141 Ergänzend wurde später in BGH, Urteil vom 26.09.1962 – 4 StR 196/62, BGHSt 18, 114 = NJW 1963, 307 (308) argumentiert, zuverlässige und beweiskräftige Feststellungen zum Unfallgeschehen seien meist nur an der Unfallstelle selbst zu treffen.

142 Zu diesem Absatz BGH, Beschluss vom 20.01.1960 – 4 StR 292/59, BGHSt 14, 89 = NJW 1960, 1019 (1020).

143 BGH, Urteil vom 26.09.1962 – 4 StR 196/62, BGHSt 18, 114 = NJW 1963, 307.

### *a. Sachverhalt*

Der Angeklagte erfasste während der Fahrt mit seinem Personenkraftwagen einen Passanten. Nach eigener Aussage in Unkenntnis des Geschehens setzte er die Fahrt fort. Daraufhin verfolgte ihn ein Zeuge bis zur Garage des Angeklagten, wo er ihn mit dem Unfallgeschehen konfrontierte. Im Anschluss gingen beide zu Fuß zur Unfallstelle zurück. Noch bevor der Angeklagte seinen Feststellungspflichten genüge getan hatte, entfernte er sich wieder von der Unfallstelle.[144]

### *b. Prozessgeschichte*

Der Fall war zunächst vor dem Schöffengericht Peine verhandelt worden, welches den Angeklagten unter anderem wegen Verkehrsunfallflucht verurteilte. Der Angeklagte legte gegen das Urteil Revision ein. Das zur Entscheidung zuständige OLG Celle intendierte, der Revision insoweit stattzugeben, als sich der Angeklagte gegen die Verurteilung wegen Verkehrsunfallflucht wandte.[145]

Das OLG Celle war der Ansicht, dem Angeklagten habe allenfalls eine Warte- und Duldungspflicht an der Stelle, an welcher er Kenntnis vom Unfall erlangte, oblegen. Die Feststellungen hätten ebenso gut dort getroffen werden können, so das OLG Celle. Der Angeklagte sei jedoch nicht zur Rückkehr zur Unfallstelle verpflichtet gewesen, weil § 142 StGB keine tätige Mitwirkung verlange. Soweit er trotzdem dorthin zurückgekehrt sei, so habe ihm an der Unfallstelle keine (erneute) Wartepflicht oblegen. Auch wenn eine Rückkehrpflicht für Fälle der erlaubten Entfernung vom Unfallort anerkannt sei, so seien diese Erwägungen nicht auf Fälle der unvorsätzlichen Flucht zu übertragen, da dies eine übermäßige Ausweitung des Tatbestandes zur Folge hätte.[146]

Da das OLG Celle seine beabsichtigte Teilaufhebung des Urteils des Schöffengerichts Peine im Widerspruch zu einer Entscheidung des OLG Hamm sah, welches nach der Rückkehr zum Unfallort eine dortige Wartepflicht bejaht hatte,[147] legte es den Fall dem BGH nach § 121 II GVG zur Entscheidung vor. Der BGH verwarf die Revision des Angeklagten.[148]

---

144 Zu diesem Absatz BGH, ebd.

145 Zu diesem Absatz BGH, ebd.

146 Zu diesem Absatz BGH, ebd.

147 OLG Hamm, Urteil vom 29.04.1957 – 2 Ss 227/57, VRS 14, 34, vgl. die Darstellung oben unter **A.II.1**.

148 Zu diesem Absatz BGH, Urteil vom 26.09.1962 – 4 StR 196/62, BGHSt 18, 114 = NJW 1963, 307. Zur Befugnis des BGH, in der Sache selbst zu entscheiden vgl. BGH, Urteil vom 05.11.1969 – 4 StrR 519/68, NJW 1970, 255 unter Verweis auf BGH LM Nr. 3 zu § 121 GVG.

### c. *Tragende Erwägungen*

Der BGH bejahte in Fällen der unvorsätzlichen Verkehrsunfallflucht eine Rückkehrpflicht zum Unfallort sowie eine daraus resultierende Warte- und Feststellungspflicht am Unfallort. Zunächst schließe der Begriff „*Flucht*“ nicht aus, dass sie von einem anderen Ort als der Unfallstelle begangen werde.[149] Die Rückkehrpflicht lasse sich aber vor allem aus Zweck und Strafgrund des § 142 StGB herleiten. Die Vorschrift stelle die Erschwerung der Sachverhaltsaufklärung von Verkehrsunfällen unter Strafe. Durch die sogenannte passive Feststellungspflicht solle der Gefahr eines Beweisverlusts für etwaige Schadensersatzansprüche entgegengewirkt werden. Der BGH führte aus, dass zuverlässige und beweiskräftige Feststellungen meist nur an der Unfallstelle selbst getroffen werden könnten.[150]

Eine Rückkehrpflicht sei ebenfalls für Fälle anerkannt, in denen ein Verkehrsteilnehmer die Unfallstelle zwar in Kenntnis des Unfalls, aber entschuldigt oder erlaubt verlassen habe. Hier beginne die tatbestandliche Flucht erst dann, wenn sie „vorwerfbar“ werde, d.h. mit dem Wegfallen des Grundes der erlaubten oder entschuldigten Entfernung. Dasselbe müsse auch für Fälle des zunächst vorsatzlosen Sich-Entfernens gelten. Beide Fälle seien so zu beurteilen, dass die Flucht zunächst nicht „vorwerfbar“ erfolge, es später aber – im vorliegenden Fall ab Kenntniserlangung – werde. Es sei kein einleuchtender Grund ersichtlich, beide Konstellationen unterschiedlich zu behandeln, denn die Interessenlage sei dieselbe. In beiden Fällen würden die Feststellungsmöglichkeiten der anderen Unfallbeteiligten zunächst vereitelt und seien – unabhängig davon, aus welchem Grund die Vereitelung eingetreten sei – durch eine Rückkehr zur Unfallstelle wiederherzustellen.[151]

Der BGH schlussfolgerte weiter, dass eine Rückkehrpflicht nicht unbeschränkt bestehen könne. Nur solange ein zeitlicher und räumlicher Zusammenhang zum Unfallgeschehen vorhanden sei, bestehe auch eine Pflicht zur Rückkehr zum Unfallort. Im zu entscheidenden Fall ging der BGH vom Vorliegen eines solchen Zusammenhangs aus, da der Angeklagte mit dem Zeugen zu Fuß zur Unfallstelle zurückgegangen war. Eine Rückkehrpflicht bestehe ebenfalls nicht, sofern durch den Unfall nur ein geringer Sachschaden entstanden sei, da unter

---

149 So bereits RG, Urteil vom 07.08.1941 – 5 D 242/41, DJ 1941, 1096 mit weiteren Rechtsprechungsverweisen.

150 Zu diesem Absatz BGH, Urteil vom 26.09.1962 – 4 StR 196/62, BGHSt 18, 114 = NJW 1963, 307 (308).

151 Zu diesem Absatz BGH, Urteil vom 26.09.1962 – 4 StR 196/62, BGHSt 18, 114 = NJW 1963, 307 (308).

diesen Umständen auch bei einem zeitlichen und räumlichen Zusammenhang eine Rückkehr zum Unfallort für den Unfallbeteiligten unzumutbar sei, „wenn er bei Rückkehr ein für ihn wichtiges schutzwürdiges Interesse vernachlässigen müsste."[152]

### *5. Beschluss des Bundesgerichtshofs vom 24.08.1965*

Am 24.08.1965 hatte der BGH über einen weiteren Vorlagebeschluss des OLG Celle zu entscheiden. Der BGH bejahte eine Wartepflicht am Unfallort, wenn der Täter sich in Unkenntnis seiner Unfallbeteiligung vom Unfallort entfernt hat, aber innerhalb eines zeitlichen und räumlichen Zusammenhangs zu diesem zurückkehrt.[153]

#### *a. Sachverhalt*

Der Angeklagte befuhr eine Kreisstraße, als er einen Anstoß an seinem Fahrzeug wahrnahm. Er stieg aus seinem Omnibus aus, realisierte aber nicht, dass er einen Fußgänger angefahren hatte. Er fuhr bis zu dem rund 25 Kilometer von der Unfallstelle entfernten Werkstattgelände seiner Firma weiter und stellte dort den Omnibus ab. Mit einem anderen Fahrzeug fuhr er die Strecke zurück, um weitere Arbeitnehmer abzuholen und zu ihren Wohnorten zu bringen. Als der Angeklagte die Unfallstelle etwa zwei Stunden nach dem Unfall passierte, war die Polizei vor Ort und der Angeklagte realisierte, dass die Anwesenheit der Polizei möglicherweise auf einen durch ihn zuvor verursachten Unfall zurückzuführen sein könnte. Trotzdem fuhr er weiter.[154]

#### *b. Prozessgeschichte*

Die Strafkammer hatte den Angeklagten wegen Verkehrsunfallflucht verurteilt, wogegen dieser Revision einlegte. Das OLG Celle sah die Voraussetzungen einer Verurteilung mangels Vorliegens eines räumlichen und zeitlichen Zusammenhangs zum Unfallgeschehen nicht gegeben, sah sich an einem Freispruch jedoch wegen des entgegenstehenden Urteils des OLG Hamm vom 29.04.1957 gehindert. Entsprechend legte das OLG Celle dem BGH den Fall gemäß § 121 II GVG zur Entscheidung vor.[155]

---

152 Zu diesem Absatz BGH, Urteil vom 26.09.1962 – 4 StR 196/62, BGHSt 18, 114 = NJW 1963, 307 (309).

153 BGH, Beschluss vom 24.08.1965 – 4 StR 353/65, NJW 1965, 2065.

154 Zu diesem Absatz BGH, Beschluss vom 24.08.1965 – 4 StR 353/65, NJW 1965, 2065.

155 Zu diesem Absatz BGH, ebd.

### c. *Tragende Erwägungen*

Der BGH schloss sich im Ergebnis der Rechtsauffassung des OLG Hamm an. Nach der gefestigten Rechtsprechung des BGH bestehe eine Pflicht zum Warten und zur Duldung der erforderlichen Feststellungen so lange, wie noch ein zeitlicher und räumlicher Zusammenhang zum Unfallgeschehen bestehe. Für das Fortbestehen des zeitlichen Zusammenhangs sei entscheidend, ob Feststellungen über den Unfall im Einzelfall nach dem regelmäßigen Ablauf der Dinge in dem für die strafrechtliche Beurteilung in Betracht kommenden Zeitpunkt noch erwartet werden könnten. Diese Voraussetzung sei erfüllt. Ein Zeitraum von zwei Stunden liege noch innerhalb des geforderten zeitlichen Zusammenhangs, weil der Angeklagte, hätte er den Unfall unmittelbar wahrgenommen, sich auch dann noch an der Unfallstelle hätte befinden müssen, zumal die Polizei zu diesem Zeitpunkt gerade dabei war, am Unfallort Feststellungen zu treffen. Auch der geforderte räumliche Zusammenhang habe noch bestanden. Unter den konkreten Umständen, d.h. den gegenwärtigen Verkehrsverhältnissen, den zu erzielenden Geschwindigkeiten und den zur Verfügung stehenden Benachrichtigungsmitteln habe die Entfernung von 25 Kilometern zum Unfallort den örtlichen Zusammenhang nicht abgebrochen.[156]

## III. Gesamtanalyse der Argumente

Im Gegensatz zu § 142 StGB in seiner heutigen Fassung enthielten die Tatbestände vor 1975 *expressis verbis* keinerlei Sekundärpflichten. Sie stellten explizit nur das Sich-Entziehen vor den Feststellungen durch Flucht unter Strafe. Somit ist zu untersuchen, inwieweit die durch die Rechtsprechung kreierten Pflichten mit der damaligen Gesetzeslage in Einklang stehen. Nach einer zunächst vorsatzlosen Flucht kommen dabei grundsätzlich drei verschiedenartige Pflichten in Frage, deren Unterlassen strafbarkeitsbegründend wirken könnte:

1. Die Pflicht, sich nicht den erforderlichen Feststellungen am Ort der Kenntniserlangung zu entziehen (im Folgenden unter **1.**).
2. Die Pflicht zur Rückkehr an den Unfallort nach Kenntniserlangung (im Folgenden unter **2.**).
3. Die Pflicht, sich nach zufälliger Rückkehr zum Unfallort nicht den erforderlichen Feststellungen durch Flucht zu entziehen (im Folgenden unter **3.**).

---

156 Zu diesem Absatz BGH, Beschluss vom 24.08.1965 – 4 StR 353/65, NJW 1965, 2065 (2066).

Zu bewerten sind ferner die vom BGH angedachten Einschränkungen über das Erfordernis eines räumlichen und zeitlichen Zusammenhangs (im Folgenden unter **4.**) sowie der Geringfügigkeit des Schadens (im Folgenden unter **5.**). Der Abschnitt schließt mit einem Fazit zur Gesamtanalyse der Argumente (im Folgenden unter **6.**).

### *1. Pflicht zur Feststellungsermöglichung am Ort der Kenntniserlangung*

Eine Strafbarkeit wegen Verkehrsunfallflucht nach § 142 I StGB a.F. wäre gegeben, wenn der Unfallbeteiligte, der unvorsätzlich von der Unfallstelle floh, aber später vom Unfall erfuhr, am Ort der Kenntniserlangung verbleiben musste und sich den dortigen Feststellungen somit nicht entziehen durfte. Das OLG Karlsruhe verneinte dies, da der Begriff der Flucht ein bewusstes Verlassen der Unfallstelle voraussetze.[157] Auch *Roth-Stielow* vertritt die Auffassung, als Ausgangspunkt der verbotenen Absatzbewegung komme nur der Unfallort selbst in Frage.[158]
Weshalb diese Annahme zutreffen sollte, erschließt sich nicht. Zunächst leuchtet zwar ein, dass die tatbestandliche Flucht, wie das OLG Karlsruhe ausführt,[159] bewusst erfolgen musste. Schließlich stellt § 142 StGB a.F. ein Vorsatzdelikt dar, sodass der Täter Kenntnis der Tatbestandsmerkmale einschließlich des Vorliegens eines Verkehrsunfalls haben musste.

Im Gegensatz zur heutigen Gesetzesfassung war der frühere Tatbestand jedoch unfallortunabhängig formuliert. Der Wortlaut *„sich den Feststellungen […] durch Flucht entziehen“* wies keinerlei Bezug zum Unfallort auf und reduzierte die Tathandlung daher gerade nicht zwingend darauf, vom Unfallort zu fliehen.[160] Da Flucht vielmehr „das Vereiteln unfallaufklärender Feststellungen durch Flucht schlechthin“[161] bedeutete, war als Ort des Fluchtbeginns auch ein anderer Ort denkbar, sofern dadurch die Feststellungen gefährdet wurden, was voraussetzte, dass am Ort der Kenntniserlangung feststellungsbereite Personen anwesend waren.

---

157 OLG Karlsruhe, Urteil vom 15.10.1959 – 1 Ss 146/59, DAR 1960, 52. Mit ähnlicher Begründung bereits OLG Hamm, Urteil vom 07.11.1958 – 1 Ss 1227/58, DAR 1959, 75.

158 *Roth-Stielow*, NJW 1963, 1188 (1189).

159 OLG Karlsruhe, Urteil vom 15.10.1959 – 1 Ss 146/59, DAR 1960, 52 (52 f.).

160 BGH, Beschluss vom 20.01.1960 – 4 StR 292/59, BGHSt 14, 89 = NJW 1960, 1019 (1020).

161 BGH, ebd.

Dem steht nicht entgegen, dass – wie der BGH erörtert – der Gesetzgeber mit dem Begriff der Flucht die Vorstellung eines festen örtlichen Ausgangspunkts verbindet.[162] Denn auch der erst auf der Weiterfahrt „schlechtgläubig" gewordene Unfallbeteiligte entfernt sich schließlich von einem festen örtlichen Ausgangspunkt. Im Gegensatz zu demjenigen Unfallbeteiligten, der bereits die Unfallstelle in Kenntnis des Unfalls verlässt, fällt beim zunächst arglos Fliehenden bloß der Beginn des Fluchtvorgangs nicht mit dem Sich-Entfernen von der Unfallstelle zusammen, sondern folgt auf ihn. Auch wenn sich Feststellungen am Unfallort vor dem Hintergrund der Interessen der anderen Unfallbeteiligten regelmäßig als sinnvoller erweisen als Feststellungen an einem anderen Ort, ändert dies nichts daran, dass der weit gefasste Wortlaut des § 142 I StGB a.F. eine Flucht von einem anderen Ort als dem Unfallort zuließ.

Eine vorsätzliche Flucht war somit nach dem Wortlaut der Vorschrift auch vom Ort der Kenntniserlangung aus möglich. Dies räumte zwar auch das OLG Karlsruhe grundsätzlich ein, allerdings nur für Fälle, in denen der Täter den Unfallort berechtigt oder entschuldigt verlassen hatte.[163] Das Gericht sah eine Strafbarkeit demnach stets als an die Bedingung geknüpft, dass der Unfallort (zunächst) bewusst verlassen wurde.[164] Dieses Verständnis stellt angesichts der fehlenden Bindung der Tathandlung des § 142 StGB a.F. an den Unfallort eine Fehlinterpretation dar. Es ist kein Grund ersichtlich, weshalb es gemäß § 142 StGB a.F. erforderlich sein sollte, dass der Unfallbeteiligte den Unfallort bewusst verlässt und weshalb der Tatbestand nicht durch ein bewusstes Verlassen des Orts der Kenntniserlangung erfüllt werden kann.

Zudem gebietet der Sinn und Zweck der Norm keine einschränkende Auslegung derart, dass eine Flucht nur vom Unfallort selbst aus möglich wäre. Der Zweck der Vorschrift bestand darin, die zur Klärung der bürgerlich-rechtlichen Ansprüche der Unfallbeteiligten erforderlichen Feststellungen im unmittelbaren Anschluss an den Unfall zu ermöglichen. Für die Erreichung dieses Zwecks ist es irrelevant, ob ein Unfallbeteiligter die Unfallstelle in Kenntnis oder Unkenntnis des Unfalls verlassen hat. Auch eine Flucht von der Kenntnisstelle aus kann diese Feststellungen gefährden. Der gleichlautenden Begründung des BGH ist zuzustimmen, sodass nach der damaligen Gesetzeslage eine Warte- und Duldungspflicht am Ort der Kenntniserlangung bestand.[165]

---

162 BGH, ebd.

163 OLG Karlsruhe, Urteil vom 15.10.1959 – 1 Ss 146/59, DAR 1960, 52.

164 OLG Karlsruhe, Urteil vom 15.10.1959 – 1 Ss 146/59, DAR 1960, 52 (53).

165 Vgl. BGH, Beschluss vom 20.01.1960 – 4 StR 292/59, BGHSt 14, 89 = NJW 1960, 1019 (1020).

Dies gilt jedenfalls, sofern zum Zeitpunkt der Kenntniserlangung noch keine Tatvollendung eingetreten war. Der Vorsatz muss nämlich wegen des aus §§ 16 I, 8 StGB folgenden Koinzidenzprinzips stets zum Zeitpunkt der Vornahme der tatbestandlichen Ausführungshandlung vorliegen.[166] Ist die Flucht einmal straflos vollendet worden, ist kein Raum für eine nachträgliche Strafbarkeit. Es existiert kein strafbegründender Vorsatz in der Beendigungsphase; der nach der Tatvollendung eintretende Vorsatz stellt einen unbeachtlichen *dolus subsequens* dar.[167]

Die Verkehrsunfallflucht nach § 142 StGB a.F. war vollendet, sobald sich der Wartepflichtige so weit von der Unfallstelle entfernt hatte, dass er für am Unfallort anwesende oder zu erwartende feststellungsfähige und -bereite Personen nicht mehr ohne Weiteres erreichbar oder als Unfallbeteiligter feststellbar war.[168] Ob dies der Fall ist, ist jeweils durch eine einzelfallbezogene Betrachtung zu prüfen. Jedenfalls in der typischen Konstellation, in der der Unfallbeteiligte vom Unfallort aus verfolgt wurde, war regelmäßig noch keine Vollendung eingetreten. Die erfolgreiche spätere Unterrichtung des Täters durch einen Geschädigten, anderen Unfallbeteiligten oder Unbeteiligten, der bereit ist, Feststellungen zu treffen, ist gerade ein Indiz dafür, dass der Täter für feststellungsfähige und -bereite Personen noch ohne Weiteres erreichbar war.

### *2. Rückkehrpflicht zum Unfallort nach zunächst vorsatzloser Flucht*

Die vom BGH angenommene Rückkehrpflicht für alle Fälle straflosen Verlassens des Unfallorts[169] lässt hingegen eine dogmatische Grundlage vermissen. Sie ergibt sich nicht „ohne Weiteres aus dem Fluchtverbot des § 142 StGB", wie von der Rechtsprechung angenommen.[170] Auch *Schröder* kritisiert die fehlende

166 Vgl. BGH, Beschluss vom 15.11.2010 – 4 StR 413/10, NStZ 2011, 209 (210); *Beulke*, Festschrift Maiwald, S. 30; *Brüning*, ZIS 2007, 317 (321); *Duttge*, in: NK Strafrecht, § 15 Rn. 9; *Fischer*, StGB Kommentar, § 15 Rn. 2; *Kindhäuser*, in: NK StGB, § 15 Rn. 5; *Kühl*, Strafrecht AT, § 5 Rn. 20; *Roxin*, Strafrecht AT I, § 12 I Rn. 80; *Zopfs*, in: MüKo StGB, § 142 Rn. 88.

167 Ausführlich zum *dolus subsequens* vgl. nachfolgend unter **B.III.1.d.cc**.

168 BGH, Beschluss vom 20.01.1960 – 4 StR 292/59, BGHSt 14, 89 = NJW 1960, 1019 (1020).

169 Vgl. BGH, Urteil vom 26.09.1962 – 4 StR 196/62, BGHSt 18, 114 = NJW 1963, 307.

170 Vgl. OLG Koblenz, Urteil vom 01.02.1973 – 1 Ss 286/72, VRS 45, 33 (34).

dogmatische Grundlage der angenommenen Rückkehrpflicht.[171] Er äußert sich erstaunt darüber, dass die Rechtsprechung noch nicht mal den Versuch unternommen habe, eine dogmatische Grundlage zu benennen.[172] In der Tat eröffnet der Wortlaut *„durch Flucht der Feststellung entziehen"* keinerlei Anhaltspunkte für die Annahme einer Rückkehrpflicht zum Unfallort. Als Tathandlung kommt allein die räumliche Entfernung *weg* von einem Ort in Frage, an dem sich feststellungsbereite Personen aufhalten.[173] Der Unfallbeteiligte darf nicht seinen Aufenthaltsort in der Absicht wechseln, die Unfallinteressenten an den in § 142 StGB a.F. genannten Feststellungen zu hindern oder diese zu erschweren.[174] Spiegelbildlich dazu beinhaltet § 142 StGB a.F. somit das Gebot, es zu unterlassen, diese Feststellungen durch Flucht zu vereiteln, welches sich in einer Wartepflicht am „Feststellungsort" manifestiert.[175] Die Norm missbilligt somit allein eine „Absatzbewegung".[176]

Durch die Annahme einer Rückkehrpflicht hingegen macht man dem Täter einen komplett andersartigen Vorwurf. Man wirft ihm vor, dass er an seinem gegenwärtigen Aufenthaltsort bleibt, statt zur Unfallstelle zurückzukehren. Die Norm etabliert aber keine Pflicht zur Gegenbewegung zurück zum Unfallort.[177] Eine Rückkehrpflicht kann daher auch nicht mit dem Verweis, dass die Unfallflucht auch von einem anderen Ort als dem Unfallort aus geschehen kann, begründet werden. § 142 StGB a.F. erlegt dem Unfallbeteiligten keinerlei Handlungsgebot in Form von Mitwirkungspflichten auf, um die Feststellungen – etwa durch Rückkehr zum Unfallort – erst aktiv zu ermöglichen. Auf eine solche Pflicht würde die Annahme einer Rückkehrpflicht doch gerade hinauslaufen. Die Konstruktion einer Rückkehrpflicht überschreitet damit die Wortlautgrenze

171 *Schröder*, NJW 1966, 1001 (1001 ff.). Schärfer *Schünemann*, Grund und Grenzen der unechten Unterlassungsdelikte, 1971, S. 368, der die Rückkehrpflicht als „dogmatische Missgeburt" tituliert.

172 *Schröder*, ebd.

173 *Schünemann*, Grund und Grenzen der unechten Unterlassungsdelikte, 1971, S. 366.

174 Vgl. *Schröder*, NJW 1966, 1001 (1003).

175 *Schünemann*, Grund und Grenzen der unechten Unterlassungsdelikte, 1971, S. 367.

176 *Roth-Stielow*, NJW 1963, 1188 (1189) ist insoweit zuzustimmen, als die Norm nur eine Absatzbewegung unter Strafe stellt. Abzulehnen ist hingegen *Roth-Stielows* Auffassung, wonach als Ausgangspunkt dieser Absatzbewegung nur der Unfallort selbst in Frage komme. Der Wortlaut des § 142 StGB a.F. ist nämlich in örtlicher Hinsicht gerade nicht auf den Unfallort begrenzt, sodass als Ort des Fluchtbeginns auch ein anderer Ort denkbar ist, vgl. betreits oben unter **A.III.1**.

177 *Roth-Stielow*, NJW 1963, 1188 (1189).

der Vorschrift. Nicht umsonst bezeichnet *Küper* die vom BGH unternommene Herleitung einer Rückkehrpflicht daher als richterliche Rechtsfortbildung *contra legem*.[178] Eine solche Rechtsfortbildung ist unzulässig.[179]

Der BGH begründet dieses Ergebnis mit der Vereitelung der Feststellungsmöglichkeiten der anderen Unfallbeteiligten und dem Hinweis auf die zuverlässige und beweiskräftige Feststellungsmöglichkeit am Unfallort,[180] also mit teleologischen Erwägungen, doch verkennt dabei, dass der Gesetzgeber als Mittel zum Erreichen des Zwecks, die unfallaufklärenden Feststellungen zu sichern, nur ein Fluchtverbot und keine anderen Pflichten angeordnet hat.[181] Jede teleologische Auslegung findet ihre Grenze am möglichen Wortsinn und darf nicht zu einem Ergebnis führen, das diesen überschreitet.[182] Der Ansicht *Schünemanns*, wonach die Rückkehrpflicht das verfassungsrechtliche Gesetzlichkeitsprinzip *nulla poena sine lege* aus Art. 103 II GG, § 1 StGB verletzt, ist deshalb beizupflichten.[183] Aus diesem Grund ist auch die vom BGH angesprochene Frage, ob eine Rückkehrpflicht aus dem Gesichtspunkt der Zumutbarkeit denkbar ist,[184] irrelevant.

Anders als *Schmidhäuser* meint,[185] kann eine Rückkehrpflicht auch nicht mittels der Grundsätze eines echten Unterlassungsdelikts begründet werden.[186] *Schmidhäuser* führt aus, § 142 StGB a.F. sei nicht als reines Passivitätsgebot zu verstehen, sondern enthalte das Gebot, sich an dem Ort aufzuhalten, an dem gleich nach dem Unfall die Ermittlungen gegen die Beteiligten stattfinden, sodass sich dieses Gebot auch als Rückkehrgebot auswirken könne.[187] Dieser Ansatz geht fehl, weil § 142 StGB a.F. kein echtes Unterlassungsdelikt darstellt.[188] Ein echtes Unterlassungsdelikt ist dadurch gekennzeichnet,

---

178 *Küper*, Festschrift Heidelberg, S. 457.

179 *Kuhlen*, Festschrift Otto, S. 91 unter Bezugnahme auf BGH, Beschluss vom 03.03.2005 – GSSt 1/04, BGHSt 50, 40 = NJW 2005, 1440 (1443 f.) betreffend Absprachen im Strafprozess.

180 Vgl. BGH, Urteil vom 26.09.1962 – 4 StR 196/62, BGHSt 18, 114 = NJW 1963, 307.

181 *Roth-Stielow*, NJW 1963, 1188 (1189 f.).

182 *Schünemann*, Grund und Grenzen der unechten Unterlassungsdelikte, 1971, S. 366.

183 *Schünemann*, DAR 1998, 424 (427); *ders.*, DAR 2003, 207 (209 f.).

184 Vgl. BGH, Beschluss vom 20.01.1960 – 4 StR 292/59, BGHSt 14, 89 = NJW 1960, 1019 (1021).

185 *Schmidhäuser*, JZ 1955, 433 (437).

186 Vgl. *Schröder*, NJW 1966, 1001 (1002).

187 *Schmidhäuser*, ebd.

188 *Schröder*, NJW 1966, 1001 (1002 in Fußnote 14).

dass das Gesetz ein Handeln fordert, dessen Unterlassen den Tatbestand unmittelbar erfüllt, d.h. die Strafbarkeit wird durch den Verstoß gegen ein Handlungsgebot herbeigeführt.[189] Das spiegelt sich auch im Wortlaut des echten Unterlassungsdelikts wider, dessen Tatbestand die Nichtvornahme einer gebotenen Handlung unter Strafe stellt. Dies wird durch Formulierungen wie *„es unterlässt"* (vgl. § 138 StGB) oder *„nicht Hilfe leistet"* (vgl. § 323c StGB) deutlich. Der Wortlaut des § 142 StGB a.F. hingegen enthält keine derartige Formulierung. Er steht einer Auslegung als aktives Gebot entgegen, weil § 142 StGB a.F. keinen aktiven Handlungsappell beinhaltet.[190] Das Gebot, sich den Feststellungen nicht durch Flucht zu entziehen, ist vielmehr deckungsgleich mit dem Verbot, sich den Feststellungen zu entziehen, und stellt somit im Ergebnis kein Handlungsgebot dar.[191]

*Schmidhäusers* Ansatz ist außerdem deshalb abzulehnen, weil Verbot und Gebot ein wechselseitiges Spiegelbild darstellen, sodass das spiegelbildliche Gebot zu einer Verbotsnorm niemals weiter gehen kann, als der Wortlaut des Verbots selbst es zulässt. Bei einer Auslegung im Sinne einer Rückkehrpflicht wäre dies aber der Fall. Denn das Verbot, sich den Feststellungen durch Flucht zu entziehen, existiert losgelöst vom Unfallort und so kann das entsprechende Gebot des § 142 StGB a.F. nicht darin bestehen, zum Unfallort zurückzukehren. Die Argumentation *Schmidhäusers* fußt auf der Fehlannahme, dass § 142 StGB a.F. das zwingende Gebot enthalte, am Unfallort zu bleiben. Damit widerspricht er sich selbst. Denn wie *Schmidhäuser* im Folgenden zutreffend hervorhebt, kann eine Flucht im Sinne des § 142 StGB a.F. auch von einem anderen Ort als dem Unfallort aus begangen werden.[192] Entsprechendes muss für das spiegelbildliche Gebot gelten, das somit bloß darin besteht, eben diesen Ort nicht zu verlassen.[193]

Letztlich kann eine Rückkehrpflicht ebenso wenig mittels der Grundsätze des unechten Unterlassens begründet werden. Dieser Ansatz scheitert bereits deshalb, weil keine Garantenpflicht besteht. Insbesondere besteht für den Unfallbeteiligten, der sich, ohne tatbestandlich verantwortlich zu sein, bereits vom Unfallort entfernt hat, keine Pflicht zur Rückkehr zum Unfallort aus vorangegangenem Tun.[194] Eine Garantenstellung aus Ingerenz erfordert nach h.M. ein

---

189 *Steenbock*, Unfallflucht, 2004, S. 103.
190 Zutreffend *Schröder*, NJW 1966, 1001 (1002).
191 *Schröder*, NJW 1966, 1001 (1002).
192 *Schmidhäuser*, JZ 1955, 433 (437).
193 Zutreffend *Bindokat*, NJW 1966, 1906.
194 *Schröder*, NJW 1966, 1001 (1002 f.).

pflichtwidriges, wenn auch nicht unbedingt schuldhaftes Vorverhalten,[195] das eine naheliegende Gefahr des Erfolgseintritts begründet oder zumindest erhöht hat.[196] Diese Voraussetzungen liegen hier nicht vor. Wie *Schröder* zutreffend erklärt, ist der tatbestandsmäßige Erfolg des § 142 StGB a.F. bereits eingetreten, wenn der Unfallbeteiligte den Unfallort bzw. den Ort der Kenntniserlangung verlassen hat.[197] Die Ermittlungen am Unfallort werden durch seine Abwesenheit behindert, wobei sich diese Behinderung durch seine weitere Abwesenheit nicht verstärkt. Ist der vom Gesetz missbilligte Erfolg bereits endgültig eingetreten, führt die Untätigkeit des Unfallbeteiligten nicht zu einer Vergrößerung der Gefahr oder des Schadens.[198] Eine Rückkehrpflicht würde den Unfallbeteiligten zur Wiedergutmachung dieses Schadens verpflichten. Eine Schadenswiedergutmachung ist in den Grundsätzen der unechten Unterlassungsdelikte aber nicht vorgesehen.[199]

Nach alledem steht die Rückkehrpflicht dogmatisch im Widerspruch zu § 142 StGB a.F.

### 3. *Warte- und Feststellungsduldungspflicht am Unfallort nach zufälliger Rückkehr*

Fraglich ist, ob der Tatbestand des § 142 StGB a.F. es erforderte, dass ein Unfallbeteiligter, der in Unkenntnis des Unfallgeschehens den Unfallort verließ, dann aber zufällig an diesen zurückkehrte, dort warten und Feststellungen dulden musste. Das OLG Hamm bejahte diese Frage und führte an, es bestehe kein einleuchtender Grund, „den Fall nur deswegen anders zu beurteilen, weil der Angeklagte nach schuldloser und an sich zunächst endgültiger Entfernung zufällig an den Unfallort zurückgekehrt“ sei.[200] Der Unfallbeteiligte müsse am Unfallort verbleiben, wenn noch Feststellungen möglich scheinen.[201]

Der BGH bestätigte diese Rechtsauffassung in seinem Beschluss aus dem Jahr 1965. Auch er nahm an, dass ein Unfallbeteiligter, der zufällig zum Unfallort

---

195 BGH, Urteil vom 19.07.1973 – 4 StR 284/73, BGHSt 25, 218 = NJW 1973, 1706; *Steenbock*, Unfallflucht, 2004, S. 107; a.A. *Herzberg*, JuS 1971, 74.

196 Vgl. nur BGH, Urteil vom 25.09.1991 – 3 StR 95/91, NJW 1992, 1246 (1247).

197 *Schröder*, NJW 1966, 1001 (1002).

198 *Schröder*, ebd.

199 BayObLG, Urteil vom 18.07.1980 – RReg. 1 St. 2/80, NJW 1981, 879 (880); *Hillenkamp*, Festschrift Beulke, S. 457.

200 OLG Hamm, Urteil vom 29.04.1957 – 2 Ss 227/57, VRS 14, 34 (35).

201 OLG Hamm, ebd.

zurückkehrt und erst jetzt mit seiner Unfallbeteiligung rechnet, dort verbleiben und Feststellungen dulden müsse. Ähnlich wie das OLG Hamm nahm auch der BGH eine Einschränkung dieser Pflicht vor, indem er sie unter den Vorbehalt des Fortbestehens eines räumlichen und zeitlichen Zusammenhangs mit dem Unfallgeschehen stellte.[202]

Im Gegensatz zur Rückkehrpflicht sah der Tatbestand eine Warte- und Feststellungsduldungspflicht grundsätzlich vor. Indessen konnte diese Pflicht wegen des oben erläuterten Koinzidenzprinzips[203] jedoch nur in Betracht kommen, wenn die tatbestandliche Handlung, d.h. die Flucht, im Zeitpunkt der Rückkehr zur und Kenntniserlangung an der Unfallstelle noch nicht vollendet war. Das Bestehen einer Warte- und Feststellungsduldungspflicht hing demnach maßgeblich davon ab, ob im Zeitpunkt der Rückkehr zum Unfallort bereits Vollendung eingetreten war. Weder das OLG Hamm noch der BGH haben diesen Aspekt in den Entscheidungsgründen aufgegriffen. Indem sie vielmehr eine Wartepflicht am Unfallort pauschal bejahten, haben sie das Koinzidenzprinzip übergangen.

Dabei weist sogar jedenfalls das OLG Hamm auf dieses Spannungsverhältnis zum Koinzidenzprinzip in den Urteilsgründen implizit hin: Es führt aus, dass kein einleuchtender Grund bestehe, „den Fall nur deswegen anders zu beurteilen, weil der Angeklagte nach schuldloser und an sich zunächst endgültiger Entfernung zufällig an den Unfallort zurückgekehrt" sei.[204] Die Formulierung „zunächst endgültig" könnte darauf hindeuten, dass nach rechtlicher Einschätzung des Gerichts bereits Vollendung eingetreten war, bevor der Angeklagte wieder an den Unfallort gelangte. Von einer Vollendung der Flucht ist das Gericht auch zu Recht ausgegangen, denn der Angeklagte kam erst auf seiner Rückfahrt nach rund anderthalb bis zwei Stunden wieder am Unfallort vorbei. Zwischenzeitlich hatte er also sein Fahrtziel bereits erreicht und war für am Unfallort anwesende oder zu erwartende feststellungsfähige und -bereite Personen nicht mehr ohne Weiteres erreichbar oder als Unfallbeteiligter feststellbar. Die tatbestandliche Flucht war somit bereits vollendet und zwar mangels Vorsatzes straflos. Damit war die Bejahung einer Wartepflicht wegen des Koinzidenzprinzips systemwidrig.

Abschließend bleibt festzustellen, dass eine Warte- und Feststellungsduldungspflicht am Unfallort nur bestehen konnte, so lange die Flucht nicht bereits

202 Zu diesem Absatz BGH, Beschluss vom 24.08.1965 – 4 StR 353/65, NJW 1965, 2065.
203 Vgl. bereits oben unter **A.III.1**.
204 OLG Hamm, Urteil vom 29.04.1957 – 2 Ss 227/57, VRS 14, 34 (35).

zuvor vollendet worden war. Sowohl das OLG Hamm[205] als auch der BGH[206] lassen diesen Aspekt außer Acht.

### 4. *Kritik am einschränkenden Kriterium des räumlich-zeitlichen Zusammenhangs*

Um die Pflichten nach zunächst vorsatzloser Flucht einzugrenzen, wandte der BGH das Kriterium des räumlich-zeitlichen Zusammenhangs an: In seinem Urteil aus dem Jahr 1965 führt der BGH aus, dass die passive Feststellungsduldungspflicht, nachdem sie einmal erloschen sei, nicht dadurch neu begründet werden könne, dass der räumliche Zusammenhang durch Rückkehr zum Unfallort wiederhergestellt werde.[207] Das Bestehen einer Warte- und Feststellungsduldungspflicht bei zufälliger Rückkehr zum Unfallort war nach Auffassung des BGH folglich vom Fortbestehen eines räumlichen und zeitlichen Zusammenhangs zum Unfallgeschehen abhängig. Das gilt gleichermaßen für die Warte- und Feststellungsduldungspflicht am Ort der Kenntniserlangung, welche der BGH im oben dargestellten Beschluss aus dem Jahr 1960 annahm[208] sowie für die Rückkehrpflicht zum Unfallort, welche der BGH wiederum in seinem Urteil aus dem Jahr 1962 bejahte.[209] Das einschränkende Kriterium des räumlich-zeitlichen Zusammenhangs überzeugt allerdings nicht.

Wie oben erörtert, muss der Täter den Vorsatz stets vor der Tatvollendung bilden. Da der BGH das Bestehen von tatbestandlichen Pflichten und somit eine Strafbarkeitsbegründung vom Fortbestehen eines räumlichen und zeitlichen Zusammenhangs abhängig machte, wäre sein Standpunkt nur dann mit dem Koinzidenzprinzip kompatibel, sofern der räumliche und zeitliche Zusammenhang nicht weiter reichte als der Zeitpunkt der Tatvollendung. Andernfalls würde er eine unzulässige Bestrafung des *dolus subsequens* bewirken. Zu untersuchen ist demnach, ob der BGH das Ende des räumlich-zeitlichen Zusammenhangs gleichbedeutend mit der Tatvollendung definiert.

Vollendung nach § 142 StGB a.F. trat ein, wenn sich der Wartepflichtige so weit von der Unfallstelle entfernt hatte, dass er für am Unfallort anwesende oder zu erwartende feststellungsfähige und -bereite Personen nicht mehr ohne

205 OLG Hamm, Urteil vom 29.04.1957 – 2 Ss 227/57, VRS 14, 34.

206 BGH, Beschluss vom 24.08.1965 – 4 StR 353/65, NJW 1965, 2065.

207 BGH, Beschluss vom 24.08.1965 – 4 StR 353/65, NJW 1965, 2065 (2066).

208 BGH, Beschluss vom 20.01.1960 – 4 StR 292/59, BGHSt 14, 89 = NJW 1960, 1019 (1020).

209 BGH, Urteil vom 26.09.1962 – 4 StR 196/62, BGHSt 18, 114 = NJW 1963, 307.

Weiteres erreichbar oder als Unfallbeteiligter feststellbar war.[210] Zunächst fällt auf, dass sich die Tatvollendung allein nach räumlichen Kriterien zu richten scheint, während der räumlich-zeitliche Zusammenhang auch eine zeitliche Komponente enthält. Daher soll zunächst überprüft werden, inwieweit sich die vom BGH aufgestellten örtlichen Kriterien im Rahmen des zeitlich-räumlichen Zusammenhangs mit der Vollendungsdefinition decken. In örtlicher Hinsicht hebt der BGH lediglich hervor, dass eine Entfernung von 25 Kilometern, welche der Angeklagte zurückgelegt hatte, bevor er zur Unfallstelle zurück fuhr, „unter den gegenwärtigen Verkehrsverhältnissen, den mit Omnibussen zu erzielen Geschwindigkeiten und den zur Ermittlung und Verfolgung von Unfallbeteiligten zur Verfügung stehenden Kommunikationsmitteln (...) nicht so wesentlich [sei], daß sie allein schon den räumlichen Zusammenhang mit dem Unfallgeschehen in allen Fällen beseitigen könnte."[211] Es scheint, als komme es dem BGH zufolge abstrakt darauf an, wie gut der Täter vom Unfallort aus noch erreichbar ist. Dieses Kriterium deckt sich im Wesentlichen mit der Definition der Tatvollendung.

In zeitlicher Hinsicht merkt der BGH an, dass der zeitliche Zusammenhang mit dem Unfallgeschehen nicht mit dem zeitlichen Zusammenhang an der Unfallaufklärung gleichzusetzen sei. Die bloß gedankliche Möglichkeit, dass Feststellungen über den Unfall an der Unfallstelle noch getroffen werden könnten, reiche nicht aus. Vielmehr werde das Maß für die Entscheidung, ob ein zeitlicher Zusammenhang fortbesteht, danach bestimmt, ob Feststellungen im Einzelfall nach dem regelmäßigen Ablauf der Dinge noch erwartet werden könnten. Ein zeitlicher Zusammenhang mit dem Unfallgeschehen sei zu bejahen, wenn sich der Unfallbeteiligte zum Zeitpunkt der Rückkehr, hätte er direkt Kenntnis vom Unfall gehabt, ebenfalls hätte am Unfallort befinden müssen.[212]

Das abstrakte Maß, das der BGH hier anlegt, weicht von den Kriterien der Tatvollendung ab. Das Ende des zeitlichen Zusammenhangs zum Unfallgeschehen reicht zumindest über den Vollendungszeitpunkt der Flucht hinaus. Das Maß zur Bestimmung des zeitlichen Zusammenhangs mit dem Unfallgeschehen lässt außer Acht, dass der Unfallbeteiligte vor seiner zufälligen Rückkehr zum Unfallort seine Fahrt und damit die Flucht gegebenenfalls bereits vollendet hat. Der erst nach der vollendeten Flucht gebildete Vorsatz kann nicht

210 BGH, Beschluss vom 20.01.1960 – 4 StR 292/59, BGHSt 14, 89= NJW 1960, 1019 (1020).

211 BGH, Beschluss vom 24.08.1965 – 4 StR 353/65, NJW 1965, 2065 (2066).

212 Zu diesem Absatz BGH, ebd.

strafbarkeitsbegründend wirken und dementsprechend auch keine Warte- oder Feststellungsduldungspflichten mehr auslösen.

Da die Kriterien zur Bestimmung des Fortbestehens eines räumlichen und zeitlichen Zusammenhangs von denjenigen der Vollendungsdefinition abweichen, steht das Erfordernis eines räumlich-zeitlichen Zusammenhangs im Widerspruch zum Koinzidenzprinzip.

Zudem fällt auf, dass das § 142 StGB a.F. keinerlei Anhaltspunkte für einen räumlichen und zeitlichen Zusammenhang hergibt. Das Kriterium wurde von der Rechtsprechung entwickelt, um der übermäßigen Ausweitung des Tatbestands Rechnung zu tragen.[213] *Schröder* misst zwar dem räumlichen Zusammenhang eine nur untergeordnete Rolle zu, nimmt aber an, dass ein enger zeitlicher Zusammenhang „freilich zu fordern" sei, da andernfalls zu befürchten sei, § 142 StGB a.F. könnte seine tatbestandliche Begrenzung verlieren.[214] Eine solche Begrenzung war jedoch gar nicht nötig, da bereits das Gesetz selbst eine hinreichende inzidente Begrenzung enthielt. Auch nach damaliger Gesetzeslage musste der Vorsatz stets bei Begehung der Tathandlung vorliegen. Entsprechend begrenzte der Vollendungszeitpunkt den Zeitraum, bis zu dem nachträgliche Warte- und Feststellungsduldungspflichten nach vorsatzlosem Verlassen der Unfallstelle entstehen konnten. Konstellationen, wie *Schröder* sie anführt, in denen ein Unfallbeteiligter erst Wochen später von seiner möglichen Beteiligung an einem Unfall erfährt,[215] waren ohnehin nicht vom Tatbestand erfasst, weil die Flucht dann bereits beendet war und ein der Tatvollendung nachfolgender Vorsatz rechtlich unbeachtlich ist. Dass die Verkehrsunfallflucht ohne ein separates zeitlich eingrenzendes Erfordernis ihre tatbestandliche Grenze verlieren könnte, war somit nicht zu befürchten, sodass insbesondere unter dem Gesichtspunkt der Zumutbarkeit gar kein Bedarf nach einer weiteren Begrenzung bestand.

Schlussendlich fehlt dem Kriterium des räumlich-zeitlichen Zusammenhangs nicht nur eine dogmatische Grundlage, sondern es erweist sich auch als hinsichtlich seiner Grenzziehung zu ungenau.[216] Es kreiert „ernsthafte und jede

---

213 BGH, Beschluss vom 24.08.1965 – 4 StR 353/65, NJW 1965, 2065 (2066).

214 *Schröder*, NJW 1966, 1001 (1003).

215 *Schröder*, ebd.

216 So auch *Eisenberg*, Jura 1983, 267 (268). Das Kriterium wurde schließlich in der obergerichtlichen Rechtsprechung extensiv ausgelegt und auch dann bejaht, wenn der Unfallbeteiligte Kenntnis vom Unfall zwei Kilometer vom Unfallort, vgl. OLG Karlsruhe, Beschluss vom 29.05.1980 – 1 Ss 90/80, NJW 1981, 881, oder am auf den Unfall folgenden Tag zu Hause erlangte, vgl. BayObLG, Urteil vom 18.07.1980 – RReg. 1 St. 2/80, NJW 1981, 879 (881).

Rechtssicherheit auflösende Abgrenzungsschwierigkeiten",[217] weil unklar ist, wann ein räumlicher und zeitlicher Zusammenhang noch bestehen soll.

Zusammenfassend erweist sich der räumliche und zeitliche Zusammenhang zur Begrenzung des Tatbestands als überflüssig und ungeeignet. Seine Anwendung verletzt das Koinzidenzprinzip.

### 5. *Kritik am einschränkenden Kriterium der Geringfügigkeit des Schadens*

Als dogmatisch inkonsequent erweist sich auch die vom BGH vorgenommene Einschränkung, dass eine Rückkehrpflicht bei nur „geringem Sachschaden" nicht bestehe.[218] Denn ein Feststellungsinteresse, woraus der BGH die Rückkehrpflicht hergeleitet hatte, besteht grundsätzlich bei jedem Schaden, der nicht nur völlig belanglos ist. Das Gesetz knüpft den Tatbestand der Verkehrsunfallflucht pauschal an das Merkmal des Verkehrsunfalls, ohne aus dem Anwendungsbereich solche Taten auszunehmen, die nach einem Verkehrsunfall mit verhältnismäßig geringfügigem Sachschaden begangen worden sind.

Wie der Gesetzesentwurf zur Neufassung (1975) erklärt, könnte der Zwang zur Rücksichtnahme durch eine solche Einschränkung im Verkehr in gefährlicher Weise aufgeweicht werden.[219] Außerdem würden dem Unfallbeteiligten unwiderlegbare Ausreden dahin ermöglicht, er habe den Schaden aufgrund des unmittelbar nach dem Unfall erlangten flüchtigen Eindrucks für gering gehalten. Zu beachten ist auch, dass die Feststellung, ob es sich lediglich um einen geringen Sachschaden handelt, oft nur und erst am Unfallort getroffen werden kann, sich für das vorsatzlose Sich-Entfernen also als problematisch erweist. Soweit aus kriminalpolitischen Erwägungen von einer Bestrafung wegen der Geringfügigkeit des Schadens abzusehen ist, könnte durch Einstellung des Verfahrens nach den Vorschriften der §§ 153 ff. StPO hinreichend abgeholfen werden. Diese Erwägungen sind auf die Rechtslage vor 1975 übertragbar, da § 142 StGB a.F. gleichermaßen an das Merkmal des Verkehrsunfalls anknüpfte.[220]

---

217 *Roth-Stielow*, NJW 1963, 1188 (1189).

218 BGH, Urteil vom 26.09.1962 – 4 StR 196/62, BGHSt 18, 114 = NJW 1963, 307.

219 Zum Folgenden Gesetzesentwurf der Bundesregierung zum 14. Strafrechtsänderungsgesetz, BT-Drucksache 7/2434, S. 6.

220 Jedenfalls die Einstellungsmöglichkeit wegen Geringfügigkeit (§ 153 StPO) sowie die Möglichkeit der Teileinstellung bei mehreren Taten (§ 154 StPO) existierten bereits vor 1975. § § 153, 154 StPO wurden in ihrer Grundkonzeption durch die sogenannte Emminger-Verordnung (Verordnung über Gerichtsverfassung und Strafrechtspflege)

Andererseits ist die Einschränkung über die Geringfügigkeit des Schadens aus praktischen Gesichtspunkten nachvollziehbar. Sie dient der Entlastung der Staatsanwaltschaften und Gerichte, welche der Einstellung wegen Geringfügigkeit nach § 153 StPO zustimmen müssen. Die Verneinung einer Strafbarkeit bei Geringfügigkeit des Schadens führt dazu, dass die Staatsanwaltschaft in den betreffenden Fällen nicht aufgrund des Legalitätsprinzips zunächst verpflichtet ist, ein Ermittlungsverfahren zu eröffnen, um es dann wegen Geringfügigkeit einzustellen.

### 6. *Fazit zur Gesamtanalyse der Argumente*

Die Rechtsprechung hat verschiedene Lösungsansätze entwickelt, um Konstellationen der zunächst vorsatzlosen Flucht durch den Tatbestand zu erfassen. Doch nicht alle der entwickelten Lösungen halten einer kritischen Überprüfung stand. Das gilt insbesondere bezüglich der angenommenen Rückkehrpflicht zum Unfallort, die dogmatisch nicht begründbar ist. Der Tatbestand stellte die Flucht in Form einer Absatzbewegung weg von der Unfallstelle unter Strafe. Eine unterlassene „Rückbewegung" hin zur Unfallstelle ist vom Begriff der Flucht nicht gedeckt und stellt daher keine tatbestandliche Handlung nach § 142 StGB a.F. dar.

Ob bei zufälliger Rückkehr zum Unfallort nach zunächst vorsatzloser Flucht eine Pflicht bestand, dort zu warten und Feststellungen zu dulden, richtet sich danach, ob die tatbestandliche Flucht zu diesem Zeitpunkt bereits vollendet war. Tatbestandliche Pflichten können indes nur dann bestehen, wenn noch keine Vollendung eingetreten ist. War die Flucht hingegen bereits vollendet, kam eine Strafbarkeit nach § 142 StGB a.F. durch ein erneutes Verlassen der Unfallstelle wegen des Koinzidenzprinzips nicht mehr in Betracht. Die Entscheidungen des BGH und des OLG Hamm übergehen diesen Aspekt.

Überzeugend ist hingegen die Annahme einer Wartepflicht am Ort der Kenntniserlangung. Weder der Wortlaut noch der Sinn und Zweck der Vorschrift gebieten eine Beschränkung der Tathandlung auf den Unfallort. Eine Wartepflicht am Ort der Kenntniserlangung setzte aber gleichermaßen voraus, dass zum Zeitpunkt der Kenntniserlangung noch keine Vollendung eingetreten war.

Die vorgenommene Einschränkung mittels eines räumlich-zeitlichen Zusammenhangs war nicht geboten. Das Kriterium ist zu verwerfen, weil ihm eine

---

vom 04.01.1924 in die StPO eingeführt, vgl. *Peters*, in: MüKo StPO, § 153 Rn. 1; *Teßmer*, in: MüKO StPO, § 154 Rn. 1.

dogmatische Grundlage fehlt und es sich aufgrund seiner mangelnden Präzisierung als ungeeignet erwiesen hat. Einzig relevant für die Frage, ob eine Tatbestandsverwirklichung noch möglich ist, ist die Frage der Tatvollendung. Der Zeitpunkt der Tatvollendung begrenzt die Strafbarkeit inzident, sodass eine übermäßige Ausweitung des Tatbestands nicht zu befürchten ist.

Dogmatisch kann die Geringfügigkeit des Schadens keine Auswirkungen auf die Entstehung von Pflichten nach § 142 StGB a.F. haben. Der Gesetzgeber hat die Wertung getroffen, dass eine Verkehrsunfallflucht nicht erst ab einer bestimmten Schadenshöhe strafbar ist. Andererseits dient eine Einschränkung mittels der Geringfügigkeit des Schadens der Entlastung der Staatsanwaltschaften und Gerichte.

## B. Strafbarkeit des vorsatzlosen Sich-Entfernens vom Unfallort nach der Novelle 1975

Entsprechend des Aufbaus unter **A.** wird auch im Rahmen der Darstellung der Rechtslage nach der Novelle 1975 in diesem Abschnitt zunächst der einschlägige Tatbestand erörtert (im Folgenden unter **I.**) und dann die Entwicklung der Rechtsprechung aufgezeigt (im Folgenden unter **II.**). Es erfolgt eine detaillierte Gesamtanalyse der vorgebrachten Argumente (im Folgenden unter **III.**). Die Untersuchung wird sich sodann einem weiteren, in der Literatur vorgeschlagenen Lösungsansatz, der sogenannten „Unterlassenslösung", widmen (im Folgenden unter **IV.**).

### I. Straftatbestand

Durch den weiter ansteigenden Verkehr wurden die Rufe nach einer Reform stetig lauter.[221] Der Tatbestand in seiner alten Fassung hatte sich als zu unbestimmt und impraktikabel erwiesen.[222] Insbesondere waren weitergehende Versuche, nachträgliche Meldepflichten gegenüber der Polizei festzulegen, innerhalb der

221 *Meurer*, Unerlaubtes Entfernen vom Unfallort, 2014, S. 132 f.

222 Eine ausführliche Beschreibung der Auslegungs- und Anwendungsschwierigkeiten des § 142 StGB a.F. findet sich bei *Dünnebier*, GA 1957, 33 (39 f.); s. auch *Kubatta*, Zur Reformbedürftigkeit der Verkehrsunfallflucht, 2008, S. 24. Zu den Reformbestrebungen von den fünfziger Jahren bis zur Neufassung im Jahr 1975 *Meurer*, Unerlaubtes Entfernen vom Unfallort, 2014, S. 86 ff.

Rechtsprechung strittig geblieben.[223] Die bereits seit den fünfziger Jahren schwelenden Reformbestrebungen[224] manifestierten sich schließlich am 24.04.1975, als der Siebte Bundestag das 13. Strafrechtsänderungsgesetz beschloss.[225] Durch die Neufassung des § 142 StGB intendierte der Gesetzgeber, einen Tatbestand zu schaffen, der der fortschreitenden Entwicklung des Straßenverkehrs und der damit einhergehenden Steigerung der Unfallzahlen gerecht wird. Anwendungs- und Auslegungsschwierigkeiten sollten beseitigt werden.[226]

Mit dieser Neufassung des Tatbestands leitete der Gesetzgeber durch zwei wesentliche Änderungen eine Wende ein. Einerseits definierte er die zu erfüllende Primärpflicht um, andererseits schrieb er erstmals Sekundärpflichten gesetzlich fest. Der neue Tatbestand wurde als „so detailliert, wenn auch zugleich recht kompliziert"[227] bezeichnet; auch von einem „Perfektionismus des Gesetzgebers"[228] war die Rede. Ob dieser Perfektionismus zur Perfektion gereicht hat, erscheint allerdings mehr als zweifelhaft.[229] Dasselbe gilt für das Vorhaben des

---

223 BGH, Urteil vom 25.01.1955 – 2 StR 366/54, BGHSt 7, 112 (117) lehnte eine Meldepflicht mit der Begründung ab, sie sei zwar wünschenswert, aber nicht von der Rechtsordnung gedeckt.

224 Die Reformierung des § 142 StGB war Gegenstand der Beratung der III. Unterkommission, der Großen Strafrechtskommission und der Länderkommission. Der Neufassung des § 142 StGB im Jahr 1975 gingen verschiedene Reformentwürfe voraus, vgl. die Darstellungen bei *Kubatta*, Zur Reformbedürftigkeit der Verkehrsunfallflucht, 2008, S. 25 ff., *Magdowski*, Die Verkehrsunfallflucht in der Strafrechtsreform, 1980, S. 24 ff.; *Meurer*, Unerlaubtes Entfernen vom Unfallort, 2014, S. 86 ff. sowie *Schünemann*, DAR 2003, 207 (210 f.).

225 Nach den Reformvorschlägen § 352 (E 1959), § 347 (E 1960) und § 347 (E 1962) wurde die Neufassung zunächst als das 14. Strafrechtsänderungsgesetz eingebracht. Da aber der ursprüngliche Entwurf des 13. Strafrechtsänderungsgesetzes nicht verabschiedet wurde, wurde das 14. Strafrechtsänderungsgesetz in der zweiten bzw. dritten Lesung in 13. Strafrechtsänderungsgesetz umbenannt, vgl. BT-Drucksache 7/3552. Die Neufassung wurde somit durch das 13. Strafrechtsänderungsgesetz vom 13.06.1975, in Kraft getreten am 21.06.1975, eingeführt, vgl. BGBl. I, S. 1349.

226 Gesetzesentwurf der Bundesregierung zum 14. Strafrechtsänderungsgesetz, BT-Drucksache 7/2434, S. 1.

227 *Küper*, Festschrift Heidelberg, S. 454.

228 *Loos/Schwerdtfeger*, DAR 1983, 209 (210).

229 Naheliegend ist wohl eher das Gegenteil. *Geppert*, Jura 1990, 78 bezeichnet § 142 StGB auch nach seiner Neufassung als einen „der am meisten verunglückten Straftatbestände des gesamten StGB." In eine ähnliche Richtung *Kubatta*, Zur Reformbedürftigkeit der Verkehrsunfallflucht, 2008, S. 33 f., die vor allem auf die Unzulänglichkeit der verwendeten unbestimmten Rechtsbegriffe und den daraus folgenden Verlust des

Gesetzgebers, mit der Novelle Anwendungs- und Auslegungsschwierigkeiten zu beseitigen.[230] Im Einzelnen hat der Tatbestand folgende Neuerungen erfahren:

Der Gesetzgeber wandelte die amtliche Überschrift der Vorschrift von *„Verkehrsunfallflucht“* in *„Unerlaubtes Entfernen vom Unfallort“*, um zu unterstreichen, dass der Tatbestand nicht mehr nur die Flucht, sondern das Sich-Entfernen vom Unfallort erfasst.[231] Diese Änderung basierte auf der Annahme, der Begriff der Flucht setze voraus, dass eine andere Person am Unfallort anwesend sei, sodass der Tatbestand erfordere, dass der Unfallbeteiligte vor dieser Person fliehe.[232] Da der Tatbestand aber jedwedes Verlassen des Unfallorts – unabhängig von der Anwesenheit anderer Unfallbeteiligter – unter Strafe stellen sollte, wurde der Begriff durch das vermeintlich neutralere Sich-Entfernen ausgetauscht. Entsprechend besteht die strafbare Tathandlung seitdem nun nicht mehr darin, sich den erforderlichen Feststellungen durch Flucht zu entziehen, sondern sich vom Unfallort zu entfernen.

Unfallort ist nach herrschender Meinung[233] die Stelle, an der das Schadensereignis (Unfall) stattgefunden hat, einschließlich des unmittelbaren Umkreises,

---

präventiven Potentials hinweist, da kaum ein Normadressat wisse, welche Anforderungen § 142 StGB an ihn stellt.

230 Der Wortlaut wird in der Literatur überwiegend als verunglückt angesehen, vgl. nur *Henseler*, § 142 IV StGB, 2011, S. 172: „gründlich fehlgeschlagen“; *Beier*, DAR 1973, 85: „Der Entwurf stellt (…) nichts weiter dar als den Versuch einer Synthese des zur Zeit geltenden Gesetzes mit den Notlösungen, mit denen die Rechtsprechung dessen gröbste Mängel zu überbrücken gewußt hat. Das ist weit entfernt von einer echten Reform – nichts weiter als die Kodifizierung des status quo.“; *Dornseifer*, JZ 1980 299 (301): „Eine gedanklich klare Konstruktion des § 142 ist dem Gesetzgeber nicht geglückt.“; *Geppert*, GA 1970, 1: Eine der „am meisten verunglückten Bestimmungen des Besonderen Teils“; *Janiszewski*, DAR 1975, 169: „rätselhaft, verunglückt und dubios“; *Lackner*, DAR 1972, 283 (287): „Der geltende § 142 StGB ist ein Tatbestand, der wegen der Unbestimmtheit seiner Fassung, der Unklarheit seiner Schutzrichtung und der Unangemessenheit eines Teils seiner Ergebnisse so bald wie möglich abgeschafft gehört.“; *Spiegel*, DAR 1972, 291 (292): „negatives Lehrstück der Gesetzgebungskunst“.

231 BT-Drucksache 7/3503, S. 4.

232 Gesetzesentwurf der Bundesregierung zum 14. Strafrechtsänderungsgesetz, BT-Drucksache 7/2434, S. 7. Diese Umformulierung wurde bereits von der III. Unterkommission in den Jahren 1956 und 1957 diskutiert, vgl. *Meurer*, Unerlaubtes Entfernen vom Unfallort, 2014, S. 93.

233 Zu anderen Definitionen, insbesondere zur weiten Auslegung des Begriffs des Unfallorts, um Fälle des vorsatzlosen Sich-Entfernen zu erfassen, siehe unten unter **B.III.2.a.**

innerhalb dessen die beteiligten Fahrzeuge zum Stillstand gekommen sind oder hätten angehalten werden können.[234] Ein Sich-Entfernen setzt ein willensgetragenes Verlassen dieses Ortes durch aktives Sich-weg-Begeben oder pflichtwidrige Untätigkeit voraus, das im Ergebnis dazu führt, dass sich der Unfallbeteiligte nicht mehr am Unfallort befindet.[235] Folglich bindet § 142 I StGB die Primärflucht fortan und anders als zuvor zwingend an ein räumliches Verlassen des Unfallorts selbst. Der Gesetzgeber begründete dies damit, dass ein Verbleiben der Unfallbeteiligten am Unfallort angestrebt werde, weil ein zuverlässiges Bild des Unfallhergangs meist nur durch sofortige Feststellungen am Unfallort gewonnen werden könne.[236]

Das Verlassen des Unfallorts ist verboten, sofern der Unfallbeteiligte nicht vorher seine gemäß § 142 I Nr. 1 StGB neu eingeführten Vorstellungs- und Feststellungsduldungspflichten erfüllt hat. Eine Neuerung stellt auch die Einfügung des Passus *„zugunsten der anderen Unfallbeteiligten"* dar. Hier wird deutlich, dass der Gesetzgeber allein den Schutz der zivilrechtlichen Ansprüche der Unfallbeteiligten untereinander beabsichtigte,[237] während die Ermöglichung repressiver und präventiver staatlicher Maßnahmen laut Gesetzesbegründung nur noch eine „willkommene Nebenfolge" darstellt.[238] Aus der Formulierung, dass der Unfallbeteiligte diese Feststellungen *„durch seine Anwesenheit"* ermöglichen muss, geht hervor, dass es sich dabei lediglich um eine Feststellungsduldungspflicht handelt.[239] § 142 I Nr. 1 StGB legt dem Unfallbeteiligten damit auf, passiv zu dulden, dass andere die genannten Feststellungen treffen.[240] Dies setzt freilich damals wie heute voraus, dass feststellungsbereite Personen[241] am Unfallort anwesend sind.

---

234 *Küper/Zopfs*, Rn. 511.

235 *Küper/Zopfs*, ebd.

236 Gesetzesentwurf der Bundesregierung zum 14. Strafrechtsänderungsgesetz, BT-Drucksache 7/2434, S. 5.

237 A.A. *Brüning*, ZIS 2007, 317 (322), derzufolge § 142 I StGB „neben der Beweissicherung zudem das öffentliche Interesse an der Vermeidung von gefährlichen Selbsthilfemaßnahmen im Straßenverkehr" schütze.

238 Gesetzesentwurf der Bundesregierung zum 14. Strafrechtsänderungsgesetz, BT-Drucksache 7/2434, S. 5.

239 Der Gesetzesentwurf betont, dass die Unfallbeteiligten insbesondere nicht die Pflicht haben, die Klärung des Unfallhergangs aktiv zu fördern, vgl. Gesetzesentwurf der Bundesregierung zum 14. Strafrechtsänderungsgesetz, BT-Drucksache 7/2434, S. 7.

240 *Geppert*, Jura 1990, 78 (83).

241 Feststellungsbereit in diesem Sinne sind vor allem andere Unfallbeteiligte oder Geschädigte, aber auch alle anderen Personen, die über den Willen verfügen, zugunsten der

Bei Abwesenheit feststellungsbereiter Personen wird dem Unfallbeteiligten in § 142 I Nr. 2 StGB eine allgemeine Wartepflicht auferlegt.[242] Strafbar macht sich ein Unfallbeteiligter, wenn er sich vor Ablauf dieser Wartefrist vom Unfallort entfernt. Hinsichtlich der Dauer spricht das Gesetz von einer *„angemessenen Zeit"*.[243] Eine starre Bestimmung der Wartezeit im Gesetz würde ausweislich der Gesetzesbegründung zu unbilligen Ergebnissen führen, da die Wartezeit je nach Einzelfall von einer Vielzahl verschiedener Umstände abhängig ist.[244] Vor allem kommt es darauf an, ob und wann mit dem Eintreffen feststellungsbereiter Personen am Unfallort zu rechnen ist.[245]

Die wohl bedeutendste Neuerung durch die Neufassung des § 142 StGB bestand aber in der Einführung der Pflicht, unter den in § 142 II StGB genannten Voraussetzungen nachträglich Feststellungen zu ermöglichen. Der Gesetzgeber führte diese Pflicht ein, weil er es als unbefriedigend erachtete, dass die Sicherung der Interessen der anderen Unfallbeteiligten bis dato davon abhing, ob zufällig Gründe vorlagen, aufgrund derer sich der Täter straflos vom Unfallort entfernen durfte.[246] Mangels nachträglicher Meldepflicht waren die Ansprüche der Unfallbeteiligten somit bislang faktisch wertlos. Seit 1975 enthält § 142 II StGB also die ausdrückliche Normierung einer in § 142 III StGB näher konkretisierten Sekundärpflicht, die dann entsteht, wenn der Unfallbeteiligte sich nach erfolglosem Ablauf der Wartefrist (§ 142 II Nr. 1 StGB) oder berechtigt oder entschuldigt (§ 142 II Nr. 2 StGB) vom Unfallort entfernt hat. Der Unfallbeteiligte wird nach § 142 II StGB bestraft, wenn er die Feststellungen nicht unverzüglich nachträglich ermöglicht. Diese Sekundärpflichten bestehen im Gegensatz zur zuvor entwickelten Rechtsprechung nicht in Form einer Rückkehrpflicht zum Unfallort,

---

anderen Unfallbeteiligten bzw. Geschädigten Feststellungen zu treffen und an die Berechtigten weiterzugeben, vgl. *Fischer*, StGB Kommentar, § 142 Rn. 24 m.w.N.

242 Die Notwendigkeit einer Wartepflicht grundlegend bezweifelnd *Kubatta*, Zur Reformbedürftigkeit der Verkehrsunfallflucht, 2008, S. 35; ebenfalls kritisch *Jagusch*, NJW 1975, 1631 (1632).

243 Ein derartig unbestimmter Rechtsbegriff löst zweifelsohne Unsicherheiten beim Normanwender aus. Zu Recht weist *Kubatta*, Zur Reformbedürftigkeit der Verkehrsunfallflucht, 2008, S. 35 darauf hin, dass der Unfallbeteiligte häufig erst beim Richter erfährt, welche Wartezeit im Einzelfall angemessen war.

244 Gesetzesentwurf der Bundesregierung zum 14. Strafrechtsänderungsgesetz, BT-Drucksache 7/2434, S. 7.

245 *Zopfs*, in: MüKo StGB, § 142 Rn. 82.

246 Gesetzesentwurf der Bundesregierung zum 14. Strafrechtsänderungsgesetz, BT-Drucksache 7/2434, S. 8.

sondern in den in § 142 III StGB festgeschriebenen Mindestpflichten,[247] die der Unfallbeteiligte gemäß § 142 II StGB „*unverzüglich*" nachträglich zu erfüllen hat. Im Einzelnen muss er dem Berechtigten oder einer Polizeidienststelle seine Unfallbeteiligung mitteilen, seine Anschrift, seinen Aufenthalt sowie Kennzeichen und Standort seines Fahrzeugs angeben und zusätzlich sein Fahrzeug zur Verfügung halten, damit die Feststellungsinteressierten gegebenenfalls selbst die Feststellungen treffen können.

Die Sekundärpflicht wird *expressis verbis* nur in den beiden in § 142 II StGB näher konkretisierten Fällen ausgelöst, während andere Fälle des straflosen Sich-Entfernens nicht erfasst sind. Insbesondere die unvorsätzliche Primärflucht hat der Gesetzgeber damals wie heute ausgespart, obwohl es sich dabei gerade um die Fallgruppe handelte, die vielfach Gegenstand der richterlichen Rechtsfortbildung war.[248]

Der Tatbestand soll die Durchsetzung berechtigter oder die Abwehr unberechtigter Ansprüche ermöglichen.[249] Er dient also der Feststellung und Sicherung der zivilrechtlichen Verantwortlichkeit zwischen den Unfallbeteiligten, nicht etwa einem öffentlichen Interesse.[250] Dass die Norm allein dem zivilrechtlichen Beweissicherungsinteresse zu dienen bestimmt sein soll, entspricht der eindeutigen Meinung des Gesetzgebers und ist durch den Passus „*zugunsten der*

---

247 Gemäß *Fischer*, StGB Kommentar, § 142 Rn. 55 enthält das Gesetz keine abschließende Regelung, sondern zeigt nur beispielhaft im Sinne von Mindestvoraussetzungen zwei Möglichkeiten auf.

248 Die Rechtsprechung behalf sich insoweit damit, das unter der Geltung des § 142 StGB a.F. entwickelte Richterrecht auf § 142 StGB n.F. zu übertragen. *Küper*, Festschrift Heidelberg, S. 455 kritisiert diese Vorgehensweise der Rechtsprechung als „Konfrontation" des alten Richterrechts mit dem neuen Gesetz, das die Rechtsprechung vermeintlich im Wege der Auslegung im neuen Gewand fortführe.

249 Gesetzesentwurf der Bundesregierung zum 14. Strafrechtsänderungsgesetz, BT-Drucksache 7/2434, S. 4 f.; BT-Drucksache 7/3503, S. 3; *Arloth*, GA 1985, 492 (493); *Berz*, Jura 1979, 125; *Dornseifer*, JZ 1980, 299; *Erdsiek*, NJW 1963, 632 (634); *Geppert*, Jura 1990, 78; *Heublein*, DAR 1985, 15 (17); *Janiszewski*, DAR 1975, 169 (171); *Joecks* Studienkommentar, § 142 Rn. 1; *Krey/Hellmann/Heinrich*, Rn. 929; *Lackner*, DAR 1972, 283 (284); *Römer*, MDR 1980, 89 (91); *Stein*, in: SK StGB, § 142 Rn. 5; *Kretschmer*, in: KNP, § 142 Rn. 6; *Schünemann*, DAR 2003, 207 (209); *Seebode*, JA 1980, 493 (497); *Zopfs*, in: MüKo StGB, § 142 Rn. 2

250 *Beulke*, JuS 1982, 815; *Zopfs*, in: MüKo StGB, § 142 Rn. 2.

*anderen Unfallbeteiligten und der Geschädigten*“ in § 142 I Nr. 1 StGB auch dem Gesetzeswortlaut selbst zu entnehmen.[251]

Entsprechend schreiben die Gesetzgebungsunterlagen fest:

> *„Der Entwurf folgt daher der seit langem in Schrifttum und Rechtsprechung weit überwiegend anerkannten Ansicht, daß § 142 StGB nicht in erster Linie dazu dient, verkehrsuntüchtige Fahrer aus dem Verkehr zu ziehen oder die Verfolgung von Verkehrsstraftaten zu erleichtern; sein Rechtsgrund ist vielmehr grundsätzlich der, Feststellung zur Klärung der durch einen Unfall entstandenen zivilrechtlichen Ansprüche zu sichern (…).“*[252]

1998 wurde § 142 StGB um einen Absatz ergänzt, der eine obligatorische Strafmilderung bzw. ein gänzliches Absehen von Strafe bei tätiger Reue vorsieht, sofern es sich um einen Unfall außerhalb des fließenden Verkehrs handelt, der nur einen unbedeutenden Sachschaden zur Folge hat. Diese Wiedereinführung der Regelung zur tätigen Reue ist darauf zurückzuführen, dass Unfallbeteiligten, die sich unerlaubt vom Unfallort entfernt haben, aber nachträglich den Schaden „wiedergutmachen“ wollen, das Hindernis ausgeräumt werden sollte, sich bei der nachträglichen Meldung automatisch einer Selbstanzeige wegen unerlaubten Sich-Entfernens vom Unfall auszusetzen.[253]

## II. Entwicklung der Rechtsprechung

Wie erläutert, erfuhr die Rechtslage um die Verkehrsunfallflucht durch die grundlegende Reform im Jahr 1975 eine bedeutende Veränderung. Im folgenden Abschnitt soll beispielhaft untersucht werden, wie die Gerichte auf die veränderte Gesetzeslage reagierten und insbesondere, was sie daraus im Hinblick auf die Strafbarkeit des unvorsätzlichen Verlassens des Unfallorts für Schlüsse zogen.

---

251 Vgl. auch die Gesetzesbegründung BT-Drucksache 7/3503, S. 3: „Das von der Vorschrift zu schützende Rechtsgut sieht der Regierungsentwurf in der Sicherung zivilrechtlicher Interessen der anderen Unfallbeteiligten und der Geschädigten, und zwar der Interessen an der Durchsetzung begründeter wie an der Abwehr unbegründeter Ansprüche.“

252 Gesetzesentwurf der Bundesregierung zum 14. Strafrechtsänderungsgesetz, BT-Drucksache 7/2434, S. 5; vgl. ferner BT-Drucksache 7/3503, S. 3: „Nach der Auffassung der Mehrheit der Ausschußmitglieder muß dagegen der eigentliche Schutzzweck der Vorschrift, wie im Regierungsentwurf vorgesehen, auf die Sicherung zivilrechtlicher Interessen der Unfallbeteiligten und der Geschädigten beschränkt werden.“

253 *Steenbock*, Unfallflucht, 2004, S. 23.

### 1. *Urteil des Oberlandesgerichts Köln vom 01.02.1977*

Die erste Entscheidung, welche zur neuen Rechtslage Stellung bezog, war das Urteil des OLG Köln vom 01.02.1977.[254] Die besonderen Umstände, die diesem Urteil zugrunde lagen, bestanden darin, dass sich zwischen der Beendigung der Tat und der Verurteilung des Angeklagten die Rechtslage geändert hatte: § 142 StGB a.F. wurde durch das 13. Strafrechtsänderungsgesetz vom 13.06.1975[255] durch § 142 StGB n.F. ersetzt, welcher am 21.06.1975 in Kraft trat. Das OLG Köln hielt fest, dass der Angeklagte sich nach § 142 StGB a.F. schuldig gemacht habe. Trotz der Änderung der Rechtslage sei er nach § 142 StGB a.F. zu bestrafen, weil dies das nach § 2 III StGB mildeste Gesetz darstelle. Das Gericht erläuterte ferner, dass der Angeklagte aber auch nach § 142 II Nr. 2 StGB n.F. zu bestrafen gewesen wäre. Der Unfallbeteiligte, der sich in Unkenntnis des Unfalls vom Unfallort entfernt habe, sei verpflichtet, nachträglich die erforderlichen Feststellungen zu ermöglichen, sofern er noch innerhalb eines zeitlich und räumlich engen Zusammenhangs vom Unfall Kenntnis erlange.[256]

#### *a. Sachverhalt*

Dem Urteil lag folgender Sachverhalt zugrunde: Der Angeklagte fuhr am 13.03.1975 gegen 22 Uhr mit seinem Pkw. Dabei hatte er sein Fernlicht nicht abgeblendet, sodass ein ihm entgegenkommender Mofafahrer derart geblendet wurde, dass dieser – gemäß unwiderlegbarer Einlassung des Angeklagten – von ihm unbemerkt von der Fahrbahn abkam. Ein Zeuge, der Beifahrer des geschädigten Mofafahrers, verfolgte den Angeklagten und stoppte ihn in rund einem Kilometer Entfernung vom Unfallort. Auf den Unfall angesprochen, weigerte dieser sich jedoch sowohl nachträglich Feststellungen zu ermöglichen als auch zur Unfallstelle zurückzukehren.[257]

#### *b. Prozessgeschichte*

Der Angeklagte wurde wegen Verkehrsunfallflucht verurteilt. Seine Revision hatte keinen Erfolg.[258]

---

254 OLG Köln, Urteil vom 01.02.1977 – Ss 661/76, NJW 1977, 2275.

255 13. Strafrechtsänderungsgesetz vom 13.06.1975, BGBl. I 1975, 1349 (1349 f.).

256 Zu diesem Absatz OLG Köln, Urteil vom 01.02.1977 – Ss 661/76, NJW 1977, 2275 (2275 f.).

257 Zu diesem Absatz OLG Köln, Urteil vom 01.02.1977 – Ss 661/76, NJW 1977, 2275.

258 Zu diesem Absatz OLG Köln, ebd.

### c. *Tragende Erwägungen zur Strafbarkeit nach § 142 StGB a.F.*

Dass sich der Angeklagte nach § 142 StGB a.F. schuldig gemacht habe, sei „nicht zweifelhaft". Der Angeklagte habe seine nach der alten Gesetzeslage bestehende Pflicht, zum Unfallort zurückzukehren, verletzt. Zwischen dem Unfallgeschehen und der Kenntniserlangung vom Geschehen aufgrund der Konfrontation durch den Zeugen hätten nur eine sehr kurze Zeit und eine Distanz von lediglich einem Kilometer gelegen. Wegen dieses hinreichend engen räumlichen und zeitlichen Zusammenhangs zum Unfallgeschehen sei der Angeklagte zur Rückkehr verpflichtet gewesen, urteilte das OLG Köln unter Hinweis auf die etablierte Rechtsprechung des BGH.[259]

### d. *Tragende Erwägungen zur Strafbarkeit nach § 142 StGB n.F.*

Obwohl das OLG Köln gemäß § 2 III StGB nach § 142 StGB a.F. zu bestrafen hatte, machte es im Anschluss an die das Urteil tragenden Gründe detailreiche Ausführungen dazu, dass sich der Angeklagte auch nach der neuen Fassung des § 142 StGB strafbar gemacht hätte, indem er nicht unverzüglich die erforderlichen Feststellungen nachträglich ermöglicht habe. Das Gericht betonte zunächst, dass § 142 I StGB n.F. zwar nicht einschlägig sei, da der Angeklagte sich nicht vorsätzlich vom Unfallort entfernt habe. Gegeben wäre jedoch eine Strafbarkeit gemäß § 142 II StGB n.F. im Sinne der Alternative *„entschuldigtes Sich-Entfernen"*. Gemäß dem OLG Köln fielen darunter nämlich auch Fälle, in denen der Täter einem Irrtum über das Vorliegen gesetzlicher Tatbestandsmerkmale unterliege, der sich noch innerhalb eines räumlichen und zeitlichen Zusammenhangs aufkläre. Die Tragweite des Begriffes *„entschuldigt"* müsse aufgrund seines nicht fest umrissenen Inhaltes durch Auslegung ermittelt werden. Seine Reichweite sei aus dem Wortsinn sowie aus seinem Verhältnis zu anderen gesetzlichen Vorschriften zu ermitteln, wobei insbesondere Sinn und Zweck der Norm sowie ihre Entstehungsgeschichte zu berücksichtigen seien.[260]

#### aa. *Grammatikalische Auslegung*

Ausgehend vom Wortsinn stellte das OLG Köln zunächst fest, dass der Begriff *„entschuldigt"* nicht fest definiert sei. Er sei daher gemäß seinem „natürlichen

---

259 Zu diesem Absatz OLG Köln, Urteil vom 01.02.1977 – Ss 661/76, NJW 1977, 2275 (2275 f.) Das OLG Köln verwies in den Urteilsgründen dabei auf die zuvor dargestellten BGH-Urteile BGH NJW 1960, 1019; BGH NJW 1963, 307 und BGH NJW 1965, 2065.

260 Zu diesem Absatz OLG Köln, Urteil vom 01.02.1977 – Ss 661/76, NJW 1977, 2275.

Wortsinn" zu verstehen und knüpfe nicht an die Lehre vom Verbrechensaufbau an. Obgleich nach der älteren Lehre der Vorsatz der Schuld zuzurechnen sei, bestehe über die Stellung des Vorsatzes nach wie vor keinerlei Einigkeit. Es sei daher nicht ersichtlich, dass der Begriff „*entschuldigt*" im Sinne einer bestimmten Auffassung darüber, ob der Mangel des Vorsatzes etwa dem Tatbestand oder der Schuld zuzurechnen sei, zu verstehen sei. Vielmehr habe die Auslegung davon unabhängig zu erfolgen. Demnach dürfe der Begriff „*entschuldigt*" nicht lediglich als Oberbegriff von Entschuldigungs- und Schuldausschließungsgründen verstanden werden. Dies folge bereits daraus, dass gewisse Schuldausschließungsgründe, wie zum Beispiel § 3 JGG oder § 19 StGB, ihrer Natur nach keine Pflicht zur nachträglichen Feststellung auslösen könnten. Stattdessen komme dem Begriff „*entschuldigt*" eine ganz eigenständige Bedeutung zu.[261]

*bb. Systematische Auslegung*

Auch andere Fälle, die nicht als klassische Entschuldigungs- bzw. Schuldausschließungsgründe zu qualifizieren seien, fielen unter „*entschuldigt*", so beispielsweise, wenn ein Kraftfahrer sich in der nur irrigen Annahme über das Vorliegen eines Entschuldigungsgrundes entferne. Nicht anders sei zu entscheiden, wenn sich der Kraftfahrer in einem tatsächlichen Tatbestandsirrtum befinde; die Interessenlage der Unfallbeteiligten sei dieselbe. Dasselbe gelte für „echte Schuldausschließungsgründe", bei denen schuldhaftes Handeln bereits begrifflich ausgeschlossen sei, z.B. die Schuldunfähigkeit infolge hoher Trunkenheit oder Fälle eines unvermeidbaren Verbotsirrtums.[262]

*cc. Dolus subsequens*

Schließlich stehe die Erfassung von Fällen unvorsätzlichen Sich-Entfernens unter § 142 StGB nicht einer Bestrafung des *dolus subsequens* gleich. Denn der Unfallbeteiligte werde nicht gemäß § 142 I StGB nachträglich strafbar, weil er sich vom Unfallort entfernt hat. Vielmehr sei § 142 II StGB einschlägig, welcher einen zusätzlichen Tatbestand schaffe. Die Rechtspflichten beider Absätze des § 142 StGB seien gänzlich verschieden.[263]

---

261 So im Ergebnis auch *Franke*, JuS 1978, 456 (457).

262 Zu diesem Absatz OLG Köln, Urteil vom 01.02.1977 – Ss 661/76, NJW 1977, 2275.

263 Zu diesem Absatz OLG Köln, Urteil vom 01.02.1977 – Ss 661/76, NJW 1977, 2275 (2276).

#### *dd. Teleologische Auslegung*

Gemäß der amtlichen Begründung[264] bestehe der Wille des Gesetzgebers in der Sicherung der Interessen der anderen Unfallbeteiligten und Geschädigten, die nicht vom zufälligen Vorliegen eines Grundes für straffreies Sich-Entfernen abhängen solle.[265]

### *e. Stellungnahme*

Mit der Gesetzesnovelle intendierte der Gesetzgeber, Regelungen zu schaffen, welche klare und verbindliche Antworten auf die durch die Vorgängerfassung aufgeworfenen Fragen bieten. In der Begründung zum Gesetzesentwurf hob der Gesetzgeber hervor:

> *„Der Entwurf unternimmt in Artikel 1 den Versuch, die nach geltendem Recht bestehende Unsicherheit (...) durch eine ausführlichere Fassung zu beheben.“*[266]

Dieser Versuch des Gesetzgebers ist ein bloßer Versuch geblieben. Die Neufassung des § 142 StGB hat keinerlei Klarheit geschaffen, sondern bloß weitere Fragen aufgeworfen. *Bernsmann* trifft den Nagel auf den Kopf, wenn er ausführt:

> *„Daß die Vorschrift des § 142 ein gelungenes Beispiel gesetzgeberischer Formulierungskunst sei, wird wohl niemand ernsthaft behaupten wollen.“*[267]

Der Teufel der Vorschrift steckt im Detail. So wohltuend überzeugend das Urteil des OLG Köln zunächst klingen mag, die Schwächen offenbaren sich auf den zweiten Blick. Sie beginnen bei der Auslegung der Begriffe *„berechtigt oder entschuldigt“* und setzen sich beim Vergleich mit dem Irrtum über einen Entschuldigungsgrund sowie den Erläuterungen zum *dolus subsequens* fort, wie im Rahmen der Gesamtanalyse der Argumente ausführlich erörtert werden wird.[268]

---

264 Gesetzesentwurf der Bundesregierung zum 14. Strafrechtsänderungsgesetz, BT-Drucksache 7/2434, S. 8.

265 Zu diesem Absatz OLG Köln, Urteil vom 01.02.1977 – Ss 661/76, NJW 1977, 2275 (2276).

266 Gesetzesentwurf der Bundesregierung zum 14. Strafrechtsänderungsgesetz, BT-Drucksache 7/2434, S. 4.

267 *Bernsmann*, NZV 1989, 49.

268 Vgl. unten unter **B.III**.

### 2. *Urteil des Bayerischen Obersten Landesgerichts vom 22.07.1977*

Mit einem ähnlichen Sachverhalt befasst, entschied das BayObLG zwei Jahre nach Einführung der neuen Fassung des § 142 StGB abweichend vom OLG Köln, dass bei zunächst vorsatzlosem Sich-Entfernen weder § 142 I StGB noch § 142 II StGB einschlägig sei.[269]

#### *a. Sachverhalt*

Als der Angeklagte ein Gärtnereianwesen passierte, streifte er mit seinem Fahrzeug das Fahrzeug des Zeugen, der gerade dabei war, rückwärts aus dem Anwesen herauszufahren. Der Angeklagte bemerkte den Zusammenstoß nicht und setzte die Fahrt fort. Der Zeuge folgte ihm und wies ihn in einer Entfernung von etwa einem bis anderthalb Kilometern auf das Unfallgeschehen hin. Der Angeklagte setzt seine Fahrt fort.[270]

#### *b. Prozessgeschichte*

Das LG hatte den Angeklagten vom Vorwurf eines Vergehens nach § 142 StGB freigesprochen. Die Revision der Staatsanwaltschaft blieb erfolglos.[271]

#### *c. Tragende Erwägungen zur Strafbarkeit nach § 142 I StGB*

Im Hinblick auf § 142 I StGB merkte das Gericht an, dass eine Strafbarkeit nur in Betracht komme, wenn sich der Täter vom Unfallort selbst entferne. Dies ergebe sich aus dem eindeutigen Wortlaut der Norm und zudem aus der Begründung zum 13. Strafrechtsänderungsgesetz. Durch das Weiterfahren vom Unfallort habe der Angeklagte zwar den objektiven Tatbestand des § 142 I StGB verwirklicht. Erfolge das Sich-Entfernen vom Unfallort jedoch wie im vorliegenden Fall in Unkenntnis des Unfallgeschehens, d.h. weder mit direktem noch mit bedingtem Vorsatz, scheide eine Verwirklichung des subjektiven Tatbestandes aus. Der Vorsatz müsse bei der Tatbestandsverwirklichung, mithin beim Sich-Entfernen vom Unfallort und nicht erst nachträglich vorliegen. Dies sei hier nicht gegeben. Denn der Ort der Kenntniserlangung, von welchem sich der Angeklagte schließlich mit Vorsatz entfernt habe, sei gerade nicht mehr dem Unfallort zuzurechnen,

269 BayObLG, Urteil vom 22.07.1977 – RReg. 3 St/41/77, NJW 1978, 282.
270 Zu diesem Absatz BayObLG, Urteil vom 22.07.1977 – RReg. 3 St/41/77, NJW 1978, 282.
271 BayObLG, ebd.

wie das Gericht unter Verweis auf die Entfernung von einem bis anderthalb Kilometer vom Ort des Zusammenstoßes schlussfolgerte.[272]

### *d. Tragende Erwägungen zur Strafbarkeit nach § 142 II StGB*

Auch § 142 II StGB hielt das BayObLG für nicht anwendbar. Dabei stellte das Gericht zunächst fest, dass beim vorsatzlosen Sich-Entfernen mit späterer Kenntniserlangung § 142 II Nr. 1 StGB unmittelbar ausscheide, weil es sich nicht um einen Fall des Ablaufs der Wartefrist handele.[273]

§ 142 II Nr. 2 StGB könne ebenso wenig bejaht werden. Dabei könne offen bleiben, ob es dem berechtigten (§ 34 StGB) oder entschuldigten (§ 35 StGB) Sich-Entfernen gleichzusetzen sei, wenn der Unfallbeteiligte sich über das Vorliegen eines Rechtfertigungs- oder Entschuldigungsgrunds irre. In seiner Begründung stützte sich das BayObLG vor allem darauf, dass ein berechtigtes oder entschuldigtes Verlassen des Unfallorts ebenso wie ein rein vermeintliches berechtigtes oder entschuldigtes Verlassen des Unfallorts eine zumindest für möglich gehaltene Unfallbeteiligung voraussetze. Nötig sei das bewusste Verlassen des Unfallorts. Nur und erst dann stelle sich die Frage, ob der Unfallbeteiligte sich berechtigt oder entschuldigt entfernen dürfe. Nehme der Unfallbeteiligte vom Unfall keine Notiz, sei eine falsche Beurteilung des rechtlichen Dürfens ausgeschlossen.[274]

Das Gericht merkte außerdem an, dass die frühere, auf die alte Fassung des § 142 StGB ausgerichtete Rechtsprechung nicht auf dessen neue Fassung übertragen werden könne. Dem BayObLG zufolge verbiete dies schon der Wortlaut der Norm, welcher die Strafbarkeit nunmehr nicht mehr an eine Entziehung durch Flucht, sondern an das Sich-Entfernen vom Unfallort knüpfe. Die gegenteilige Auffassung liefe auf eine Bestrafung des *dolus subsequens* und damit auf eine nach Art. 103 II GG verbotene Analogie hinaus.[275]

### *e. Stellungnahme*

Dem BayObLG ist insoweit beizupflichten, als es hervorhebt, dass der Wortlaut des § 142 I StGB n.F. enger als derjenige des § 142 StGB a.F. ist, da er allein auf ein

272 Zu diesem Absatz BayObLG, Urteil vom 22.07.1977 – RReg. 3 St/41/77, NJW 1978, 282 (282 f.).

273 BayObLG, Urteil vom 22.07.1977 – RReg. 3 St/41/77, NJW 1978, 282 (283).

274 Zu diesem Absatz BayObLG, ebd.

275 Zu diesem Absatz BayObLG, ebd. So auch OLG Stuttgart, Urteil vom 14.03.1977 – 3 Ss [5] 1021/76, VRS 53, 345 (347) mit vergleichbarer Argumentation.

Verlassen des Unfallorts abstellt, wohingegen eine Flucht gemäß § 142 StGB a.F. mangels Bezugnahme auf den Unfallort begrifflich auch von einem anderen Ort möglich war (Flucht vor Feststellungen ohne örtliche Anknüpfung). Folgerichtig gelangt das BayObLG zu dem Ergebnis, dass eine Strafbarkeit nach § 142 I StGB n.F. mangels Verwirklichung des subjektiven Tatbestands ausscheidet, wenn der Unfallbeteiligte erst Kenntnis vom Unfall erlangt, nachdem er den Unfallort bereits verlassen hat.

Die Bezugnahme des BayObLG auf §§ 34, 35 StGB zeigt, dass das Gericht anscheinend ein enges, formaldogmatisches Verständnis der Begriffe „*berechtigt oder entschuldigt*" verfolgt. Eine Erörterung dessen, ob dieses Verständnis zwingend ist oder ob vielmehr auch eine andere Interpretation möglich wäre, lässt das BayObLG allerdings außen vor. Ebenfalls ungeklärt bleibt die Frage, wie das Gericht zu der Annahme gelangt, ein berechtigtes oder entschuldigtes Sich-Entfernen setze zwingend ein bewusstes Verlassen des Unfallorts voraus. Eine Begründung dafür enthält das Urteil nicht und so bleibt diese Behauptung eine ungestützte These. Letztlich offenbart das BayObLG dabei einen Zirkelschluss, indem es als gleichwohl nicht untermauerte Feststellung präsentiert, was eigentlich durch Auslegung zu prüfen gewesen wäre: Setzt „*berechtigt oder entschuldigt*" stets ein bewusstes, mithin vorsätzliches Verlassen des Unfallorts voraus? Eine näher gehende Betrachtung dieser Frage wird die Analyse unter **III.** bieten.[276]

### 3. *Beschluss des Bundesgerichtshofs vom 30.08.1978*

Entgegen der Auffassung des BayObLG bejahte der BGH in seinem Beschluss vom 30.08.1978 die Einschlägigkeit des § 142 II Nr. 2 StGB bei unvorsätzlichem Sich-Entfernen vom Unfallort.[277]

#### a. *Sachverhalt*

Als der Angeklagte mit seinem LKW rückwärts fuhr, stieß er unbemerkt gegen einen parkenden PKW. Er fuhr weiter, wurde jedoch in einer Entfernung von rund 300 Metern von der Unfallstelle von einem Zeugen, der den Unfall

276 Vgl. unten unter **B.III.**

277 BGH, Beschluss vom 30.08.1978 – 4 StR 682/77, BGHSt 28, 129 = NJW 1979, 434; sich daran anschließend BayObLG, Urteil vom 03.11.1978 – RReg. 1 St 285/78, VRS 56, 437; OLG Hamm, Urteil vom 28.07.1982 – 2 Ss 584/82, VRS 64, 16 (18 f.); OLG Düsseldorf, Beschluss vom 22.03.1985 – 5 Ss 36/85 – 63/85 I, VRS 68, 448; OLG Koblenz, Urteil vom 03.11.1988 – 1 Ss 421/88, NZV 1989, 241 (242).

beobachtet hatte, auf den Unfall hingewiesen. Nichtsdestotrotz setzte der Angeklagte die Fahrt fort, ohne nachträglich Feststellungen zu ermöglichen.[278]

### *b. Prozessgeschichte*

Der Fall wurde zunächst vor dem AG verhandelt, welches den Angeklagten unter Hinweis auf ein kriminalpolitisches Bedürfnis und die allgemein vorherrschende Anschauung des Bevölkerungskreises unter anderem wegen unerlaubten Entfernens vom Unfallort verurteilte. Die Berufung des Angeklagten blieb ohne Erfolg.[279] Das infolge der Revision des Angeklagten zuständige BayObLG war der Auffassung, dass § 142 StGB nicht erfüllt sei.[280] Vor dem Hintergrund der kontroversen Rechtsprechung des OLG Köln[281] legte das BayObLG den Fall schließlich dem BGH gemäß § 121 II GVG zur Entscheidung vor.

### *c. Tragende Erwägungen zur Strafbarkeit nach § 142 I StGB*

Zunächst stellt der BGH fest, dass § 142 I StGB nicht anwendbar sei. [282] Der BGH betonte, § 142 I StGB stelle nur das vorsätzliche Sich-Entfernen vom Unfallort selbst unter Strafe. Hier habe der Angeklagte sich jedoch nicht vom Ort des Unfallgeschehens, sondern von einem in einer Distanz von 300 Metern davon liegenden Ort entfernt. Solche Fälle, in denen sich der Täter lediglich vorsätzlich von einem anderen als dem Unfallort entferne, an dem er erstmals vom Unfall erfahren hat, seien nicht erfasst. Dabei verweist der BGH auf den Wortlaut des § 142 StGB n.F. und stützte sich zudem auf die Begründung des 13. Strafrechtsänderungsgesetzes.[283]

### *d. Tragende Erwägungen zur Strafbarkeit nach § 142 II StGB*

Entgegen der Auffassung des vorlegenden BayObLG hielt der BGH § 142 II Nr. 2 StGB für anwendbar. § 142 II Nr. 2 StGB lege eine Pflicht zur unverzüglichen

---

278 Zu diesem Absatz BGH, Beschluss vom 30.08.1978 – 4 StR 682/77, BGHSt 28, 129 = NJW 1979, 434.

279 BGH, Beschluss vom 30.08.1978 – 4 StR 682/77, BGHSt 28, 129 = NJW 1979, 434.

280 BayObLG, Vorlagebeschluss vom 30.11.1977 – RReg. 2 St 204/77, NJW 1978, 392; vgl. ferner vorstehend unter **B.II.2.** sowie OLG Stuttgart, Urteil vom 14.03.1977 – 3 Ss [5] 1021/76, VRS 53, 345.

281 OLG Köln, Urteil vom 01.02. 1977 – Ss 661/76, NJW 1977, 2275.

282 Zum Folgenden BGH, Beschluss vom 30.08.1978 – 4 StR 682/77, BGHSt 28, 129 = NJW 1979, 434.

283 BT-Drucksache 7/2434.

Ermöglichung nachträglicher Feststellungen für Fälle fest, in denen sich der Täter „*berechtigt oder entschuldigt*" vom Unfallort entfernt habe und noch innerhalb eines zeitlichen und räumlichen Zusammenhangs nachträglich Kenntnis erlange. Dass „*berechtigt oder entschuldigt*" lediglich ein Sich-Entfernen ohne strafbaren Verstoß gegen Absatz 1 bedeute und daher auch vorsatzloses Sich-Entfernen umfasse, ergebe sich schon aus dem natürlichen Wortsinn, aber auch aus der Zielsetzung der Norm und ihrer Entstehungsgeschichte.[284]

### *aa. Grammatikalische Auslegung*

Eine Auslegung der Begriffe „*berechtigt oder entschuldigt*" dürfe keineswegs formal-dogmatisch erfolgen. Geboten sei vielmehr eine weite, dem natürlichen Wortsinn entsprechende Auslegung der beiden Begriffe. Demnach komme den Begriffen „*berechtigt oder entschuldigt*" eine über die strafrechtlichen Rechtfertigungs- und Entschuldigungsgründe hinausgehende Bedeutung zu. Zudem sei in der Rechtssprache anerkannt, dass beide Begriffe auch in Bezug auf tatbestandsmäßig nicht vorsätzliches Verhalten Anwendung fänden. Schließlich stünde dem auch nicht das Argument entgegen, „*entschuldigt*" könne vorsatzlos gar nicht beinhalten, weil die neuere Rechtsprechung den Vorsatz als ein von der Schuld losgelöstes Element einordne. Da der Entwurf von 1962[285] sich ausdrücklich zum Theorienstreit um die Einordnung des Vorsatzes in den Aufbau des Verbrechenstatbestandes enthalten habe, könne man daraus keine entsprechenden Schlüsse herleiten.[286]

### *bb. Historische Auslegung*

Auch die gesetzgeberische Konzeption der Neufassung unterstütze dieses Ergebnis. Ihr zugrunde lägen nämlich vor allem die Ergebnisse der Rechtsprechung zu § 142 StGB a.F., die zweifelsohne den Fall einer erst späteren Kenntniserlangung erfassten. Die alte Fassung des § 142 StGB sei 1975 durch die neue Fassung ersetzt worden. Im Zuge dessen sei an die Stelle der vom BGH entwickelten Rückkehrpflicht die Pflicht zur nachträglichen Ermöglichung der Feststellungen, der jetzige Absatz 2, gerückt. Erklärt werden könne diese Entscheidung nur mit dem Willen des Gesetzgebers, an den Ergebnissen der Rechtsprechung festzuhalten

---

284 Zu diesem Absatz BGH, Beschluss vom 30.08.1978 – 4 StR 682/77, BGHSt 28, 129 = NJW 1979, 434 (434 f.).

285 BT-Drucksache IV/650.

286 Zu diesem Absatz BGH, Beschluss vom 30.08.1978 – 4 StR 682/77, BGHSt 28, 129 = NJW 1979, 434 (434 f.).

und alle Fälle zu erfassen, die durch die Rechtsprechung zu § 142 StGB a.F. nicht zufriedenstellend gelöst worden seien. Demnach gelte die Feststellungspflicht des § 142 II StGB n.F. für alle Fälle, für die nach § 142 StGB a.F. eine Rückkehrpflicht bestand, also auch für das zunächst vorsatzlose Sich-Entfernen. Zudem sei der Vorschlag, im jetzigen Absatz 2 ausdrücklich auch das unvorsätzliche Sich-Entfernen aufzunehmen, in den Vorberatungen als entbehrlich abgelehnt worden, weil man das vorsatzlose Sich-Entfernen bereits als erfasst angesehen habe.[287]

### *cc. Dolus subsequens und Analogieverbot*

Der BGH wies schließlich darauf hin, dass diese Auslegung keine Bestrafung eines *dolus subsequens* darstelle, weil der Täter sich nicht etwa nachträglich nach § 142 I StGB strafbar mache, wenn er Kenntnis von seiner Unfallbeteiligung erlange. Er unterliege lediglich der gesetzlichen Sonderregelung des § 142 II StGB, der eine nachträgliche Aufklärungspflicht statuiere und somit andere Rechtspflichten als § 142 I StGB auslöse.[288]

Ebenso wenig sei der Vorwurf eines Verstoßes gegen das Analogieverbot begründet und zwar deshalb, weil eine weite Auslegung keinen neuen Tatbestand schaffe, sondern den Willen des Gesetzgebers aus dem Wortlaut der Norm, ihrem Zusammenhang, ihrem Zweck und ihrer Entstehungsgeschichte ermittle. Art. 103 II GG werde insoweit Rechnung getragen, als die unter Strafe stehende Handlungsweise im Tatbestand hinreichend bestimmt umschrieben sei.[289]

### *dd. Teleologische Auslegung*

Sinn und Zweck der Norm ist es, zivilrechtliche Ansprüche der Unfallbeteiligten untereinander zu sichern.[290] Deshalb sei der Gesetzgeber darauf bedacht gewesen, möglichst alle Fälle des „aus welchen Gründen auch immer“[291] zunächst

---

287 Zu diesem Absatz BGH, Beschluss vom 30.08.1978 – 4 StR 682/77, BGHSt 28, 129 = NJW 1979, 434 (435).

288 Zu diesem Absatz BGH, ebd.

289 Zu diesem Absatz BGH, ebd.

290 Vgl. bereits oben unter **B.I.**

291 *Bürgel*, MDR 1976, 353 (354); anders BVerfG, Beschluss vom 19.03.2007 – 2 BvR 2273/06, NJW 2007, 1666 (1667): „Den Gesetzgebungsmaterialien lassen sich keine klaren Anhaltspunkte dafür entnehmen, dass der Gesetzgeber darauf bedacht gewesen sei, möglichst alle Fälle „aus welchen Gründen auch immer straflosen Sich-Entfernt-Habens vom Unfallort durch die nachträgliche Meldepflicht zu erfassen.“

erlaubten Sich-Entfernens durch die nachträgliche Meldepflicht zu erfassen. Die Gefahr des Beweisverlustes und das Interesse an der Beweissicherung seien vom Grund und von den Umständen des Sich-Entfernens gänzlich unabhängig. In allen Fällen werde die Möglichkeit, die nötigen Feststellungen zu treffen, gleichermaßen beeinträchtigt. Daher treffe auch denjenigen, der die tatsächlichen Umstände eines Rechtfertigungs- oder Entschuldigungsgrundes irrig angenommen habe, eine Pflicht zur nachträglichen Feststellungsermöglichung. Entsprechend sei der Tatbestandsirrtum, in welchem es dem Täter an Kenntnis vom Unfallgeschehen mangelt, zu behandeln. Denn für eine unterschiedliche Behandlung dieser verschiedenartigen Fälle bestehe angesichts des Interesses des Geschädigten an der Beweissicherung kein Anlass.[292]

#### *ee. Räumlich-zeitlicher Zusammenhang als einschränkendes Kriterium*

Die vorstehenden Ausführungen setzte der BGH unter die Bedingung, dass zwischen der nachträglichen Kenntniserlangung und dem Unfallgeschehen ein zeitlicher und räumlicher Zusammenhang bestehe. Um dem Gesichtspunkt der Zumutbarkeit Rechnung zu tragen, sei nur dann eine Bestrafung nach § 142 II Nr. 2 StGB möglich.[293]

### *e. Stellungnahme*

Der BGH vertritt eine extensive Auslegung des § 142 II Nr. 2 StGB. Zwar bezeichnet *Küper* diese extensive Auslegungsrichtung als im Ansatz berechtigt.[294] Dieser Ansatz, eine dem Pflichtumfang ausweitende Haltung einzunehmen, ist allerdings kritisch zu hinterfragen, insbesondere weil es um ein echtes Unterlassungsdelikt geht, das lediglich dem Schutze des Vermögens dient.[295] Das extensive Verständnis erscheint umso bedenklicher, wenn feststeht, dass mit dieser Auffassung eine unserem Recht ansonsten grundsätzlich fremde Pflicht zur Selbstanzeige begründet wird.[296] Entsprechend ist die Entscheidung des BGH weitgehend auf harsche Kritik gestoßen.

*Küper* vertritt den Standpunkt, dass der BGH in der Sache früheres Richterrecht auf die veränderte Gesetzeslage übertrage, ohne dass es ihm trotz seiner

---

292 Zu diesem Absatz BGH, Beschluss vom 30.08.1978 – 4 StR 682/77, BGHSt 28, 129 = NJW 1979, 434 (435).

293 Zu diesem Absatz BGH, ebd.

294 *Küper*, Festschrift Heidelberg, S. 463.

295 Vgl. *Dornseifer*, JZ 1980, 299 (300).

296 So auch *Dornseifer*, JZ 1980, 299 (300).

Bemühung der kanonischen Interpretationsmittel gelänge, die unvorsätzliche Primärflucht mit dem neuen Gesetz zu legitimieren.[297] Nichtsdestotrotz hält er dies jedenfalls im Ergebnis für eine „geglückte Rechtsfortbildung", da seines Erachtens die besseren Gründe dafür sprechen, das unvorsätzliche Sich-Entfernen vom Unfallort in den Anwendungsbereich des § 142 II Nr. 2 StGB einzubeziehen.[298]

Diese Meinung ist nicht unwidersprochen geblieben. So spricht *Mitsch* davon, dass der BGH eine Weichenstellung vorgenommen habe, die die Rechtsprechung der Strafgerichte auf ein falsches Gleis gelenkt habe.[299] Zahlreiche Stimmen aus der Literatur sind der Auffassung, dass die vom BGH vorgenommene Interpretation des § 142 II Nr. 2 StGB eine Überdehnung des Wortlauts verkörpere und daher keine Subsumtion, sondern eine verbotene Analogie darstelle.[300]

### *4. Beschluss des Bundesverfassungsgerichts vom 19.03.2007*

In einem als „bemerkenswert"[301] bezeichneten Beschluss vom 19.03.2007[302] sprach sich die Erste Kammer des Zweiten Senats des BVerfG gegen eine Subsumtion des unvorsätzlichen Sich-Entfernens unter § 142 II Nr. 2 StGB aus. Eine derartige Auslegung sei unvereinbar mit dem möglichen Wortsinn der Begriffe „*berechtigt oder entschuldigt*" und verstoße daher gegen Art. 103 II GG.

Mit diesem Beschluss hat das BVerfG einen Schlussstrich unter einen jahrelang schwelenden Streitstand gesetzt. Wegen § 31 I BVerfGG[303] sind die Gerichte durch diesen Beschluss gebunden. Der Weg über § 142 II Nr. 2 StGB ist ihnen damit im Hinblick auf das unvorsätzliche Sich-Entfernen vom Unfallort künftig

---

297 *Küper*, Festschrift Heidelberg, S. 462. Damit widerspricht *Küper* seiner vorher geäußerten gegenteiligen Meinung in *Küper* NJW 1981, 853 (854): „Die lebhafte Kritik an dieser Entscheidung hat jedoch gezeigt, daß § 142 II Nr. 2 StGB auf die Fälle des Tatbestandsirrtums nicht zugeschnitten ist."

298 *Küper*, Festschrift Heidelberg, S. 477.

299 *Mitsch*, NZV 2008, 217.

300 Vgl. nur *Berz*, Jura 1979, 125 (128 ff.); *Beulke*, NJW 1979, 400; *Dornseifer*, JZ 1980, 299 (302 f.); *Eisenberg*, Jura 1983, 267 (268); *Mitsch*, NZV 2008, 217 (218); *Rudolphi*, JR 1979, 210 (213); *Kretschmer*, in: K/N/P, § 142 Rn. 130: „gesetzesentfernte Lesart". Hierzu näher unten unter **B.III.1**.

301 *Mitsch*, NZV 2008, 217.

302 Zum Folgenden BVerfG, Beschluss vom 19.03.2007 – 2 BvR 2273/06, NJW 2007, 1666.

303 § 31 I BVerfGG: „Die Entscheidungen des BVerfG binden die Verfassungsorgane des Bundes und der Länder sowie alle Gerichte und Behörden."

verwehrt [304] – ein „beinahe revolutionär anmutender Befreiungsschlag", der die Praxis in „große Turbulenzen" versetzt hat.[305]

### a. *Sachverhalt*

Im Rahmen eines verbotswidrigen Überholmanövers in einem Baustellenabschnitt wirbelte das Fahrzeug des Beschwerdeführers Rollsplit auf. Dabei wurden an dem überholten Fahrzeug Schäden im Wert von knapp 1.900 Euro verursacht. Der Beschwerdeführer, dem nicht nachgewiesen werden konnte, das schadensverursachende Ereignis bemerkt zu haben, setzte seine Fahrt fort. An einer rund 500 Meter vom Unfallort entfernten Tankstelleneinfahrt macht ihn der Geschädigte auf den Unfall aufmerksam. Der Beschwerdeführer bestritt den Unfallhergang und setzte seine Fahrt fort, ohne dem Geschädigten die Feststellungen der in § 142 I Nr. 1 StGB vorgesehenen Angaben zu ermöglichen. Auch nachträglich hat er keinerlei Feststellungen ermöglicht.[306]

### b. *Prozessgeschichte*

Das AG Herford hatte den Beschwerdeführer zunächst wegen unerlaubten Entfernens vom Unfallort gemäß § 142 II Nr. 2 StGB verurteilt, weil es die Auffassung vertrat, das vorsatzlose Sich-Entfernen vom Unfallort sei dem berechtigten oder entschuldigten gleichzusetzen. Dagegen legte der Beschwerdeführer Sprungrevision zum OLG Hamm ein. Die Revision wurde, dem Antrag der Generalstaatsanwaltschaft folgend, als offensichtlich unbegründet verworfen, wogegen sich der Beschwerdeführer schließlich mittels Verfassungsbeschwerde zum BVerfG wandte.[307]

---

304 Für frühere Verurteilungen, welche auf die für verfassungswidrig erklärte Auslegung des § 142 II Nr. 2 StGB gestützt wurden, hat der Beschluss allerdings keinerlei Relevanz. Gemäß § 79 I BVerfGG ist gegen ein rechtskräftiges Strafurteil, das auf der Auslegung einer Norm beruht, die vom BVerfG für unvereinbar mit dem Grundgesetz erklärt worden ist, die Wiederaufnahme des Verfahrens nur nach den Vorschriften der Strafprozessordnung zulässig. Die Voraussetzungen einer Wiederaufnahme sind nicht erfüllt.

305 *Beulke*, Festschrift Maiwald, S. 21 f.

306 Zu diesem Absatz BVerfG, Beschluss vom 19.03.2007 – 2 BvR 2273/06, NJW 2007, 1666.

307 Zu diesem Absatz BVerfG, ebd.

### c. *Tragende Erwägungen*

#### aa. *Allgemeine Ausführungen zu Art. 103 II GG*

Das Analogieverbot aus Art. 103 II GG erläuternd stellt das BVerfG fest, dass jede Rechtsanwendung ausgeschlossen sei, die über den Inhalt einer gesetzlichen Sanktionsnorm hinausgehe. Der Wortsinn fungiere daher als äußerste Grenze und die Vorhersehbarkeit der Strafdrohung müsse aus Sicht des Normadressaten bestimmt werden.[308]

Das Gesetzlichkeitsprinzip aus Art. 103 II GG richte sich – mit unterschiedlichem Inhalt – an die Legislative und die Judikative. Zum einen verpflichte es den Gesetzgeber, die Voraussetzungen der Strafbarkeit so zu umschreiben, dass sich Anwendungsbereich und Tragweite der Tatbestände aus dem Wortlaut der Strafvorschriften ergeben. Der Normadressat solle voraussehen können, welches Verhalten verboten und mit Strafe bedroht sei. Für die Rechtsprechung folge aus dem Erfordernis gesetzlicher Bestimmtheit daher ein Verbot analoger oder gewohnheitsrechtlicher Strafbegründung.[309] Ausgeschlossen sei jede Rechtsanwendung, die über den Inhalt einer gesetzlichen Sanktionsnorm hinausgehe. Dahinter stehe das Prinzip, dass es gerade der Gesetzgeber sein solle, der strafwürdiges Verhalten hinreichend bestimmt festlege. Entsprechend müsse gewährleistet werden, dass Entscheidungen über strafwürdiges Verhalten nicht erst nachträglich von der vollziehenden oder rechtsprechenden Gewalt gefällt würden. Das BVerfG entschied, dass eine Subsumtion vorsatzlosen Sich-Entfernens wegen unzulässiger Analogiebildung gegen diese in Art. 103 II GG normierten Prinzipien verstößt.[310]

#### bb. *Grammatikalische Auslegung*

Schon die Umgangssprache unterscheide zwischen unvorsätzlichen im Sinne von nicht absichtlichen Verhaltensweisen einerseits und berechtigten oder entschuldigten Verhaltensweisen, die „das Recht auf ihrer Seite" haben bzw. deren Konsequenzen aus höherrangigen Gründen hinzunehmen seien, andererseits.[311]

---

308 BVerfG, ebd.

309 Zum allgemeinen Verhältnis zwischen Bestimmtheitsgrundsatz und Analogieverbot vgl. *Kuhlen*, Festschrift Otto, S. 89 ff. m.w.N. *Kuhlen*, Festschrift Otto, S. 93 hebt insbesondere hervor, dass nach herkömmlichen Verständnis die Anwendung des Gesetzes am Analogieverbot zu messen ist, während sich der Maßstab der Gesetzesbestimmtheit an den Gesetzgeber richte.

310 Zu diesem Absatz BVerfG, Beschluss vom 19.03.2007 – 2 BvR 2273/06, NJW 2007, 1666.

311 Zu diesem Absatz BVerfG, Beschluss vom 19.03.2007 – 2 BvR 2273/06, NJW 2007, 1666 (1667).

Die Begriffe *„berechtigt oder entschuldigt“* in § 142 II Nr. 2 StGB seien normative Begriffe, die suggerierten, dass sich ein Unfallbeteiligter unter bestimmten Voraussetzungen unter der Prämisse entfernen dürfe, dass er die Feststellungen nachträglich ermögliche. Das unvorsätzliche Sich-Entfernen blende jedoch die normative Wertung, unter welchen Voraussetzungen das Sich-Entfernen zulässig sei, zugunsten der empirischen, nicht-normativen Tatsache der Unkenntnis vom Unfallgeschehen aus und gehe deshalb über diesen Sinngehalt hinaus. Es werde verkannt, dass normative Begriffe wie *„berechtigt oder entschuldigt“* nicht in einem nicht-normativen Sinne ausgelegt werden könnten und dass jemand, der sich *„berechtigt oder entschuldigt“* vom Unfallort entferne, objektiv und subjektiv unter ganz anderen Voraussetzungen handele als derjenige, der dasselbe mangels Kenntnis des Unfallgeschehens tue.[312]

### *cc. Historische Auslegung*

Gegen das oftmals angeführte Argument, die *ratio legis* des § 142 StGB geböte es, möglichst alle Fälle des „aus welchen Gründen auch immer“[313] straflosen Sich-Entfernt-Habens von der Norm zu erfassen, führt das BVerfG an, dass sich für eine derartige Annahme keine klaren Anhaltspunkte aus den Gesetzgebungsmaterialien ergäben. Vielmehr sei es dem Gesetzgeber darauf angekommen, nachträgliche Feststellungen zu ermöglichen, wenn die Rechtsordnung einem Unfallbeteiligten ausnahmsweise das Sich-Entfernen vom Unfallort erlaube, denn in diesen Fällen könne „ein gewisses Maß an Mitwirkung gefordert werden.“[314] Dies erfordere aber jedenfalls eine ausdrückliche und ausnahmsweise Erlaubnis, sich zu entfernen und vertrage sich nicht mit einer Auslegung, die schlechthin jegliches strafloses Sich-Entfernt-Haben umfasse. [315]

### *dd. Systematische Auslegung*

Systematisch sei zu berücksichtigen, dass die Sekundärpflichten nach § 142 II StGB, welche in § 142 III StGB konkretisiert sind, weiter reichten als die Primärpflichten nach § 142 I StGB. Würde man die Anwendbarkeit von § 142 II StGB auf Fälle des unvorsätzlichen Sich-Entfernens vom Unfallort bejahen,

312 Zu diesem Absatz BVerfG, ebd.

313 *Bürgel*, MDR 1976, 353 (354).

314 Gesetzesentwurf der Bundesregierung zum 14. Strafrechtsänderungsgesetz, BT-Drucksache 7/2434, S. 8.

315 Zu diesem Absatz BVerfG, Beschluss vom 19.03.2007 – 2 BvR 2273/06, NJW 2007, 1666 (1668).

müsse derjenige, der erst nachträglich von seiner Unfallbeteiligung erfahre, nach § 142 III StGB weitergehende Angaben machen, als derjenige, der noch am Unfallort davon erfahre. Während letzterer gemäß § 142 I Nr. 1 StGB nur zu der Angabe, dass er am Unfall beteiligt ist, verpflichtet sei, müsse der Unfallbeteiligte gemäß § 142 III StGB selbstbelastende Handlungen vornehmen. Dass die Pflichten nach § 142 III StGB dem Betroffenen mehr – insbesondere eine aktive Kontaktaufnahme zur Polizei oder den anderen Unfallbeteiligten – abverlangen, erkläre sich aus der Privilegierung desjenigen, der sich vom Unfallort nach Ablauf der Wartefrist oder berechtigt bzw. entschuldigt entfernen durfte und im Übrigen bewusst gegen die Verbotsnorm verstoßen habe. § 142 II StGB enthalte einen Ausnahmecharakter, dem es widerspräche, wenn auch derjenige, der dieses Privileg nicht in Anspruch genommen habe, weil er den Unfall gar nicht bemerkt habe, gleichermaßen nach § 142 III StGB verpflichtet würde.[316]

#### *ee. Teleologische Auslegung*

Soweit die Rechtsprechung auf den Schutzzweck des § 142 StGB abstelle, merkt das BVerfG an, dass die Schwierigkeit des Nachweises der Kenntnis nicht durch den Hinweis auf die kriminalpolitische Bedeutsamkeit des Verbots umgangen werden könne.[317]

#### *ff. Obiter Dictum: Verweis auf mögliche Subsumtion unter § 142 I StGB*

In einem Obiter Dictum hat das BVerfG zwei Wege angedeutet, das erst später vorsätzlich werdende Sich-Entfernen möglicherweise unter § 142 I StGB zu subsumieren:

Zum eine komme eine weite Auslegung des Begriffs „*Unfallort*“[318] in Betracht. Absatz 1 setze nämlich im Gegensatz zu Absatz 2 kein abgeschlossenes Sich-Entfernt-Haben voraus. Maßgeblich sei die Auslegung des Begriffs „*Unfallort*“, der der Konkretisierung durch die Rechtsprechung bedürfe. Erlange der

---

316 Zu diesem Absatz BVerfG, Beschluss vom 19.03.2007 – 2 BvR 2273/06, NJW 2007, 1666 (1668).

317 BVerfG, Beschluss vom 19.03.2007 – 2 BvR 2273/06, NJW 2007, 1666 (1668).

318 Ablehnung früher durch das BayObLG: „Unfallort“ sei nur der unmittelbare Umkreis. Im Ergebnis so auch OLG Karlsruhe, Urteil vom 17.12.1987 – 4 Ss 192/87, NStZ 1988, 409, das bei einer Entfernung von 250 Metern zur Endlage der Unfallfahrzeuge den Bereich des Unfallorts verneinte: „Der Radius des Unfallorts i. S. des § 142 StGB ist von den Umständen des Einzelfalles abhängig; er ist eher eng als weit zu ziehen.“

Beteiligte jedenfalls noch innerhalb des (ausgedehnten) Bereichs des Unfallorts Kenntnis vom Unfall, so sei § 142 I Nr. 1 StGB erfüllt.[319]

Zum anderen könne ein Vorsatz bezüglich des Sich-(Weiter-)Entfernens von der Unfallstelle bis zum Zeitpunkt der Beendigung der Tat durch erfolgreiches Sich-Entfernt-Haben gebildet werden, da § 142 I StGB auf den Prozess des Sich-Entfernens Bezug nehme. Entscheidend sei nur, wann die Beendigung der Tat eintrete; in anderen Worten, ab welchem Zeitpunkt der Unfallort als verlassen gelte.[320]

### *d. Stellungnahme*

Der Beschluss begegnete großer Resonanz im Schrifttum. Mit diesem Beschluss hat das BVerfG nämlich einen Schlussstrich unter eine jahrzehntelang praktizierte Rechtsprechung gezogen. Es hat die Subsumtion des vorsatzlosen Sich-Entfernens unter § 142 II Nr. 2 StGB für verfassungswidrig erklärt und sich dabei auf das Analogieverbot des Art. 103 II GG gestützt. Ob seine Begründung eines Verstoßes gegen das Analogieverbot überzeugend ist, wird kontrovers beurteilt. Fest steht jedoch: Durch die mittels eines Obiter Dictums vorgeschlagene weite Auslegung des Unfallortbegriffs hat das BVerfG keine Klarheit geschaffen, sondern die Probleme allenfalls an eine andere Stelle verlagert.[321] *Weigend* formuliert daher, allgemein auf § 142 StGB bezogen, zu Recht:

> *„Für jedes ‚gelöste' Problem wachsen der Hydra des § 142 StGB einige neue nach."*[322]

Unklar bleibt vor allem, ob das BVerfG die für das Analogieverbot maßgebliche Wortsinngrenze fachsprachlich oder aus Laiensicht bestimmt.[323] Die Methodik des BVerfG wirkt inkonsequent. Es scheint sich getreu dem Motto „Doppelt genäht hält besser!" auf beide Ansätze gleichermaßen zu stützen.[324] Nachdem das BVerfG zunächst abstrakt bestimmt, dass sich der mögliche Wortsinn „aus der Sicht des Normadressaten" bestimme, nimmt es entsprechend eine Auslegung nach der Umgangssprache vor. Nichtsdestotrotz stützt es seine Auslegung anschließend auch auf fachsprachliche Maßstäbe, indem es auf die „normative

---

319 Zu diesem Absatz BVerfG, Beschluss vom 19.03.2007 – 2 BvR 2273/06, NJW 2007, 1666 (1668).

320 Zu diesem Absatz BVerfG, ebd.

321 Zutreffend *Brüning*, ZIS 2007, 317 (323).

322 *Weigend*, JR 1993, 115 (117).

323 Diese Einschätzung teilen *Brüning*, ZIS 2007, 317 (319) sowie *Dehne-Niemann*, Jura 2008, 135 (137).

324 *Beulke*, Festschrift Maiwald, S. 24.

Wertung" rekurriert. Es weist auf die enge Bedeutung der Begriffe „*berechtigt/entschuldigt*" hin, welche sich unter anderem gemäß eines rechtssprachlich-normativen Ansatzes aus dem „möglichen Wortsinn im Kontext des Gesetzes" ergebe.[325] Das BVerfG argumentiert, unvorsätzliches Sich-Entfernen gehe bereits deshalb über den möglichen Sinngehalt hinaus, weil es die normative Wertung ausblende.[326]

In der Literatur herrscht hinsichtlich des Begründungsstils im Urteil eine geteilte Meinung. Während einige Stimmen ihn als „wohltuend klar" bezeichnen,[327] empfinden ihn hingegen andere als „eigentümlich verschwommen."[328] Letztere führen an, die Begründung des BVerfG sei widersprüchlich: Einerseits würden die Begriffe „*berechtigt/entschuldigt*" fachsprachlich „im Kontext des Gesetzes" interpretiert und bei der Auslegung des Wortsinns eine enge Affinität zur deliktssystematischen Nomenklatur gewahrt werden. Andererseits berufe sich das BVerfG ausdrücklich auf eine umgangssprachliche Bedeutung, da die Grenze des möglichen Wortsinns aus Sicht des Normadressaten und damit nicht fachsprachlich zu bestimmen sei. Vor allem aber sei der zentrale Begründungssatz jenseits der Unterscheidung zwischen Fach- und Alltagssprache angesiedelt. Er verdeutliche nämlich nur, dass der normative Gehalt des Begriffspaares „*berechtigt/entschuldigt*" den bloß empirischen Sachverhalt der mangelnden Unkenntnis ausschließe.[329] Kritisiert wird weiterhin, dass die Voraussetzungen, unter welchen das Sich-Entfernen zulässig sei, keine normative Wertung, sondern gesetzlich festgelegt sei.[330]

Von der Gegenmeinung wird eingewandt, das BVerfG habe sich klar in die Richtung geäußert, dass die Auslegungsgrenze zwar normalerweise aus der Sicht des Bürgers, zumindest hier jedoch fachsprachlich zu bestimmen sei.[331] Handele es sich nämlich um einen normativen Begriff, dem in der Fachsprache „aus dem Kontext des Gesetzes" schon eine klare Bedeutung zukomme, dürfe der Rechtsanwender diese Bedeutung nicht unter Berufung auf einen angeblich

---

325 BVerfG, Beschluss vom 19.03.2007 - 2 BvR 2273/06, NJW 2007, 1666 (1667). *Dehne-Niemann*, Jura 2008, 135 (138) hält diesen Ansatz für zutreffend und allein ausschlaggebend.

326 BVerfG, Beschluss vom 19.03.2007 - 2 BvR 2273/06, NJW 2007, 1666 (1667).

327 *Simon*, NJW 2007, 1668; *Laschewski* bezeichnet die Entscheidung als „im Ergebnis richtig und bestechend klar": NZV 2007, 444 (446).

328 *Küper*, NStZ 2008, 597, 598.

329 *Küper*, NStZ 2008, 597 (599 f.).

330 *Schroeder*, JZ 2011, 187 (192).

331 *Simon*, NJW 2007, 1668.

weitergehenden Alltagsprachgebrauch auslegend in einem nicht-normativen Sinne überschreiten.[332]

Auch wenn dieser Ansatz inhaltlich überzeugen mag, ist der Aussage, dass das BVerfG klar Stellung bezogen habe, deutlich zu widersprechen. Der Beschluss enthält gerade keine Erklärung für die methodische Vorgehensweise. Das BVerfG hat es insoweit versäumt, zu der grundlegenden Frage Stellung zu nehmen, wie theoriesprachliche Begriffe im Strafrecht auszulegen sind.[333] Hinsichtlich der zur Ermittlung dieses Wortsinns entscheidenden Kriterien wirft der Beschluss somit wesentliche Fragen auf: Wonach richtet sich die vielzitierte äußerste Grenze des Wortsinns, wenn der fachsprachliche vom alltagssprachlichen Wortsinn abweicht? Zeichnet die strenge Nomenklatur der Theoriesprache die Auslegungsgrenzen vor?[334]

### *5. Beschluss des Oberlandesgerichts Düsseldorf vom 01.10.2007*

Mit seiner Entscheidung vom 01.10.2007 griff das OLG Düsseldorf das Obiter Dictum des BVerfG auf.[335] Es entschied, dass das vorsatzlose Sich-Entfernen vom Unfallort zwar nicht die Pflichten gemäß § 142 II, III StGB begründe. Den Straftatbestand des § 142 I Nr. 1 StGB verwirkliche aber auch der Unfallbeteiligte, der den Unfall nicht bemerkt, deshalb seine Fahrt zunächst fortsetze, aber noch innerhalb eines räumlichen und zeitlichen Zusammenhangs mit dem Unfallgeschehen von diesem erfahre.

#### *a. Sachverhalt*

Der Beschuldigte beschädigte mit seinem Fahrzeug einen am rechten Straßenrand geparkten Pkw. Er bemerkte dies jedoch nicht und fuhr weiter. Eine Zeugin fuhr hinter dem Beschuldigten her. Sie konnte ihn durch Betätigen von Hupe und Lichthupe zum Anhalten bewegen und setzte ihn über den Unfall in Kenntnis. Zwischen dem Unfall und dem Anhalten lag eine Fahrtzeit von fünf bis zehn Minuten. Der Beschuldigte hatte sich zu diesem Zeitpunkt rund drei Kilometer von der Unfallstelle entfernt.[336]

---

332 *Simon*, ebd.

333 So auch *Dehne-Niemann*, Jura 2008, 135 (141).

334 Formulierung von *Küper*, Festschrift Heidelberg, S. 465.

335 Zum Folgenden OLG Düsseldorf, Beschluss vom 01.10.2007 – III-2 Ss 142/07 – 69/07 III, NStZ-RR 2008, 88.

336 Zu diesem Absatz OLG Düsseldorf, Beschluss vom 01.10.2007 – III-2 Ss 142/07 – 69/07 III, NStZ-RR 2008, 88.

### b. *Prozessgeschichte*

Das AG Wuppertal hatte den Angeklagten wegen unerlaubten Entfernens vom Unfallort gemäß § 142 II Nr. 2 StGB verurteilt. Die hiergegen gerichtete Berufung des Angeklagten verwarf das LG Wuppertal mit der Maßgabe, dass die Tagessatzhöhe herabgesetzt wird. Der Angeklagte legte eine auf den Schuldspruch wegen unerlaubten Entfernens vom Unfallort beschränkte Revision ein, mit der er die Verletzung materiellen Rechts rügte.[337]

### c. *Tragende Erwägungen*

Zunächst lehnte das OLG Düsseldorf eine Strafbarkeit nach § 142 II Nr. 2 StGB unter Verweis auf den Beschluss des BVerfG ab. Im Anschluss prüfte es eine Strafbarkeit nach § 142 I StGB. Das Gericht führte aus, dass § 142 I StGB keinen abgeschlossenen Sachverhalt des Sich-Entfernt-Habens voraussetze und ein Entfernens-Vorsatz grundsätzlich bis zur Beendigung der Tat durch ein erfolgreiches Sich-Entfernt-Haben gebildet werden könne. In Anlehnung an die frühere Rechtsprechung zum vorsatzlosen Verlassen des Unfallorts[338] kam das OLG Düsseldorf zum Ergebnis, dass § 142 I Nr. 1 StGB auch verwirklichen könne, wer noch innerhalb eines räumlichen und zeitlichen Zusammenhangs vom Unfallgeschehen erfahre. Der Unfallbeteiligte dürfe sich dazu nicht schon so weit von der Unfallstelle entfernt haben und es dürfe noch nicht so viel Zeit verstrichen sein, dass an dem inzwischen erreichten Ort feststellungsbereite Personen ohne Weiteres nicht mehr zu erwarten seien. Das OLG Düsseldorf gelangte zu dem Schluss, dass eine Strafbarkeit gemäß § 142 I StGB unter den gegebenen Umständen ausscheide. Ein räumlicher und zeitlicher Zusammenhang sei nicht mehr vorhanden gewesen, als der Angeklagte nach fünf bis zehn Minuten Fahrtzeit und einer Entfernung von rund drei Kilometern vom Unfallort schließlich vom Unfallgeschehen erfahren habe. Denn an dem zwischenzeitlich erreichten Ort sei mit der Anwesenheit feststellungsbereiter Personen, insbesondere des Geschädigten, nicht mehr ohne Weiteres zu rechnen gewesen. Daran ändere auch die Anwesenheit der Zeugin, die den Angeklagten verfolgt und auf den Unfall aufmerksam gemacht hatte, nichts. § 142 I StGB fordere nämlich die

---

337 Zu diesem Absatz OLG Düsseldorf, ebd.

338 BGH, Beschluss vom 20.01.1960 – 4 StR 292/59, BGHSt 14, 89 = NJW 1960, 1019 (1020): „Die Annahme einer Warte- und Duldungspflicht des erst auf der Weiterfahrt ‚schlechtgläubig' gewordenen Unfallbeteiligten ist allerdings an die Voraussetzung zu knüpfen, daß noch ein räumlicher und zeitlicher Zusammenhang mit dem Unfallgeschehen besteht."

Anwesenheit feststellungsbereiter Personen am Unfallort selbst, nicht an einem anderen Ort.[339]

### *d. Stellungnahme*

Im Rahmen der durch die Fachgerichte vorzunehmenden Konkretisierung des Unfallortbegriffs definiert das OLG Düsseldorf den Unfallort als den Bereich, innerhalb dessen noch ein räumlicher und zeitlicher Zusammenhang zum Unfallgeschehen bestehe. *Rittig* stimmt der Argumentation des OLG Düsseldorf mit nur wenigen Bedenken zu, da sie den Beschluss des BVerfG „konsequent, zutreffend und weitgehend nachvollziehbar" umsetze.[340] Aufgrund der Tatsache, dass das BVerfG auf BGH-Entscheidungen, in denen es gerade um den räumlich-zeitlichen Zusammenhang ging, verwiesen habe, habe das OLG Düsseldorf folgerichtig den Schluss gezogen, dass das BVerfG diesen räumlich-zeitlichen Zusammenhang als Voraussetzung für eine Strafbarkeit nach § 142 I StGB sehe.[341]

Dagegen wird angeführt, der zeitliche und räumliche Zusammenhang sei ein noch auf die alte Fassung der Norm bezogenes Kriterium zur Bestimmung, ob und wann eine Beeinträchtigung der Feststellungsinteressen *„durch Flucht"* noch möglich sei. Dieser Maßstab sei auf die Bestimmung des Unfallorts gemäß der neuen Fassung nicht übertragbar.[342]

Dieses Argument überzeugt. Es ist zutreffend, dass das Abstellen auf einen räumlich-zeitlichen Zusammenhang im Kontext der aktuellen Gesetzesfassung noch unpassender ist als im Kontext der alten Gesetzesfassung. Das Gesetz stellt gerade nicht mehr ein Entziehen durch Flucht unter Strafe, für welches der räumlich-zeitliche Zusammenhang aber gerade entwickelt wurde. Der räumlich-zeitliche Zusammenhang ist kein taugliches Kriterium zur Abgrenzung des Bereichs des Unfallorts.[343] Ohnehin kann es bei der Auslegung des Unfallortbegriffs in § 142 I StGB allein auf räumliche Kriterien ankommen, weil der Begriff des Unfallorts ein rein räumliches Tatbestandsmerkmal ist. [344] Zeitliche

---

339 Zu diesem Absatz OLG Düsseldorf, Beschluss vom 01.10.2007 – III-2 Ss 142/07 – 69/07 III, NStZ-RR 2008, 88 (89 f.).

340 *Rittig*, Unfallflucht, 2011, S. 82.

341 *Rittig*, ebd.

342 *Küper*, NStZ 2008, 597 (603).

343 *Küper*, ebd.

344 *Küper*, ebd.

Kriterien können allenfalls im Rahmen des Tatbestandsmerkmals *„nach einem Unfall im Straßenverkehr“* eine Rolle spielen.

Überraschend mutet nicht nur die Ankündigung des Abstellens auf einen räumlichen Zusammenhang, sondern auch dessen praktische Umsetzung durch das OLG Düsseldorf an. Das Gericht definiert den „räumlich-zeitlichen“ Zusammenhang und damit den Unfallort nämlich als den Bereich, in dem üblicherweise noch die Anwesenheit feststellungsbereiter Personen, insbesondere des Geschädigten, zu erwarten sei. Es kommt zu dem Schluss, dass der Angeklagte sich nicht mehr am Unfallort befunden habe, weil aufgrund der Distanz zur Unfallstelle am inzwischen erreichten Ort üblicherweise nicht mehr mit feststellungsbereiten Personen zu rechnen sei. Im Ergebnis zieht das OLG Düsseldorf damit in der Sache gar keine anderen als die üblichen Kriterien zur Definition des Unfallorts heran, nach denen es maßgeblich darauf ankommt, ob feststellungsbereite Personen den Wartepflichtigen in dem Bereich vermuten würden. Auf den Bereich abzustellen, in dem ein Unfallbeteiligter einen anderen Unfallbeteiligten vermuten würde, stellt somit im Ergebnis keine Neuerung dar.[345] Das OLG Düsseldorf tut dies aber auf einem methodisch verunglückten Weg, sodass sich seine Ausführungen als „wenig hilfreich bei der Lösung des Problems“[346] erweisen.

*Blum* kritisiert weiterhin, dass die Grenzen des räumlich-zeitlichen Zusammenhangs zu eng gezogen würden, weil das OLG Düsseldorf außer Betracht lasse, dass die Tatbeendigung erst eintrete, wenn der Fahrer sein Fahrtziel erreicht oder sich sonst in Sicherheit gebracht habe.[347] Diese Kritik geht allerdings an der Sache vorbei und erweist sich auch inhaltlich als verfehlt. Zunächst lässt *Blums* Kritik außer Acht, dass das OLG Düsseldorf an dem ersten von zwei durch das BVerfG aufgezeigten Wegen anknüpft, nämlich einer vermeintlich weiten Auslegung des Unfallortbegriffs. *Blums* Ansatz scheint sich jedoch auf den zweiten im Obiter Dictum angedeuteten Weg, den Vorsatz in der Beendigungsphase, zu beziehen.

Dabei lässt *Blum* zudem außer Acht, dass der Vorsatz stets während der tatbestandsmäßigen Handlung, d.h. vor der Vollendung der Tat, vorliegen muss.[348] Ein erst nach Vollendung, aber vor Beendigung gefasster Vorsatz ist ausschließlich in Fällen sukzessiver Beihilfe oder Mittäterschaft denkbar.[349] Die relevante

345 *Blum*, SVR 2010, 210 (210 f.).

346 *Blum*, NStZ 2008, 495 (496); *ders.*, SVR 2010, 210 (211).

347 *Blum*, NZV 2008, 495 (497).

348 Vgl. unten unter **B.III.2.b.**

349 Vgl. OLG Hamburg, Beschluss vom 27.03.2009 – 3-13/09, NJW 2009, 2074.

Tathandlung des § 142 I StGB besteht im Sich-Entfernen vom Unfallort. *Blum* wirft die Frage auf, ob die Tathandlung des Sich-Entfernens bereits mit dem Verlassen des eigentlichen Unfallorts abgeschlossen sei oder ob dieses Merkmal nicht auch noch mit dem weiteren Entfernen von der Unfallstelle verwirklicht werde. Die Distanz zur Unfallstelle werde durch die Weiterfahrt vergrößert. Damit werde das geschützte Rechtsgut des § 142 StGB – nämlich die Sicherung der privatrechtlichen Ansprüche der Geschädigten und der anderen Unfallbeteiligten – weiterhin tangiert. Der Begriff des Sich-Entfernens impliziere ferner eine gewisse Dauer. Der Gesetzgeber selbst habe in § 142 II, III StGB zum Ausdruck gebracht, dass das spätere Verhalten des Unfallbeteiligten durchaus noch strafrechtliche Konsequenzen haben könne.[350]

*Blums* Argumentation ist zu widersprechen. Dass der *terminus* des Sich-Entfernens eine gewisse Dauer impliziere, ist eine unfundierte Behauptung. Die Tathandlung des Sich-Entfernens setzt vielmehr ein Verlassen des Unfallorts im Sinne einer Absatzbewegung vom Unfallort voraus,[351] unterliegt aber keiner zeitlichen Mindestdauer, wie *Blum* zu suggerieren scheint. Die Tathandlung ist vielmehr vollendet, sobald der Täter sich nicht mehr am Unfallort befindet.[352] Der Vollendungszeitpunkt richtet sich somit allein nach räumlichen Kriterien.

Auch die Argumentation, dass ein während der Beendigungsphase gefasster Vorsatz den Tatbestand des § 142 I StGB erfüllen könne, weil den Unfallbeteiligten unter bestimmten Umständen nach dem Verlassen der Unfallstelle weitere Pflichten träfen, ist abzulehnen. Es ist zwar korrekt, dass das spätere Verhalten des Unfallbeteiligten noch strafrechtliche Konsequenzen haben kann. Diese richten sich nach der gesetzgeberischen Wertung jedoch gerade nicht nach § 142 I StGB, sondern nur nach § 142 II, III StGB. Indem der Gesetzgeber die nachträglichen Pflichten in einem gesonderten Tatbestand festgeschrieben hat, brachte er entgegen der Ansicht *Blums* gerade zum Ausdruck, dass das tatbestandliche Verhalten des Täters nach § 142 I StGB mit dem Verlassen des Unfallorts endet.

Ein anderes Ergebnis kann auch nicht mit dem Sinn und Zweck der Regelung des § 142 StGB begründet werden. *Blum* äußert, er habe keine Bedenken, dass ein Unfallbeteiligter, der nach einem zunächst unvorsätzlichen Sich-Entfernen vom Unfallort in einem räumlichen und zeitlichen Zusammenhang angesprochen

---

350 *Blum*, SVR 2010, 210 (211).

351 OLG Karlsruhe, Urteil vom 10.07.2017 – 2 Rv 10 Ss 581/16, NStZ-RR 2017, 355; *Kühl*, in: Lackner/Kühl, § 142 Rn. 10; *Zopfs*, in: MüKo StGB, § 142 Rn. 49.

352 *Kretschmer*, in: K/N/P, § 142 Rn. 88; *Mitsch*, NZV 2005, 105 (109); *Sternberg-Lieben*, in: Schönke/Schröder, § 142 Rn. 83; *Zopfs*, in: MüKo StGB, § 142 Rn. 51.

wird, auch jetzt noch den Entschluss fassen könne, den objektiven Vorgang des Sich-Entfernens fortzusetzen, weil es der Sinn und Zweck des § 142 StGB sei, einen möglichst umfassenden Schutz der anderen Unfallbeteiligten und der Geschädigten zu gewährleisten.[353] § 142 StGB stellt allerdings gerade nicht jede Handlung unter Strafe, die die Beweissicherungsinteressen beeinträchtigt, sondern hält eine Beeinträchtigung der Feststellungsinteressen nur unter den im Gesetz genannten Voraussetzungen für strafwürdig.

### 6. *Beschluss des Oberlandesgerichts Hamburg vom 27.03.2009*

Das OLG Hamburg hat sich im Jahr 2009 im Wesentlichen den Ausführungen des OLG Düsseldorf angeschlossen. Für die Bestimmung der räumlichen Grenze des Unfallorts komme es auf die Sicht feststellungsbereiter Personen an, die am Ort des Geschehens bleiben und nicht etwa die Verfolgung des Täters aufnehmen.[354]

#### *a. Sachverhalt*

Der LKW fahrende Angeklagte streifte mit seinem Außenspiegel unbemerkt den Außenspiegel eines anderen, auf der Nebenspur fahrenden LKWs, der dabei beschädigt wurde. Der Fahrer des geschädigten LKWs folgte dem Angeklagten über eine Strecke von anderthalb Kilometern, wo er ihn schließlich auf den Unfall aufmerksam machte. Gleichwohl setzte der Angeklagte seine Fahrt fort, wobei er billigend in Kauf nahm, sich so möglicherweise Unfallfeststellungen zu entziehen.[355]

#### *b. Prozessgeschichte*

Das AG verurteilte den Angeklagten gemäß § 142 I StGB. Dagegen wandte sich der Angeklagte mittels Berufung zum LG, welches den Schuldspruch aufrechterhielt. Gegen diese Entscheidung erhob der Angeklagten Revision zum OLG Hamburg. Das OLG Hamburg sprach den Angeklagten unter Aufhebung der Berufungsentscheidung frei.[356]

---

353 *Blum*, SVR 2010, 210 (211).

354 OLG Hamburg, Beschluss vom 27.03.2009 – 3-13/09, NJW 2009, 2074.

355 Zu diesem Absatz OLG Hamburg, ebd.

356 Zu diesem Absatz OLG Hamburg, ebd.

### *c. Tragende Erwägungen*

Der Unfallort sei die Stelle, an der sich das schädigende Ereignis zugetragen habe, einschließlich der unmittelbaren Umgebung, in der die beteiligten Fahrzeuge zum Halten gekommen sind bzw. hätten kommen können und in der die Unfallbeteiligten für feststellungsbereite Personen noch als warte- und auskunftspflichtig zu erkennen seien. Der Radius des Unfallorts hänge von den Umständen des Einzelfalls ab und sei als Teil des objektiven Tatbestands auch objektiv zu bestimmen und zwar unabhängig davon, ob der Unfallbeteiligte sogleich Kenntnis vom Unfall gehabt habe oder nicht. Der Ort der Kenntniserlangung des Angeklagten erfülle die demnach heranzuziehenden Kriterien des Unfallorts nicht. Daran ändere auch die Verfolgung durch den Zeugen nichts, weil es für die Bestimmung der räumlichen Grenze des Unfallorts nur auf die Sicht feststellungsbereiter Personen am Ort des Geschehens ankomme.[357]

Die Erwägungen des BVerfG zur Vorsatzbildung in der Beendigungsphase lehnt das OLG Hamburg ebenso ab. Nach § 15 StGB müsse der Täter Vorsatz zum Zeitpunkt der Tathandlung haben, ein nachträglich gefasster Vorsatz sei bedeutungslos.[358]

### *d. Stellungnahme*

Das klare Bekenntnis des OLG Hamburg, die Einschlägigkeit § 142 I StGB in Fällen des unvorsätzlichen Sich-Entfernens vom Unfallort zu verneinen, ist zu begrüßen.[359] Zunächst ist der Unfallort ein objektives Tatbestandsmerkmal und daher ausschließlich anhand objektiver Kriterien zu bestimmen. Dem OLG Hamburg ist deshalb darin zu folgen, dass es für die Bestimmung der Reichweite des Unfallorts ohne Einfluss bleiben muss, ob der Unfallbeteiligte den Unfall direkt bemerkt hat oder nicht.[360] Dasselbe gilt für die Frage, ob der Täter verfolgt wird oder nicht, die auf die Reichweite des Unfallorts keinen Einfluss haben darf. Zwar wäre es für die Geschädigten von Vorteil, wenn ein Informationsfluss direkt am Ort der Kenntniserlangung stattfände. Diese Vorgehensweise würde indessen eine Umkehrung des Verhältnisses von Unfallort und Pflichterfüllung beinhalten.[361] Die in § 142 I StGB niedergeschriebenen Pflichten sind nur am

357 Zu diesem Absatz OLG Hamburg, ebd.

358 Zu diesem Absatz OLG Hamburg, ebd.

359 So auch *Brüning*, ZJS 2009, 442 (443).

360 Vgl. bereits BayObLG, Urteil vom 03.11.1978 – RReg. 1 St 285/78, VRS 56, 437 (438), sich anschließend *Brüning*, ebd.

361 *Mitsch*, JuS 2010, 303 (306).

Unfallort zu erfüllen. Daher ist zuerst zu bestimmen, ob sich der Unfallbeteiligte überhaupt am Unfallort befindet; diese Frage darf nicht mit der abstrakten Möglichkeit der Erfüllung seiner Pflichten vermischt werden. Der Umstand, dass ein anderer Unfallbeteiligter oder ein Dritter die Verfolgung des Täters aufnimmt, kann den Zeitpunkt, in dem dieser sich vom Unfallort entfernt und damit den Tatbestand des § 142 I StGB vollendet hat, folglich nicht hinausschieben.[362] Ansonsten könnte ein „unendlicher Unfallort“[363] kreiert werden. Zu Recht erklärt das OLG Hamburg daher, dass es ausschließlich auf die Sicht der feststellungsbereiten Personen am Ort des Unfallereignisses ankomme.[364] Die durch das OLG Hamburg vorgenommene Auslegung ist im Hinblick auf das Bestimmtheitsgebot des Art. 103 II GG zu begrüßen.[365]

### *7. Beschluss des Bundesgerichtshofs vom 15.11.2010*

Mittels seines Beschlusses vom 15.11.2010 hat der BGH die in der Entscheidung des BVerfG „geöffnete Hintertür geräuschvoll zugeschlagen“,[366] indem er dem durch das BVerfG angedeuteten Ansatz einer weiten Auslegung des Begriffs „*Unfallort*“, um Fälle des vorsatzlosen Sich-Entfernens vom Unfallort von § 142 I StGB zu erfassen, eine Absage erteilt hat.[367]

#### *a. Sachverhalt*

Der Angeklagte streifte mit seinem Fahrzeug ein anderes Fahrzeug. Dass er das Touchieren bemerkte, konnte ihm nicht nachgewiesen werden. An einer Ampel wurde er schließlich auf den Unfall hingewiesen, setzte seine Fahrt aber dennoch fort. Die erforderlichen Feststellungen ermöglichte er weder unmittelbar nach Kenntniserlangung vom Unfall noch später.[368]

#### *b. Prozessgeschichte*

Das LG Itzehoe verurteilte den Angeklagten wegen unerlaubten Entfernens vom Unfallort gemäß § 142 I Nr. 1 StGB.[369] Feststellungen darüber, wann der

---

362 BayObLG, Urteil vom 03.11.1978 – RReg. 1 St 285/78, VRS 56, 437 (439).
363 *Rittig*, Unfallflucht, 2011, S. 87.
364 *Brüning*, ZJS 2009, 442 (443).
365 *Zimmermann*, FD-StrafR 2009, 280529.
366 *Jahn*, JuS 2011, 274 (276).
367 BGH, Beschluss vom 15.11.2010 – 4 StR 413/10, NStZ 2011, 209.
368 Zu diesem Absatz BGH, ebd.
369 Zum Folgenden BGH, ebd.

Angeklagte Kenntnis vom Unfall erlangte und wie weit die Ampel, an welcher der Angeklagte auf den Unfall angesprochen worden war, vom Ort des Zusammenpralls der Fahrzeuge entfernt lag, hat das LG nicht getroffen. Hinsichtlich des Vorwurfs der Verkehrsunfallflucht führte die Revision des Angeklagten zur Einstellung des Verfahrens gemäß § 154 II StPO.[370]

#### *c. Tragende Erwägungen*

Entgegen der Ansicht des LG scheide eine Strafbarkeit gemäß § 142 I Nr. 1 StGB aus, denn es sei nicht bewiesen, dass der Angeklagte das Touchieren bemerkt habe. Vom Ort des Zusammenpralls habe er sich also womöglich ohne Kenntnis des Unfalls entfernt. Als er schließlich nachweisbar Kenntnis erlangt hatte, habe er sich nicht mehr am Unfallort befunden. Insbesondere habe die Strafkammer keine Feststellungen darüber getroffen, wie weit die Ampel vom Ort des Touchierens entfernt sei. Gerade „[d]as Entfernen nicht vom Unfallort selbst, sondern von einem anderen Ort, an welchem der Täter erstmals vom Unfall erfahren hat“, erfülle aber nicht den Tatbestand des § 142 I Nr. 1 StGB. Der Senat sehe keine Veranlassung, den Begriff des Unfallorts entsprechend zu modifizieren, um derartige Fälle zu erfassen.[371]

#### *d. Stellungnahme*

Der BGH hat dem Obiter Dictum des BVerfG eine klare Absage erteilt, indem der Senat betonte, dass er keine Veranlassung sehe, vom gefestigten Begriff des Unfallorts abzuweichen. Die Entscheidung des BGH wurde mehrheitlich begrüßt.[372] Da sich die Analyse dieser BGH-Entscheidung mit der Analyse der anderen Entscheidungen überschneidet, erfolgt eine detaillierte Gesamtanalyse im nächsten Abschnitt.

## III. Gesamtanalyse der Argumente

In diesem Abschnitt werden die vorgebrachten Argumente analysiert und bewertet. Dabei wird zunächst untersucht, ob vorsatzloses Sich-Entfernen von § 142 II Nr. 2 StGB erfasst wird (im Folgenden unter **1.**). Anschließend wird das

370 § 154 II StPO: „Ist die öffentliche Klage bereits erhoben, so kann das Gericht auf Antrag der Staatsanwaltschaft das Verfahren in jeder Lage vorläufig einstellen.“

371 Zu diesem Absatz BGH, Beschluss vom 15.11.2010 - 4 StR 413/10, NStZ 2011, 209 (210).

372 So z.B. *Jahn*, JuS 2011, 274; *Lilie*, FD-StrafR 2010, 312211.

Obiter Dictum des BVerfG aufgegriffen und die Möglichkeit einer Bestrafung nach § 142 I StGB erörtert (im Folgenden unter **2.**). Der Abschnitt schließt mittels eines Fazits (im Folgenden unter **3.**).

### *1. Strafbarkeit des vorsatzlosen Sich-Entfernens vom Unfallort nach § 142 II Nr. 2 StGB*

Es wird untersucht, ob vorsatzloses Sich-Entfernen vom Unfallort von § 142 II Nr. 2 StGB erfasst wird oder ob eine Subsumtion unter § 142 II Nr. 2 StGB das Analogieverbot verletzt. Dazu wird zunächst das Analogieverbot allgemein vorgestellt (im Folgenden unter **a.**). Im Anschluss werden die Begriffe *„berechtigt oder entschuldigt"* mittels der vier klassischen Auslegungsmethoden ausgelegt, wobei Pro- und Contra-Argumente der Anwendbarkeit des § 142 II Nr. 2 StGB bei vorsatzlosem Verlassen des Unfallorts aufgezeigt werden. Die einzelnen Argumente sind nach Wortlaut (im Folgenden unter **b.**), Historie (im Folgenden unter **c.**), Systematik (im Folgenden unter **d.**) und Teleologie (im Folgenden unter **e.**) aufgegliedert. Hinter den jeweiligen Punkten folgt eine eigene Stellungnahme. Zum Abschluss wird das vom BGH ins Spiel gebrachte „Korrektiv" eines räumlich-zeitlichen Zusammenhangs erläutert (im Folgenden **f.**). Dieser Abschnitt endet mit einem Fazit (im Folgenden unter **g.**).

#### *a. Die durch das Analogieverbot vorgegebene Grenze*

##### *aa. Der Wortsinn als äußerste Grenze der Auslegung*

Das Analogieverbot (*„nulla poena sine lege stricta"*) wird als eine Ausprägung des Gesetzlichkeitsprinzips (*„nulla poena sine lege"*) hergeleitet. [373] Es ist übergreifend in Art. 7 I EMRK, in Deutschland in Art. 103 II GG und § 1 StGB kodifiziert. Ist die Strafbarkeit gesetzlich nicht bestimmt, so geht diese Strafbarkeitslücke stets zu Lasten des staatlichen Strafanspruchs.

Art. 103 II GG verpflichtet einerseits den Gesetzgeber, die Voraussetzungen der Strafbarkeit so konkret zu umschreiben, dass Anwendungsbereich und Tragweite der Straftatbestände sich aus dem Wortlaut ergeben oder jedenfalls durch Auslegung ermitteln lassen.[374] Für den Normadressaten soll erkennbar sein, ob ein bestimmtes Verhalten strafbar ist.[375]

---

373 *Priester*, Zum Analogieverbot im Strafrecht, 1976, S. 155. Die lateinische Wendung *„nulla poena sine lege"* ist dabei auf den deutschen Rechtsphilosophen *Paul Johann Anselm von Feuerbach* zurückzuführen, vgl. *Bott/Krell*, ZJS 2010, 694.

374 BVerfG, Beschluss vom 10.01.1995 – 1 BvR 718, 719, 722, 723/89, NJW 1995, 1141.

375 *Beulke*, Festschrift Maiwald, S. 24.

Aus dem Gesetzesvorbehalt in Art. 103 II GG folgt andererseits, dass der Richter eine Handlung nur dann bestrafen darf, wenn er dazu durch ein Gesetz ermächtigt ist.[376] Die Gerichte dürfen keine Befugnisse beanspruchen, die von der Verfassung dem Gesetzgeber übertragen worden sind, indem sie sich aus der Rolle des Normanwenders in die einer normsetzenden Instanz begeben und sich damit der Bindung an Recht und Gesetz entziehen.[377] Richterliche Rechtsfortbildung darf nicht dazu führen, dass der Richter seine eigene materielle Gerechtigkeitsvorstellung an die Stelle derjenigen des Gesetzgebers setzt.[378]

Mit dieser Gesetzesbindung ist eine richterliche Rechtsfortbildung, etwa in Form einer Analogiebildung oder einer teleologischen Reduktion zu Lasten des Beschuldigten, nicht vereinbar.[379] Zu berücksichtigen ist dabei, dass lediglich eine Schlechterstellung des Täters verboten ist.[380] Jede Anwendung eines Rechtssatzes auf einen von ihm auf Grund einer planwidrigen Gesetzeslücke ähnlichen, nicht erfassten Sachverhalt sowie das Entwickeln neuer Rechtssätze aus ähnlichen, schon bestehenden Rechtssätzen zu Ungunsten des Täters ist ausgeschlossen.[381]

Art. 103 II GG, § 1 StGB sollen die Voraussehbarkeit der Strafbarkeit für den Normadressaten gewährleisten.[382] Die Konkretisierung des maßgeblichen Sinns einer Rechtsnorm durch Auslegung ist daher keine verbotene Analogie.[383] Die Verfassungsgrundsätze verbieten es dem Richter nicht, das Recht in Grenzen fortzuentwickeln.[384] Der mögliche Wortsinn markiert dabei die äußerste Grenze zulässiger richterlicher Interpretation zum Nachteil des Täters.[385] Eine Interpretation, die als richterliche Rechtsfortbildung den klaren Wortlaut des Gesetzes

---

376 *Kuhlen*, Festschrift Otto, S. 91 weist darauf hin, dass sich Art. 103 II GG insofern mit Art. 20 III GG überschneidet; *Schroth*, Festschrift Schünemann, S. 276.

377 BVerfG, Beschluss vom 25.01.2011 – 1 BvR 918/10, BVerfGE 128, 193, Rn. 52.

378 BVerfG, ebd.

379 *Kuhlen*, Festschrift Otto, S. 92.

380 *Bott/Krell*, ZJS 2010, 694.

381 *Fischer*, StGB Kommentar, § 1 Rn. 21 m.w.N.

382 *Blum von Ann*, Die Straftat des unerlaubten Sich-Entfernens vom Unfallort als Vermögensdelikt, 1987, S. 84.

383 *Fischer*, StGB Kommentar, § 1 Rn. 24; *Kuhlen*, in: Festschrift Otto, S. 100 ff.; *Kühl*, in: Lackner/Kühl, § 1 Rn. 5.

384 BVerfG, Beschluss vom 25.01.2011 – 1 BvR 918/10, BVerfGE 128, 193, Rn. 53.

385 BVerfG, Beschluss vom 26.04.1994 – 1 BvR 1299/89 und 1 BvL 6/90, BVerfGE 90, 263 (275); BVerfG, Beschluss vom 19.03.2007 – 2 BvR 2273/06, NJW 2007, 1666; weiterführend *Neumann*, Der mögliche Wortsinn als Auslegungsgrenze, 1976, S. 42 ff.

hintanstellt, keinen Widerhall im Gesetz findet und vom Gesetzgeber nicht ausdrücklich oder – bei Vorliegen einer erkennbar planwidrigen Gesetzeslücke – stillschweigend gebilligt wird, greift unzulässig in die Kompetenzen des demokratisch legitimierten Gesetzgebers ein.[386]

Die Grenze zwischen zulässiger Auslegung und verbotener Analogie hängt also davon ab, ob sich die Interpretation im begrifflichen Rahmen des Tatbestands befindet (= Auslegung) oder sich bereits auf einen vom Gesetz nicht geregelten Fall ausdehnt (= Analogie).[387] Ein Verstoß gegen das Analogieverbot liegt vor, wenn die mögliche Grenze des Wortsinns eindeutig überschritten wird.[388] Zu beachten ist, dass es dabei nur auf die theoretisch mögliche, nicht hingegen auf die systematisch richtige oder schärfste Begriffsbedeutung ankommt.[389]

Bemerkenswert ist, dass der BGH in seinem Beschluss vom 15.11.2010 selbst davon auszugehen scheint, nicht lediglich eine Subsumtion unter die Begriffe *„berechtigt oder entschuldigt"* vorzunehmen, da er von der Frage spricht, ob das nicht vorsätzliche Sich-Entfernen dem berechtigen oder entschuldigten Verlassen des Unfallorts „gleichzusetzen" sei.[390] Ein Gleichsetzen impliziert bereits rein begriffstechnisch, dass es sich nicht um eine Auslegung handelt, sondern dass zwei verschiedenartige Konstellationen vorliegen, die man lediglich in ihren Rechtsfolgen gleich behandelt. Obwohl der BGH seine Vorgehensweise damit indirekt als Analogie statt als Subsumtion bezeichnet, kommt es aus verfassungsrechtlicher Sicht auf diese Bezeichnung, die möglicherweise als *„lapsus linguae"*[391] zu betrachten sein könnte, nicht an. Zu ermitteln ist allein, ob die Vorgehensweise des BGH sich tatsächlich als eine verbotene Analogie darstellt, weil sie die Wortlautgrenze überschreitet. Nach der Auffassung des BVerfG ist das der Fall. Es stellt sich also die Frage, ob die Begründung des BVerfG, dass eine Subsumtion des unvorsätzlichen Sich-Entfernens vom Unfallort einen

---

386 BVerfG, Beschluss vom 25.01.2011 – 1 BvR 918/10, BVerfGE 128, 193, Rn. 53.

387 *Hecker*, in: Schönke/Schröder, § 1 Rn. 54; *Kindhäuser*, in: NK StGB, § 1 Rn. 6 f.; *Rengier*, Strafrecht AT, § 4 Rn. 31; *Schumann*, Das mittels List erschlichene Einverständnis im Rahmen des § 239 I Alt. 2 StGB, 2018, S. 56.

388 *Küper*, Festschrift Heidelberg, S. 465 f.

389 *Küper*, Festschrift Heidelberg, S. 466.

390 Das nicht vorsätzliche Sich-Entfernen mit dem berechtigten/entschuldigten Sich-Entfernen gleichgesetzt hat bereits BGH, Beschluss vom 30.08.1978 – 4 StR 682/77, BGHSt 28, 129 = NJW 1979, 434. *Dehne-Niemann*, Jura 2008, 135 (138) spricht insoweit von einer „verräterischen Formulierung" und einer „ungenauen höchstrichterlichen Wortwahl".

391 *Rudolphi*, JR 1979, 210.

Verstoß gegen das Analogieverbot darstellt, überzeugend ist. Im Kern geht es um die Abgrenzung der Subsumtion zur verbotenen Analogie, d.h. um die Frage, ob sich das vorsatzlose Sich-Entfernen vom Unfallort unter die Varianten des berechtigten oder entschuldigten Sich-Entfernens subsumieren lässt.

#### *bb. Relevanz der historischen, systematischen und teleologischen Auslegung im Rahmen des Analogieverbots*

Nachdem das BVerfG eine Überschreitung der äußersten Grenze des Wortsinns der Begriffe „*berechtigt oder entschuldigt*" bejaht, setzt es sich im Folgenden in einer „das gesamte Spektrum der Methodenlehre abdeckenden Weise"[392] mit einer historischen, systematischen und teleologischen Auslegung auseinander. Unweigerlich kommt die Frage auf, wieso das BVerfG an dieser Stelle überhaupt diese Ausführungen macht, ist es doch zu dem Ergebnis gelangt, der Wortsinn stehe einer Erfassung des vorsatzlosen Sich-Entfernens eindeutig entgegen.[393] Inwiefern sind diese Ausführungen also relevant, außer dass sie das gefundene Ergebnis stützen und damit gegebenenfalls die Überzeugungskraft der Entscheidung erhöhen?[394] Die Entscheidung erweckt den Eindruck, als ob das „endgültige Verdikt des Verstoßes gegen Art. 103 II GG" erst durch Einbeziehung der weiteren Auslegungsmethoden feststehe.[395] Daher stellt sich die Frage: Dürfen oder müssen zur Bestimmung der „äußersten Grenze" auch historische, systematische und teleologische Erwägungen herangezogen werden?

Der BGH geht implizit und explizit davon aus, dass allein der mögliche Wortsinn die entscheidende äußerste Grenze zwischen Auslegung und Rechtsfortbildung ziehe.[396] Entsprechend vertritt *Hillenkamp* einen rigorosen Kurs, indem er die Vorgehensweise des BVerfG als „methodisch verunglückte Vermischung der teleologischen mit der verfassungsrechtlich allein relevanten Wortlautargumentation"[397] bezeichnet. Auch *Beulke* meint, dass das BVerfG mit diesen

---

392 *Dehne-Niemann*, Jura 2008, 135 (137).

393 *Beulke*, Festschrift Maiwald, S. 25: „Dementsprechend kann man sich bei der Lektüre des Beschlusses auch kaum des Eindrucks erwehren, dass das Ergebnis keineswegs schon nach der grammatikalischen Auslegung gefunden ist und später nur noch ‚durch historische, systematische und teleologische Auslegungsgesichtspunkte gestützt' werden soll."

394 Zu möglichen Motiven der Anwendung weiterer Auslegungskriterien trotz Eindeutigkeit s. *Simon*, Gesetzesauslegung im Strafrecht, 2005, S. 58.

395 *Kudlich*, Festschrift Stöckel, S. 98.

396 *Simon*, Gesetzesauslegung im Strafrecht, 2005, S. 100 und S; 110 f. m.w.N.

397 *Hillenkamp*, Festschrift Beulke, S. 453.

Erwägungen den von Verfassungs wegen vorgegebenen Prüfungsrahmen verlasse.[398] Art. 103 II GG wolle prinzipiell nur eine Überschreitung des Wortsinns verhindern; nichtsdestotrotz unterstreicht *Beulke*, dass es seines Erachtens zu weit ginge, im Rahmen des Art. 103 II GG systematische Gesichtspunkte nicht mit einzubeziehen, weil das spezifische Problem der grammatikalischen Auslegung theoriesprachlich geprägter Fachtermini im Zentrum stehe.[399]

Laut *Küper* kann eine sprachlich mögliche Interpretation gleichwohl teleologisch nicht angemessen und daher an engere Grenzen gebunden sein.[400] Aus verfassungsrechtlicher Sicht könne eine Wortsinninterpretation durch andere Auslegungskriterien jedoch nur dann gestützt werden, wenn diesen anderen Auslegungskriterien selbst verfassungsrechtliche Relevanz zukomme.[401] Andernfalls würden die zusätzlichen materiellen Schranken aus dem Analogieverbot ein generelles Verbot gesetzeswidriger Auslegung machen.[402]

*Geppert* nimmt zu dieser Thematik zwar nicht ausdrücklich Stellung. Gleichwohl folgt aus seinen Erwägungen, dass ihm zufolge die Anwendung weiterer Auslegungsmethoden ausscheidet, sofern diese Auslegungsmethoden eindeutig die Wortlautgrenze überschreiten und dem Gesetzgeber eine exaktere Gesetzesformulierung möglich gewesen wäre.[403] Indem *Geppert* behauptet, das BVerfG verbiete es damit, eine teleologisch vernünftige Auslegung vorzunehmen, wenn diese den Wortlaut des Gesetzes überschreite, verkennt er die methodische Vorgehensweise, welche das BVerfG tatsächlich anwendet. Zwar ist *Geppert* im Ergebnis zuzustimmen, dass die Anwendung weiterer Auslegungsmethoden entgegen der grammatikalischen Wortlautgrenze ausscheidet. *Geppert* übersieht aber, dass das BVerfG andere Auslegungsmethoden unterstützend sehr wohl heranzieht und zu der Frage, wie mit einer Situation umzugehen wäre, in der eine teleologische Auslegung im Widerspruch zu einer reinen Wortlautauslegung gereicht, gar nicht Stellung nimmt. Dies ist dem Umstand geschuldet, dass gemäß der Auslegung des BVerfG alle Auslegungsmethoden übereinstimmend zu dem Ergebnis gelangen, dass das unvorsätzliche Sich-Entfernen nicht von der Norm erfasst wird.

---

398 *Beulke*, Festschrift Maiwald, S. 25 f.

399 *Beulke*, Festschrift Maiwald, S. 25 Fn. 21 unter Verweis auf *Dehne-Niemann*, Jura 2008, 135 (137).

400 *Küper*, Festschrift Heidelberg, S. 464.

401 *Küper*, NStZ 2008, 597 (600); im Ergebnis so auch *Dehne-Niemann*, Jura 2008, 135 (137).

402 *Küper*, NStZ 2008, 597 (600).

403 *Geppert*, DAR 2007, 380.

*Dehne-Niemann* weist darauf hin, dass jedenfalls die historische Auslegung im Rahmen des Art. 103 II GG von geringer Bedeutung sei, da Art. 103 II GG ein „Abwehrrecht des Bürgers und kein Instrument zur Durchsetzung des Willens des historischen Gesetzgebers sei."[404] Auch wenn der Grundgedanke richtig ist, kann er trotzdem nicht überzeugen: Zwar ist es zutreffend, dass Art. 103 II GG die Funktion eines Abwehrrechts zukommt. *Dehne-Niemanns* Ansatz konsequent zu verfolgen würde aber im äußersten Fall gar bedeuten, dass jede Auslegungsmethode, welche im Ergebnis für ein weites Verständnis streitet, im Rahmen des Art. 103 II GG komplett außen vor zu bleiben hätte. Denn die Funktion des Analogieverbots als Abwehrrecht des Bürgers gegen den Staat würde dadurch konterkariert oder zumindest eingeschränkt. Diese Logik überzeugt nicht. Der Kern der Prüfung, ob ein Verstoß gegen Art. 103 II GG in Form seiner Ausprägung des Analogieverbots vorliegt, besteht nicht etwa darin, die relevanten Begriffe möglichst eng auszulegen, damit das Abwehrrecht seine größtmögliche Schutzwirkung entfaltet. Im Mittelpunkt der Prüfung geht es vielmehr darum, die Grenzen des Wortsinns, wie vom Gesetzgeber konzipiert, zu ermitteln, um dem Grundsatz der Gewaltenteilung und dem Schutz des Bürgers vor Willkür Rechnung zu tragen.

*Fischer* führt aus, der Wortsinn sei stets kontextabhängig zu ermitteln,[405] was dafür spricht, neben dem Wortlaut auch anderen Auslegungskriterien Beachtung zu schenken. Dieses Ergebnis steht schließlich auch im Einklang mit der Rechtsprechung der obersten Gerichte. In einem Urteil aus dem Jahr 1995 rekurriert der BGH mangels eines eindeutigen Ergebnisses der Wortlautauslegung sodann auf die Gesetzesbegründung und den Schutzzweck der Norm. Maßgeblich sei der Wortsinn, wie er sich aus dem Gesetzeswortlaut und dem Sinnzusammenhang ergebe, in den die Norm gestellt sei.[406] Gleichermaßen führt das BVerfG aus:

> *„Auch innerhalb des möglichen Wortsinns darf die Auslegung nicht weiter gehen, als es Zweck und Sinnzusammenhang der Norm zulassen."*[407]

---

404 *Dehne-Niemann*, Jura 2008, 135 (137).

405 *Fischer*, StGB Kommentar, § 1 Rn. 24; so auch BVerfG, Beschluss vom 10.01.1995 – 1 BvR 718, 719, 722, 723/89, BVerfGE 92, 1 (20), wonach die Grenze zwischen Auslegung und Analogie durch den in einer Vorschrift nach Zweck und Sinnzusammenhang möglichen Wortsinn zu ziehen ist.

406 BGH, Urteil vom 31.10.1995 – 1 StR 527/95, NStZ 1996, 131.

407 BVerfG, Beschluss vom 10.01.1995 – 1 BvR 718, 719, 722, 723/89, BVerfGE 92, 1 (20); *Kuhlen*, Festschrift Otto, S. 97 m.w.N.

Der Wortsinn wird folglich zunächst durch grammatikalische Auslegung ermittelt. Ist der sich daraus ergebende Wortsinn mehrdeutig, wird zusätzlich die klassische Auslegungsmethodik nach *Savigny* angewandt.[408] Die relevante Wortsinngrenze wird entsprechend zusätzlich durch historische, systematische und teleologische Auslegung festgelegt.[409] Das hat das BVerfG im sogenannten Dreiteilungsbeschluss klargestellt:

> *„Der Richter darf sich nicht dem vom Gesetzgeber festgelegten Sinn und Zweck des Gesetzes entziehen. Er muss die gesetzgeberische Grundentscheidung respektieren und den Willen des Gesetzgebers unter gewandelten Bedingungen möglichst zuverlässig zur Geltung bringen. Er hat hierbei den anerkannten Methoden der Gesetzesauslegung zu folgen.“*[410]

Ein Rekurs auf andere Auslegungsmethoden ist jedoch nicht statthaft, um eine wortlautwidrige Auslegung zu begründen.[411] Der mögliche Wortsinn markiert stets die äußerste Grenze der Auslegung strafrechtlicher Bestimmungen.[412] Dies wird auch anhand der Formulierung „innerhalb des möglichen Wortsinns“ im obigen Zitat deutlich. Elementar ist es daher, dass die Anwendung anderer Auslegungsmethoden neben der grammatikalischen Auslegung nur dazu dienen kann, die gefundene Wortsinngrenze gegebenenfalls zu schmälern, nicht aber sie zu erweitern. Alles, was jenseits des möglichen Wortsinns liegt, mit ihm also auch bei weitester Auslegung nicht mehr vereinbar ist, kann nicht als Inhalt des Gesetzes gelten.[413]

Im Ergebnis wird ein Rückgriff auf andere Auslegungsmethoden also in zwei Konstellationen erlaubt sein: Sie ist zum einen in jenen Fällen zulässig, in denen eine grammatikalische Auslegung zu keinem eindeutigen Ergebnis führt.[414] Überzeugend erscheint zum anderen auch, dass weitere Auslegungskriterien dann unterstützend herangezogen werden können, wenn die reine Wortlautauslegung zum Ergebnis führt, dass eine bestimmte Auslegung zulässig ist.[415] Auch

---

408 *Savigny*, S. 213 f.; *Schmitz*, in: MüKo StGB, § 1 Rn. 78 ff.

409 *Eisenberg*, Jura 1983, 267 (268); *Wessels/Beulke/Satzger*, § 2 Rn. 84.

410 BVerfG, Beschluss vom 25.01.2011 - 1 BvR 918/10, BVerfGE 128, 193, Rn. 53.

411 *Schmitz*, in: MüKo StGB, § 1 Rn. 77.

412 *Kühl*, in: Lackner/Kühl, § 1 Rn. 6; *Simon*, Gesetzesauslegung im Strafrecht, 2005, S. 111.

413 *Larenz/Canaris*, Methodenlehre, S. 143.

414 Vgl. *Henseler*, § 142 IV StGB, 2011, S. 18; *Larenz/Canaris*, Methodenlehre, S. 149; so auch gängige Praxis des BGH, s. *Simon*, Gesetzesauslegung im Strafrecht, 2005, S. 58 f. mit zahlreichen Verweisen.

415 Vgl. *Kudlich*, Festschrift Stöckel, S. 115.

dann ist ergänzend mittels einer historischen, systematischen und teleologischen Auslegung zu ermitteln, ob der im Gesetz verwendete Begriff gegebenenfalls zu Gunsten des Normadressaten enger zu verstehen ist.[416] Führt die grammatikalische Auslegung dazu, dass eine bestimmte Interpretation den möglichen Wortsinn überschreitet, verbietet sich eine weitere Auslegung.

Im Hinblick auf den Beschluss des BVerfG führen diese Wertungen zu dem Schluss, dass die durch das BVerfG vorgenommene historische, systematische und teleologische Auslegung obsolet war. Diese Vorgehensweise erweist sich wegen der *„sens-claire-doctrine"*[417] als überflüssig: Da das BVerfG bereits mittels der grammatikalischen Auslegung zu dem eindeutigen Ergebnis kam, dass der Wortsinn der Begriffe *„berechtigt"* und *„entschuldigt"* einer Erfassung vorsatzlosen Verhaltens entgegensteht, impliziert dies für sich bereits einen Verstoß gegen Art. 103 II GG und somit die Verfassungswidrigkeit dieser Auslegung. Die Frage, ob dieses Ergebnis auch durch andere Auslegungsmethoden gestützt wird, ist damit unerheblich.[418]

Nachdem die methodische Vorgehensweise nun geklärt ist, wird im Folgenden mittels einer eigenen Auslegung geprüft, ob dem BVerfG darin zu folgen ist, dass die Subsumtion des vorsatzlosen Sich-Entfernens vom Unfallort unter § 142 II Nr. 2 StGB das Analogieverbot verletzt.

### *b. Grammatikalische Auslegung*

Ein Verständnis der Begriffe *„berechtigt" und „entschuldigt"*, welches das vorsatzlose Verlassen des Unfallorts einbezieht, könnte mit dem Analogieverbot unvereinbar sein und somit auf eine unzulässige „Billigkeitskorrektur des Gesetzes zu Lasten als strafwürdig angesehener Personen" [419] hinauslaufen. Dabei ist vor

---

416 Das ergibt sich mittelbar auch aus BVerfG, Beschluss vom 05.07.1983 – 2 BvR 200/81, BVerfGE 64, 389 (393), wonach die Anwendung einer Strafvorschrift über ihren Wortlaut hinaus z.B: allein im Hinblick auf den Normzweck, verboten ist. So im Ergebnis auch *Franke*, JuS 1978, 456 (458); *Kudlich*, JA 2007, 549 (551); *Mikla*, Die Strafbarkeit gem. § 142 II StGB nach unvorsätzlichem Entfernen vom Unfallort, 1996, S. 158; *Schroth*, Festschrift Schünemann, S. 289 sowie *Schumann*, Das mittels List erschlichene Einverständnis im Rahmen des § 239 I Alt. 2 StGB, 2018, S. 59 ff., die die Grenze des möglichen Wortsinns anhand der vier nebeneinander angewandten Auslegungskriterien ermittelt.

417 Eingehend zur „sens-claire-doctrine": *Simon*, Gesetzesauslegung im Strafrecht, 2005, S. 57 ff.

418 *Dehne-Niemann*, Jura 2008, 135 (137).

419 *Jahn*, JuS 2007, 689 (690).

allem umstritten, ob die Nennung der Begriffe „*berechtigt oder entschuldigt*" als Verweis auf die Ebenen der Rechtswidrigkeit und Schuld aufzufassen ist. Zu prüfen ist, ob der Wortsinn eine weite, über die anerkannten Rechtfertigungs- und Entschuldigungsgründe hinausgehende Interpretation deckt.

Es stehen sich im Wesentlichen zwei Ansichten gegenüber: Eine deutet die Begriffe „*berechtigt oder entschuldigt*" formal-dogmatisch und vertritt den Standpunkt, sie bezögen sich ausschließlich auf die rechtlich anerkannten Rechtfertigungs- und Entschuldigungsgründe.[420] Vorsatzloses Verhalten sei in jedem Falle nicht eingeschlossen (im Folgenden unter **aa.**).

Eine andere Ansicht meint hingegen, die Begriffe müssten ihrem natürlichen Wortsinn weit entsprechend ausgelegt werden. Ihnen komme ein über die anerkannten Rechtfertigungs-, Entschuldigungs- und Schuldausschließungsgründe hinausgehender Sinn zu, dem es nicht entgegenstünde, auch vorsatzloses Verhalten unter § 142 II Nr. 2 StGB zu subsumieren (im Folgenden unter **bb.**).

Nach der Darstellung der Argumente zur engen und weiten Auslegung wird erläutert, ob der fachsprachliche oder der alltagssprachliche Sinngehalt die maßgebliche Grenze des Wortsinns nach Art. 103 II GG markiert (im Folgenden unter **cc.**). Zum Abschluss folgt eine eigene Stellungnahme zum Wortsinn (im Folgenden unter **dd.**).

### *aa. Argumente gegen die Erfassung des vorsatzlosen Sich-Entfernens*

Die Gesetzessprache trenne scharf zwischen vorsatzlosem, nicht rechtswidrigem und nicht schuldhaftem Handeln, sodass das vorsatzlose Sich-Entfernen nicht unter das Begriffspaar „*berechtigt oder entschuldigt*" subsumiert werden dürfe.[421] Angebracht sei nämlich eine an der dogmatischen Bedeutung orientierte Auslegung.[422] Gegen eine weite Auslegung wird eingewandt, dass der in der Strafrechtswissenschaft übliche Sprachgebrauch auf die feststehenden juristischen

---

420 Streitig ist lediglich, ob Schuldausschließungsgründe als erfasst angesehen werden sollten. Teilweise werden von der Variante „entschuldigt" nur Entschuldigungsgründe als erfasst angesehen und Schuldausschließungsgründe ebenso wie unvorsätzliches Sich-Entfernen explizit ausgeklammert. Anders als bei den Entschuldigungsgründen sei der Täter im Falle eines Schuldausschließungsgrunds unfähig, das Unrecht der Tat einzusehen bzw. sich von dieser Einsicht leiten zu lassen, vgl. *Beulke*, NJW 1979, 400 (404); *Mikla*, Die Strafbarkeit gem. § 142 II StGB nach unvorsätzlichem Entfernen vom Unfallort, 1996, S. 124 m.w.N.

421 *Rudolphi*, JR 1979, 210 (213).

422 *Mikla*, Die Strafbarkeit gem. § 142 II StGB nach unvorsätzlichem Entfernen vom Unfallort, 1996, S. 165 f.

Rechtfertigungs-, Entschuldigungs- sowie Schuldausschließungsgründe verweise und dementsprechend auch im Rahmen von § 142 II Alt. 2 StGB ausschließlich diese erfassen sollte.[423] Vorsatzloses Verhalten könne schon deshalb nicht unter § 142 II Nr. 2 StGB gefasst werden, weil Rechtfertigungs- bzw. Entschuldigungs- oder Schuldausschließungsgründe im Falle der Unvorsätzlichkeit schlichtweg nicht vorlägen.[424] Rechtfertigung und Entschuldigung seien strafrechtsdogmatische Kategorien, die tatbestandsmäßiges, also bei § 142 I StGB auch vorsätzliches, Verhalten voraussetzten.[425] Ein Vergleich mit den §§ 17, 20 und 35 StGB einerseits sowie §§ 32, 34 StGB andererseits offenbare, dass der Gesetzgeber die Formulierungen „ohne Schuld“ und „nicht rechtswidrig“ niemals im Sinne von „*nicht vorsätzlich*“ verwende.[426] Möchte der Gesetzgeber ein nicht vorsätzliches Handeln bezeichnen, verwende er den *terminus* „*nicht vorsätzlich*“, wie sich in § 16 StGB zeige.[427] Der Irrtum über Tatumstände lasse nach § 16 StGB den Vorsatz entfallen und werde demnach als eigene Kategorie anerkannt.[428] Hätte der Gesetzgeber in § 142 II StGB auch das vorsatzlose Entfernen einschließen wollen, hätte er sich schlichtweg des selbst vorgegebenen terminologischen Instrumentariums bedienen können.[429] Er hätte insbesondere in § 142 II Nr. 2 StGB pauschal auf die Straflosigkeit des Primärverhaltens verweisen können, statt sich der fachsprachlichen Begriffe „*berechtigt oder entschuldigt*“ zu bedienen.[430] Da der Gesetzeswortlaut aber gerade nicht alle Fälle des straflosen Primärverhaltens erfasse, habe der BGH mit seiner Interpretation im Jahr 1978 den Gesetzeswortlaut als Auslegungsgrundlage verlassen und ergänzende Rechtsfindung betrieben.[431]

Das von der Gegenmeinung vorgebrachte Argument, dass § 142 II Nr. 2 StGB keiner formal-dogmatischen Auslegung zugänglich sei, weil der Gesetzgeber auch an anderer Stelle im Gesetz dogmatische Begriffe nicht stringent verwende, vermöge daran nichts zu ändern. Denn nur weil der Gesetzgeber in §§ 20, 35

---

423 *Berz*, Jura 1979, 125 (132).

424 *Beulke*, NJW 1979, 400 (401).

425 *Mitsch*, NZV 2010, 225 (229).

426 *Eisenberg*, Jura 1983, 267 (268); *Rudolphi*, JR 1979, 210 (213).

427 *Eisenberg*, ebd.

428 *Berz*, Jura 1979, 125 (132).

429 *Berz*, ebd.

430 *Küper*, Festschrift Heidelberg, S. 496 hebt diesen Umstand ebenfalls hervor, um zu verdeutlichen, dass der Gesetzgeber vorsatzloses Primärverhalten unschwer hätte erfassen können.

431 *Magdowski*, Die Verkehrsunfallflucht in der Strafrechtsreform, 1980, S. 167.

I StGB undifferenzierte Bezeichnungen benutze, bedeute das noch nicht, dass der Gesetzgeber sich auch in § 142 II Nr. 2 StGB keiner den dogmatischen Differenzierungen gerecht werdenden Terminologie befleißige.[432]

Zudem spreche für eine enge Auslegung, dass schon in der Umgangssprache einerseits zwischen unvorsätzlichem Verhalten im Sinne von nicht absichtlich und andererseits berechtigten oder entschuldigten Verhaltensweisen, die „das Recht auf ihrer Seite haben" bzw. deren Konsequenzen aus höherrangigen Gründen hinzunehmen sind, unterschieden werde.[433] Besonders im Hinblick auf Art. 103 II GG wird kritisiert, der BGH habe in seiner Entscheidung mit seiner hinreichend widersprüchlichen Lösung, einmal eine Subsumtion zu erwägen, letztlich aber doch nur eine Gleichstellung mit *„berechtigt oder entschuldigt"* vorzunehmen, selbst eingestanden, dass die genannten Begriffe eng auszulegen seien und vorsatzloses Verhalten nicht umfassten.[434] Damit habe der BGH bewiesen, dass auch er die Fälle des vorsatzlosen Sich-Entfernens als separate Fallgruppe zum berechtigten oder entschuldigten Sich-Entfernens ansehe.[435] Er habe aber schließlich gleichwohl das vorsatzlose Sich-Entfernen mit dem berechtigten/entschuldigten Sich-Entfernen gleichgesetzt, um nur aufgrund der kriminalpolitischen Zielsetzung des § 142 StGB zu einer Bestrafung zu gelangen, was zweifelsohne eine verbotene Analogie darstelle.[436]

### *bb. Argumente für die Erfassung des vorsatzlosen Sich-Entfernens*

Demgegenüber stehen die Vertreter einer weiten Auslegung, welche das vorsatzlose Sich-Entfernen als von § 142 II Nr. 2 StGB erfasst ansehen.

Laut *Küper* widerspreche die Einbeziehung des vorsatzlosen Sich-Entfernens selbst unter Zugrundelegung eines fachsprachlichen Sinngehalts nicht dem möglichen Wortsinn.[437] Entschuldigt handele nämlich auch, wer einen Tatbestand ohne Vorsatz verwirkliche, da Schuld stets ein tatbestandliches Unrecht voraussetze.[438] Ebenso wenig widerspreche es einer möglichen fachsprachlichen

---

432 *Mikla*, Die Strafbarkeit gem. § 142 II StGB nach unvorsätzlichem Entfernen vom Unfallort, 1996, S. 149.

433 BVerfG, Beschluss vom 19.03.2007 – 2 BvR 2273/06, NJW 2007, 1666 (1667).

434 *Rudolphi,* JR 1979, 210 (211).

435 *Rudolphi,* ebd.

436 *Rudolphi,* JR 1979, 210.

437 *Küper*, Festschrift Heidelberg, S. 466.

438 Das gelte *Küper* zufolge insbesondere auch im heute allgemein akzeptierten dreistufigen Deliktsaufbau.

Begriffsbedeutung des Begriffs „*berechtigt*", darunter Fälle zu fassen, in denen der Täter das Unrecht eines Tatbestands mangels Kenntnis nicht verwirklicht.[439]

Die meisten Vertreter einer weiteren Auslegung nehmen jedoch eine „untechnische Auslegung" dem „natürlichen Wortsinn" entsprechend vor.[440] Sie legen dar, der Wortlaut beschränke sich nicht auf anerkannte Rechtfertigungs- und Entschuldigungsgründe.[441] „*Berechtigt oder entschuldigt*" bedeute, der Unfallbeteiligte habe sich aus irgendeinem Grund ohne strafbaren Verstoß vom Unfallort entfernt.[442] Daraus ergebe sich ein über die Rechtfertigungs- und Entschuldigungsgründe hinausgehender Sinn.[443]

Es erscheine widersprüchlich, im Rahmen einer engen Deutung eine dogmatische Kategorie zur Auslegung des Gesetzesbegriffs heranzuziehen, obwohl im Gesetz an anderer Stelle gerade keine Anlehnung an die Strafrechtsdogmatik stattfinde.[444] Eine zwingende Schlussfolgerung, dass der Gesetzgeber mit „*entschuldigt*" ausschließlich anerkannte Entschuldigungs- und Schuldausschließungsgründe erfassen wollte, sei aufgrund der ansonsten im Gesetz herrschenden terminologischen Unschärfe gerade nicht geboten. Die Begriffe „*berechtigt*" *und* „*entschuldigt*" seien im Gesetz nicht erläutert und besäßen daher keinen einheitlichen Sinn.[445] So findet der Begriff „*entschuldigt*" beispielsweise Verwendung in §§ 51 II 1 und 3, 230 II, 329 I 1 StPO und zwar im allgemeinen Sinne von „erlaubt". Der Begriff „*berechtigt*" findet sich jeweils mit völlig unterschiedlichen Bedeutungen sowohl im StGB (§§ 193, 201 II 1) als auch in der StPO (§§ 10, 52 I, III 1, 53 I). Dass der Gesetzgeber fachliche Begrifflichkeiten nicht konsequent anwendet, sei allein daran ersichtlich, dass er den gleichen Terminus („*ohne Schuld*") undifferenziert sowohl für Entschuldigungsgründe (§ 35 I StGB) als auch für Schuldausschließungsgründe (§ 20 StGB) verwende.[446] Ein zwingender Schluss darauf, dass mit diesen Begriffen nur auf anerkannte

439 *Küper*, Festschrift Heidelberg, S. 466.

440 Statt vieler *Franke*, JuS 1978, 456 (457); *Janiszewski*, JR 1978, 116; *Schroth*, Festschrift Schünemann, S. 278.

441 *Beulke*, NJW 1979, 400 (401); *Franke*, JuS 1978, 456; *Janiszewski*, JR 1978, 116; *Laschewski*, NZV 2007, 444 (447).

442 *Laschewski*, NZV 2007, 444 (446).

443 BGH, Beschluss vom 30.08.1978 – 4 StR 682/77, BGHSt 28, 129 (132).

444 *Blum von Ann*, Die Straftat des unerlaubten Sich-Entfernens vom Unfallort als Vermögensdelikt, 1987, S. 87.

445 *Laschewski*, NZV 2007, 444 (446).

446 *Blum von Ann*, Die Straftat des unerlaubten Sich-Entfernens vom Unfallort als Vermögensdelikt, 1987, S. 86; *Franke*, JuS 1978, 456 (457).

Rechtfertigungs- oder Entschuldigungsgründe Bezug genommen werden solle, sei folglich nicht möglich.[447]

Für eine weite Interpretation der Alternative *„entschuldigt"*, die auch das unvorsätzliche Sich-Entfernen vom Unfallort mitumfasst, spreche jedenfalls die Tatsache, dass der Gesetzgeber augenscheinlich bewusst auf die Verwendung der rechtstechnischen Formulierungen *„nicht rechtswidrig"* oder *„ohne Schuld"* verzichtet habe, obwohl diese auch an anderer Stelle verwendet werden und dort auf die anerkannten Rechtfertigungs-, Entschuldigungs- und Schuldausschließungsgründe beschränkt seien, wie z.B. in §§ 17, 20, 32, 34, 35 StGB.[448] Der Gesetzgeber habe mit dem Verzicht auf diese Begriffe in § 142 StGB und der Verwendung „untechnischer" Formulierungen an ihrer Stelle demonstriert, dass er sich gerade nicht auf die anerkannten Rechtfertigungs- und Entschuldigungsgründe beschränken,[449] sondern *„berechtigt oder entschuldigt"* in § 142 II Nr. 2 StGB eine eigenständige Bedeutung zukommen lassen wollte.[450]

Andere argumentieren, dass die Rechtsbegriffe *„ohne Schuld"*, *„entschuldigt"* und *„berechtigt"* nach dem natürlichen Sprachgebrauch synonym verstanden werden dürften.[451] Nach dem insoweit maßgeblichen alltäglichen Sprachgebrauch komme dem Begriff *„berechtigt"* die Bedeutung von „rechtstreu", „einwandfrei" „verständlich" oder „vertretbar" zu, *„entschuldigt"* werde demgemäß mit „erlaubt", „verzeihlich" oder „verständlich" gleichgesetzt.[452] In der Alltagssprache bedeute *„entschuldigt"*, dass ein Handeln frei von Schuld sei, d.h. keinen persönlichen Vorwurf begründe.[453] Dieses Verständnis steht zuletzt auch im Einklang mit den allgemeinen Definitionen aus dem Duden, wonach berechtigt „zu Recht bestehend, begründet"[454] und entschuldigt „als entschuldbar erscheinen lassen"[455] also „verzeihlich

447 *Laschewski*, NZV 2007, 444 (446).

448 *Beulke*, NJW 1979, 400 (401); *Janiszewski*, JR 1978, 116; *Laschewski*, NZV 2007, 444 (447).

449 *Laschewski*, ebd.

450 So auch OLG Köln, Urteil vom 01.02.1977 – Ss 661/76, NJW 1977, 2275; *Janiszewski*, JR 1978, 117.

451 *Blum von Ann*, Die Straftat des unerlaubten Sich-Entfernens vom Unfallort als Vermögensdelikt, 1987, S. 87. Nach *Blum von Ann* ist der natürliche Wortsinn allerdings unbeachtlich.

452 *Küper*, Festschrift Heidelberg, S. 465 f.; *Schroth*, Festschrift Schünemann, S. 278.

453 *Küper*, Festschrift Heidelberg, S. 465.

454 https://www.duden.de/rechtschreibung/berechtigt (zuletzt abgerufen am 10.08.2019).

455 https://www.duden.de/rechtschreibung/entschuldigen#Bedeutung3 (zuletzt abgerufen am 10.08.2019).

sein“[456] bedeutet. Es bedeute, dass sich der Täter, ohne dass ihm von der Rechtsordnung ein Verschulden vorzuwerfen ist, vom Unfallort entfernt.[457]

Gerade dies treffe aber auch auf denjenigen Unfallbeteiligten zu, der sich vom Unfallort entfernt, ohne den Unfall überhaupt bemerkt zu haben. Ihm sei insoweit kein Vorwurf zu machen, da er seine Pflichten nicht bewusst verletzt und sich subjektiv nicht in Widerspruch zu den Anforderungen des Rechts gesetzt habe. Sein Verhalten sei rechtstreu und daher dem Alltagssprachgebrauch zufolge sowohl entschuldigt als auch berechtigt.[458] Nach allgemeinem Sprachverständnis falle also jede schlichtweg aus tatsächlichen Gründen nachvollziehbare Verhaltensweise darunter. Danach sei es begreiflich und verständlich – und somit auch berechtigt und entschuldigt – wenn sich jemand von einem Unfallort entfernt, weil er den Unfall nicht bemerkte.[459]

*cc. Relevanz des fachsprachlichen Sinngehalts für das Analogieverbot*

Im Kern unterscheiden sich die beiden widerstreitenden Ansichten bezüglich der grammatikalischen Auslegung hauptsächlich am angelegten Interpretationsmaßstab. Während sich die Vertreter der engen Auslegung primär auf den fachsprachlichen Sinngehalt berufen, legen die Vertreter der weiten Auslegung ihrer Argumentation einen „natürlichen Wortsinn“ zugrunde. Zu beantworten ist damit zuvörderst die Frage, ob die fachsprachliche Bedeutung stets die Grenze des möglichen Wortsinns markiert oder ob sich diese Grenze auch nach der alltagssprachlichen Bedeutung des betreffenden Begriffs richten kann, wenn eine „Sprachspaltung“ zwischen Fach- und Umgangssprache vorliegt,[460] insbesondere wenn die alltagssprachliche Bedeutung eines Begriffs weiter ist als seine fachsprachliche Bedeutung.

*Geppert* scheint es für unproblematisch zu halten, zur Wortlautauslegung zugleich auf den fachsprachlichen und auf den alltagssprachlichen Sinngehalt abzustellen.[461] Er konstatiert, dass das BVerfG „ausdrückliche Zustimmung“ verdiene, wenn es eine verbotene Analogie annehme und stellt ergänzend fest,

---

456 https://www.duden.de/rechtschreibung/entschuldbar (zuletzt abgerufen am 10.08.2019).

457 *Blum von Ann*, Die Straftat des unerlaubten Sich-Entfernens vom Unfallort als Vermögensdelikt, 1987, S. 87.

458 *Küper*, Festschrift Heidelberg, S. 466.

459 *Küper*, Festschrift Heidelberg, S. 464 ff.; *Laschewski*, NZV 2007, 444 (446).

460 Näher dazu *Simon*, Gesetzesauslegung im Strafrecht, 2005, S. 84.

461 *Geppert*, DAR 2007, 380.

dass die Begriffe „*berechtigt oder entschuldigt*" weder formal-dogmatisch noch ihrem natürlichen Wortsinn nach als Synonym für „in strafloser Weise" zu verstehen seien.[462]

Teilweise wird ein Vorrang der juristischen vor der alltagssprachlichen Verwendung angenommen.[463] Die Gesetzessprache ist nämlich nur im Idealfall durch das allgemeine Sprachverständnis geprägt.[464] *Dehne-Niemann* zufolge komme es deshalb allein auf eine fachsprachliche Auslegung an, weil fachsprachliche Begrifflichkeiten gar nicht alltagssprachlich interpretiert werden könnten.[465] Stattdessen liege es im Wesen von Fach- und Theoriesprache, dass sie nur unter Berücksichtigung dogmatischer Grundlagen und der Gesetzessystematik verstanden werden könnten.[466] Einen im Ergebnis ähnlichen Standpunkt vertritt wohl auch *Mikla*, der meint, dass die Alltagssprache allein kein taugliches Kriterium zur Bestimmung der Wortsinngrenze sein könne, um der bewusst fragmentarischen Tätigkeit des Gesetzgebers Rechnung zu tragen.[467] Entsprechend sei bei der Wortsinnermittlung der gesetzliche Sprachgebrauch heranzuziehen.[468]

*Küper* hingegen vertritt den Standpunkt, dass jede Auslegung statthaft sei, die sich mit der alltagssprachlichen Bedeutung des im Gesetz verwendeten Begriffs noch vereinbaren lasse.[469] Die Garantiefunktion des Analogieverbots gewährleiste die Deckungsgleichheit der Auslegung mit dem möglichen Wortsinn.[470] Indem es nur zur Einhaltung des sprachlich überhaupt möglichen Wortsinns zwinge, schließe das Analogieverbot lediglich dem Wortsinn eindeutig zuwiderlaufende Interpretationen aus.[471] Da die Situation, dass die Fachsprache einen über die Umgangssprache hinausgehenden Wortgebrauch rechtfertigen muss,

---

462 *Geppert*, ebd.

463 *Simon*, Gesetzesauslegung im Strafrecht, 2005, S. 82 ff. mit zahlreichen Verweisen auf unterschiedliche Begründungsansätze.

464 *Simon*, Gesetzesauslegung im Strafrecht, 2005, S. 92.

465 *Dehne-Niemann*, Jura 2008, 135 (138).

466 *Dehne-Niemann*, ebd.

467 *Mikla*, Die Strafbarkeit gem. § 142 II StGB nach unvorsätzlichem Entfernen vom Unfallort, 1996, S. 150 f.

468 *Mikla*, Die Strafbarkeit gem. § 142 II StGB nach unvorsätzlichem Entfernen vom Unfallort, 1996, S. 151 f.

469 *Küper*, Festschrift Heidelberg, S. 465.

470 *Küper*, ebd.

471 *Küper*, ebd.

nicht häufig auftaucht, [472] wird *Küpers* Ansatz regelmäßig auf eine alltagssprachliche Auslegung hinauslaufen.

Dem ist grundsätzlich zuzustimmen. [473] Für diesen Ansatz spricht maßgeblich, dass das verfassungsrechtliche Bestimmtheitsgebot und das Analogieverbot sicherstellen sollen, dass der Normadressat vorhersehen kann, welches Verhalten verboten und mit Strafe bedroht ist. Art. 103 II GG propagiert ein adressatenbezogenes, auf den Bürger abstellendes Verständnis.[474] Die Überzeugungskraft dieses Ansatzes wird nicht dadurch geschmälert, dass es durch die Verwendung fachsprachlicher Begriffe im Einzelfall für den Normadressaten zweifelhaft sein kann, ob ein Verhalten noch unter den gesetzlichen Tatbestand fällt. Wie das BVerfG selbst hervorhebt, ist eine gewisse Unsicherheit auch infolge der Allgemeinheit und Abstraktheit von Strafnormen unvermeidlich.[475] Entscheidend ist, dass der Normadressat aber in Grenzfällen wenigstens das Risiko einer Bestrafung erkennt,[476] was im Rahmen einer alltagssprachlichen Auslegung gewährleistet ist.

Diese Herangehensweise entspricht schließlich auch der gefestigten Rechtsprechung des BVerfG, wonach der Wortsinn des Gesetzes aus der Sicht des Bürgers zu bestimmen ist:[477]

> *„Da Gegenstand der Auslegung gesetzlicher Bestimmungen immer nur der Gesetzestext sein kann, erweist dieser sich als maßgebendes Kriterium: Der mögliche Wortsinn des Gesetzes markiert die äußerste Grenze zulässiger richterlicher Interpretation. Wenn, wie gezeigt, Art. 103 Abs. 2 GG Erkennbarkeit und Vorhersehbarkeit der Straf- und Bußgeldandrohungen für den Normadressaten verlangt, so kann das nur bedeuten, daß dieser Wortsinn aus der Sicht des Bürgers zu bestimmen ist."*[478] (Hervorhebung durch die Verfasserin)

---

472 *Simon*, Gesetzesauslegung im Strafrecht, 2005, S. 87.

473 Ebenso *Kühl*, in: Lackner/Kühl, § 1 Rn. 6.

474 *Simon*, Gesetzesauslegung im Strafrecht, 2005, S. 111 f.

475 BVerfG, Beschluss vom 19.03.2007 – 2 BvR 2273/06, NJW 2007, 1666.

476 BVerfG, Beschluss vom 12.12.2000 – 2 BvR 1290/99, NJW 2001, 1848 (1849).

477 BVerfG, ebd.: „Jedenfalls im Regelfall muss der Normadressat aber anhand der gesetzlichen Vorschrift voraussehen können, ob ein Verhalten strafbar ist."; BVerfG, Beschluss vom 09.12.2004 – 2 BvR 930/04, NJW 2005, 2140 (2141): „Dies verpflichtet den Gesetzgeber, die Voraussetzungen der Strafbarkeit so genau zu umschreiben, dass Tragweite und Anwendungsbereich der Straftatbestände für den Normadressaten schon aus dem Gesetz selbst zu erkennen sind und sich durch Auslegung ermitteln und konkretisieren lassen"; Beschluss vom 18.09.2006 – 2 BvR 2126/05, NJW 2007, 1193; zustimmend *Kühl*, in: Lackner/Kühl, § 1 Rn. 6.

478 BVerfG, Beschluss vom 23.10.1985 – 1 BvR 1053/82, BVerfGE 71, 108 (115).

Doch diese Regel gilt nicht uneingeschränkt. Es gibt nämlich eine Reihe von Situationen, in denen die Praxis unbeanstandet anders vorgeht und vorgehen muss.[479] Das ist der Fall bei offensichtlich juristisch geprägten Fachausdrücken, bei denen sich nach vorzugswürdiger Auffassung eine „Flucht" zurück in die Alltagssprache verbietet.[480] Der Gesetzgeber bedient sich teilweise einer besonderen juristischen Sprache, in der er sich präziser ausdrücken kann.[481] Ausdrücke, die in der Rechtssprache eine spezifische Bedeutung erhalten haben, werden in den Gesetzen meist in dieser speziellen Bedeutung gebraucht.[482] Damit scheiden zahlreiche Bedeutungsvarianten des allgemeinen Sprachgebrauchs aus.[483] Haben Gesetzesbegriffe in der Rechtssprache bereits eine spezielle Bedeutung erlangt, kann auf den allgemeinen Sprachgebrauch nur dann zurückgegriffen werden, wenn das Gesetz selbst vom speziellen Sprachgebrauch abweicht.[484]

Festzuhalten bleibt: Grundsätzlich ist es wegen des adressatenbezogenen, auf den Bürger abstellenden Verständnisses des Art. 103 II GG vorzugswürdig, die Wortsinngrenze mittels einer alltagssprachlichen Auslegung zu bestimmen. Etwas anderes gilt ausnahmsweise dann, wenn dem auszulegenden Begriff eine eindeutig fachsprachliche Bedeutung zukommt. In diesem Fall ist die fachsprachliche Auslegung maßgeblich, um die vom Gesetzgeber getroffenen Wertungen nicht zu unterlaufen.

*dd. Stellungnahme*

Nach der überwiegenden Meinung führen die alltagssprachliche und die fachsprachliche Interpretation – wie soeben aufgezeigt – zu divergierenden Ergebnissen: Die alltagssprachliche Interpretation lässt eine Subsumtion des vorsatzlosen Sich-Entfernens unter die Begriffe „*berechtigt oder entschuldigt*" zu, die fachsprachliche Interpretation nicht.[485] Demnach ist zu entscheiden, welcher

479 *Kudlich*, Festschrift Stöckel, S. 101; *Simon*, Gesetzesauslegung im Strafrecht, 2005, S. 112.

480 *Simon*, Gesetzesauslegung im Strafrecht, 2005, S. 92.

481 *Larenz/Canaris*, Methodenlehre, S. 141.

482 *Larenz/Canaris*, Methodenlehre, S. 142.

483 *Larenz/Canaris*, ebd.

484 *Blum von Ann*, Die Straftat des unerlaubten Sich-Entfernens vom Unfallort als Vermögensdelikt, 1987, S. 84; *Larenz/Canaris*, Methodenlehre, S. 143.

485 A.A. *Küper*, Festschrift Heidelberg, S. 466, demzufolge auch eine formalsprachliche Auslegung dazu, dass vorsatzloses Sich-Entfernen von § 142 II Nr. 2 StGB erfasst sei. Letztlich wird es aber nicht darauf ankommen, zu entscheiden, ob *Küpers* These

Interpretationsmaßstab anzuwenden ist, um die für das Analogieverbot relevante Wortsinngrenze zu bestimmen.

Die maßgebliche Grenze des Wortsinns der Begriffe „*berechtigt*" und „*entschuldigt*" ist vorliegend nach alltagssprachlicher Bedeutung aus Sicht des Bürgers zu bestimmen. Die sich daraus ergebende Wortsinngrenze lässt eine Subsumtion des vorsatzlosen Sich-Entfernens unter § 142 II Nr. 2 StGB zu.[486] Der engere, theoriesprachliche Sinngehalt ist unter den gegebenen Umständen unerheblich. Denn wie *Küper* zutreffend hervorhebt, steht das Analogieverbot nur einer dem Wortsinn widersprechenden Deutung entgegen; es geht aber nicht darum, die schärfste Begriffsbedeutung zu finden.[487] Art. 103 II GG bezweckt, dass der Normadressat vorhersehen kann, welches Verhalten strafbar ist.[488] Deshalb ist nach vorzugswürdiger Ansicht grundsätzlich ein alltagssprachlicher Maßstab anzulegen. Eine fachsprachliche Auslegung kommt allenfalls dann in Betracht, soweit es sich um normative Begriffe handelt, denen eine klare fachsprachliche Bedeutung zukommt.[489] Den Begriffen „*berechtigt*" und „*entschuldigt*" kommt keine hinreichend eindeutige fachsprachliche Bedeutung zu, welche es rechtfertigen würde, eine allgemeinsprachliche Auslegung ausnahmsweise auszuklammern. [490]

Zwar liegt die Vermutung nahe, dass die Begriffe „*berechtigt*" und „*entschuldigt*" auf die Ebenen der Rechtswidrigkeit und Schuld verweisen könnten. In der Tat hätte der Gesetzgeber eine exaktere Formulierung, wie zum Beispiel „ohne strafbaren Verstoß" oder „straflos", wählen können. Es wäre ihm so möglich gewesen, Absatz 2 explizit auf alle Fälle zu erstrecken, in denen sich der Unfallbeteiligte ohne Verletzung des in Absatz 1 normierten gesetzlichen Primärbefehls und somit in strafloser Weise von der Unfallstelle entfernt hat.[491] Zweifelsohne

---

richtig ist. Denn im Rahmen der Wortsinngrenze ist der engere, theoriesprachliche Sinngehalt vorliegend unerheblich.

486 Zum gleichen Ergebnis gelangen *Küper*, Festschrift Heidelberg, S. 465 ff. und *Lackner*, Festschrift Heidelberg, S. 63.

487 Ausführlich zum Analogieverbot s. oben unter **B.III.1.a.**

488 BVerfG, Beschluss vom 23.10.1985 – 1 BvR 1053/82, BVerfGE 71, 108 (115); BVerfG, Beschluss vom 12.12.2000 – 2 BvR 1290/99, NJW 2001, 1848 (1849); *Simon*, Gesetzesauslegung im Strafrecht, 2005, S. 111 f.

489 Vgl. *Blum von Ann*, Die Straftat des unerlaubten Sich-Entfernens vom Unfallort als Vermögensdelikt, 1987, S. 84; *Larenz/Canaris*, Methodenlehre, S. 142 f.; *Simon*, Gesetzesauslegung im Strafrecht, 2005, S. 92.

490 Vgl. *Laschewski*, NZV 2007, 444 (446).

491 So auch *Geppert*, DAR 2007, 380 (381).

hat er dies nicht getan. Dennoch erscheint der Schluss unzulässig, dass allein aufgrund des Wortlauts des § 142 II Nr. 2 StGB die Einbeziehung unvorsätzlichen Verhaltens *per se* ausgeschlossen sein soll, wie beispielsweise *Beulke* meint, wenn er darauf abstellt, dass die gesetzliche Formulierung *„berechtigt oder entschuldigt“* nicht einfach nur „straflos“ lautet.[492]

Dabei ist unerheblich, dass im Fall der Unvorsätzlichkeit keine Rechtfertigungs- bzw. Entschuldigungs- oder Schuldausschließungsgründe vorliegen, wie *Beulke* hervorhebt.[493] Entscheidend ist vielmehr, dass solch ein enges Verständnis der Alternativen *„berechtigt“* und *„entschuldigt“* nicht zwingend ist, weil sich der Wortsinn nicht eindeutig auf formal anerkannte Rechtfertigungs- und Entschuldigungsgründe beschränkt. Dem OLG Köln ist insofern beizupflichten, als die Begriffe *„berechtigt“* und *„entschuldigt“* nicht formaldogmatisch zu verstehen sind, denn das Gesetz verwendet vielfach keine einheitlichen strafrechtsdogmatischen Begrifflichkeiten.[494] Insbesondere enthält das Gesetz weder eine Definition der Begriffe *„berechtigt“* und *„entschuldigt“* noch verwendet es sie einheitlich.

Das vielfach vorgebrachte Argument, *„berechtigt“* verweise formal-dogmatisch ausschließlich und zwangsläufig auf die Ebene der Rechtfertigungsgründe, greift nicht durch. Der Gesetzgeber hat auf die eindeutig fachsprachliche Formulierung *„nicht rechtswidrig“*, welche bedeutet, dass dem Täter Rechtfertigungsgründe zur Seite stehen, in § 142 II Nr. 2 StGB – anders als in §§ 32, 34 StGB – verzichtet. Ohnehin wird das Wort *„berechtigt“* im StGB nicht eindeutig im Sinne eines Verweises auf Rechtfertigungsgründe verwendet. Im Gegenteil findet sich der Begriff *„berechtigt“* in einigen Normen: *„berechtigte Interessen“* in §§ 193, 201 II StGB, *„unberechtigter Zugang“* in § 202a I StGB, *„unberechtigt“* in § 277 StGB. An keiner dieser Stellen hat er aber die Bedeutung eines Verweises auf die Ebene der Rechtfertigungsgründe.

Auch im Rahmen der Alternative *„entschuldigt“* lässt die äußerste Grenze des möglichen Wortsinns eine Erfassung des vorsatzlosen Sich-Entfernens zu. Denn eine reine Wortlautauslegung führt nicht zwingend zu dem Ergebnis, dass *„entschuldigt“* sich nur auf das Vorliegen von Entschuldigungs- bzw. Schuldausschließungsgründe beschränkt. Das gesamte StGB verwendet den Begriff *„entschuldigt“* *de facto* an keiner anderen Stelle als in § 142 II Nr. 2 StGB. Zudem macht sich das Gesetz selbst nicht immer den Sprachgebrauch der Strafrechtsdogmatik

492 *Beulke*, Festschrift Maiwald, S. 23.

493 *Beulke*, NJW 1979, 400 (401).

494 OLG Köln, Urteil vom 01.02.1977 – Ss 661/76, NJW 1977, 2275.

zu eigen und verwendet generell keine einheitlichen *termini.*[495] Das zeigt sich bereits daran, dass der *terminus „handelt ohne Schuld"* sowohl für die Schuldausschließungsgründe in § 20 StGB als auch im Kontext mit dem entschuldigenden Notstand nach § 35 I StGB verwendet wird. Mangels einheitlicher Begrifflichkeiten innerhalb des Gesetzes lässt sich entsprechend auch aus dem Begriff *„entschuldigt"* in § 142 II Nr. 2 StGB kein eindeutiger Rückschluss ziehen, dass der Gesetzgeber sich auf anerkannte Entschuldigungs- und Schuldausschließungsgründe beschränken wollte. [496] Dies gilt umso mehr, als sich die ansonsten für Entschuldigungs- und Schuldausschließungsgründe verwendete Formulierung *„handelt ohne Schuld"* in § 142 II Nr. 2 StGB nicht wiederfindet.

Somit bleibt festzuhalten, dass ein eng dogmatisches Verständnis der Begriffe nicht angebracht ist. Die Begriffe sind fachsprachlich nicht eindeutig genug belegt, um eine Ausnahme von der allgemeinen Regel zu begründen, dass der Wortsinn des Gesetzes nach dem allgemeinen, für den Adressaten erkennbaren und verstehbaren Sprachgebrauch der Gegenwart zu bestimmen ist.[497] Die Gefahr, dass der Rechtsanwender durch eine Auslegung nach dem allgemeinen Sprachgebrauch zu einem Ergebnis gelangt, welches von der eindeutig fachsprachlich belegten Bedeutung abweicht, besteht mangels eindeutiger fachsprachlicher Bedeutung nicht.

Nach alledem sind die Begriffe *„berechtigt"* und *„entschuldigt"* nach dem allgemeinen Sprachgebrauch auszulegen. Ihre Bedeutung erstreckt sich demnach auf jedes Sich-Entfernen, das aus tatsächlichen Gründen nachvollziehbar ist. Darunter fällt nach richtiger Auffassung auch das vorsatzlose Sich-Entfernen. Für seine gegenteilige Behauptung, auch umgangssprachlich werde zwischen unvorsätzlichem Verhalten einerseits und berechtigtem bzw. entschuldigtem Verhalten andererseits unterschieden, bringt das BVerfG keinerlei Argumente oder Begründung.

Demnach hat die Untersuchung als Zwischenergebnis gezeigt, dass die im Rahmen des Analogieverbots maßgebliche äußerste Wortsinngrenze eine Subsumtion des unvorsätzlichen Sich-Entfernens unter § 142 II Nr. 2 StGB zulässt. Da die vorliegende Arbeit somit abweichend vom BVerfG zum Ergebnis gelangt, dass der grammatikalische Wortsinn einer Einbeziehung des vorsatzlosen

---

495 *Blum von Ann*, Die Straftat des unerlaubten Sich-Entfernens vom Unfallort als Vermögensdelikt, 1987, S. 86.

496 So auch *Franke*, JuS 1978, 456 (457).

497 BVerfG, Beschluss vom 23.10.1985 – 1 BvR 1053/82, BVerfGE 71, 108 (115); BVerfG, Beschluss vom 10.01.1995 – 1 BvR 718, 719, 722, 723/89, BVerfGE 92, 1 (12).

Sich-Entfernens nicht entgegensteht, bedarf es weiterer Auslegungsmethoden.[498] Es ist ergänzend mittels einer historischen, systematischen und teleologischen Auslegung zu ermitteln, ob der im Gesetz verwendete Begriff gegebenenfalls enger zu verstehen ist.[499]

### *c. Historische Auslegung*

#### *aa. Argumente für die Erfassung des vorsatzlosen Sich-Entfernens*

Einer Ansicht zufolge entspricht die Einbeziehung des vorsatzlosen Entfernens unter Zugrundelegung einer subjektiv-historischen Auslegung dem Willen des Gesetzgebers.[500] Dazu wird die Konzeption des § 142 StGB n.F. angeführt: Der Entwurf zur Neufassung hebt hervor, dass er „weitgehend die Ergebnisse der Rechtsprechung" zu § 142 StGB a.F. berücksichtige. [501] Der Rekurs auf die Ergebnisse der Rechtsprechung zeige, dass der Gesetzgeber durch die Neufassung des Tatbestands keinen Kurswechsel intendiert habe.[502] Die Rechtsprechung zu § 142 StGB a.F habe den Fall einer erst späteren Kenntniserlangung als Beispiel einer „erlaubten oder entschuldigten" Weiterfahrt aufgefasst, welche eine Rückkehrpflicht auslöste.[503] Da an die Stelle der von der Rechtsprechung entwickelten Rückkehrpflicht mit der Neufassung die Pflicht zur nachträglichen Ermöglichung der Feststellungen nach § 142 II StGB getreten sei, seien unter § 142 II StGB n.F. alle Fälle zu fassen, für die nach der Rechtsprechung zur alten Fassung eine Rückkehrpflicht bestanden habe.[504]

---

498 Während *Küper*, Festschrift Heidelberg, S. 467 nach der grammatikalischen unmittelbar zu einer teleologischen Auslegung übergeht, um herauszufinden, ob das vorsatzlose Sich-Entfernen aufgrund der eindeutigen Entstehungsvoraussetzungen der Nachholpflicht ausgeklammert werden muss, wendet diese Arbeit alle vier klassischen Auslegungsmethoden an.

499 Zur Anwendung weiterer Auslegungsmethoden im Rahmen des Analogieverbots vgl. bereits oben unter **B.III.1.a.bb**.

500 *Beulke*, NJW 1979, 400 (401); *Janiszewski*, JR 1978, 116; *Laschewski*, NZV 2007, 444 (446).

501 Gesetzesentwurf der Bundesregierung zum 14. Strafrechtsänderungsgesetz, BT-Drucksache 7/2434, S. 4.

502 *Franke*, JuS 1978, 456 (459).

503 *Franke*, ebd.

504 *Franke*, ebd.

In den Beratungen der Großen Strafrechtskommission zu § 142 StGB n.F. sei ebenfalls von einer weiten Auslegung der relevanten Begriffe ausgegangen worden.[505] Tatsächlich führte Staatssekretär *Krille* aus:

> *„Man muß weiter berücksichtigen, daß wir davon ausgingen, die Begriffe des berechtigten oder entschuldigten Sich-Entfernens seien weit auszulegen, insbesondere, daß ein berechtigtes Sich-Entfernen nicht nur dann vorliegt, wenn ein Rechtfertigungsgrund eingreift."*[506]

Auch Ministerialrat *Dreher* habe sich im Sinne einer weiten Auslegung geäußert:

> *„Ich hatte jedoch in unserer bisherigen Diskussion den Eindruck, daß die Worte ‚berechtigt' und ‚entschuldigt' in Absatz 1 Nr. 2 in einem so erweiterten Sinne verstanden werden."*[507]

Hinzu komme, dass der kurz vor der Einbringung des Gesetzesentwurfs von einer Landesjustizverwaltung gemachte Vorschlag, § 142 II StGB ausdrücklich um das unvorsätzliche Sich-Entfernen zu ergänzen, als überflüssig abgelehnt worden sei.[508] Nach damals vorherrschender Auffassung, die noch nicht zwischen Vorsatz und Schuld unterschieden habe, sei die Konstellation jedoch bereits durch die Tatbestandsvariante *„entschuldigt"* erfasst gewesen.[509] Wie auch der BGH hervorhebt, gehe der Entwurf zur Neufassung auf die Beratungen aus den Jahren 1953 bis 1959 und damit in eine Zeit zurück, in der die neuere Rechtslehre zum Vorsatz noch wenig verbreitet gewesen sei.[510] Damals habe eine Rechtsauffassung vorgeherrscht, die nicht zwischen Vorsatz und Schuld unterschieden, sondern den Vorsatz der Schuld zugerechnet habe.[511] Letztlich könne es auch nicht darauf ankommen, ob man einer Lehre vom Verbrechensaufbau folge, die den Vorsatz der Schuld zurechne. Es seien keinerlei Anhaltspunkte dafür ersichtlich, dass der Gesetzgeber sich dieser Auffassung anschließen wollte und den Vorsatz als Merkmal der Schuld ansehe. Dies lasse ebenfalls darauf schließen, dass der

---

505 *Laschewski*, NZV 2007, 444 (446).

506 Niederschriften über die Sitzungen der Großen Strafrechtskommission, 9. Band, S. 362.

507 Niederschriften über die Sitzungen der Großen Strafrechtskommission, 9. Band, S. 363.

508 *Janiszewski*, JR 1978, 116 zufolge sollte Absatz 2 gemäß dem Vorschlag um den folgenden Zusatz ergänzt werden: „Das gilt auch für denjenigen, der von seiner Unfallbeteiligung erst nach Verlassen des Unfallorts Kenntnis erlangt." Welcher Sachbearbeiter des Justizministeriums den Vorschlag abgelehnt haben soll, erwähnt *Janiszewski* nicht.

509 *Janiszewski*, ebd.

510 BGH, Beschluss vom 30.08.1978 – 4 StR 682/77, BGHSt 28, 129 (132).

511 *Janiszewski*, JR 1978, 116.

Gesetzgeber – zumindest vor dem Wandel in der Rechtslehre zur Einordnung des Vorsatzes – das vorsatzlose Sich-Entfernen miterfassen wollte.[512]

Teilweise wird auch argumentiert, dass der Gesetzgeber über die Einordnung des unvorsätzlichen Sich-Entfernens nicht ernsthaft nachgedacht habe, sodass die Lücke unbewusst entstanden sei.[513] Die Schlussfolgerung, dass sich aus den Gesetzgebungsmaterialien Anhaltspunkte gegen einen Willen des Gesetzgebers ableiten ließen, das unvorsätzliche Sich-Entfernen zu erfassen, sei zumindest ein „etwas überzogener Kontrapunkt."[514]

### *bb. Argumente gegen die Erfassung des vorsatzlosen Sich-Entfernens*

Von der Gegenauffassung wird angeführt, dass die Gesetzgebungsmaterialien keine ausdrückliche Zusage enthielten, dass der Gesetzgeber das vorsatzlose Sich-Entfernen erfassen wollte.[515] Insbesondere der Verweis auf die Rechtsprechung zur alten Fassung betreffend die Rückkehrpflicht erlaube keine Rückschlüsse dahingehend, dass das vorsatzlose Sich-Entfernen von § 142 II StGB erfasst sein sollte.[516] Denn der BGH-Rechtsprechung[517] lasse sich weder die Bezeichnung des vorsatzlosen Sich-Entfernens als erlaubt oder entschuldigt entnehmen noch werde das vorsatzlose Sich-Entfernen ausdrücklich zur gleichen Fallgruppe gezählt. [518] Ganz im Gegenteil habe der BGH bereits in BGHSt 18, 114 das vorsatzlose Verlassen der Unfallstelle als separate Fallgruppe angesehen, die lediglich in ihren Rechtsfolgen wie das berechtigte oder entschuldigte Verlassen zu behandeln sei.[519] Dies zeige sich an der folgenden Passage aus dem Urteil:

---

512 Zum Ganzen *Maurach/Schroeder/Maiwald*, § 49 Rn 54.

513 *Hillenkamp*, Festschrift Beulke, S. 459; *Küper*, Festschrift Heidelberg, S. 459; *Lackner*, Festschrift Heidelberg, S. 50.

514 *Hillenkamp*, Festschrift Beulke, S. 459.

515 *Magdowski*, Die Verkehrsunfallflucht in der Strafrechtsreform, 1980, S. 162 m.w.N.

516 *Blum von Ann*, Die Straftat des unerlaubten Sich-Entfernens vom Unfallort als Vermögensdelikt, 1987, S. 88; *Berz*, Jura 1979, 125 (129 f.); *Rudolphi*, JR 1979, 210 (212) meint, dass die Argumentation der Gegenauffassung „alles andere als zwingend" sei.

517 BGH, Beschluss vom 20.01.1960 – 4 StR 292/59, BGHSt 14, 89 = NJW 1960, 1019 ff.; BGH, Urteil vom 26.09.1962 – 4 StR 196/62, BGHSt 18, 114 = NJW 1963, 307 ff.

518 *Blum von Ann*, Die Straftat des unerlaubten Sich-Entfernens vom Unfallort als Vermögensdelikt, 1987, S. 88; ebenfalls kritisch *Berz*, Jura 1979, 125 (129); *Rudolphi*, JR 1979, 210 (212).

519 *Berz*, Jura 1979, 125 (129 f.); *Mikla*, Die Strafbarkeit gem. § 142 II StGB nach unvorsätzlichem Entfernen vom Unfallort, 1996, S. 159; *Rudolphi*, JR 1979, 210 (212).

> *„Diese Pflicht besteht demnach in allen Fällen, in denen die Unfallstelle, sei es berechtigter oder entschuldigter Weise, sei es in Unkenntnis von dem Unfall, verlassen wurde (...).“*[520]

*Blum von Ann* hebt ergänzend hervor, dass die Rückkehrpflicht nach unvorsätzlichem Sich-Entfernen keineswegs der gefestigten BGH-Rechtsprechung entsprochen habe, was sich daran zeige, dass der BGH in einigen Entscheidungen eine Rückkehrpflicht nach unvorsätzlichem Sich-Entfernen verneint habe.[521] Vor allem seien die noch auf die alte Fassung der Norm bezogenen Fälle einer Rückkehrpflicht auch deshalb nicht auf die neue Fassung übertragbar, weil die Rechtsprechung die Rückkehrpflicht mit dem heute nicht mehr tragbaren Argument begründet habe, die Unfallflucht könne auch von einem anderen Ort als dem Unfallort begangen werden:[522]

> *„Der Begriff der Flucht schließt [...] nicht aus, dass sie auch von einem anderen Ort als der Unfallstelle aus begangen werden kann, den ein Unfallbeteiligter auf der Weiterfahrt von der Unfallstelle erreicht.“*[523] (Hervorhebung durch die Verfasserin)

Der Wortlaut von § 142 StGB n.F. hingegen schließe eine solche Interpretation aus.[524] Hinzu komme, dass der Gesetzgeber die Ergebnisse der Rechtsprechung ohnehin nicht ausnahmslos, sondern nur „weitgehend“ habe berücksichtigen wollen; die amtliche Begründung betone, dass der Entwurf in Einzelheiten von den Ergebnissen der Rechtsprechung abweiche.[525] Nachdem der Gesetzgeber den Vollendungszeitpunkt des § 142 I StGB vorverlegt und dem Tatbestand damit enge Grenzen gesetzt habe, wäre es widersprüchlich, § 142 II StGB im Gegenzug einer weiten Auslegung zugänglich zu machen.[526] Zusätzlich sei der Fall des unvorsätzlichen Sich-Entfernens weder in der amtlichen Begründung des 13. Strafrechtsänderungsgesetzes noch in den Beratungen des

---

520 BGH, Urteil vom 26.09.1962 – 4 StR 196/62, BGHSt 18, 114 = NJW 1963, 307 (309).

521 *Blum von Ann*, Die Straftat des unerlaubten Sich-Entfernens vom Unfallort als Vermögensdelikt, 1987, S. 88.

522 *Blum von Ann*, Die Straftat des unerlaubten Sich-Entfernens vom Unfallort als Vermögensdelikt, 1987, S. 88; *Rudolphi*, JR 1979, 210 (212).

523 BGH, Beschluss vom 20.01.1960 – 4 StR 292/59, BGHSt 14, 89 = NJW 1960, 1019 (1020).

524 *Blum von Ann*, Die Straftat des unerlaubten Sich-Entfernens vom Unfallort als Vermögensdelikt, 1987, S. 88; *Rudolphi*, JR 1979, 210 (212).

525 Vgl. Gesetzesentwurf der Bundesregierung zum 14. Strafrechtsänderungsgesetz, BT-Drucksache 7/2434, S. 4.

526 *Dornseifer*, JZ 1980, 299 (302).

Sonderausschusses für die Strafrechtsreform oder in anderen Gesetzgebungsmaterialien behandelt worden.[527]

Die Große Strafrechtkommission habe sich in den Beratungen zur Vorfassung des § 142 StGB mit der Reichweite der Begriffe „*berechtigt*" und „*entschuldigt*" beschäftigt.[528] Es werde deutlich, dass sich das gewisse Maß an Mitwirkung nach § 142 II StGB dadurch rechtfertige, dass die Rechtsordnung dem Unfallbeteiligten zuvor ausnahmsweise ein Sich-Entfernen vom Unfallort ermöglicht habe.[529] Diese Erlaubnis im Ausnahmefall sei nicht vergleichbar mit einem Sich-Entfernen, bei dem ein Unfallbeteiligter den Unfall nicht bemerkt hat.[530]

Auf das Vorbringen, dass der Vorschlag, das unvorsätzliche Sich-Entfernen gesetzlich zu regeln, in den Vorberatungen als entbehrlich abgelehnt worden sei, wird entgegnet, dass die Ablehnung in den Gesetzgebungsmaterialien unerwähnt bleibt, woraus folge, dass sie nicht durch die für die Gesetzgebung zuständigen Gremien erfolgt sei.[531] Es liege entsprechend die Vermutung nahe, dass es sich bei dieser Ablehnung um die unbeachtliche Entscheidung eines bloßen Sachbearbeiters des Justizministeriums gehandelt habe.[532] Auch der Hinweis, dass in den Beratungen der Großen Strafrechtskommission von einem weiten Verständnis der Begriffe „*berechtigt*" und „*entschuldigt*" ausgegangen wurde, ließe keinerlei Rückschluss derart zu, dass die Große Strafrechtskommission das unvorsätzliche Sich-Entfernen habe erfassen wollen. Vielmehr gehe aus den Gesetzgebungsmaterialien eher das Gegenteil hervor.[533] *Dreher*, ein Mitglied der Großen Strafrechtskommission, habe in diesem Zusammenhang auf einen „triftigen Grund" für das Weiterfahren rekurriert und ein solcher impliziere, dass sich der Unfallbeteiligte der Unfallsituation zumindest bewusst sei.[534] Die relevante Stelle aus der Niederschrift der Sitzung der Großen Strafrechtskommission lautet:

---

527 Vgl. *Rudolphi*, JR 1979, 210 (212) m.w.N.

528 *Schroth*, Festschrift Schünemann, S. 278 unter Verweis auf die Niederschriften über die Sitzungen der Großen Strafrechtskommission, 5. Band, S. 295.

529 *Schroth*, ebd.

530 *Schroth*, ebd.

531 *Rudolphi*, JR 1979, 210 (213).

532 *Rudolphi*, ebd.; zustimmend *Mikla*, Die Strafbarkeit gem. § 142 II StGB nach unvorsätzlichem Entfernen vom Unfallort, 1996, S. 163.

533 *Mikla*, Die Strafbarkeit gem. § 142 II StGB nach unvorsätzlichem Entfernen vom Unfallort, 1996, S. 163 f.; vgl. ferner *Lackner*, Festschrift Heidelberg, S. 50, Fußnote 63.

534 *Mikla*, ebd.

*„Ich hatte jedoch in unserer bisherigen Diskussion den Eindruck, daß die Worte ‚berechtigt' und ‚entschuldigt' in Absatz 1 Nr. 2 in einem so erweiterten Sinne verstanden werden, so etwa, wenn man nach nächtlichem Unfall auf einsamer Straße nicht nur einen triftigen Grund für das Weiterfahren bejaht, sondern annimmt, der Fahrer handle gerechtfertigt bzw. entschuldigt."*[535]

Hinsichtlich der Einordnung des Vorsatzes im Verbrechensaufbau wird entgegengehalten, dass der Vorsatz gänzlich unabhängig von der Schuld sei und deshalb vorsatzlos auch nicht *„entschuldigt"* im Sinne von § 142 II Nr. 2 StGB bedeuten könne; dies zeige sich unter anderem an den unterschiedlichen Formulierungen von § 16 StGB und § 17 StGB.[536] Zumindest habe zur Zeit der Entscheidung über den Wortlaut des § 142 StGB n.F. noch keine Einigkeit darüber bestanden, an welche Stelle der Vorsatz einzuordnen sei.[537] Jegliche Lehren vom Verbrechensaufbau sollten daher im Rahmen der Auslegung des Begriffes *„entschuldigt"* keine Rolle spielen, andernfalls würde die Erschließung des Wortsinns von der dogmatischen Einordnung des Vorsatzes im Verbrechensaufbau abhängen.[538] Würde man ihn nämlich der Schuld zurechnen, wäre es zwingend, den Fall des fehlenden Vorsatzes auch unter *„entschuldigt"* zu subsumieren. Sähe man ihn jedoch als selbstständig und von der Schuld losgelöst an, läge eine Subsumtion fern. Es solle aber nicht Aufgabe des Gesetzgebers im Rahmen der Neufassung des § 142 StGB sein, in einem solchen Theorienstreit Stellung zu beziehen.[539]

### *cc. Stellungnahme*

In seiner Rechtsprechung zur alten Gesetzesfassung bejahte der BGH im Falle des zunächst vorsatzlosen Verlassens des Unfallorts eine Rückkehrpflicht, auch wenn er das vorsatzlose Verlassen des Unfallorts nirgendwo explizit als *„berechtigt"* oder *„entschuldigt"* bezeichnete. Indem der Gesetzgeber im Rahmen der Neukonzeption auf ebendiese Rechtsprechung rekurriert, so tut er damit kund,

---

535 Niederschriften über die Sitzungen der Großen Strafrechtskommission, 9. Band, S. 363.

536 Vgl. *Stein*, in: SK StGB, § 142 Rn. 50, der jedoch darauf hinweist, dass dieses Verständnis bereits deshalb nicht zwingend sei, weil der Gesetzeswortlaut nirgends ausdrücklich klarstelle, dass der Vorsatz kein Unterbegriff der Schuld sei.

537 So auch OLG Köln, Urteil vom 01.02.1977 – Ss 661/76, NJW 1977, 2275.

538 *Berz*, Jura 1979, 125 (132); *Franke*, JuS 1978, 456 (458).

539 *Beulke*, NJW 1979, 400 (401).

dass er an den Ergebnissen der Rechtsprechung grundsätzlich festhalten möchte. Fraglich ist jedoch, ob dies unbedingt in allen Einzelheiten zu gelten hat.

Einerseits bezieht sich die Gesetzesbegründung auf die „Ergebnisse der Rechtsprechung". Somit könnte man argumentieren, dass es unerheblich ist, dass der Gesetzgeber die vorsatzlose Unfallflicht nirgendwo explizit als berechtigt oder entschuldigt bezeichnete. Man könnte den Verweis auf die Ergebnisse der Rechtsprechung so deuten, dass diese eins zu eins von der alten auf die neue Gesetzesfassung zu übertragen seien. Da nach § 142 StGB a.F. das vorsatzlose Verlassen des Unfallorts eine tatbestandliche Pflicht auslöste, müsste dasselbe für § 142 II StGB gelten.

Andererseits heißt es in der Gesetzesbegründung, dass der neue Entwurf nur „weitgehend die Ergebnisse der Rechtsprechung" berücksichtige und „in Einzelheiten" abweiche, um eine ausgewogene Lösung zu erreichen.[540] Der Gesetzgeber hat somit zum Ausdruck gebracht, dass er die Ergebnisse der Rechtsprechung zu § 142 StGB a.F. nicht gänzlich übertragen wollte. Der BGH führte in seiner Leitentscheidung an, dass aus der Tatsache, dass an die Stelle der Rückkehrpflicht mit der Neufassung die Pflicht zur nachträglichen Ermöglichung der Feststellungen getreten sei, der gesetzgeberische Wille folgen müsse, an den Ergebnissen der Rechtsprechung festzuhalten.[541] Es hat sich aber gezeigt, dass diese Vermutung einer hinreichenden Grundlage entbehrt. Hätte der Gesetzgeber intendiert, an den alten Ergebnissen festzuhalten, so hätte er eine eindeutige rechtstechnische Formulierung wählen können, die keinen Raum für konträre Interpretationen lässt.

Zudem überzeugt das Argument, dass eine Übertragung der auf die alte Fassung bezogenen Rechtsprechung auf die neue Fassung aufgrund der Verschiedenheit der beiden Straftatbestände nicht angebracht ist. In der Rechtsprechung zu § 142 StGB a.F. wurde zwar für den ohne Vorsatz Handelnden eine Rückkehrpflicht zum Unfallort ab Kenntniserlangung bejaht – dies aber nur, weil nach der damaligen Gesetzesfassung („*sich den Feststellungen durch Flucht entziehen*") eine Unfallflucht auch von einem anderen Ort als dem Unfallort aus möglich war. Anders als die neue enthielt die alte Fassung keine ausdrückliche Regelung für eine sekundäre Nachholpflicht. Überdies bestehen auch deshalb Bedenken gegen eine Übertragung der Rechtsprechung auf die neue Fassung,

540 Gesetzesentwurf der Bundesregierung zum 14. Strafrechtsänderungsgesetz, BT-Drucksache 7/2434, S. 4 (Hervorhebung durch die Verfasserin).

541 BGH, Beschluss vom 30.08.1978 – 4 StR 682/77, BGHSt 28, 129 = NJW 1979, 434 (435).

weil die Pflichten nach § 142 StGB a.F. im Gegensatz zu § 142 StGB n.F. nicht auf den Unfallort begrenzt waren.[542] Insofern besteht mit der aktuellen Fassung gar keine vergleichbare Grundlage, die eine Übertragung der Rechtsprechungsergebnisse rechtfertigen könnte. Es bleibt festzustellen, dass der Verweis auf die früheren Urteile zur Rückkehrpflicht nach vorsatzlosem Verlassen des Unfallorts ohne Aussagekraft ist.

Entstehungsgeschichtlich ist eine Einbeziehung des unvorsätzlichen Sich-Entfernens in den Anwendungsbereich des § 142 II Nr. 2 StGB nicht zu begründen.

Nicht zuletzt ist die Konzeption der Neufassung dem Umstand geschuldet, dass der Gesetzgeber dem Vorwurf entgegenwirken wollte, er bürde dem Unfallbeteiligten mit der nachträglichen Meldepflicht nach § 142 II StGB zu viele aktive Mitwirkungspflichten auf.[543] Diese Tatsache spricht dafür, dass der Gesetzgeber nachträgliche Mitwirkungspflichten eng begrenzen, d.h. nur für die Fälle erzwingen wollte, in denen die Rechtsordnung ein vorheriges Verlassen der Unfallstelle ausnahmsweise und explizit erlaubt, was beim unvorsätzlichen Sich-Entfernen nicht der Fall ist.

Schwerer noch wiegt, dass der Fall des unvorsätzlichen Sich-Entfernens weder in der amtlichen Begründung des 13. Strafrechtsänderungsgesetzes noch in den Beratungen des Sonderausschusses für die Strafrechtsreform bzw. in anderen Gesetzgebungsmaterialien behandelt worden ist.[544] Die fehlende Behandlung des unvorsätzlichen Sich-Entfernens vom Unfallort in den Gesetzgebungsmaterialien ist dabei aber nicht auf die Annahme zurückzuführen, das unvorsätzliche Sich-Entfernen vom Unfallort werde bereits von der Alternative „*berechtigt oder entschuldigt*" erfasst. Das Bundesjustizministerium hatte nämlich bereits im Rahmen der Konzeption des mit § 142 StGB deckungsgleichen § 347 (E 1962) mit Blick auf die damalige Rechtsprechung diskutiert, den Fall des vorsatzlosen Sich-Entfernens einer nachträglichen Meldepflicht zu unterstellen. Augenscheinlich ging das Bundesjustizministerium also gerade nicht davon aus, dass das unvorsätzliche Sich-Entfernen vom Unfallort bereits von der Alternative „*berechtigt oder entschuldigt*" erfasst sein würde. Zwecks Einbeziehung des unvorsätzlichen Sich-Entfernens vom Unfallort sollte dementsprechend eine geänderte Fassung erarbeitet werden; aufgrund von Schwierigkeiten, eine

542 *Magdowski*, Die Verkehrsunfallflucht in der Strafrechtsreform, 1980, S. 163; *Rudolphi*, JR 1979, 210 (212).

543 *Geppert*, DAR 2007, 380 (381).

544 Vgl. auch *Meurer*, Unerlaubtes Entfernen vom Unfallort, 2014, S. 128 ff.

sachgemäße Formulierung zu finden, war dieser Vorschlag damals jedoch wieder verworfen worden.[545] Die Tatsache, dass die Vertreter des Bundesjustizministeriums auch für die von der Großen Strafrechtskommission zu beratenden Entwurfsvorschläge des § 142 StGB federführend waren, zeigt, dass die Verfasser des § 142 StGB also keineswegs davon ausgingen, dass vorsatzloses Verhalten bereits durch die Alternative „*berechtigt oder entschuldigt*" erfasst werde.[546] Wahrscheinlich ist vor diesem Hintergrund sehr viel eher, dass der Gesetzgeber die Fallgruppe des unvorsätzlichen Sich-Entfernens schlicht übersehen, und die Sekundärverpflichtung aus § 142 II StGB nur für die Fälle geschaffen hat, in denen die Primärverpflichtung willentlich nicht erfüllt wurde.

Die Entstehungsgeschichte der Vorschrift spricht somit insgesamt gegen die Annahme, dass der Gesetzgeber ein vorsatzloses Sich-Entfernen erfassen wollte.

### *d. Systematische Auslegung*

Weiterhin ist eine systematische Auslegung vorzunehmen. Dabei wird zunächst auf die Systematik des § 142 StGB in sich und im Kontext des gesamten StGB eingegangen (im Folgenden unter **aa.**). Zudem wird die Frage aufgeworfen, inwiefern die herangezogene Parallele zur Erfassung des Erlaubnistatbestandsirrtums unter § 142 II Nr. 2 StGB von Aussagekraft ist (im Folgenden unter **bb.**) und ob eine Erfassung der vorsatzlosen Primärflucht auf eine unzulässige Bestrafung eines *dolus subsequens* hinausliefe (im Folgenden unter **cc.**). Zuletzt erfolgt eine Auseinandersetzung mit der Frage, ob einer Erfassung des vorsatzlosen Sich-Entfernens in § 142 II Nr. 2 StGB die gegenüber § 142 I StGB angeblich weiterreichenden Sekundärpflichten des § 142 III StGB entgegenstehen (im Folgenden unter **dd.**).

#### *aa. Die Systematik des § 142 StGB in sich und im Kontext des StGB*

##### *(1) Argumente für die Erfassung des vorsatzlosen Sich-Entfernens*

Eine systematische Betrachtung zwischen § 142 I StGB und § 142 II StGB offenbare, dass in allen Fällen des § 142 II StGB der Unfallbeteiligte nicht nach § 142 I StGB strafbar sei, obwohl er den Unfallort verlassen und die Feststellungspflicht (noch) nicht erfüllt habe. Daher liege die Annahme nahe, dass die strafbewehrte

545 *Meurer*, Unerlaubtes Entfernen vom Unfallort, 2014, S. 130 m.w.N.

546 Abgesehen davon sollten von der Einordnung des Vorsatzes im Deliktssystem abhängige Erwägungen generell außer Acht bleiben, denn die Erschließung des Wortsinns darf nicht abhängig von der dogmatischen Position des Interpreten variieren, vgl. *Franke*, JuS 1978, 456 (458).

Pflicht zur nachträglichen Feststellungsunterstützung in jedem Fall bestehe, in dem der Unfallbeteiligte trotz Nichterfüllung der ursprünglichen Pflicht strafrechtlich nicht aus § 142 I StGB zur Verantwortung gezogen werden könne.[547]

Überdies wird argumentiert, dass die Systematik des Strafgesetzes nicht in einem Maße zwingend sei, dass jede Abweichung von ihr sich notwendigerweise dem Vorwurf der Widersprüchlichkeit aussetze. Dies verdeutliche unter anderem auch die verfehlte, „systematisch und dogmatisch nicht passende“,[548] mithin „vollkommen inkonsequente“[549] Einordnung des § 142 StGB im Abschnitt über „*Straftaten gegen die öffentliche Ordnung*“, obwohl er eigentlich zu den Vermögensgefährdungsdelikten gehöre.[550] Aus der Tatsache, dass selbst ganze Straftatbestände systemwidrig eingeordnet seien, lasse sich deshalb erst recht kein Schluss auf die Auslegung einzelner Tatbestandsmerkmale ziehen.[551]

### *(2) Argumente gegen die Erfassung des vorsatzlosen Sich-Entfernens*

Für eine enge Auslegung, welche das vorsatzlose Sich-Entfernen ausklammert, wird angeführt, dass „*entschuldigt*“ im Zusammenhang mit „*berechtigt*“ genannt wird, sodass die Begriffe als Verweise auf die Ebenen der Rechtswidrigkeit und Schuld im dreistufigen Deliktsaufbau zu verstehen seien.[552] Dem Merkmal des Vorsatzes komme neben der Rechtfertigung und der Entschuldigung eine selbstständige Bedeutung zu.[553] Das Sich-Entfernen ohne Vorsatz stelle einen eigenständigen Grund des straffreien Sich-Entfernens nach § 142 I StGB dar, der neben dem berechtigten und entschuldigten Sich-Entfernen anzusiedeln sei.[554] Da § 142 II Nr. 2 StGB aber nur auf das berechtigte und entschuldigte Sich-Entfernen rekurriere, setze die nachträgliche Feststellungspflicht im Umkehrschluss die Kenntnis vom Unfall voraus.[555]

---

547 Zum Ganzen *Volk*, DAR 1982, 81 (85).

548 *Leipold*, Verkehrsunfallflucht, 1987, S. 43.

549 *Steenbock*, Unfallflucht, 2004, S. 27.

550 *Krey/Hellmann/Heinrich*, Rn. 929; vgl. ferner *Zopfs*, in: MüKo StGB, § 142 Rn. 2 Fn. 3 m.w.N.

551 *Franke*, JuS 1978, 456 (458).

552 *Dehne-Niemann*, Jura 2008, 135 (138 f.); *Magdowski*, Die Verkehrsunfallflucht in der Strafrechtsreform, 1980, S. 165; *Mikla,* Die Strafbarkeit gem. § 142 II StGB nach unvorsätzlichem Entfernen vom Unfallort, 1996, S. 165 f.

553 *Berz*, DAR 1975, 309 (314).

554 *Leipold*, Verkehrsunfallflucht, 1987, S. 85.

555 *Berz*, DAR 1995, 309 (314).

Alle Fälle des § 142 II StGB erforderten als ungeschriebenes Tatbestandsmerkmal eine volltatbestandliche, d.h. auch subjektive Verwirklichung des § 142 I StGB.[556] Demgegenüber habe den vorsatzlos agierenden Unfallbeteiligten die Appellfunktion des § 142 I StGB nicht erreicht.[557] Er wisse weder um seine Unfallbeteiligung noch um die Notwendigkeit einer noch ausstehenden Feststellungsermöglichung.[558] Demzufolge habe er auch keine Gelegenheit, eine Entscheidung für oder gegen die Normbefolgung zu treffen. Sein Verhalten falle deshalb nicht in den Anwendungsbereich der Vorschrift, der voraussetze, dass der Täter die Erfüllung der Beweissicherungsinteressen der anderen Unfallbeteiligten zugunsten anderer Interessen bewusst zurückstelle.[559] Der ohne Vorsatz Handelnde werde vom Normbefehl des § 142 I StGB nicht erreicht, während derjenige, der sich unter einem „echten" Rechtfertigungs- oder Entschuldigungsgrund entfernt, das Beweissicherungsinteresse bewusst beeinträchtige.[560]

Der Gesetzgeber habe durch die Einfügung der Pflichten des Absatzes 2 verdeutlicht, dass er in Absatz 2 eine Normierung der umgewandelten Pflicht aus Absatz 1 sehe.[561] Allen Fällen des § 142 II StGB sei es gemein, dass das Recht die Pflichterfüllung zu einem späteren Zeitpunkt verlange. Es zeichne die von § 142 II StGB geregelten Fälle aus, dass sie die „verlängerten" Pflichten des § 142 I StGB darstellten, wenn der Gesetzgeber einen zeitlichen Aufschub gewähre. Die Gewährung dieses Aufschubs setze die Kenntnis der Unfallbeteiligten der Umstände voraus, die ihnen diesen Aufschub überhaupt erst gewähren. Derjenige, dem das Gesetz die Sekundärpflichten auferlege, habe sich in Kenntnis des schadensverursachenden Ereignisses privilegiert vom Unfallort entfernt. Auch der Unfallbeteiligte, der sich nach Ablauf der Wartefrist vom Unfallort entfernt habe, wisse von Anbeginn an vom Unfallgeschehen.

Dieses Charakteristikum weise das vorsatzlose Sich-Entfernen jedoch gerade nicht auf. Bei einem vorsatzausschließenden Irrtum über Unfallereignis und -beteiligung fehle es an diesem erforderlichen Kenntnisstand, weshalb der Beteiligte sich auch nicht auf eine Pflicht zur nachträglichen Pflichterfüllung einstellen könne. Hier entstehe schon keine Pflicht nach § 142 I StGB, welche sich in

556 *Mikla*, Die Strafbarkeit gem. § 142 II StGB nach unvorsätzlichem Entfernen vom Unfallort, 1996, S. 231.

557 *Brüning*, ZIS 2007, 317 (322); *Kretschmer*, in: K/N/P, § 142 Rn. 129; *Volk*, DAR 1982, 81 (85); *Zopfs*, in: MüKo StGB, § 142 Rn. 105.

558 *Lilie*, FD-StrafR 2010, 312211; *Zopfs*, ebd.

559 *Dehne-Niemann*, Jura 2008, 135 (140); *Zopfs*, ebd.

560 Vgl. *Laschewski*, NZV 2007, 444 (445).

561 Zum Folgenden *Beulke*, NJW 1979, 400 (403).

§ 142 II StGB „verlängern" könne.[562] Dieser Fall sei daher nicht mit den in § 142 II StGB normierten Fällen vergleichbar.[563] Zur Einbeziehung des vorsatzlosen Sich-Entfernens vom Unfallort bedürfe es eines Eingreifens des Gesetzgebers.[564]

Dies gelte *Geppert* zufolge jedenfalls insofern, als der Unfallbeteiligte nicht nur das Geschehen falsch eingeschätzt, sondern es gar nicht registriert habe.[565] Da der Unfallbeteiligte hier nicht vom Normappell des § 142 I StGB erreicht worden sei, sei § 142 II Nr. 2 StGB nicht anwendbar. Demzufolge sei es als unzulässige Analogie zu werten, den Anwendungsbereich des § 142 II StGB auf Fälle zu erweitern, in denen der Unfallbeteiligte das Unfallgeschehen überhaupt nicht wahrgenommen habe. Etwas anderes gelte aber *Geppert* zufolge dann, wenn der Unfallbeteiligte den Unfallort in der irrigen Annahme verlasse, nur er selbst sei geschädigt worden oder wenn er der irrigen Annahme eines Feststellungsverzichts unterliege. Da er in diesen Fällen vom Normappell erreicht werde, sei es „dogmatisch wohl noch vertretbar, Fehleinschätzungen dieser Art dem ‚berechtigten oder entschuldigten' Sich-Entfernen gleichzusetzen."[566] Dies stelle eine „zulässige erweiternde Auslegung" dar.[567] *Geppert* nimmt folglich eine differenzierte Beurteilung je nach Grund des fehlenden Vorsatzes vor: Ob sich der Unfallbeteiligte in Fällen des fehlenden Vorsatzes nach § 142 II Nr. 2 StGB strafbar mache, sei davon abhängig, ob der Normbefehl ihn erreicht habe.

#### *(3) Stellungnahme*

Aus der verfehlten systematischen Einordnung des Delikts im Abschnitt „*Straftaten gegen die öffentliche Ordnung*" allein lässt sich nicht folgern, dass das Delikt auch in seinem „Binnenraum" keiner systematischen Auslegung zugänglich ist.[568] Eine systematische Interpretation spricht indes gegen eine Subsumtion des vorsatzlosen Sich-Entfernens unter § 142 II Nr. 2 StGB. Entscheidend ist, dass das vorsatzlose Sich-Entfernen einen eigenständigen Grund des straffreien Sich-Entfernens nach § 142 I StGB darstellt, der neben den normierten Fallgruppen des § 142 II StGB anzusiedeln ist. § 142 II StGB ist gerade dadurch

---

562 *Rudolphi*, JR 1979, 210 (211 f.).

563 *Mitsch*, NZV 2005, 347 (350).

564 *Dehne-Niemann*, Jura 2008, 135 (140).

565 Zum Folgenden *Geppert*, in: LK StGB, § 142 Rn. 136; *ders.*, DAR 2007, 380 (381 f.).

566 *Geppert*, in: LK StGB, § 142 Rn. 136.

567 *Geppert*, ebd. Auch Volk, DAR 1982, 81 (85) geht auf die Bedeutung der Situationskenntnis in Form des Appells ein.

568 *Mikla*, Die Strafbarkeit gem. § 142 II StGB nach unvorsätzlichem Entfernen vom Unfallort, 1996, S. 166.

gekennzeichnet, dass das Recht den Zeitpunkt der Pflichterfüllung aufgeschoben hat. Das trifft auf das unvorsätzliche Sich-Entfernen nicht zu.

Ein Vergleich innerhalb der Fallgruppen des § 142 II StGB zeigt zudem, dass allen Konstellationen gemein ist, dass der Unfallbeteiligte beim Verlassen des Unfallorts Kenntnis vom Unfall hat. Das gilt auch für Fälle, in denen sich der Täter in einem Irrtum über das Vorliegen der tatsächlichen Voraussetzungen eines Rechtfertigungs- oder Entschuldigungsgrundes befindet. Ein Vergleich zum vorsatzlosen Sich-Entfernen offenbart einen entscheidenden Unterschied: Beim vorsatzlosen Sich-Entfernen wird der Täter vom Normappell des § 142 StGB nicht erreicht. Ihm ist nicht bewusst, dass eine Notwendigkeit zur Feststellungsermöglichung besteht und er missachtet den Normbefehl nicht wissentlich. Die Fallgruppe ist deshalb aus systematischen Gründen nicht vergleichbar.

Entgegen der Ansicht *Gepperts*, der eine differenzierte Bewertung unter dem Gesichtspunkt einer „erweiternden Auslegung" für begründet hält,[569] gilt dies uneingeschränkt und unabhängig vom Grund des fehlenden Vorsatzes. Sowohl in Fällen der Unkenntnis vom Unfall als auch in Fällen eines Irrtums über das Geschehen handelt der Unfallbeteiligte unvorsätzlich. *Geppert* gesteht selbst ein, dass nach der allgemeinen Irrtumsdogmatik in beiden Fallkonstellationen kein Vorsatz vorliegt und dass sein differenzierender Ansatz „mit den hergebrachten Regeln der Irrtumsdogmatik zugegebenermaßen nur schwer in Einklang zu bringen ist."[570] Weshalb es gleichwohl dogmatisch vertretbar sein sollte, die Frage der unzulässigen Analogie je nach Grund des fehlenden Vorsatzes unterschiedlich zu bewerten, erschließt sich nicht. Ganz im Gegenteil impliziert bereits der von *Geppert* verwendete Begriff „erweiternde Auslegung", dass der Wortlaut des § 142 II Nr. 2 StGB einer Subsumtion des unvorsätzlichen Sich-Entfernens entgegensteht – und zwar unabhängig davon, ob der Unfallbeteiligte vorsatzlos handelt, weil er das Unfallgeschehen nicht registriert hat oder weil er bloß das Geschehen falsch einschätzt. Eine erweiternde Auslegung zu Ungunsten des Täters verstößt jedoch gegen das Analogieverbot des Art. 103 II GG und ist deshalb stets unzulässig.[571]

---

569 *Geppert*, ebd.

570 *Geppert*, ebd. Auch Volk, DAR 1982, 81 (85) geht auf die Bedeutung der Situationskenntnis in Form des Appells ein.

571 *Gepperts* Differenzierung nach dem Grund des fehlenden Vorsatzes wäre nur tragbar, wenn man im Rahmen der grammatikalischen Auslegung nicht zu dem Ergebnis gelangt, dass der Wortlaut des § 142 II Nr. 2 StGB einer Subsumtion des unvorsätzlichen Sich-Entfernens bereits entgegensteht. Gelangt man hingegen im Einklang mit

Eine systematische Interpretation streitet insgesamt für eine Ausklammerung des vorsatzlosen Sich-Entfernens.

### *bb. Parallele zu Fällen des Irrtums über Rechtfertigungs- und Entschuldigungsgründe*

Vielfach wird im Rahmen der systematischen Interpretation auch ein Vergleich zu Fällen der irrtümlichen Annahme der tatsächlichen Voraussetzungen eines Rechtfertigungs- oder Entschuldigungsgrundes herangezogen. Zu klären ist zunächst die Frage, ob sich der Anwendungsbereich des § 142 II Nr. 2 StGB – wie vom OLG Köln angenommen[572] – tatsächlich auf Fälle des Erlaubnistatbestandsirrtums erstreckt. Zunächst werden die in der Literatur diesbezüglich vertretenen Ansichten aufgezeigt (im Folgenden unter **(1)**). Sodann wird in einem zweiten Schritt erörtert, inwieweit das gefundene Ergebnis für die Frage der Erfassung des vorsatzlosen Sich-Entfernens von Aussagekraft ist (im Folgenden unter **(2)**).

#### *(1) Strafbarkeit von Fällen des Irrtums über Rechtfertigungs- und Entschuldigungsgründe nach § 142 II Nr. 2 StGB*

#### *(a) Argumente für die Erfassung von Irrtumsfällen*

Die herrschende Meinung teilt die Auffassung des OLG Köln, dass Fälle, in denen sich der Täter beim vorzeitigen Sich-Entfernen irrtümlich Tatsachen vorstellt, bei deren Vorliegen er sich berechtigt oder entschuldigt vom Unfallort entfernen würde, von § 142 II Nr. 2 StGB erfasst seien.[573] Demnach falle der Erlaubnistatbestandsirrtum unter die Alternative „*berechtigt*", während der Irrtum über eine Entschuldigungslage der Alternative „*entschuldigt*" zuzuordnen sei.[574]

---

dem BVerfG zu dem Schluss, dass der Wortlaut des § 142 II Nr. 2 StGB sämtliches unvorsätzliches Handeln ausklammert, so kann der Grund des fehlenden Vorsatzes keine Rolle spielen, vgl. *Hillenkamp*, Festschrift Beulke, S. 453 f.; *Kraatz*, NZV 2011, 321 (322). Eine Erfassung würde unter diesen Umständen eine verbotene Analogie zuungunsten des Täters darstellen, vgl. *Berz*, DAR 1975, 309 (314).

572 OLG Köln, Urteil vom 01.02.1977 – Ss 661/76, NJW 1977, 2275.

573 *Berz*, Jura 1979, 125 (127); *Fischer*, StGB Kommentar, § 142 Rn. 50; *Geppert*, in: LK, § 142 Rn. 126, 129; *Kühl*, in: Lackner/Kühl, § 142 Rn. 24; *Zopfs*, in: MüKo StGB, § 142 Rn. 104; so auch die Gesetzesbegründung BT-Drs. 7/2434, S. 8 und BGH, Beschluss vom 30.08.1978 – 4 StR 682/77, BGHSt 28, 129 = NJW 1979, 434 (435).

574 *Berz*, Jura 1979, 125 (127); *Fischer*, StGB Kommentar, § 142 Rn. 50; *Geppert*, in: LK, § 142 Rn. 126, 129; *Kühl*, in: Lackner/Kühl, § 142 Rn. 24; *Zopfs*, in: MüKo StGB, § 142 Rn. 104; so auch die Gesetzesbegründung BT-Drs. 7/2434, S. 8 und BGH, Beschluss vom 30.08.1978 – 4 StR 682/77, BGHSt 28, 129 = NJW 1979, 434 (435).

Die herrschende Meinung begründet die Einschlägigkeit des § 142 II Nr. 2 StGB beim Sich-Entfernen im Erlaubnistatbestandsirrtum bzw. in der irrigen Annahme des Vorliegens der sachlichen Voraussetzungen eines Entschuldigungsgrundes mit einem „Erst-recht-Schluss" (*argumentum a maiore ad minus*): Wenn von § 142 II Nr. 2 StGB Fälle erfasst seien, in denen tatsächlich ein rechtfertigender oder entschuldigender Grund bestehe, dann müsse dies erst recht gelten, wenn der Täter sich das Vorliegen eines solchen Grundes nur irrtümlich vorstelle.[575] Es bestünde ein Wertungswiderspruch, wenn die Putativrechtfertigung/-entschuldigung den Täter besserstelle als die tatsächliche Rechtfertigung/Entschuldigung.[576] Ferner weist *Zopfs* darauf hin, dass der Unfallbeteiligte in beiden Fällen gleichermaßen das Beweissicherungsinteresse zurückstufe, wenn er sich vom Unfallort entferne.[577] Die Motivationslage des Täters sei in beiden Fällen dieselbe.[578] Nach *Fischer* gelte das Vorhergesagte jedenfalls unter der Prämisse, dass der Irrtum auch tatsächlich zum Strafausschluss wegen vorsätzlicher Tat und nicht lediglich zur Möglichkeit einer Strafmilderung führe.[579]

*(b) Argumente gegen die Erfassung von Irrtumsfällen*

Von der Gegenmeinung wird der vielfach angeführte Erst-recht-Schluss in Frage gestellt.[580] Der Erlaubnistatbestandsirrtum lasse den Tatbestandsvorsatz entfallen, sodass der Irrende nicht entschuldigt, sondern unvorsätzlich handele.[581] Es wird ferner eingewandt, dass man wohl nicht von einer „Berechtigung", sich vom Unfallort zu entfernen, sprechen könne, weil dem Täter objektiv gerade nicht das Recht zustehe, sich vom Unfallort zu entfernen.[582] Wer lediglich glaube, er entferne sich entschuldigt, habe sich nicht entschuldigt entfernt.[583] Bei

---

575 Ebd. Dieselbe Auffassung vertrat bereits die III. Unterkommission während ihrer vierten Arbeitstagung vom 20.-25.05.1957, vgl. die Darstellung bei *Meurer*, Unerlaubtes Entfernen vom Unfallort, 2014, S. 96 f.; ebenso Niederschriften über die Sitzungen der Großen Strafrechtskommission, 5. Band, S. 295 Fn. 3.

576 *Berz*, DAR 1975, 309 (313); *ders.*, Jura 1979, 125 (127).

577 *Zopfs*, in: MüKo StGB, § 142 Rn. 104.

578 *Magdowski*, Die Verkehrsunfallflucht in der Strafrechtsreform, 1980, S. 168.

579 *Fischer*, StGB Kommentar, § 142 Rn. 50.

580 *Dornseifer*, JZ 1980, 299 (303); *Hillenkamp*, Festschrift Beulke, S. 455; *Mitsch*, NZV 2005, 347 (350 f.); *ders.*, NZV 2008, 217 (219 f.); *Sternberg-Lieben*, in: Schönke/Schröder, § 142 Rn. 55a.

581 *Sternberg-Lieben*, ebd.

582 *Berz*, DAR 1975, 309 (313); ähnlich *Mitsch*, NZV 2005, 347 (350).

583 *Mitsch*, NZV 2005, 347 (350).

den Erlaubnistatbestandsirrtümern könne man keine Subsumtion unter § 142 II StGB über ein *argumentum a maiore ad minus* erreichen, weil die Anwendung eines solchen Schlussverfahrens bei strikter Trennung der Pflichten aus Absatz 1 und 2 des § 142 StGB im Ergebnis eine Ausweitung der Handlungspflichten gegen den Wortlaut des Gesetzes bedeute: Der Gesetzgeber habe die Pflicht nach Absatz 2 an das Vorliegen tatsächlicher und nicht nur eingebildeter Notsituationen geknüpft, sodass der Erst-recht-Schluss gegen den Wortlaut verstoße.[584] Teilweise wird gar davon gesprochen, dass die Tragfähigkeit dieser Argumentation überschätzt werde und dass sie eine Analogie *in malam partem* zu § 16 I 1 StGB impliziere.[585]

### *(c) Stellungnahme*

Die besseren Gründe sprechen dafür, die genannten Irrtumsfälle im Wege eines Erst-recht-Schlusses vom Tatbestand zu erfassen. Es würde zu einem Wertungswiderspruch führen, wenn die Putativrechtfertigung/-entschuldigung den Täter besserstellte als die tatsächliche Rechtfertigung/Entschuldigung. Zudem ist *Zopfs* darin zuzustimmen, dass sich die Motivationslage der Putativrechtfertigung/-entschuldigung mit derjenigen der tatsächlichen Rechtfertigung/Entschuldigung deckt, weil der Täter gleichermaßen das Beweissicherungsinteresse zurückstuft. Dadurch entsteht schließlich auch keine Ausweitung der Handlungspflichten gegen den Wortlaut. Denn zum einem ist durch die Erfassung des Größeren (tatsächliche Rechtfertigung/Entschuldigung) das Kleinere (Putativrechtfertigung/-entschuldigung) miterfasst. Zum anderen lässt der Wortlaut sich auch so verstehen, dass der Unfallbeteiligte sich zumindest nach seiner Vorstellung berechtigt oder entschuldigt entfernen muss.

Dabei ist der von *Fischer* angeführten Einschränkung, dass dies jedenfalls insoweit gelte, als der Irrtum auch tatsächlich zum Strafausschluss wegen vorsätzlicher Tat führe,[586] beizupflichten. Diese Prämisse folgt für Entschuldigungsgründe bereits aus dem Wortlaut des § 142 II Nr. 2 StGB: „*Entschuldigt*“ bedeutet gänzlich ohne Schuld. Dass der Täter gänzlich ohne Schuld handelt, ist aber nur der Fall, wenn das Gesetz dem Täter die Schuld seines Handelns abspricht, wie etwa in §§ 17 S. 1, 20, 35 II 1 StGB. Sieht das Gesetz hingegen nur eine fakultative Strafmilderung vor, spricht es dem Täter gerade nicht jegliche Schuld ab. Vielmehr bleibt die Möglichkeit der Verurteilung wegen einer vorsätzlichen Tat

584 *Dornseifer*, JZ 1980, 299 (303).
585 *Mitsch*, NZV 2008, 217 (219); *Sternberg-Lieben*, in: Schönke/Schröder, § 142 Rn. 55a.
586 *Fischer*, StGB Kommentar, § 142 Rn. 50.

unberührt. Um die Kohärenz des Gesetzes zu wahren, muss diese Wertung auch bei der Auslegung des § 142 StGB Beachtung finden. Im Ergebnis bedeutet das, dass in Fällen fakultativer Strafmilderung eine Bestrafung nach § 142 I StGB möglich ist. In diesen Fällen besteht folglich auch gar kein Bedürfnis nach einer Bestrafung nach § 142 II StGB. Umgekehrt setzt § 142 II StGB voraus, dass der Täter nicht wegen einer Vorsatztat nach Absatz 1 bestraft werden kann.

Das vorgebrachte Argument betreffend eine Analogie *in malam partem* zu § 16 I 1 StGB überzeugt allenfalls auf den ersten Blick. Zwar ist eine strafbarkeitsbegründende Analogie zu Lasten des Täters verboten.[587] Bei näherer Betrachtung stellt man jedoch fest, dass es sich um gar keine Analogie zu § 16 I 1 StGB handelt: Wenn die Einschlägigkeit des § 142 II Nr. 2 StGB in Fällen des Erlaubnistatbestandsirrtums bejaht wird, kommen die Rechtsfolgen des § 16 I 1 StGB nämlich gar nicht zum Tragen. Vor diesem Hintergrund erschließt sich nicht, weshalb überhaupt eine Analogie zu § 16 I 1 StGB vorliegen sollte.

Die besseren Gründe sprechen somit dafür, die vom OLG Köln vertretene Auffassung zu teilen und das Sich-Entfernen im Erlaubnistatbestandsirrtum mittels eines Erst-recht-Schlusses als von § 142 II Nr. 2 StGB erfasst anzusehen.

##### *(2) Relevanz der Argumentation zu den Irrtumsfällen für das vorsatzlose Sich-Entfernen*

Nachdem die Anwendbarkeit des § 142 II Nr. 2 StGB für Fälle des Erlaubnistatbestandsirrtums bejaht wurde, widmet sich der nachfolgende Absatz der Frage, inwiefern die auf den Erlaubnistatbestandsirrtum bezogenen Erwägungen eine Relevanz für die Fallkonstellation des ohne Vorsatz handelnden Täters besitzen. Dabei liegt der Schwerpunkt auf der sachlichen Vergleichbarkeit der beiden Fallkonstellationen und der Übertragbarkeit der angeführten Argumente.

Um die umfassende Sicherung zivilrechtlicher Ansprüche zwischen den Beteiligten zu gewährleisten, hat der Gesetzgeber § 142 II StGB auch in den Fällen für anwendbar erklärt, in denen der Täter nur deshalb nicht nach Absatz 1 bestraft werden kann, weil er irrig Umstände angenommen hat, die ihn bei tatsächlichem Vorliegen zur Entfernung berechtigt oder ihn entschuldigt hätten.[588] Für eine Einbeziehung des vorsatzlosen Sich-Entfernens in den Anwendungsbereich des § 142 II Nr. 2 StGB spricht die offenkundige Parallele zwischen Tatbestandsirrtum und Erlaubnistatbestandsirrtum, die darin besteht, dass der Unfallbeteiligte ohne den jeweiligen Irrtum wartepflichtig bzw. beim Sich- Entfernen strafbar

587 Zum Analogieverbot vgl. bereits oben unter **B.III.1.a.**

588 BT-Drucksache 7/2434 S. 8.

gewesen wäre.[589] Hier existiert zudem auch eine dogmatische Parallele: Handelt der Täter in einem Erlaubnistatbestandsirrtum, wird er nach herrschender Meinung in entsprechender Anwendung des § 16 I 1 StGB so gestellt, als habe er ohne Vorsatz gehandelt.[590] In beiden Fällen weicht die subjektive Vorstellung des Täters von den objektiven Gegebenheiten ab; in beiden Fällen bezieht sich der Irrtum auf tatsächliche Umstände, nicht auf eine rechtliche Wertung. Im Fall des vorsatzlosen Sich-Entfernens vom Unfallort verkennt der Täter das Vorliegen eines Unfalls, während der im Erlaubnistatbestand befindliche Täter irrig Umstände für gegeben hält, bei deren tatsächlichen Vorliegen seine Tat gerechtfertigt wäre.[591]

§ 142 II Nr. 2 StGB setzt nach der gesetzlichen Wertung folglich nicht voraus, dass objektive Gegebenheiten und subjektive Vorstellung des Täters sich notwendigerweise decken. Während beim Erlaubnistatbestandsirrtum die subjektive Seite des Rechtsfertigungsgrundes vorliegt, die objektive hingegen nicht, liegt der Fall beim ohne Vorsatz Handelnden genau umgekehrt. Er erfüllt den objektiven Tatbestand, aber nicht den subjektiven. Beide Konstellationen haben dabei eine übergeordnete Gemeinsamkeit, die von zentraler Bedeutung ist: Dem Unfallbeteiligten fehlt die Einsicht, Unrecht zu tun. Wenn § 142 II Nr. 2 StGB im Falle eines Erlaubnistatbestandsirrtums zur Anwendung kommt, ließe sich argumentieren, dass es aufgrund der aufgezeigten Parallele zum vorsatzlosen Handeln nur konsequent erscheine, dieses gleichermaßen als erfasst anzusehen.

Allerdings übersieht diese Argumentation,[592] dass die Erwägungen zu den Fällen der Putativrechtfertigung/-entschuldigung einen entscheidenden

---

589 *Franke*, JuS 1978, 456 (459).

590 Vgl. nur BGH, Urteil vom 11.09.1995 – 4 StR 294/95, NStZ 1996, 29 (30); BGH, Urteil vom 04.10.1999 – 5 StR 712/05, BGHSt 45, 219 = NJW 2000, 885 (887); BGH, Urteil vom 09.05.2001 – 3 StR 542/00, NStZ 2001, 530; *Kühl*, in: Lackner/Kühl, § 17 Rn. 14; *Mitsch*, JuS 2000, 848 (849); *Puppe*, in: K/N/P, § 16 Rn. 122; *Simon*, JuS 2001, 639 (641); *Sternberg-Lieben/Schuster*, in: Schönke/Schröder, § 16 Rn. 18; für eine unmittelbare Anwendung des § 16 I 1 StGB: *Joecks*, in: MüKo StGB, § 16 Rn. 135 m.w.N.; zum Streitstand über die dogmatische Einordnung des Erlaubnistatbestandsirrtums vgl. die Darstellungen in *Joecks*, in: MüKo StGB, § 16 Rn. 123; *Kühl*, in: Lackner/Kühl, § 17 Rn. 9 ff.

591 *Joecks*, in: MüKo StGB, § 16 Rn. 119; *Kühl*, in: Lackner/Kühl, § 17 Rn. 9; *Puppe*, in: K/N/P, § 16 Rn. 122; *Sternberg-Lieben/Schuster*, in: Schönke/Schröder, § 16 Rn. 14.

592 BGH, Beschluss vom 30.08.1978 – 4 StR 682/77, BGHSt 28, 129 = NJW 1979, 434 (435); OLG Köln, Urteil vom 01.02.1977 – Ss 661/76, NJW 1977, 2275; *Franke*, JuS 1978, 456 (459).

Unterschied gegenüber dem unvorsätzlichen Sich-Entfernen aufweisen.[593] Die Erwägungen sind nicht übertragbar, weil der einem Erlaubnistatbestandsirrtum unterliegende Täter zwar ohne Unrechtsbewusstsein, aber jedenfalls in Kenntnis der tatbestandsmäßigen Situation handelt. Er entscheidet, wenn auch in Verkennung der tatsächlichen Umstände, souverän über Beachtung oder Missachtung der Pflichten des § 142 I StGB.[594] Demgegenüber erkennt der ohne Vorsatz handelnde Täter gar nicht, dass er überhaupt vom Pflichtenkreis des § 142 I StGB betroffen sein könnte.[595] Der strukturelle Unterschied zwischen beiden Fallgruppen besteht darin, dass der vorsatzlos agierende Täter sich – anders als der einer Putativrechtfertigung/-entschuldigung unterliegende Täter – mangels Kenntnis vom Unfall nicht in dem Bewusstsein und mit der Wahlmöglichkeit entfernt, mit seinem Verhalten Feststellungen zu verhindern. Aufgrund dieses maßgeblichen strukturellen Unterschieds läuft der Vergleich der beiden Fallgruppen ins Leere. Zu beachten ist ferner, dass die Einbeziehung von Fällen der irrigen Annahme eines Rechtfertigungs- oder Entschuldigungsgrunds auf einer Schlussfolgerung *a maiore ad minus* beruht und daher nicht generell für eine weite Auslegung streitet.

Die Einbeziehung von Fällen der irrigen Annahme eines Rechtfertigungs- oder Entschuldigungsgrunds in § 142 II Nr. 2 StGB ist deshalb für die Frage der Einbeziehung des vorsatzlosen Sich-Entfernens vom Unfallort ohne Bedeutung.[596]

### cc. *Dolus subsequens*

Eine Subsumtion des unvorsätzlichen Entfernens unter § 142 II StGB könnte ferner unzulässig sein, weil sie möglicherweise auf eine Bestrafung des nachträglichen Vorsatzes, *dolus subsequens*, hinausläuft. Ob dies der Fall ist, ist umstritten. Eine Ansicht meint, die Subsumtion des unvorsätzlichen Entfernens unter § 142 II StGB stelle keine Bestrafung des *dolus subsequens* dar (im Folgenden unter (**a**)). Die Gegenansicht meint, die Subsumtion des unvorsätzlichen Entfernens unter § 142 II StGB stelle eine unzulässige Bestrafung des *dolus subsequens* dar (im Folgenden unter (**b**)).

---

593 *Berz*, DAR 1975, 309 (313); *Beulke*, NJW 1979, 400 (404); *Dornseifer*, JZ 1980, 299 (302).

594 *Mikla*, Die Strafbarkeit gem. § 142 II StGB nach unvorsätzlichem Entfernen vom Unfallort, 1996, S. 156.

595 *Dornseifer*, JZ 1980, 299 (302); *Mikla*, ebd.

596 *Beulke*, NJW 1979, 400 (404).

### *(a) Keine Bestrafung des dolus subsequens*

Teilweise wird im Einklang mit der Argumentation des OLG Köln vertreten, es liege keine Bestrafung des *dolus subsequens* vor, weil nicht nachträglich gemäß § 142 I StGB bestraft werde. Die Neufassung des § 142 I StGB „*sich…vom Unfallort entfernt*" sei unmissverständlich: Nur die vorsätzliche räumliche Trennung vom Unfallort selbst erfülle den Tatbestand; für spätere Verhaltensweisen finde sich in Absatz 1 kein Raum. Der Unfallbeteiligte habe in der hier einschlägigen Konstellation aber während des Sich-Entfernens unstreitig keinen Vorsatz bezüglich des Tatbestandsmerkmals „*Unfall*". Wenn er erst nachträglich vom Unfall erfahre, befinde er sich nicht mehr am Unfallort. Diesen anderen Ort als den Unfallort verlasse er dann zwar vorsätzlich; jedoch sei gerade diese nachträgliche Verhaltensweise nach dem Verlassen des Unfallorts nicht mehr von § 142 I StGB erfasst. Der Unfallbeteiligte mache sich deshalb auch nicht nach § 142 I StGB strafbar.[597]

Solche nachträglichen Verhaltensweisen könnten vielmehr nur für § 142 II StGB relevant werden, der als selbstständiger Straftatbestand genau an ein solches nachträgliches Fehlverhalten anknüpfe. Das Verhalten am Unfallort – ob vorsätzlich oder unvorsätzlich – stelle lediglich eine „Vorbedingung" [598] für die Strafbarkeit nach § 142 II StGB dar. Somit laufe die Subsumtion des unvorsätzlichen Sich-Entfernens vom Unfallort unter § 142 II Nr. 2 StGB nicht auf eine Bestrafung des *dolus subsequens* hinaus.[599]

### *(b) Bestrafung des dolus subsequens*

Andere wiederum sind der Auffassung, dass die Bestrafung des unvorsätzlichen Sich-Entfernens nach § 142 II Nr. 2 StGB eine unzulässige Bestrafung des *dolus subsequens* bedeute.[600] Dafür wird zunächst die Formulierung in Absatz 2 „*Nach*

---

597 Zu diesem Absatz *Blum von Ann*, Die Straftat des unerlaubten Sich-Entfernens vom Unfallort als Vermögensdelikt, 1987, S. 96; *Magdowski*, Die Verkehrsunfallflucht in der Strafrechtsreform, 1980, S. 164 f. Vgl. auch die Argumentation in BGH, Beschluss vom 30.08.1978 – 4 StR 682/77, BGHSt 28, 129 = NJW 1979, 434 (435).

598 *Magdowski*, Die Verkehrsunfallflucht in der Strafrechtsreform, 1980, S. 164 f.

599 Zu diesem Absatz *Blum von Ann*, Die Straftat des unerlaubten Sich-Entfernens vom Unfallort als Vermögensdelikt, 1987, S. 96; *Magdowski*, Die Verkehrsunfallflucht in der Strafrechtsreform, 1980, S. 164 f. Vgl. auch die Argumentation in BGH, Beschluss vom 30.08.1978 – 4 StR 682/77, BGHSt 28, 129 = NJW 1979, 434 (435).

600 *Berz*, DAR 1975, 309 (314); *Sternberg-Lieben*, in: Schönke/Schröder, § 142 Rn. 55; *Dehne-Niemann*, Jura 2008, 135 (139 f.); *Mikla*, Die Strafbarkeit gem. § 142 II StGB nach unvorsätzlichem Entfernen vom Unfallort, 1996, S. 181 und S. 231.

*Absatz 1 wird bestraft*" angeführt, die an ein Sich-Entfernen nach § 142 I StGB, also ein vorsätzliches Sich-Entfernen vom Unfallort anknüpfe. Argumentiert wird, § 142 II StGB setze ein in objektiver und subjektiver Hinsicht tatbestandsmäßiges Verhalten voraus.[601] Der Täter müsse sich in Kenntnis eines Unfalls von der Unfallstelle entfernt haben.[602]

Relevant sei im Übrigen die Tatsache, dass die Tathandlung des § 142 II StGB zweiaktig formuliert sei: Der erste Teilakt fordere das Verlassen des Unfallorts, der zweite das Unterlassen der nachträglichen Feststellungsermöglichung.[603] Daran sei erkennbar, dass § 142 II Nr. 2 StGB auch, aber nicht nur nachträgliches Fehlverhalten bestrafe. § 142 II StGB stelle vielmehr *sowohl* das Sich-Entfernen vom Unfallort *als auch* das Nichtermöglichen der nachträglichen Feststellungen unter Strafe.

Der Ansatz des OLG Köln verstößt nach dieser Auffassung gegen § 15 StGB, weil der Täter den ersten Teilakt – das Sich-Entfernen vom Unfallort – gerade nicht vorsätzlich verwirklicht hat. [604] Insbesondere reiche es nicht aus, dass der erste Teilakt möglicherweise fahrlässig verwirklicht wurde, denn § 15 StGB stelle klar, dass der Täter dort, wo das Gesetz nichts anderes vorschreibe, vorsätzlich handeln müsse. Eine Erweiterung der Strafbarkeit unterhalb der Vorsatzschwelle bedürfe einer ausdrücklichen Erwähnung im Gesetz. Wenn aber in § 142 II Nr. 2 StGB nicht explizit Bezug auch auf fahrlässiges Handeln genommen werde, so bedeute dies, dass der Täter sich, um § 142 II Nr. 2 StGB zu erfüllen, erstens vorsätzlich und zweitens berechtigt oder entschuldigt vom Unfallort entfernt haben müsse. Solange dieses erste Erfordernis nicht erfüllt sei, sei es auch irrelevant, ob das zweite erfüllt sei. Aus dem Wortlaut folge eindeutig, dass § 142 II Nr. 2 StGB ein vorsätzliches und ein berechtigtes oder entschuldigtes Sich-Entfernen vom Unfallort voraussetze. Eine Bestrafung nach § 142 II StGB laufe daher auf eine Bestrafung eines *dolus subsequens* hinaus. Allein aus diesem Grund sei eine Subsumtion des unvorsätzlichen Sich-Entfernens unter § 142 II Nr. 2 StGB unzulässig, ohne dass es dabei auf die Auslegung der Begriffe „*berechtigt*" oder „*entschuldigt*" ankomme.[605]

---

601 *Mikla*, Die Strafbarkeit gem. § 142 II StGB nach unvorsätzlichem Entfernen vom Unfallort, 1996, S. 181 und S. 231.

602 *Berz*, DAR 1975, 309 (314).

603 Zum Folgenden *Dehne-Niemann*, Jura 2008, 135 (139).

604 Zum Folgenden *Dehne-Niemann*, Jura 2008, 135 (139 f.).

605 *Dehne-Niemann*, Jura 2008, 135 (139) betont, dass unvorsätzliches Verhalten zeitgleich berechtigt oder entschuldigt sein kann, diese Frage jedoch keine Relevanz habe, weil sie nichts daran ändere, dass der erste Teilakt unvorsätzlich verwirklicht worden sei.

Die Kenntniserlangung erst nach dem unvorsätzlichen Verlassen des Unfallorts reiche demnach nicht aus, um eine Strafbarkeit nach § 142 II Nr. 2 StGB zu begründen. Das aus § 15 StGB folgende Erfordernis des vorsätzlichen Verlassens des Unfallorts könne nicht durch eine „Ausdehnung" des Begriffs „*entschuldigt*" umgangen werden.[606]

### *(c) Stellungnahme*

Gemäß § 15 StGB ist nur vorsätzliches Handeln strafbar, es sei denn das Gesetz bestimmt, dass auch die fahrlässige Begehung strafbar ist. Letzteres ist beim unerlaubten Sich-Entfernen vom Unfallort nicht der Fall. Das Gesetz stellt nur die vorsätzliche Begehung unter Strafe. Es folgt aus §§ 8, 15, 16 I 1 StGB, dass der erforderliche Vorsatz stets zur Tatzeit vorliegen muss. Das heißt, dass der Täter bei Ausführung der Tathandlung, durch welche die Tatbestandsmerkmale verwirklicht werden, über die Kenntnis sämtlicher Tatumstände verfügen muss.[607] Der der Tatbestandsvollendung nachfolgende Vorsatz, *dolus subsequens*, ist kein Vorsatz im Sinne des Strafrechts.[608] Er ist ein rechtliches Nullum.[609]

Da die ersten beiden Absätze des § 142 StGB unterschiedliche Tathandlungen mit Strafe bedrohen, ist zwischen beiden Absätzen zu differenzieren. Die relevante Tathandlung des § 142 I StGB ist das Sich-Entfernen vom Unfallort. Für eine Bestrafung nach § 142 I StGB ist folglich unstreitig erforderlich, dass sich der Unfallbeteiligte vorsätzlich vom Unfallort entfernt. Er muss vorsätzlich handeln, während er die Grenze des Unfallorts nach außen hin überschreitet.[610] Erlangt er hingegen erst nach Verlassen des Unfallorts Kenntnis vom Unfall, hatte er keinen Vorsatz während der relevanten Tathandlung[611] und eine Bestrafung nach § 142 I StGB scheidet nach allen Ansichten aus. Das gilt selbst dann, wenn er nunmehr die Distanz zum Unfallort weiter vergrößert, um

---

606 *Dehne-Niemann*, Jura 2008, 135 (139).

607 *Fischer*, StGB Kommentar, § 15 Rn. 3; *Joecks*, in: MüKo StGB, § 16 Rn. 15; *Kudlich*, in: BeckOK StGB, § 15 Rn. 9; *Kühl*, Strafrecht AT, § 5 Rn. 20; *Sternberg-Lieben/Schuster*, in: Schönke/Schröder, § 15 Rn. 16.

608 BGH, Beschluss vom 15.11.2010 – 4 StR 413/10, NStZ 2011, 209 (210); *Duttge*, in: NK Strafrecht, § 15 Rn. 9; *Fischer*, StGB Kommentar, § 15 Rn. 3; *Joecks*, in: MüKo StGB, § 16 Rn. 16; *Kindhäuser*, in: NK StGB, § 15 Rn. 5; *Kühl*, Strafrecht AT, § 5 Rn. 23; *Kühl*, in: Lackner/Kühl, § 15 Rn. 9; *Roxin*, Strafrecht AT I, § 12 I Rn 82; *Sternberg-Lieben/Schuster*, in: Schönke/Schröder, § 15 Rn. 48.

609 *Sternberg-Lieben*, in: Schönke/Schröder, § 142 Rn. 55.

610 *Stein*, in: SK StGB, § 142 Rn. 59.

611 *Pflieger/Quarch*, in: NK Strafrecht, § 142 Rn. 9.

beispielsweise seine Unfallbeteiligung zu verdecken; seine erst nach Verlassen des Unfallorts erlangte Kenntnis begründet keinen Vorsatz im Sinne des § 16 I StGB.[612] Das OLG Köln hat aus demselben Grund eine Strafbarkeit nach § 142 I StGB folgerichtig ausgeschlossen.[613]

Das OLG Köln hielt aber, ebenso wie die unter (**a**) vorgestellte Ansicht, § 142 II Nr. 2 StGB für anwendbar. Unabhängig von der Reichweite der Begriffe *„berechtigt oder entschuldigt"* wendet die unter (**b**) vorgestellte Ansicht ein, dass eine Bestrafung des unvorsätzlichen Sich-Entfernens vom Unfallorts nach § 142 II StGB bereits deshalb nicht in Betracht komme, weil sie eine unzulässige Bestrafung eines *dolus subsequens* darstelle.[614] Ob dieser Vorwurf zutrifft, hängt entscheidend davon ab, was die relevante Tathandlung des § 142 II StGB ist. Diesbezüglich divergieren die beiden unter (**a**) und (**b**) vorgestellten Ansichten anscheinend.

Das OLG Köln scheint seine Entscheidung auf die Prämisse zu stützen, dass es für eine Strafbarkeit nach § 142 II Nr. 2 StGB ausreichend ist, wenn der Unfallbeteiligte zu dem Zeitpunkt vorsätzlich handelt, in welchem er die Feststellungen nicht unverzüglich nachträglich ermöglicht. Dass der Täter den Unfallort zuvor unvorsätzlich verlassen hat, scheint dem OLG Köln zufolge unbeachtlich zu sein.

Die Auffassung (**b**) sieht § 142 II StGB demgegenüber als zweiaktiges Delikt: Entsprechend stuft sie als relevante Tathandlung des § 142 II StGB das Verlassen des Unfallorts (erster Teilakt) und das Unterlassen der nachträglichen Feststellungsermöglichung (zweiter Teilakt) ein, für die beide das allgemeine Vorsatzerfordernis des § 15 StGB einschlägig ist.

Die letztere Meinung überzeugt indes nicht. Nach zutreffender Auffassung besteht die relevante Tathandlung des § 142 II StGB ausschließlich im Unterlassen der nachträglichen Feststellungsermöglichung. Das zeigt sich schon am Wortlaut, der erfordert, dass sich der Unfallbeteiligte *„vom Unfallort entfernt hat und die Feststellungen nicht unverzüglich nachträglich ermöglicht"* (Hervorhebung durch die Verfasserin). § 142 II StGB setzt demnach zwar voraus, dass sich der Unfallbeteiligte vom Unfallort entfernt hat. Das Verlassen des Unfallorts muss aber nicht zwingend vorsätzlich geschehen sein. Zum einen spezifiziert § 142

612 *Stein*, in: SK StGB, § 142 Rn. 59.

613 OLG Köln, Urteil vom 01.02.1977 – Ss 661/76, NJW 1977, 2275 (2276).

614 *Berz*, DAR 1975, 309 (314); *Dehne-Niemann*, Jura 2008, 135 (139 f.); *Mikla*, Die Strafbarkeit gem. § 142 II StGB nach unvorsätzlichem Entfernen vom Unfallort, 1996, S. 181 und S. 231; *Sternberg-Lieben*, in: Schönke/Schröder, § 142 Rn. 55.

II StGB dieses Vorverhalten nicht und so genügt ausweislich des eindeutigen Wortlauts jedes irgendwie geartete Verlassen des Unfallorts, sofern es nur nach Ablauf der Wartefrist (Nr. 1) oder berechtigt oder entschuldigt (Nr. 2) erfolgt ist. Bestraft wird schließlich nur, wer vorsätzlich die erforderlichen Feststellungen nicht nachträglich ermöglicht. Die unter Strafe stehende Tathandlung und der Schwerpunkt des vorwerfbaren Handelns in § 142 II StGB bestehen ausschließlich im Unterlassen nachträglicher Mitteilung. Der Unfallbeteiligte wird dafür bestraft, dass er im Zeitpunkt der Kenntniserlangung die nachträgliche Feststellungsermöglichung vorsätzlich unterlässt.

Der Verweis auf § 15 StGB, welcher erfordert, dass sämtliche Tatbestandsmerkmale vorsätzlich verwirklicht werden, vermag daran nichts zu ändern. Die relevante Tathandlung des § 142 II StGB ist – wie aufgezeigt – allein im Unterlassen der nachträglichen Feststellungsermöglichung zu sehen, für die das Vorsatzerfordernis des § 15 StGB selbstverständlich Geltung entfaltet. Das vorherige Verlassen des Unfallorts hingegen stellt im Rahmen des § 142 II StGB keine Tathandlung dar, sondern bildet lediglich eine Vorbedingung für die Strafbarkeit nach § 142 II StGB.[615] Als Auslöser der Sekundärpflichten genügt also die objektive Tatvollendung des § 142 I StGB.[616] Eine Umwandlung in ein teilfahrlässiges Delikt ist daher nicht zu befürchten.

Was die weitere Argumentation der Auffassung **(b)** anbelangt, so lässt sich entgegnen, dass der angeführte Verweis *„Nach Absatz 1 wird auch bestraft“* sich ausschließlich auf die Rechtsfolgen des § 142 I StGB, nicht auf dessen Tatbestandsmerkmale bezieht. Die These, dass eine Strafbarkeit nach § 142 II Nr. 2 StGB als ungeschriebenes Tatbestandsmerkmal stets ein vorsätzliches Sich-Entfernen vom Unfallort erfordere,[617] ist ein Zirkelschluss. Diese These setzt bereits voraus, „was gerade zu untersuchen ist“[618] – nämlich, ob § 142 II Nr. 2 StGB erfordert, dass sich der Täter vorsätzlich und berechtigt bzw. entschuldigt vom Unfallort entfernt hat oder ob die Unvorsätzlichkeit einen Unterfall der Berechtigung bzw. Entschuldigung darstellt.

---

615 Zutreffend *Magdowski*, Die Verkehrsunfallflucht in der Strafrechtsreform, 1980, S. 164 f.

616 Vgl. *Küper*, NJW 1981, 853 (854): „§ 142 II Nr. 2 StGB bezieht sich vielmehr auf solche Sachverhalte, in denen der Unfallbeteiligte jedenfalls die objektiven Voraussetzungen des Absatzes 1 Nr. 1 erfüllt hat.“

617 *Dehne-Niemann*, Jura 2008, 135 (140); *Himmelreich/Bücken/Krumm*, Verkehrsunfallflucht, S. 134; *Laschewski*, NZV 2007, 444 (445).

618 *Franke*, JuS 1978, 456 (458).

Zusammenfassend ist dem OLG Köln insoweit beizupflichten, als es ausführt, dass eine Erfassung des unvorsätzlichen Sich-Entfernens vom Unfallort keine unzulässige Bestrafung eines *dolus subsequens* darstellt. Es wird gerade nicht nach § 142 I StGB bestraft. Eine Bestrafung nach 1 142 II Nr. 2 StGB verbietet sich deshalb nicht, weil Absatz 2 gegenüber Absatz 1 einen eigenständigen Tatbestand enthält und die relevante Tathandlung in Form des Nichtermöglichens der nachträglichen Feststellungen vorsätzlich verwirklicht wird.

### *dd. Relevanz der weiterreichenden Sekundärpflichten für die Erfassung des vorsatzlosen Sich-Entfernens*

Als letzter Aspekt im Rahmen der systematischen Auslegung wird untersucht, inwiefern die weiterreichenden Sekundär- gegenüber den Primärpflichten des § 142 StGB für die Frage relevant sind, ob das unvorsätzliche Sich-Entfernen vom Unfallort von § 142 II Nr. 2 StGB erfasst wird.

#### *(1) Argumente gegen die Erfassung des vorsatzlosen Sich-Entfernens*

Teilweise wird vor dem Hintergrund des Selbstbegünstigungsprivilegs für eine möglichst enge Interpretation des § 142 II StGB geworben.[619] Der Schadensverursacher habe in der Regel durch die Herbeiführung des Unfalls einen Straftatbestand erfüllt, sodass es eine Missachtung des Selbstbegünstigungsprivilegs darstelle, ihm im Nachhinein Pflichten zur Einleitung von Strafverfolgungsmaßnahmen aufzuerlegen.[620] Zu berücksichtigen sei, dass die Sekundärpflichten nach § 142 II, III StGB weiter reichten als die Primärpflichten nach § 142 I StGB. Derjenige, den die nachträgliche Feststellungspflicht treffe, müsse nach § 142 III StGB weitergehende Angaben machen als derjenige, der noch am Unfallort vom Unfall erfahre und nach § 142 I StGB nur verpflichtet sei anzugeben, dass er überhaupt am Unfall beteiligt war.[621] Zudem müsse derjenige, den die Feststellungspflicht nach § 142 II StGB treffe, eingestehen, dass er mit Verlassen des Unfallorts jedenfalls den objektiven Tatbestand des § 142 I StGB verwirklicht habe.[622] *Beulke* bezeichnet dieses Phänomen als „doppelte Einschränkung der Selbstbegünstigungsfreiheit".[623]

---

619 *Beulke*, JuS 1982, 815 (816).

620 *Beulke*, ebd.

621 Zum Ganzen *Beulke*, NJW 1979, 400 (403).

622 *Kretschmer*, in: K/N/P, § 142 Rn. 129.

623 *Beulke*, NJW 1979, 400 (403).

Würde man die Anwendung von § 142 II StGB auf unvorsätzliches Sich-Entfernen bejahen, träfen diese Pflichten auch denjenigen, der erst nachträglich von seiner Unfallbeteiligung erfahren hat. Dieser Unfallbeteiligte werde aber in der Regel Schwierigkeiten haben, seinen fehlenden Vorsatz glaubhaft zu machen. Im Gegensatz zu den Umständen, die einen Rechtfertigungs- oder Entschuldigungsgrund begründen, handele es sich beim fehlenden Vorsatz um keinen äußerlich nachweisbaren Vorgang. Angesichts der allgemeinen Feststellungsschwierigkeiten bei subjektiven Elementen bleibe der *in dubio pro reo*-Grundsatz hier immer prekär.[624]

*Beulke* hält die „doppelte Einschränkung der Selbstbegünstigungsfreiheit" im Falle unvorsätzlichen Sich-Entfernens auch deshalb nicht für angebracht, weil der sich unvorsätzlich Entfernende im Gegensatz zu demjenigen, dem Rechtfertigungs- oder Entschuldigungsgründe zur Seite stehen, sich nicht bewusst für die späteren größeren Belastungen und für das Risiko, einer strafbaren Handlung gemäß § 142 I StGB bezichtigt zu werden, entscheide.[625] Die „zusätzliche Beschwer" durch die stärkere Inpflichtnahme des Absatzes 2 sei nur dann akzeptabel, wenn der Adressat die Pflichten des § 142 I StGB von Anfang an kenne.[626] Dies sei bei dem Unfallbeteiligten, der sich vorsatzlos entferne, aber nicht der Fall. Wem Rechtfertigungs- respektive Entschuldigungsgründe zur Seite stehen, missachte die Appellfunktion des § 142 I StGB wissentlich, wohingegen denjenigen, der vom Unfall gar nichts bemerke, die Appellfunktion gar nicht erst erreiche.[627] Es bereite einen Unterschied, ob ein Unfallbeteiligter von Anbeginn den Unfall und seine Beteiligung daran sowie seine Pflichten aus Absatz 1 kenne, die Absatz 2 lediglich in andere Pflichten umwandele.[628] § 142 II StGB enthalte einen Ausnahmecharakter hinsichtlich des Grundsatzes der Selbstbegünstigungsstraflosigkeit bzw. Selbstbelastungsfreiheit, dem es widerspräche, wenn auch derjenige, der dieses Privileg des bewussten erlaubten Sich-Entfernens nicht in Anspruch nehme, gleichermaßen nach § 142 III StGB verpflichtet würde.[629] Über die Frage des rechtlichen Dürfens seines Handelns mache sich der Unfallbeteiligte, der vom Unfall gar nichts bemerkt habe,

624 Zu diesem Absatz *Loos/Schwerdtfeger*, DAR 1983, 209 (214).
625 *Beulke*, NJW 1979, 400 (403); ebenso *Dehne-Niemann*, Jura 2008, 135 (140).
626 *Beulke*, ebd.
627 *Beulke*, ebd.
628 *Eisenberg*, Jura 1983, 267 (268).
629 BVerfG, Beschluss vom 19.03.2007 – 2 BvR 2273/06, NJW 2007, 1666 (1667); *Dehne-Niemann*, Jura 2008, 135 (140).

keinerlei Gedanken, sodass die „Parallelisierung der Motivationslagen" nicht den realen Gegebenheiten entspreche.[630] Aus diesem Grund wird geltend gemacht, den Anwendungsbereich des § 142 II StGB nur auf die Fälle zu beschränken, in denen der am Unfall Beteiligte eine „echte Wahlmöglichkeit" hatte.[631]

*(2) Argumente für die Erfassung des vorsatzlosen Sich-Entfernens*

Dagegen wird wiederum vorgebracht, dass auch der Unfallbeteiligte, der sich unter Vorliegen eines Rechtfertigungs-/Entschuldigungsgrunds vom Unfallort entferne, sich die Existenz nachträglicher Pflichten regelmäßig gar nicht vergegenwärtige, sodass ihn der Normappell häufig ebenfalls erst später erreiche.[632] Insbesondere in Situationen, in welchen der Unfallbeteiligte den Unfallort zum Schutz höherwertiger Rechtsgüter verlasse, habe er praktisch ebenso wenig eine Wahlmöglichkeit.[633] Auch stellten die Nachholpflichten gegenüber den Primärpflichten keine wesentliche Verschärfung dar, denn immerhin entfalle die mit der Wartepflicht verbundene Beschränkung der Handlungsfreiheit.[634] Bei der Erfüllung seiner Pflichten nach § 142 I Nr. 1 StGB sei der Unfallbeteiligte ebenfalls zur Offenbarung seiner Unfallbeteiligung verpflichtet, sodass sich die Einschränkung der Selbstbegünstigungsfreiheit nicht verdoppele.[635]

*(3) Stellungnahme*

Betrachtet man den an ein Vorverhalten nach Absatz 1 anknüpfenden Wortlaut des § 142 II StGB, so drängt sich zunächst der Eindruck auf, der Unfallbeteiligte müsse seinen Verstoß gegen die Primärpflichten dadurch wiedergutmachen, dass er die erweiterten Pflichten nach §§ 142 II, III StGB erfülle.[636] Abzulehnen ist die Meinung

630 *Dornseifer*, JZ 1980, 299 (302).

631 *Beulke*, NJW 1979, 400 (403); *Geppert*, DAR 2007, 380 (381).

632 *Küper*, Festschrift Heidelberg, S. 473.

633 *Blum von Ann*, Die Straftat des unerlaubten Sich-Entfernens vom Unfallort als Vermögensdelikt, 1987, S. 93; *Magdowski*, Die Verkehrsunfallflucht in der Strafrechtsreform, 1980, S. 165.

634 *Küper*, Festschrift Heidelberg, S. 473.

635 *Küper*, Festschrift Heidelberg, S. 474. Auch *Römer*, MDR 1980, 89 (91) geht von einer geringen Belastung durch die Erfüllung der Sekundärpflichten aus.

636 *Mikla*, Die Strafbarkeit gem. § 142 II StGB nach unvorsätzlichem Entfernen vom Unfallort, 1996, S. 190: „Die ausdrückliche Anknüpfung in § 142 II an ein tatbestandliches Vorverhalten im Sinne von § 142 I läßt den Absatz 2 wie einen gesetzlich normierten Fall der Garantenstellung aus vorangegangenem gefährdenden Tun erscheinen."

*Küpers*,[637] wonach die Pflichten nach §§ 142 II, III StGB keine wesentliche Mehrbelastung gegenüber den Pflichten nach § 142 I StGB beinhalten. Denn der Unfallbeteiligte muss im Rahmen der Sekundärpflichten vor allem einen Grund für das Verlassen des Unfallorts vorbringen, was den Unfallbeteiligten gerade nach unvorsätzlichem Sich-Entfernen vom Unfallort in Erklärungsnot bringen kann. Hinzu kommt, dass er sein Fahrzeug nach § 142 III 1 StGB zur Verfügung stellen muss, um dem Berechtigten oder der Polizei die Feststellung von Unfallspuren am Fahrzeug zu ermöglichen.[638] Demgegenüber muss er im Rahmen der Primärpflichten lediglich durch seine Anwesenheit Feststellungen am Fahrzeug zu ermöglichen.

Zusätzlich statuiert § 142 III 2 StGB ein Vereitelungsverbot, d.h. das Verbot, das Ergebnis der Beweissicherung durch gezielte Maßnahmen negativ zu beeinflussen.[639] Da eine vergleichbare Regelung in § 142 I StGB nicht enthalten ist, gilt das Vereitelungsverbot entsprechend nur im Rahmen der Sekundärpflichten.[640] Dies stellt eine weitere Verschärfung der Sekundärpflichten gegenüber den Primärpflichten des § 142 StGB dar.

Die aus § 142 II StGB resultierenden Mehrbelastungen für den Unfallbeteiligten sprechen insbesondere unter Berücksichtigung des *nemo tenetur*-Grundsatzes dafür, die Anwendungsfälle des § 142 II StGB in restriktiver Weise zu bestimmen und eine teleologische Reduktion dahingehend vorzunehmen, die Aktivpflichten des Absatzes 2 auf den „auf Passivität gerichteten Basisnormbefehl"[641] des Absatzes 1 auszurichten und von ihm abhängig zu machen. § 142 II StGB sollte deshalb die Funktion einer Subsidiärpflicht zu § 142 I StGB einnehmen.[642] Auf diese Weise kann schließlich der Spannungslage zum strafrechtlichen Selbstbelastungsprivileg begegnet werden. Um dem *nemo tenetur*-Grundsatz ausreichend Rechnung zu tragen, sollte § 142 II StGB jedoch nicht generell als Auffangtatbestand für alle Fälle, in denen der Unfallbeteiligte vor Ort in strafloser Weise nicht die erforderlichen

---

637 *Küper*, Festschrift Heidelberg, S. 473.

638 *Zopfs*, in: MüKo StGB, § 142 Rn. 116.

639 *Zopfs*, in: MüKo StGB, § 142 Rn. 117.

640 Bereits die Große Strafrechtskommission führte aus, dass die Beseitigung von Unfallspuren für den Täter nicht verboten sein sollte, da dies eher ein Problem der Beweismittelfälschung als ein spezifisches Problem der Unfallflucht sei, vgl. die Darstellung bei *Meurer*, Unerlaubtes Entfernen vom Unfallort, 2014, S. 116 m.w.N.

641 *Geppert*, in: LK StGB, § 142 Rn. 64; *Kubatta*, Zur Reformbedürftigkeit der Verkehrsunfallflucht, 2008, S. 72.

642 So im Ergebnis auch *Küper*, Festschrift Heidelberg, S. 463.

Feststellungen ermöglicht hat, verstanden werden.[643] Vielmehr sollte § 142 II StGB nur dann anwendbar sein, wenn den Unfallbeteiligten der Normbefehl des § 142 I StGB erreicht hat, er sich aber – sei es auch aus triftigem Grund – entschieden hat, die Feststellungen nicht vor Ort treffen zu lassen. Bei unvorsätzlichem Sich-Entfernen wird der Unfallbeteiligte jedoch vom Normappell des § 142 I StGB gar nicht erst erreicht. Aus diesem Grund läuft die nur subsidiär erfolgende Haftung aus § 142 II StGB hier ins Leere.

##### *ee. Fazit zur systematischen Auslegung*

Die systematische Auslegung spricht gegen eine Erfassung des vorsatzlosen Sich-Entfernens. Die Fallgruppen des § 142 II Nr. 2 StGB setzen voraus, dass der Unfallbeteiligte beim Verlassen des Unfallorts Kenntnis vom Unfall hat und das Beweissicherungsinteresse der anderen Unfallbeteiligten bzw. Geschädigten bewusst zurückstuft.

#### *e. Teleologische Auslegung*

##### *aa. Argumente gegen die Erfassung des vorsatzlosen Sich-Entfernens*

Eine Ansicht meint, dass sich aus dem von § 142 StGB verfolgten Schutzzweck mitnichten ableiten lasse, dass das vorsatzlose Verlassen des Unfallorts erfasst sei.[644] Der Schluss, dass in all den Fällen, in welchen bloß das geschützte Interesse gefährdet sei, § 142 II StGB anwendbar sei, sei unzulässig; es entspreche nicht der Aufgabe des § 142 StGB, jedwede Beeinträchtigung der Unfallaufklärung durch einen Unfallbeteiligten unter Strafe zu stellen.[645] Der Anwendungsbereich einer Norm könne nicht ausschließlich nach Opfergesichtspunkten bestimmt werden.[646] Die Behauptung, § 142 II StGB erfasse möglichst alle Fälle des „aus welchen Gründen auch immer“ zunächst erlaubten Sich-Entfernens vom Unfallort, stelle eine unzulässige Vereinfachung dar.[647] Dass § 142 II StGB keinen Rundumschutz des geschützten

---

643 Derselben Meinung ist *Mikla*, Die Strafbarkeit gem. § 142 II StGB nach unvorsätzlichem Entfernen vom Unfallort, 1996, S. 181. *Küper*, Festschrift Heidelberg, S. 463 ist hingegen der Auffassung, dass die Systematik des Gesetzes die Grundtendenz nahelege, dass § 142 II StGB gegenüber § 142 I StGB eine Auffangfunktion für alle Fälle des straflosen Sich-Entfernens, auch über die eindeutig gesetzlich erfassten Situationen hinaus, erfülle.

644 *Rudolphi*, JR 1979, 210 (211 f.).

645 *Blum von Ann*, Die Straftat des unerlaubten Sich-Entfernens vom Unfallort als Vermögensdelikt, 1987, S. 90; *Eisenberg*, Jura 1983, 267 (268); *Rudolphi*, JR 1979, 210 (211).

646 *Brüning*, ZIS 2007, 317 (318).

647 *Beulke*, NJW 1979, 400 (403); *Rudolphi*, JR 1979, 210 (211).

Beweissicherungsinteresses gewähre, zeige sich bereits daran, dass der Gesetzgeber die nachträgliche Aufklärungspflicht an bestimmte Voraussetzungen geknüpft habe. Nur bestimmte Angriffe auf das geschützte Beweissicherungsinteresse sollten abgewehrt werden.[648] Erblicke man den Schutzzweck des § 142 II Nr. 2 StGB richtigerweise darin, nur bestimmte Angriffe auf das geschützte Beweissicherungsinteresse zu erfassen, liege vielmehr die Annahme näher, dass andere, nicht geregelte Angriffe gerade nicht von der Vorschrift erfasst würden.[649]

Da im Strafrecht der Grundsatz der Straflosigkeit der Selbstbegünstigung herrsche, der durch § 142 StGB ohnehin schon angetastet werde, sollte der Tatbestand eher enger als weiter ausgelegt werden, um diesem Grundsatz Rechnung zu tragen. *Dehne-Niemann* sieht die vielfach an dieser Stelle angeführten Beweissicherungsschwierigkeiten allein nicht als tragfähigen Grund an, den *nemo tenetur*-Grundsatz weiter einzuschränken und § 142 II Nr. 2 StGB durch eine Einbeziehung des vorsatzlosen Sich-Entfernens in ein teilfahrlässiges Delikt umzuwandeln. Dies gelte ebenso wenig für die Schwierigkeiten der Praxis, den Vorsatz des Unfallbeteiligten nachzuweisen, da diese Beweisschwierigkeiten bei der tatrichterlichen Feststellung des Vorsatzes jedem Vorsatzdelikt immanent seien.[650]

Das Analogieverbot bezwecke es gerade, eine Strafbarkeit *praeter legem* zu vermeiden; entsprechend sei es Sache des Gesetzgebers, die nötigen Konsequenzen zu ziehen.[651] Das rechtspolitische Standardargument bedrohlicher Strafbarkeitslücken allein eröffne den Fachgerichten jedenfalls nicht die Möglichkeit, mittels eines „Kunstgriffs“ doch noch zu einer Verurteilung zu gelangen.[652] Erforderlich sei als Grundvoraussetzung einer Analogie stets, dass die Verhaltensweise in allen wesentlichen Punkten den vom Gesetz verbotenen Angriffen gleiche, wofür *Rudolphi* drei charakteristische Voraussetzungen aufführt: Erstens müsse der Täter den Unfall erkannt haben und das Beweissicherungsinteresse der anderen Unfallbeteiligten vorsätzlich beeinträchtigen. Zweitens sei ein Grund erforderlich, der das Verlassen des Unfallorts rechtfertigt, aber später wegfällt. Drittens sei der Zeitpunkt des Wiederauflebens der Pflicht, die Feststellungen (nachträglich) zu ermöglichen, durch den Wegfall des Grundes genau fixiert und liege in aller Regel zeitlich dicht am Unfallgeschehen. [653]

---

648 *Eisenberg*, Jura 1983, 267 (268).
649 *Rudolphi*, JR 1979, 210 (212).
650 Zum Ganzen *Dehne-Niemann*, Jura 2008, 135 (140).
651 *Jahn*, JuS 2007, 689; *Mitsch*, NZV 2005, 347 (351).
652 *Jahn*, JuS 2007, 689 (690).
653 *Rudolphi*, JR 1979, 210 (211).

Bei einem Vergleich mit dem unvorsätzlichen Sich-Entfernen stellten sich strukturelle Unterschiede heraus. Das vorsatzlose Verlassen des Unfallorts sei in zahlreichen Punkten anders gelagert. Erstens erkenne der Täter in dem Fall den Unfall nicht schon beim Verlassen des Unfallorts, sodass ihn zunächst keinerlei Pflicht treffe, Feststellungen zu ermöglichen. Zweitens sei die Beseitigung seines vorsatzausschließenden Irrtums allein davon abhängig, dass der Täter in irgendeiner Weise seine Fehlvorstellung korrigiert, also nicht von äußeren Umständen wie bei Rechtfertigungs- oder Entschuldigungsgründen, sondern von solchen, die in der Person des Täters angesiedelt seien. Drittens sei – anders als beim Wegfall der Rechtfertigungs- und Entschuldigungsgründe – der Zeitpunkt der Kenntniserlangung nach vorsatzlosem Sich-Entfernen nicht fixiert.[654] Die Korrektur der Fehlvorstellung über das Unfallgeschehen könne, sofern überhaupt, auch noch in sehr weitem zeitlichen Abstand vom Unfall erfolgen.[655] Für die Pflichtigkeit gemäß § 142 II Nr. 2 StGB sei es jedoch typisch, dass die von der Pflichtigkeit nach § 142 I StGB befreienden Gründe noch innerhalb eines zeitlichen, aber nicht mehr bestehenden örtlichen Zusammenhangs zum Unfall entfielen.[656]

§ 142 II, III StGB sei nur einschlägig, wenn eine Bindung an den Unfallort im Sinne einer Rückkehrpflicht typischerweise nicht sinnvoll erscheine.[657] Beim vorsatzlosen Sich-Entfernen sei hingegen eine Warte- oder Rückkehrpflicht nicht generell unsinnig. [658] Daher lasse sich schwerlich begründen, dass der Fall des unvorsätzlichen Sich-Entfernens den erfassten Fällen des berechtigten oder entschuldigten Sich-Entfernens so sehr gleiche, dass er diesen nach dem Schutzzweck des § 142 StGB auch gleichzusetzen sei; wegen der aufgezeigten strukturellen Unterschiede sei das vorsatzlose Sich-Entfernen vielmehr aus dem Anwendungsbereich des § 142 II Nr. 2 StGB zu eliminieren.[659]

---

654 Zum Ganzen *Rudolphi*, ebd.

655 *Mikla*, Die Strafbarkeit gem. § 142 II StGB nach unvorsätzlichem Entfernen vom Unfallort, 1996, S. 186.

656 *Mikla*, ebd.

657 *Mikla* meint, dass der Gesetzgeber aus diesem Grund auf die Normierung einer Rückkehrpflicht zum Unfallort verzichtet und eine unfallortunabhängige nachträgliche Feststellungsermöglichungspflicht eingeführt habe, vgl. *Mikla*, Die Strafbarkeit gem. § 142 II StGB nach unvorsätzlichem Entfernen vom Unfallort, 1996, S. 186 und S. 189.

658 *Mikla*, Die Strafbarkeit gem. § 142 II StGB nach unvorsätzlichem Entfernen vom Unfallort, 1996, S. 187.

659 *Rudolphi*, JR 1979, 210 (211).

### *bb. Argumente für die Erfassung des vorsatzlosen Sich-Entfernens*

Als teleologisches Argument für die Erfassung des vorsatzlosen Sich-Entfernens wird der Schutzzweck des § 142 StGB angeführt, der wie erläutert in der Sicherung zivilrechtlicher Ansprüche durch Beweissicherung liegt.[660] Es ist evident, dass dieser Zweck immer dann gefährdet ist, wenn ein Beteiligter sich vom Unfallort entfernt, gleich aus welchem Grund oder unter welchen Umständen. Es wird deshalb argumentiert, dass für eine unterschiedliche Behandlung der zugrunde liegenden Umstände der Beweissicherungsgefährdung kein Anlass bestehe.[661] Der Gesetzgeber sei vielmehr darauf bedacht gewesen, möglichst alle Fälle des „aus welchen Gründen auch immer" zunächst erlaubten Sich-Entfernens durch die nachträgliche Meldepflicht zu erfassen.[662] Auch *Küper* hebt hervor, dass die „Surrogativfunktion" der Nachholpflicht ein extensives Verständnis ihrer Entstehungsvoraussetzungen unterstütze.[663] Diese Argumentation wird vor allem auf die amtliche Begründung gestützt, in der erläutert wird, die Sicherung der Interessen der anderen Unfallbeteiligten und Geschädigten solle nicht davon abhängen, ob zufällig Gründe vorliegen, die es dem Täter ermöglichen, sich straffrei vom Unfallort zu entfernen.[664]

Einen sachlichen Grund für eine unterschiedliche Behandlung der Konstellation, dass ein Unfallbeteiligter sich in einem anerkannten Rechtfertigungs- oder Entschuldigungsgrund oder deshalb vom Unfallort entferne, weil er den Unfall nicht wahrgenommen habe, gebe es nicht. Im Hinblick auf das Feststellungsinteresse der anderen Unfallbeteiligten mache es keinen Unterschied, ob der Unfallgegner sich (irrtümlich) berechtigt, (irrtümlich) entschuldigt oder infolge eines Tatbestandsirrtums vorsatzlos vom Unfallort entfernt habe. Immer beeinträchtige das Verlassen der Unfallstelle in gleichem Maße die Möglichkeit und das Interesse des Unfallgegners, die notwendigen Feststellungen sofort und zuverlässig zu treffen.[665]

*Rudolphis* Ansatz, bei diesem Vergleich nur die „faktischphänomenologischen" Differenzen zu beschreiben,[666] führe nicht weiter. *Küper* meint, dass

---

660 Vgl. bereits oben unter **B.I.**

661 BGH, Beschluss vom 30.08.1978 – 4 StR 682/77, BGHSt 28, 129 = NJW 1979, 434 (435).

662 *Bürgel*, MDR 1976, 353 (354).

663 *Küper*, Festschrift Heidelberg, S. 469.

664 BT-Drucksache 7/2434 S. 8.

665 Zu diesem Absatz *Blum von Ann*, Die Straftat des unerlaubten Sich-Entfernens vom Unfallort als Vermögensdelikt, 1987, S. 91 f.; *Laschewski*, NZV 2007, 444 (447).

666 *Rudolphi*, JR 1979, 210 (211).

hinter diesen „faktisch-physiologischen" Unterschieden sogar eine Gemeinsamkeit sichtbar werde, die eine Gleichbehandlung gebiete: Nämlich die, dass der Unfallbeteiligte in beiden Fällen später die Möglichkeit zurückgewinne, an der Aufklärung des Unfalls mitzuwirken. *Rudolphis* Position, dass das vorsatzlose Sich-Entfernen aus § 142 II Nr. 2 StGB zu eliminieren sei, weil die Kenntniserlangung anders als der Wegfall des rechtfertigenden/entschuldigenden Sachverhalts zeitlich nicht fixiert sei,[667] lehnt *Küper* mit folgender Argumentation ab: Die genaue Fixierung des Zeitpunkts, in dem die Möglichkeit, an der Aufklärung des Unfalls mitzuwirken, entstehe, sei mit dem Moment der Kenntniserlangung klar fixiert. Der Moment der Kenntniserlangung weise üblicherweise genauso eine enge zeitliche Bindung an das Unfallgeschehen auf, weil es typisch sei, dass der Unfallbeteiligte unmittelbar nach dem Unfall von einem Beobachter auf das Unfallgeschehen aufmerksam gemacht werde. Das generelle Problem einer angemessenen zeitlichen Begrenzung stelle sich beim vorsatzlosen Sich-Entfernen gleichermaßen wie beim berechtigten bzw. entschuldigten Sich-Entfernen. Auch hier kann es im Einzelfall vorkommen, dass die Strafbefreiungssituation erst spät wegfällt, etwa beim rechtfertigenden Notstand nach § 34 StGB.[668]

#### *cc. Stellungnahme*

In der Tat können Beweisschwierigkeiten bei der tatrichterlichen Feststellung des Vorsatzes allein kein teleologisch tragfähiger Grund für die Einbeziehung unvorsätzlichen Verhaltens in den Tatbestand sein.[669] Andernfalls bestünde die Gefahr, dass ein „Subtraktionsverfahren" [670] stattfindet, durch welches unter § 142 II StGB alle Fälle fallen, in denen das Interesse des zu schützenden Rechtsgutes tangiert ist und die nach Abzug einer Strafbarkeit nach § 142 I StGB übrig bleiben. Zwar ist das Argument, dass der Schutzzweck, die Beweissicherungsinteressen der Unfallbeteiligten zu sichern, bei unvorsätzlichem Verhalten gleichermaßen gefährdet ist,[671] korrekt. Daher erscheint bei ausschließlich aus Geschädigtensicht erfolgender Betrachtung eine Subsumtion des unvorsätzlichen Verhaltens durchaus zweckmäßig.[672]

---

667 *Rudolphi*, ebd.

668 Zu diesem Absatz *Küper*, Festschrift Heidelberg, S. 469 f.

669 Zutreffend *Dehne-Niemann*, Jura 2008, 135 (140).

670 *Geppert*, DAR 2007, 380 (381).

671 BGH, Beschluss vom 30.08.1978 – 4 StR 682/77, BGHSt 28, 129 = NJW 1979, 434 (435).

672 *Mikla*, Die Strafbarkeit gem. § 142 II StGB nach unvorsätzlichem Entfernen vom Unfallort, 1996, S. 180.

Dennoch überzeugt insbesondere das Gegenargument, dass die Norm keinen „Rundumschutz" bietet. Vor dem Hintergrund des Grundsatzes der Straflosigkeit der Selbstbegünstigung ist eine restriktive Auslegung geboten. Der Gesetzgeber hat mit der differenzierten Ausgestaltung des § 142 II StGB die Wertung getroffen, nur bestimmte Beeinträchtigungen des geschützten Beweissicherungsinteresses von der Strafbarkeit zu erfassen. Entsprechend reicht das Ziel der Norm, den Geschädigten vor Beweisnot zu schützen, ersichtlich weiter als ihr tatbestandlicher Anwendungsbereich.[673]

Die Gerichte verfügen nicht über die kriminalpolitische Korrekturkompetenz, diese Regelungslücke zu schließen. Es ist allein der Gesetzgeber, der die Abgrenzung zwischen strafbarem und nicht strafbarem Verhalten trifft und treffen darf.[674] Würde man den Tatbestand schon dann als erfüllt ansehen, sobald sein Schutzzweck in irgendeiner Art gefährdet ist, wäre jegliche Festlegung von Tatbestandsmerkmalen überflüssig. Dem Argument der Interessengefährdung lässt sich insgesamt entgegensetzen, dass der Anwendungsbereich einer Norm sich nicht nur nach der Schutzbedürftigkeit der Opfer bestimmen kann. Dass auch der BGH diesen Gedanken berücksichtigte, zeigt sich daran, dass er den Opferschutz auf die Spanne beschränkte, in der sich der Täter noch in einem zeitlichen und räumlichen Zusammenhang zum Unfallgeschehen befindet.[675]

Die Entscheidung des Gesetzgebers, nur bestimmte Beeinträchtigungen des geschützten Beweissicherungsinteresses von der Strafbarkeit gemäß Absatz 2 zu erfassen, basiert wohl auf der § 142 StGB zugrunde liegenden Annahme, dass Beweise am besten am Unfallort gesichert werden können. Denn typischerweise lassen sich nur dort Fahrzeugstandort, Unfallspuren und Zeugen ausfindig machen. Wer den Unfallort in dem Bewusstsein verlässt, später noch Feststellungen treffen zu müssen, kann Vorsorge treffen, um später über den Unfallhergang berichten zu können. Hat der Unfallbeteiligte den Unfallort hingegen in Unkenntnis des Unfallhergangs verlassen, ist er für all diese Umstande gleichsam „blind" und kann nachträglich in weitaus geringerem Umfang zur Sachaufklärung beitragen. Insoweit spricht auch der Schutzzweck gegen eine Gleichstellung des vorsatzlosen Sich-Entfernens mit den in § 142 Abs. 2 StGB ausdrücklich angeführten Fällen.

---

673 Weiterführend zur demnach gebotenen der Auslegung des Tatbestandsmerkmals „Unfall im Straßenverkehr" *Weigend*, JR 1993, 115 (116).

674 Zutreffend *Schroth*, Festschrift Schünemann, S. 279.

675 *Beulke*, NJW 1979, 400 (403).

Als deplatziert erweist sich an dieser Stelle im Übrigen die Diskussion um die strukturellen Unterschiede zwischen vorsatzlosen und berechtigten bzw. entschuldigten Verhaltensweisen. Dabei kann offenbleiben, ob die angeführten Unterschiede tatsächlich zutreffen, da es im Rahmen einer Subsumtion auf eine strukturelle Vergleichbarkeit der beiden Fallgruppen gar nicht ankommt. Die Diskussion um die strukturellen Unterschiede bedient sich vielmehr der „klassischen Topoi“[676] aus dem Umfeld eines Analogieschlusses und lässt außer Acht, dass eine strafbegründende Analogie zu Lasten des Täters *per se* unzulässig ist.

Es lässt sich zusammenfassend festhalten, dass allein die Schwierigkeit des Nachweises und etwaige Strafbarkeitslücken kein tragfähiger Grund für die Einbeziehung unvorsätzlichen Verhaltens in den Tatbestand sind. Daran vermag auch der Hinweis auf die kriminalpolitische Bedeutsamkeit nichts zu ändern.

#### *f. Räumlich-zeitlicher Zusammenhang als einschränkendes Kriterium*

Darüber hinaus überzeugt auch das etablierte „Korrektiv“ eines räumlich-zeitlichen Zusammenhangs nicht, durch welches das OLG Köln im Jahr 1977[677] und der BGH in seiner Leitentscheidung BGHSt 28, 129 aus dem Jahr 1978[678] die nachträgliche Feststellungsermöglichungspflicht nach vorsatzlosem Sich-Entfernen einschränken wollten. Dieses „Korrektiv“ entbehrt einer dogmatischen Grundlage.

Ursprünglich entwickelt wurde das Erfordernis des räumlichen und zeitlichen Zusammenhangs von der Rechtsprechung zu § 142 StGB a.F. Die damalige Rechtsprechung machte das Bestehen von Pflichten bei Kenntniserlangung nach zunächst vorsatzloser Flucht vom Fortbestehen eines räumlichen und zeitlichen Zusammenhangs zum Unfallgeschehen abhängig.[679] Der räumlich-zeitliche Zusammenhang sollte dabei als Korrektiv unter dem Gesichtspunkt einer andernfalls bestehenden Unzumutbarkeit für den Unfallbeteiligten dienen.[680]

Das OLG Köln und der BGH übernehmen das „Korrektiv“ von der früheren Rechtsprechung zu § 142 StGB a.F. und übertragen es auf § 142 StGB n.F. Beide Gerichte legen jedoch in ihren Entscheidungen nicht dar, worauf sie diese

676 *Kudlich*, JA 2007, 549 (550).

677 OLG Köln, Urteil vom 01.02.1977 - Ss 661/76, NJW 1977, 2275.

678 BGH, Beschluss vom 30.08.1978 - 4 StR 682/77, BGHSt 28, 129 = NJW 1979, 434 (435).

679 Vgl. oben unter **A.II.**

680 BGH, Beschluss vom 30.08.1978 – 4 StR 682/77, BGHSt 28, 129 = NJW 1979, 434 (435). Ebenso OLG Hamm, Urteil vom 28.07.1982 – 2 Ss 584/82, VRS 64, 16 (18).

Begrenzung mittels eines räumlich-zeitlichen Zusammenhangs in dogmatischer Hinsicht stützen wollen. Zwar ist das Bemühen um eine zeitliche Limitierung der Sekundärpflichten des § 142 II, III StGB nachvollziehbar.[681] Gleichermaßen einleuchtend ist, dass eine Meldung, die noch in möglichst engem Zusammenhang mit dem Unfallgeschehen steht, besonders sachdienlich ist. *Janiszewskis* Darstellung, dass effektive Feststellungen durch einen möglichst unveränderten Zustand am Unfallort und einen nahen zeitlichen Zusammenhang, in dem das Unfallgeschehen noch präsent ist, begünstigt werden,[682] ist zutreffend. Um die zur Sicherung der zivilrechtlichen Ansprüche nötigen Feststellungen so effektiv wie möglich treffen zu können, sieht das Gesetz entsprechend in § 142 I StGB vor, dass die nötigen Feststellungen grundsätzlich noch am Unfallort zu treffen sind.

Fraglich ist allerdings, ob allein aufgrund dieser Erwägungen eine Beschränkung mittels eines räumlich-zeitlichen Zusammenhangs im Falle einer nachträglichen Meldepflicht nach § 142 II StGB angebracht ist. Teilweise wird in Anlehnung an den Unzumutbarkeitsgedanken aus BGHSt 28, 129 angenommen, durch das einschränkende Erfordernis eines zeitlich und räumlich engen Zusammenhangs zwischen Unfall und nachträglicher Kenntnis werde eine unangemessene Ausdehnung des § 142 II StGB vermieden und dem Gesichtspunkt der Zumutbarkeit Rechnung getragen.[683] Die Vorschrift sei daher teleologisch reduzierend auszulegen, sodass sie nur Fälle erfasse, in denen der Wegfall des rechtfertigenden, entschuldigenden oder vorsatzlosen Sachverhalts innerhalb eines engen zeitlichen Konnexes stattfinde.[684] Ohne auf eine dogmatische Verankerung einzugehen, erklärt auch *Fischer*, dass er einen solchen Zusammenhang für sinnvoll hält: Sofern der Unfallbeteiligte noch in Sichtweite des Unfallgeschehens vom Unfall erfahre, könne er seine Nachholpflichten direkt gegenüber den noch anwesenden anderen Unfallbeteiligten erfüllen.[685]

Unklar ist jedoch bereits, weshalb dies, wie *Fischer* suggeriert, nur dann gelten soll, wenn der Unfallbeteiligte in Sichtweite des Unfallgeschehens vom Unfall erfährt. Die möglichst effektive Sicherung der zivilrechtlichen Ansprüche durch eine unverzügliche Meldung ist nicht davon abhängig, ob sich der

---

681 Weiterführend *Mikla*, Die Strafbarkeit gem. § 142 II StGB nach unvorsätzlichem Entfernen vom Unfallort, 1996, S. 177 f., der weitere Ansätze zur Begrenzung evaluiert, aber schließlich mangels Eignung verwirft.

682 *Janiszewski*, JR 1978, 116 (117); *ders.*, DAR 1994, 1 (2).

683 *Krey/Hellmann/Heinrich*, Rn. 977.

684 *Küper*, Festschrift Heidelberg, S. 469 f.

685 *Fischer*, StGB Kommentar, § 142 Rn. 51.

Unfallbeteiligte noch in Sichtweite des Unfallorts aufhält, wenn er vom Unfall erfährt. Eine effektive Sicherung zivilrechtlicher Ansprüche ist vielmehr – generell formuliert – primär davon abhängig, ob der Unfallbeteiligte bereits so weit vom Unfallort entfernt ist, wenn er Kenntnis vom Unfall erlangt, dass bei einer Rückkehr nicht mehr mit der Anwesenheit der anderen Unfallbeteiligten zu rechnen wäre. Dabei kommt es nicht darauf an, ob er den Unfallort von diesem Ort aus sehen kann oder sich etwa zufällig hinter einer nahegelegenen Kurve oder einem hohen Gebäude befindet. Sofern der Unfallbeteiligte sich noch so nah am Unfallort aufhält, dass er ohne größere zeitliche Verzögerungen zum Unfallort und den dort noch anwesenden anderen Unfallbeteiligten zurückkehren kann, können die Feststellungen effektiv ermöglicht werden.

In eine ähnliche Richtung argumentiert *Janiszewski*, der eine Einschränkung der nachträglichen Meldepflicht bei Bestehen eines räumlichen und zeitlichen Zusammenhangs ebenfalls als „sinnvoll und erforderlich" befürwortet.[686] Unter Verweis auf den Sinn der Meldung, die nötigen Feststellungen in einem möglichst unveränderten Zustand des Unfallgeschehens zu ermöglichen, rechtfertigt sich seiner Auffassung nach eine derartige Begrenzung der Meldepflicht. Ferner hebt er hervor, dass die vom Wortlaut geforderte „*unverzügliche*" Meldung ohnehin nicht mehr erbracht werden könne, wenn sich der Unfallbeteiligte so weit vom Unfallort entfernt oder die Kenntnis vom Unfall erst so spät erhalten habe, dass sachdienliche Feststellungen nicht mehr ohne Weiteres zu erwarten seien.[687]

So nachvollziehbar diese Erwägungen auch sein mögen, so sehr entbehrt das einschränkende Erfordernis eines räumlich-zeitlichen Zusammenhangs – ebenso wie schon im Rahmen der zuvor geltenden Rechtslage – einer dogmatischen Grundlage.[688] Hier zeigt sich vielmehr, dass die Gerichte schlichtweg die alte Rechtsprechung auf die Neufassung des Gesetzes zu übertragen versuchten.[689] Dass sich „altes Richterrecht in neuem Gewand"[690] offen durchsetzt, offenbart sich vor allem daran, dass der BGH nicht einmal den Versuch einer Legitimierung aus dem neuen Gesetz unternommen hat.[691] *Küper* betitelt die

---

686 *Janiszewski*, JR 1978, 116 (117).

687 *Janiszewski*, ebd.

688 So auch *Küper, Festschrift* Heidelberg, S. 478; *Mikla*, Die Strafbarkeit gem. § 142 II StGB nach unvorsätzlichem Entfernen vom Unfallort, 1996, S. 176.

689 Im Ergebnis auch *Küper*, Festschrift Heidelberg, S. 462.

690 *Küper*, Festschrift Heidelberg, S. 455.

691 *Küper*, Festschrift Heidelberg, S. 462.

„Zumutbarkeitsschranke" in Form des zeitlich-räumlichen Zusammenhangs zu Recht als pragmatischen Versuch, die Anwendungsfälle des § 142 II Nr. 2 StGB bei vorsatzlosem Verhalten zu begrenzen.[692]

Gegen diesen Ansatz bestehen gewichtige Bedenken. Laut *Küper* könne man sich mit dieser Lösung angesichts der Problematik einer strafbewehrten Pflicht zur aktiven Mitwirkung an der Unfallaufklärung vor dem Hintergrund des *nemo tenetur*-Grundsatzes zwar grundsätzlich abfinden.[693] Mit § 142 II StGB n.F. nicht mehr vereinbar sei jedoch der Maßstab, mittels dessen das Bestehen bzw. Nichtbestehen eines räumlich-zeitlichen Zusammenhangs im Rahmen der alten Rechtslage bestimmt wurde, nämlich die Erreichbarkeit des Unfallbeteiligten für feststellungsbereite Personen am Unfallort.[694]

Dieser Auffassung ist beizupflichten. Zunächst gibt der Wortlaut des § 142 II StGB keine Anhaltspunkte für eine einschränkende Auslegung dieser Art her.[695] *Janiszewski* scheint die Begrenzung der nachträglichen Meldepflicht auf die Fälle, in denen noch ein räumlicher und zeitlicher Zusammenhang zwischen Unfallgeschehen und Kenntniserlangung besteht, stattdessen allein mit dem Sinn und Zweck der Meldepflicht begründen zu wollen.[696] Zwar ist es – wie zuvor erläutert – richtig, dass der Sinn der Meldepflicht umso mehr erfüllt wird, je näher der Zusammenhang zum Unfallgeschehen ist. Aus diesem Grund fordert das Gesetz auch in § 142 II StGB, dass die nachträgliche Meldepflicht „*unverzüglich*" zu erfüllen ist. Die Vorschrift etabliert damit ein rein zeitliches Momentum. Im Gegensatz zu der primären Wartepflicht in § 142 I Nr. 2 StGB ist die nachträgliche Meldepflicht aus § 142 II StGB jedoch unabhängig vom Unfallort. Die nachträgliche Meldepflicht kann von einem beliebigen Ort aus etwa durch einen Anruf erfüllt werden. Die Kopplung der nachträglichen Meldepflicht an den Unfallort mittels des Erfordernisses eines räumlichen Zusammenhangs erscheint deshalb systemwidrig.

Auch *Magdowski* gelangt entsprechend zu dem Ergebnis, dass das Erfordernis eines engen räumlichen und zeitlichen Zusammenhangs nicht von der alten auf die neue Gesetzeslage übertragen werden könne, da die nachträgliche Feststellungspflicht von völlig anderen Voraussetzungen als die ursprüngliche Rückkehrpflicht ausgehe.[697] In der Tat diente dieses Erfordernis ursprünglich dazu,

---

692 *Küper*, Festschrift Heidelberg, S. 478.
693 *Küper*, Festschrift Heidelberg, S. 478 f.
694 *Küper*, ebd.
695 So bereits *Beulke*, NJW 1979, 400 (402).
696 *Janiszewski*, JR 1978, 116 (117).
697 *Magdowski*, Die Verkehrsunfallflucht in der Strafrechtsreform, 1980, S. 163.

die Rückkehrpflicht zu effektivieren. Das Erfordernis eines räumlichen und zeitlichen Zusammenhangs sollte Fälle ausklammern, in denen die Rückkehr ihren Sinn nicht mehr erfüllen konnte, weil ohnehin nicht mehr damit zu rechnen war, dass feststellungsbereite Personen am Unfallort anzutreffen sind. Mit der Gesetzesnovelle wurden erstmals Sekundärpflichten normiert. Im Gegensatz zu § 142 StGB a.F. sind die Sekundärpflichten nunmehr gänzlich unfallortunabhängig. Die Sekundärpflichten hat der Gesetzgeber nämlich nicht als Rückkehrpflicht ausgestaltet. Die nachträgliche Feststellungspflicht ist vielmehr durch eine Meldung bei dem Berechtigten oder der Polizei zu erfüllen, ohne dass es auf feststellungsbereite Personen am Unfallort ankäme.[698] Ein räumlich-zeitlicher Zusammenhang ist damit obsolet geworden und nach der Neukonzeption des § 142 II StGB als nicht mehr sachgerechte Einschränkung aufzugeben.[699]

Indem *Janiszewski* das Erfordernis eines räumlich-zeitlichen Zusammenhangs zudem damit zu begründen versucht, dass eine – wie vom Gesetz geforderte – „*unverzügliche*" nachträgliche Meldung gar nicht mehr möglich sei, wenn kein räumlicher-zeitlicher Zusammenhang mehr bestehe, vermischt er in unzulässiger Weise ein abstraktes tatbestandliches Erfordernis („*unverzüglich*") mit den tatsächlichen Gegebenheiten. Diese Argumentation überzeugt deshalb nicht, weil eine unverzügliche nachträgliche Ermöglichung der Feststellungen auch dann möglich ist, wenn kein räumlicher und zeitlicher Zusammenhang zum Umfallgeschehen mehr bei Kenntniserlangung besteht. Denn „*unverzüglich*" erfordert ein Handeln „ohne jedes vorwerfbare Zögern"[700] und bezeichnet damit den frühestmöglichen Handlungszeitpunkt[701] als Gegensatz zu einem vorwerfbaren Passivbleiben.[702] „*Unverzüglich*" bezieht sich damit nicht etwa, wie

698 *Magdowski*, ebd.

699 *Küper*, Festschrift Heidelberg, S. 479.

700 *Fischer*, StGB Kommentar, § 142 Rn. 54; vgl. ferner Gesetzesentwurf der Bundesregierung zum 14. Strafrechtsänderungsgesetz, BT-Drucksache 7/2434, S. 8. Weiterführend zur Auslegung des Unverzüglichkeitsbegriffs *Zopfs*, Unfallflucht bei eindeutiger Haftungslage, 1993, S. 63 ff.

701 Im Sinne von alsbald nach dem Wegfall des Grundes für das straflose Sich-Entfernen, vgl. *Römer*, MDR 1980, 89 (92).

702 *Fischer*, StGB Kommentar, § 142 Rn. 54: Keine unverzügliche Meldung, wenn das vorwerfbare Passivbleiben die Beweissituation des Berechtigten konkret erheblich gefährdet. *Kühl*, in: Lackner/Kühl, § 142 Rn. 26: Der maßgebende Zeitpunkt ist jeweils dann überschritten, wenn der Unfallbeteiligte gegenüber der konkreten Gefahr erheblichen Beweisverlustes, deren Gewicht unter anderem von den zivilrechtlichen Anspruchsgrundlagen abhängt, vorwerfbar passiv geblieben ist.

*Janiszewski* suggeriert, auf einen allgemeingültigen Zeitraum, der stets vorüber ist, sobald kein räumlich-zeitlicher Zusammenhang mehr besteht.[703] Entscheidend ist, dass die Meldung vor einer abstrakt zu erwartenden Verschlechterung der Beweismöglichkeiten, d.h. so rechtzeitig kommt, dass die zur Klärung der zivilrechtlichen Verantwortung nötigen Feststellungen getroffen werden können.[704] Dieser Zeitpunkt variiert. Er kann zufällig noch innerhalb eines räumlich-zeitlichen Zusammenhangs fallen, er muss es aber nicht.

Ferner ist eine Begrenzung der Anwendungsfälle des § 142 II Nr. 2 StGB durch einen räumlich-zeitlichen Zusammenhang auch nicht unter Zumutbarkeitserwägungen geboten.[705] Die gegenteilige Auffassung ist abzulehnen.[706] Gegen sie ist zunächst einzuwenden, dass es widersprüchlich wäre, einerseits eine Gleichstellung des vorsatzlosen mit dem berechtigten bzw. entschuldigten Sich-Entfernen zu fordern, andererseits aber beide Fallgruppen doch unterschiedlich zu behandeln. Zwar ist *Rudolphi* darin zuzustimmen, dass ein relevanter struktureller Unterschied darin besteht, dass Rechtfertigungs- und Entschuldigungsgründe vorübergehend strafbefreiende Sachverhalte sind, die in der Regel von selbst und zu einem Zeitpunkt entfallen, der nah am Zeitpunkt des Unfallgeschehens liegt, während die Beseitigung des vorsatzausschließenden Irrtums davon abhängt, dass der Täter seine Fehlvorstellung korrigiert und die Kenntnis vom Unfallgeschehen nach vorsatzlosem Sich-Entfernen vom Unfallort – wenn überhaupt – auch noch mit einem großen zeitlichen Abstand eintreten kann. [707] In letzterem Fall fehlt also eine immanente Begrenzung.[708] Allerdings folgt daraus noch nicht, dass sich eine Einschränkung des Tatbestands unter dem Aspekt der Zumutbarkeit rechtfertigen lässt.

Generell fungiert der Gesichtspunkt der Zumutbarkeit normgemäßen Verhaltens als allgemeines Regulativ bei Unterlassungsdelikten.[709] Die Pflichterfüllung

---

703 *Geppert*, in: LK, § 142 Rn. 154: „Keine starre Zeitspanne".

704 *Leipold*, Verkehrsunfallflucht, 1987, S. 90.

705 *Geppert*, in: LK, § 142 Rn. 135; *Kühl*, in: Lackner/Kühl, § 142 Rn. 25.

706 BGH, Beschluss vom 30.08.1978 – 4 StR 682/77, BGHSt 28, 129 = NJW 1979, 434; BayObLG, Urteil vom 18.07.1980 – RReg. 1 St. 2/80, NJW 1981, 879 (880 f.).

707 *Rudolphi*, JR 1979, 210 (211).

708 Zutreffend *Mikla*, Die Strafbarkeit gem. § 142 II StGB nach unvorsätzlichem Entfernen vom Unfallort, 1996, S. 175.

709 Vgl. nur BGH, Urteil vom 20.12.1983 – 1 StR 746/83, NStZ 1984, 164; *Fischer*, StGB Kommentar, § 13 Rn. 81; *Heger*, in: Lackner/Kühl, § 13 Rn. 5; *Römer*, MDR 1980, 89 (90); *Sternberg-Lieben*, in: Schönke/Schröder, § 142 Rn. 2; *Zopfs*, in: MüKo StGB, § 142 Rn. 10, jeweils m.w.N.

ist unzumutbar, wenn durch sie eigene billigenswerte Interessen in einem dem drohenden Erfolg nicht angemessenen Umfang gefährdet würden.[710] Vorliegend ist abzuwägen, ob die Vornahme der erforderlichen Meldung für den Betroffenen eine Belastung darstellt, die sich in Relation zum Erhalt des Rechtsguts, hier dem konkreten Feststellungsinteresse der anderen Unfallbeteiligten, als unangemessen erweist.[711]

Wenngleich *Janiszewski* pauschal behauptet, man müsse „unangemessenen Anforderungen" begegnen,[712] bleibt ungewiss, weshalb eine Vergrößerung des räumlich-zeitlichen Abstands zum Unfallgeschehen eine nachträgliche Meldepflicht automatisch als unzumutbar erscheinen lassen sollte.[713] *Küper* hebt zutreffend hervor, dass nicht ersichtlich ist, wie die Vergrößerung des Abstands zum Unfallgeschehen die Belastung für den Unfallbeteiligten derart steigern sollte, dass die nachträgliche Meldepflicht dadurch unzumutbar würde.[714] Während mit zunehmendem Abstand zum Unfallgeschehen auf der Seite des betroffenen Unfallbeteiligten die zu erfüllenden Pflichten aus § 142 III StGB unverändert bleiben und ihm insbesondere die Option verbleibt, die für ihn bequemste Form der Mitteilung – sofern unverzüglich – zu wählen, vertiefen sich auf der Seite des Geschädigten in der Regel dessen Beweisschwierigkeiten.[715] Diese Vertiefung der Beweisschwierigkeiten spricht jedoch nicht für, sondern – im Gegenteil – gerade gegen eine Beschränkung der Anwendbarkeit des § 142 II Nr. 2 StGB durch den geforderten räumlich-zeitlichen Zusammenhang.

Dies gilt unabhängig vom Grund des straflosen Sich-Entfernens. Es ist kein Grund ersichtlich, warum jemandem, der vom Unfall – möglicherweise gar infolge grober Fahrlässigkeit – nichts mitbekommen hat, eine Mitteilung nach Überschreitung eines zeitlich-räumlichen Zusammenhangs nicht mehr zumutbar sein sollte, während für die anderen Fallgruppen des § 142 II Nr. 2 StGB die Meldepflicht zweifelsohne eingreift.[716] Bei der Beantwortung der Frage, ob auch

---

710 *Heger*, in: Lackner/Kühl, ebd.

711 *Römer*, MDR 1980, 89 (90).

712 *Janiszweski*, JR 1978, 116 (117).

713 *Beulke*, NJW 1979, 400 (402); *Blum von Ann*, Die Straftat des unerlaubten Sich-Entfernens vom Unfallort als Vermögensdelikt, 1987, S. 99.

714 *Küper*, Festschrift Heidelberg, S. 478 f.; ähnlich *Römer*, MDR 1980, 89 (91 f.), der meint, dass die Belastung durch das vergleichsweise Maß an Mitwirkung im Rahmen des § 142 II StGB von vornherein vergleichsweise gering sei.

715 So auch *Römer*, MDR 1980, 89 (91).

716 *Römer*, MDR 1980, 89 (92 f.) hebt dabei hervor, dass auch derjenige, der sich berechtigt bzw. entschuldigt vom Unfallort entfernt habe, seine Entscheidung gegen die

unvorsätzliches Sich-Entfernen *de lege lata* von § 142 II StGB erfasst wird, darf es keine Rolle spielen, wann und wo die spätere Kenntniserlangung von dem Unfall erfolgt. Entweder sind die Tatbestandsmerkmale „*berechtigt oder entschuldigt*" erfüllt oder nicht; zeitlich-räumliche Gesichtspunkte haben außer Betracht zu bleiben, weil das Gesetz sie nicht vorsieht. Dass nur beim unvorsätzlichen Sich-Entfernen auf dieses Kriterium rekurriert wird, zeigt letztlich nur, dass auch die Rechtsprechung eingesteht, dass sich unvorsätzliches von berechtigtem bzw. entschuldigtem Sich-Entfernen unterscheidet. Doch die fehlende Gleichheit kann nicht dadurch kompensiert werden, dass man die Fälle des vorsatzlosen Sich-Entfernens vom Tatbestand erfasst, aber anschließend durch das Erfordernis eines räumlich-zeitlichen Zusammenhangs wieder einschränkt.[717]

Zuletzt könnte allenfalls der *nemo tenetur*-Grundsatz eine einschränkende Auslegung derart gebieten, dass ein räumlich-zeitlicher Zusammenhang als Korrektiv zu fordern wäre, weil die Selbstbelastung der nachträglichen Meldepflicht ansonsten ein Maß erreichte, welches nicht mehr mit dem *nemo tenetur*-Grundsatz in Einklang zu bringen wäre. *Römer* zufolge ist diese Erwägung jedoch von vornherein ausgeschlossen: Die Eigenbelastung, die mit der nachträglichen Meldung möglicherweise einhergehe und in die Einleitung eines Strafverfahrens oder zum Entzug der Fahrerlaubnis führen könne, müsse im Rahmen der Zumutbarkeitserwägungen außer Acht bleiben. Der Gesetzgeber habe in der Gesetzesbegründung zum Ausdruck gebracht, dass diese Folgen als Nebenfolgen hinzunehmen seien; diese Wertung sei zu berücksichtigen.[718]

Die These, dass der *nemo tenetur*-Grundsatz eine einschränkende Auslegung in Form eines räumlich-zeitlichen Zusammenhangs als Korrektiv gebietet, scheitert aber auch aus einem anderen Grund. *Küper* weist in diesem Zusammenhang zutreffend darauf hin, dass sich das Strafverfolgungsrisiko durch die Überschreitung eines zeitlich-räumlichen Zusammenhangs nicht erhöht, weil die zu erfüllenden Pflichten unverändert bleiben.[719] Wenn die Pflichten und das Strafverfolgungsrisiko aber unverändert bleiben, ist der Unfallbeteiligte infolge der Überschreitung eines räumlich-zeitlichen Zusammenhangs zum Unfallgeschehen auch keiner steigenden Selbstbelastung ausgesetzt. Ganz im Gegenteil

Erfüllung der primären Wartepflicht regelmäßig nicht aus einer freien Abwägung heraus, sondern aus dem Zwang der konkreten Situation treffe. Kritisch dazu ebenfalls OLG Karlsruhe, Beschluss vom 29.05.1980 – 1 Ss 90/80, NJW 1981, 881.

717 *Rudolphi*, JR 1979, 210 (212).

718 Zu diesem Absatz *Römer*, MDR 1980, 89 (92).

719 *Küper*, Festschrift Heidelberg, S. 479.

sinkt das Strafverfolgungsrisiko infolge einer Trunkenheitsfahrt sogar, weil die Blutalkoholkonzentration ab einem gewissen Zeitpunkt nicht mehr nachweisbar ist. Auch aus diesem Grund lässt sich das aufgestellte Erfordernis eines räumlich-zeitlichen Zusammenhangs nicht mit dem *nemo tenetur*-Grundsatz rechtfertigen.

Ein anderes Ergebnis folgt schließlich auch nicht aus dem Verweis, dass von § 142 II StGB n.F. nach dem Willen des Gesetzgebers alle Fälle erfasst werden sollten, für die nach der früheren Rechtslage eine Rückkehrpflicht bestand.[720] Denn diese Aussage kann sich lediglich auf die Erfassung des unvorsätzlichen Sich-Entfernens im Allgemeinen, nicht jedoch auf das Korrektiv eines örtlichen und zeitlichen Zusammenhangs beziehen.[721]

Abschließend hat sich gezeigt, dass die Grenze der Zumutbarkeit einer nachträglichen Meldepflicht nicht durch einen räumlich-zeitlichen Zusammenhang gezogen wird, sondern sich danach richten sollte, ob die spätere Meldung noch zur Wahrung des von § 142 StGB geschützten Feststellungsinteresses beitragen kann.[722] Eine nachträgliche Meldung ist sinnlos, wenn sie ihren Zweck, die Feststellungsinteressen der Unfallbeteiligten zu wahren, ohnehin nicht mehr erfüllen kann. Das aus einer teleologischen Auslegung der Norm folgende Kriterium der Erforderlichkeit ist folglich eher zur Tatbestandsbegrenzung geeignet als das eines räumlich-zeitlichen Zusammenhangs.

#### *g. Fazit zur Strafbarkeit des vorsatzlosen Sich-Entfernens vom Unfallort nach § 142 II Nr. 2 StGB*

Die Untersuchung führt zu dem Ergebnis, dass das vorsatzlose Sich-Entfernen vom Unfallort *de lege lata* keine Sekundärpflichten nach § 142 II, III StGB auslöst.

Zwar hat die grammatikalische Auslegung ergeben, dass der Wortlaut in seiner alltagssprachlichen Bedeutung eine Einbeziehung des vorsatzlosen Sich-Entfernens in § 142 II Nr. 2 StGB zulässt. Die ergänzend vorzunehmende historische, systematische und teleologische Auslegung der Norm führt jedoch zu dem Ergebnis, dass der Wortsinn enger zu verstehen ist und einer Erfassung des vorsatzlosen Sich-Entfernens entgegensteht. Eine Einbeziehung des vorsatzlosen

---

720 BGH, Beschluss vom 30.08.1978 – 4 StR 682/77, BGHSt 28, 129 = NJW 1979, 434 (435).

721 Zutreffend BayObLG, Urteil vom 18.07.1980 – RReg. 1 St 2/80, NJW 1981, 879 (880).

722 *Küper*, Festschrift Heidelberg, S. 479; *Römer*, MDR 1980, 89 (92 f.); *Wessels/Hettinger/Engländer*, BT I, § 22 IV 2 Rn. 1016.

Sich-Entfernens in § 142 II Nr. 2 StGB ist damit wegen des Analogieverbots des Art. 103 II GG nicht statthaft.

Auch das konstatierte einschränkende Kriterium eines „räumlich-zeitlichen Zusammenhangs" entbehrt wie schon im Rahmen der Rechtslage vor dem Jahr 1975 jedweder gesetzlichen Grundlage.

### *2. Strafbarkeit des vorsatzlosen Sich-Entfernens vom Unfallort nach § 142 I StGB*

Möglicherweise könnte das vorsatzlose Sich-Entfernen stattdessen von § 142 I StGB erfasst werden. Diesen Ansatz deutete das BVerfG in seinem Beschluss aus dem Jahr 2007[723] an: Nachdem das BVerfG unter Rückgriff auf das in Art. 103 II GG normierte Gesetzlichkeitsprinzip für eine restriktive Auslegung des § 142 II Nr. 2 StGB plädierte, verwies es *obiter dictu* auf eine mögliche extensive Auslegung des § 142 I StGB. Das BVerfG legte dar, dass eine Strafbarkeit nach § 142 I StGB in Betracht komme, wenn ein Unfallbeteiligter sich zwar erst unvorsätzlich entferne, aber noch im Bereich des Unfallorts Kenntnis erlange[724] und sich gleichwohl weiter von der Unfallstelle entferne.[725] Da § 142 I StGB auf den Prozess des Sich-Entfernens Bezug nehme, könne ein Vorsatz bis zum Zeitpunkt der Beendigung der Tat (durch erfolgreiches Sich-Entfernt-Haben) gebildet werden.[726]

Dieser Argumentationsweg versucht, die aus dem Koinzidenzprinzip erforderliche „Synchronizität"[727] zwischen objektiver Tatbegehung und Vorsatz herzustellen, und setzt dazu an zwei unterschiedlichen Punkten an:

Denkbar wäre zum einen, den Begriff des Unfallorts, der sich im Einzelfall laut BVerfG auch über größere Entfernungen erstrecken könne,[728] entsprechend weit auszulegen, sodass der Raum für eine Vorsatzbildung noch vor Vollendung der Tat vergrößert würde (im Folgenden unter **a.**). Zum anderen setzt das Obiter Dictum an der zeitlichen Grenze der möglichen Vorsatzfassung an. Aufgrund

---

723 BVerfG, Beschluss vom 19.03.2007 – 2 BvR 2273/06, NJW 2007, 1666 (1668).

724 *Laschewski*, NZV 2007, 444 (448) stellt fest, dass diese Lösung keinen wesentlichen Unterschied zur Erfassung über § 142 II Nr. 2 StGB darstelle, nach der auch ein zeitlich-räumlicher Zusammenhang für die Kenntniserlangung gefordert worden sei.

725 Tendenz dazu bereits bei *Janiszewski*, NStZ 1988, 410.

726 Zu diesem Absatz BVerfG, Beschluss vom 19.03.2007 – 2 BvR 2273/06, NJW 2007, 1666 (1668).

727 Begriff von *Mitsch*, JuS 2010, 303 (305).

728 So auch *Jahn*, JuS 2007, 689 (691).

des Abstellens auf die Beendigung der Tat gibt es Raum für die These, dass die Bildung eines Sich-Entfernen-Vorsatzes nach der Vollendung, aber vor der Beendigung der Tat gemäß § 142 I Nr. 1 StGB strafbarkeitsbegründend wirken könne (im Folgenden unter **b.**). Auf beide Ansätze wird im Folgenden separat eingegangen.

### *a. Weite Auslegung des Begriffs des Unfallorts als Anknüpfungspunkt für eine Strafbarkeit nach § 142 I StGB*

#### *aa. Kritik an einer weiten Auslegung des Begriffs des Unfallorts*

Nach der alten Fassung des § 142 StGB konnte der Unfallbeteiligte noch auf der Weiterfahrt bösgläubig werden und den Tatbestand vorsätzlich erfüllen. Mit dem räumlichen Verlassen des Unfallorts begann die tatbestandliche „*Flucht*"; vollendet war sie jedoch nicht, so lange noch ein räumlicher und zeitlicher Zusammenhang zum Unfallgeschehen bestand.[729] Bei § 142 StGB a.F. trat die Vollendung erst ein, „wenn der Täter nicht mehr ohne Weiteres erreichbar oder als Unfallbeteiligter feststellbar war."[730] Im Gegensatz zur alten Fassung wurde jedoch mit Einführung der Neufassung des § 142 I StGB n.F. der Vollendungszeitpunkt vorverlegt.[731] Vollendet ist die Tat nach § 142 I StGB n.F., sobald sich der Unfallbeteiligte im Sinne einer räumlichen Distanzierung vom Unfallort entfernt hat.[732] Je nach den Umständen des Einzelfalls kann schon eine geringe räumliche Absetzungsbewegung aus dem Unfallbereich genügen.[733]

Ausgangspunkt der Überlegungen des BVerfG ist die Auffassung, dass vorsatzloses Sich-Entfernen vom Unfallort strafwürdig ist. Die Möglichkeit, dem Strafbedürfnis nachzukommen, wird allerdings nicht in § 142 II StGB, sondern in § 142 I Nr. 1 StGB gesehen und zwar über eine vermeintlich verfassungskonforme Erweiterung des Begriffes „*Unfallort*".

729 *Laschewski*, NZV 2007, 444 (448).

730 OLG Karlsruhe, Urteil vom 10.07.2017 – 2 Rv 10 Ss 581/16, NStZ-RR 2017, 355; *Magdowski*, Die Verkehrsunfallflucht in der Strafrechtsreform, 1980, S. 150 m.w.N.

731 OLG Hamm, Urteil vom 19.01.1978 – 2 Ss 789/77, VRS 54 433 (434); BayObLG, Urteil vom 03.11.1978 – RReg. 1 St 285/78, VRS 56, 437 (438); OLG Stuttgart, Urteil vom 14.04.1980 – 3 Ss 69/80, NJW 1981, 878 (879); *Franke*, JuS 1978, 456 (456 f.); *Kühl*, in: Lackner/Kühl, § 142 Rn. 11.

732 *Kretschmer*, in: K/N/P, § 142 Rn. 88; *Mitsch*, NZV 2005, 105 (109); *Sternberg-Lieben*, in: Schönke/Schröder, § 142 Rn. 83; *Zopfs*, in: MüKo StGB, § 142 Rn. 51; weiterführend zum Vollendungszeitpunkt vgl. unten unter **B.III.2.b.aa.**

733 OLG Stuttgart, Urteil vom 14.04.1980 – 3 Ss 69/80, NJW 1981, 878 (879).

Da das Gesetz den Begriff des Unfallorts nicht definiert, eröffnet die Rechtslage grundsätzlich Raum für diese Lösung. In der Literatur stößt eine weite Auslegung des „*Unfallorts*" jedoch weitgehend auf Ablehnung. [734] *Rengier* begründet dies zunächst damit, dass der Gedanke, den Begriff Unfallort in der geschilderten Weise auszudehnen, in Konflikt mit dem Wortlaut des § 142 I StGB gerate.[735] Die Lösung stelle aber vor allem deshalb eine „Sackgasse"[736] dar, weil der Tatbestand des Sich-Entfernens umso seltener erfüllt sei, je weiter man den Begriff des Unfallorts fasse.[737] Mangels Strafbarkeit des Versuchs könne dies zu Strafbarkeitslücken führen.[738] *Jahn* erachtet es als „sinnvoll, den Unfallbeteiligten möglichst wenig Bewegungsspielraum zu bieten", um dem Zweck der Vorschrift zu seiner Geltung zu verhelfen.[739] Zudem erscheine es widersprüchlich, eine Subsumtion unter § 142 II StGB unter Berufung auf das Bestimmtheitsgebot abzulehnen, aber das Tatbestandsmerkmal des Unfallorts so extensiv auszulegen, dass seine Konturierung verloren gehe.[740] Es bestehe die Gefahr, dass ein ausgedehntes Verständnis des Unfallorts die in § 142 I StGB statuierte Wartepflicht faktisch zu einer Rückkehrpflicht umwandeln könnte, was seit der Neufassung mit dem Gesetzeswortlaut nicht mehr zu vereinbaren wäre.[741]

Auch *Küper* steht dem Ansatz, mittels einer erweiternden Auslegung des Begriffs des Unfallorts eine Strafbarkeit des vorsatzlosen Sich-Entfernens vom Unfallorts über § 142 I Nr. 1 StGB begründen zu wollen, ablehnend gegenüber.[742] Eine nachträgliche Kenntniserlangung noch am Unfallort selbst sei äußerst atypisch. Vielmehr habe sich der Unfallbeteiligte regelmäßig bereits vom Unfallort entfernt, wenn er schließlich Kenntnis erlange – dies sei jedenfalls bei „einer Distanz zur Schadensstelle von mehreren Kilometern ganz eindeutig." Das Verbleiben am Unfallort solle die Beweissicherung vor Ort ermöglichen, sodass es nicht hilfreich sei, wenn der Unfallbeteiligte an einem anderen Ort warte.[743] Die

734 *Beulke*, Festschrift Maiwald, S. 29; *Jahn*, JuS 2011, 274; *Kraatz*, NZV 2011, 321 (324 f.); *Küper*, NStZ 2008, 597; *Rengier*, Strafrecht BT II, § 46 Rn. 28; *Sternberg-Lieben*, in: Schönke/Schröder, § 142 Rn. 42.

735 *Rengier*, Strafrecht BT II, § 46 Rn. 28.

736 *Küper*, NStZ 2008, 597 (602).

737 *Brüning*, ZIS 2007, 317 (322); *Jahn*, JuS 2011, 274 (275); *Rengier*, Strafrecht BT II, § 46 Rn. 28.; *Sternberg-Lieben*, in: Schönke/Schröder, § 142 Rn. 42.

738 Ebd.

739 *Jahn*, JuS 2011, 274 (275).

740 *Jahn*, ebd.

741 *Kraatz*, NZV 2011, 321 (324 f.); *Sternberg-Lieben*, in: Schönke/Schröder, § 142 Rn. 42.

742 Zum Folgenden *Küper*, NStZ 2008, 597.

743 *Küper/Zopfs*, Rn. 513.

Zuverlässigkeit und Beweiskraft der Feststellungen direkt am Unfallort sprächen gegen einen erweiterten Unfallortbegriff.[744] *Hillenkamp* spricht sich daher ebenfalls gegen einen „Lückenschluss" aus.[745]

### *bb. Aufgreifen und Weiterentwicklung des Ansatzes in der Literatur*

Eine andere Literaturmeinung hält die weite Auslegung des Begriffs des Unfallorts hingegen für überzeugend.[746] Entscheidend sei, dass die Auslegung einerseits strafwürdige Fälle erfasse, jedoch andererseits nicht die Grenzen des Wortlauts des § 142 StGB sprenge.[747] Da das von *Küper* vorgebrachte Argument, wonach sich niemand räumlich vom Unfallort entfernt haben könne und sich nach Kenntniserlangung wieder, also quasi nochmals, von dort entfernen könne, nicht von der Hand zu weisen sei, könne eine Differenzierung zwischen Unfallpunkt als dem Kollisionspunkt einerseits und Unfallort als dem Unfallpunkt nebst seiner eingegrenzten räumliche Umgebung andererseits helfen.[748]

Bei der Bestimmung einer Definition des Unfallorts seien *Rittig* zufolge die folgenden Erkenntnisse und Kriterien zu berücksichtigen:[749] Der Bereich dürfe nicht zu groß sein. Eine extensive Auslegung des Unfallortbegriffs führe für den „bösgläubigen Beteiligten" dazu, lange vor Strafe bewahrt zu werden, weil er sich weiter wegbewegen könne und müsse, um die Tatbestandsvoraussetzungen zu erfüllen. Zudem müsse das Merkmal des Unfallorts primär ein deskriptives Tatbestandsmerkmal sein. Der Begriff entstamme nämlich der Alltagssprache und könne sonst zu Problemen mit dem Bestimmtheitsgrundsatz führen. Wichtig sei außerdem, dass der Unfallort objektiv bestimmbar sein müsse, wobei eine *ex post*-Perspektive maßgeblich sei. Eine *ex ante*-Perspektive solle dagegen außer Acht bleiben, da unter Umständen ungeklärt sei, wann genau welche Erkenntnis gesichert gewesen sei. Der Unfallort müsse zudem eine gewisse Mindestgröße aufweisen, wobei zwischen dem Unfallpunkt als der direkten Unfallstelle und dem Unfallort zu differenzieren sei. Bereiche außerhalb des Sichtbereichs sollten grundsätzlich ausscheiden. Die Größe des Unfallorts müsse in einem Zusammenhang mit dem jeweiligen Umfeld und den jeweiligen Umständen

---

744 *Kraatz*, NZV 2011, 321 (324).

745 *Hillenkamp*, Festschrift Beulke, S. 455 schließt sich insbesondere der Argumentation von *Beulke*, Festschrift Maiwald, S. 21 ff. sowie *Küper*, NZV 2008, 601 ff. an.

746 *Rittig*, Unfallflucht, 2011, S. 98 ff.

747 *Rittig*, Unfallflucht, 2011, S. 98.

748 *Rittig*, Unfallflucht, 2011, S. 83.

749 Zum Folgenden *Rittig*, Unfallflucht, 2011, S. 99 ff.

des Einzelfalls stehen; eine starre Grenze in Metern scheide aus. Bei der Definition zu berücksichtigen seien der natürliche Wortsinn und das Verständnis des Durchschnittsbürgers als Normadressat. Es seien aber auch die Verteilung von Unfallspuren, Wrack- und Fahrzeugteilen sowie der Fundort von Verletzten zu beachten. Je weiter der Bereich, in dem sich diese befänden, umso weiter vergrößere sich der Bereich des Unfallorts. Der Unfallort müsse jedenfalls den in unmittelbarer Nähe gelegenen Bereich erfassen, wenn es sich aufgrund der Umstände des Einzelfalls aus der Sicht feststellungsbereiter Dritter aufdrängen müsse, dort nach den Unfallbeteiligten zu sehen.[750]

*Rittig* schlägt demzufolge folgende Definition vor:

> *„Der Unfallort umfasst den Bereich um den Unfallpunkt, innerhalb dessen zu erwarten ist, dass eine objektive, verständige, feststellungsbereite Person die Unfallbeteiligten sieht oder sie dort dringlich vermutet und durch Rufen oder Winken mit ihnen in Kontakt treten und zugleich einen Zusammenhang zwischen den Personen und dem Unfall erkennen kann. Der jeweils dazu gehörige Bereich bestimmt sich dabei nach den konkreten Umständen des Einzelfalles, etwa der Verteilung von Unfallspuren, Verletzten, Wrack- und Fahrzeugteilen, der Tageszeit und der Übersichtlichkeit der Örtlichkeit, umfasst aber mindestens den Bereich, in dem feststellungsrelevante Parameter zu erwarten sind.“*[751]

### *cc. Stellungnahme*

Die Strafbarkeit nach § 142 I StGB hängt von der Reichweite des zum Unfallort gehörenden Bereichs ab. Gegen eine Erweiterung des Unfallorts spricht generell bereits die damit einhergehende Strafbarkeitseinschränkung. Je weiter man den Unfallort definiert, desto größer ist der Bereich, innerhalb dessen ein vom Unfallbeteiligten gebildeter Vorsatz zur Strafbarkeit wegen unerlaubten Sich-Entfernens vom Unfallort führt. Die Vollendung des Delikts würde dadurch jedoch hinausgeschoben. Jede vorsätzliche Absatzbewegung, die noch innerhalb des entsprechend weiten Bereichs des Unfallorts erfolgt, würde nur einen Versuch eines Sich-Entfernens vom Unfallort darstellen, welcher nach aktueller Rechtslage nicht strafbar ist, §§ 23 I, 12 II StGB. Das bedeutet, der Täter bliebe straffrei, so lange er sich trotz der zwischen sich und der Unfallstelle gelegenen Distanz noch am so definierten Unfallort befindet.[752]

---

750 Laut *Zopfs*, in: MüKo StGB, § 142 Rn. 48 sind in der Nähe gelegene Bereiche nicht umfasst, sofern es sich um nicht einsehbare abgeschlossene Räumlichkeiten handelt, da eine hinzukommende feststellungsbereite Person diese Räumlichkeit nicht mehr als Ort, an dem Feststellungen bezüglich des Unfalls zu treffen sind, erkennen würde.

751 *Rittig*, Unfallflucht, 2011, S. 103.

752 *Mitsch*, NZV 2009, 105.

Bei der Erweiterung des Unfallorts handelt es sich letztlich um einen nicht praktikablen Kunstgriff. Zum einen würde sich bereits die Umsetzbarkeit dieser „Lösung" in der Praxis als höchst fragwürdig erweisen. Denn es liegt in der Natur der Sache, dass die Definition des Unfallorts zwangsläufig einen gewissen Spielraum innerhalb der Grenzen des Bestimmtheitsgrundsatzes aufweisen muss, um eine einzelfallgerechte Anwendung zu gewährleisten. Die mit der jeweiligen Einzelfallbeurteilung einhergehende Varianz zeigt bereits ein kurzer Ausblick in Literatur und Rechtsprechung.[753] Teilweise wird dort ein Sich-Befinden am Unfallort bei noch bestehendem Sicht- und Rufkontakt angenommen,[754] das OLG Düsseldorf entschied, dass drei Kilometer Entfernung zu weit seien,[755] andere wiederum stellen auf den Nähebereich ab, in dem feststellungsbereite Personen den Unfallbeteiligten vermuten oder gegebenenfalls durch Befragung ermitteln würden.[756] Dass eine weite Auslegung des Begriffs Unfallort an mangelnder Konturierung scheitert, zeigt sich unter anderem auch an *Rittigs* Standpunkt, dass Bereiche außerhalb des Sichtbereichs grundsätzlich ausscheiden müssten, andererseits aber ein innerörtliches Um-die-nächste-Ecke-Gehen nicht zwingend ein Verlassen des Unfallorts impliziere. [757]

Inmitten dieser unterschiedlichen und umstrittenen Ansätze findet sich jedoch eine Gemeinsamkeit: Die Reichweite des Unfallorts ist stets einzelfallabhängig zu bestimmen.[758] Dies führt im Ergebnis dazu, dass der Definition nicht die erforderliche Genauigkeit zukommt, die sie bräuchte, um Abhilfe für die bisher unklare Rechtslage zu schaffen. Eine Erweiterung des Unfallortbegriffs würde praktisch lediglich dazu führen, dass sich die Unsicherheiten in der Anwendung verlagern. Würde man die Möglichkeit, in einer solchen Konstellation § 142 I StGB anzuwenden, grundsätzlich anerkennen, brächte dies eine verschwommene, insbesondere hinsichtlich ihrer Grenzen zu unbestimmte

---

753 *Kraatz*, NZV 2011, 321 (324) mit Beispielen aus der Rechtsprechung: 20 Meter (OLG Hamm, Urteil vom 19.01.1978 – 2 Ss 789/77, VRS 54 433 (434)), 100 Meter (BayObLG, Urteil vom 03.11.1978 – RReg. 1 St 285/78, VRS 56, 437 (439)); 40 Meter (BayObLG, Beschluss vom 25.04.184 – RReg. 1 St 357/83, VRS 67 221 (223)).

754 *Himmelreich/Halm*, NStZ 2008, 382 (385).

755 OLG Düsseldorf, Beschluss vom 01.10.2007 – III-2 Ss 142/07 – 69/07 III, NStZ-RR 2008, 88.

756 OLG Hamm, Urteil vom 19.01.1978 – 2 Ss 789/77, VRS 54 433 (434); BayObLG, Urteil vom 03.11.1978 – RReg. 1 St 285/78, VRS 56, 437 (439). *Küper*, NStZ 2008, 597 (603) spricht sich ebenfalls für die „Vermutungsformel" aus.

757 *Rittig*, Unfallflucht, 2011, S. 101.

758 *Geppert*, Jura 1990, 78 (82).

Ausdehnung der Strafbarkeit mit sich. Genau diese Ungenauigkeit sollte aber mit der Anwendung des § 142 I StGB statt § 142 II StGB vermieden werden. Im Ergebnis wird so aber keine Lösung geschaffen, sondern das Problem nur verschoben.

Zum anderen muss gemäß Art. 103 II GG die Strafbarkeit aus Sicht des Normadressaten erkennbar sein.[759] Nach der Alltagssprache wird unter dem Unfallort aber nur der unmittelbare Nähebereich des Zusammenstoßpunktes verstanden. Das Verständnis des Durchschnittsbürgers deckt sich dabei mit der Definition der herrschenden Meinung, wonach der Unfallort die Stelle ist, an der das Schadensereignis (Unfall) stattgefunden hat, einschließlich des unmittelbaren Umkreises, innerhalb dessen die beteiligten Fahrzeuge zum Stillstand gekommen sind oder hätten angehalten werden können.[760]

Auch *Rittigs* Vorschlag deckt sich damit im Wesentlichen. Seine Definition stellt gleichermaßen maßgeblich auf das Vorhandensein feststellungsbereiter Personen ab und unterscheidet ebenfalls zwischen dem Unfallpunkt als dem Ort des unmittelbaren Schadensereignisses und dem Unfallort als dem Unfallpunkt und dessen unmittelbaren Umkreis.[761] Insofern stellt das Kriterium der Verteilung von Unfallspuren, Wrack- und Fahrzeugteilen und des Fundorts von Verletzten kein Novum dar. Der Umkreis, innerhalb dessen sich Unfallspuren, Verletzte, Wrack- und Fahrzeugteile befinden, wird wohl bereits nach dem aktuellen Verständnis des Unfallorts zum selbigen zählen. Das ergibt sich unter anderem aus einem Blick auf Definitionen, die andere Vertreter aus der Literatur propagieren. So ist beispielsweise nach *Mitsch* der Unfallort das Gebiet, in dessen Grenze die Erfüllung der Vorstellungs- und Feststellungsermöglichungspflichten noch möglich ist, ohne dass sich dazu der Unfallbeteiligte an den Ausgangspunkt seiner Wegbewegung, also an den Ort, wo sich vielleicht noch das Unfallopfer verletzt oder unverletzt befindet, beschädigte Fahrzeuge liegen und Unfallzeugen diskutierend zusammenstehen, zurückbegeben müsste.[762] *Rittigs* Position, dass der Begriff des Unfallorts je nach Eigenart des Unfalls über den begrenzten Kollisionspunkt hinausgehe, sodass eine pauschale Ausklammerung aller Fälle des unvorsätzlichen Sich-Entfernens vom Unfallort aus dem Tatbestand nicht geboten sei,[763] erweist sich daher als Zirkelschluss. Da sich *Rittigs*

759 *Beulke*, Festschrift Maiwald, S. 24.
760 Vgl. nur *Küper/Zopfs*, Rn. 511.
761 *Rittig*, Unfallflucht, 2011, S. 100.
762 *Mitsch*, NZV 2008, 217 (219).
763 *Rittig*, Unfallflucht, 2011, S. 94.

Vorschlag wie aufgezeigt im Wesentlichen mit den bereits etablierten Definitionen deckt, führt seine Ansicht nicht zu dem anvisierten Ergebnis, die Strafbarkeit auf Fälle der späteren Kenntniserlangung auszuweiten.

Ginge man allerdings über *Rittigs* Definition hinaus, indem man den Unfallortbegriff noch weiter definierte, liefe diese Erweiterung *per definitionem* faktisch auf die Etablierung einer Rückkehrpflicht hinaus, die vom Gesetz nicht vorgesehen ist. Der Bereich, der nach dem Verständnis des Durchschnittsbürgers zum Unfallort zählt, ist nach aktuellem Verständnis bereits von § 142 I StGB erfasst. Eine Erweiterung würde letztlich nur dazu führen, dass man einen Ort, der nach allgemeinsprachlichem Verständnis nicht mehr zum Unfallort zählen kann, weil er nicht mehr den erforderlichen Bezug durch das Vorhandensein feststellungsbereiter Personen, Verletzter, von Fahrzeugteilen oder sonstiger Unfallspuren aufweist, nichtsdestotrotz als „*Unfallort*" im Sinne des § 142 I StGB bezeichnet und der Unfallbeteiligte dorthin zurückkehren müsste.[764] Eine solche Vorgehensweise würde die Wortlautgrenze des § 142 I StGB überschreiten und im Widerspruch zum Bestimmtheitsgebot des Art. 103 II GG stehen, das gebietet, dass für den Normadressaten voraussehbar ist, welches Verhalten strafbar ist.[765]

Eine Erweiterung des Begriffs Unfallorts kommt aus den genannten Gründen nicht in Betracht. Die im Obiter Dictum angedeutete „Lösungsmöglichkeit" ist daher zu verwerfen.

#### b. *Vorsatz in der Beendigungsphase als Anknüpfungspunkt für eine Strafbarkeit nach § 142 I StGB*

Da das Obiter Dictum weiterhin Raum für die These lässt, dass die Bildung eines Sich-Entfernen-Vorsatzes nach der Vollendung, aber vor der Beendigung der Tat gemäß § 142 I Nr. 1 StGB strafbarkeitsbegründend wirken könne, wird nachfolgend untersucht, ob dieser Ansatz tragfähig ist und so als valide Alternative zur Erweiterung des Unfallorts in Betracht kommt. Dazu wird zunächst das Koinzidenzprinzip abstrakt dargestellt (im Folgenden unter **aa**), bevor anschließend die Auswirkungen des Koinzidenzprinzips im Hinblick auf die Rechtslage, wenn der Unfallbeteiligte den Vorsatz erst nach Vollendung, mithin nach dem Verlassen des Unfallorts bildet, diskutiert werden (im Folgenden unter **bb**).

---

764 Zutreffend *Kraatz*, NZV 2011, 323 (324).

765 Weitergehend zum Bestimmtheitsgebot vgl. bereits oben unter **B.III.1.a.aa**.

### *aa. Das Koinzidenzprinzip und seine Folgen*

Es gibt grundsätzlich drei Phasen, in denen ein Vorsatz gebildet werden kann: Die Phase vor der Vollendung der Tat, die Beendigungsphase und die Phase nach der Beendigung der Tat. Doch nicht in jeder dieser Phasen ist der Vorsatz auch strafrechtlich relevant. Vielmehr gilt, dass wegen des aus §§ 16 I, 8 StGB folgenden Koinzidenzprinzips der Täter gerade zum Zeitpunkt der Vornahme der tatbestandlichen Ausführungshandlung,[766] d.h. beim Verlassen des Unfallorts, zumindest bedingt vorsätzlich handeln muss. Im Hinblick auf § 142 I StGB hat das die folgenden Konsequenzen:

Bei einem während der Tathandlung vor der Vollendung der Tat gebildeten Vorsatz ist das Koinzidenzprinzip unstreitig gewahrt. Verfügt der Täter also vor der Vollendung über zumindest bedingten Vorsatz bezüglich aller Tatbestandsmerkmale, macht er sich grundsätzlich strafbar, wenn er die Tathandlung vornimmt. Zu definieren ist daher, wann die Tathandlung des § 142 I StGB vollendet ist. Dies ist der Fall, wenn der Unfallbeteiligte den Unfallort verlassen hat,[767] was jeweils von den Umständen des Einzelfalls abhängig ist.[768] Vor dem Hintergrund der in Anlehnung an das geschützte Rechtsgut gebotenen Auslegung[769] tritt die Vollendung zu dem Zeitpunkt ein, zu dem der Täter sich von der konkreten Unfallstelle so weit räumlich distanziert hat, dass er die Feststellungspflichten des § 142 I Nr. 1 StGB nicht mehr ordnungsgemäß erfüllen kann,[770] wenn er sich außerhalb des Bereichs befindet, in dem feststellungsbereite Personen den Wartepflichtigen vermuten oder gegebenenfalls durch Befragung ermitteln würden[771] und der Unfallbeteiligte nicht mehr die Aufmerksamkeit der anderen Unfallbeteiligten oder eines am Unfallort eingetroffenen Polizeibeamten erregen

---

766 Vgl. BGH, Beschluss vom 15.11.2010 – 4 StR 413/10, NStZ 2011, 209 (210); *Beulke*, Festschrift Maiwald, S. 30; *Brüning*, ZIS 2007, 317 (321); *Duttge*, in: NK Strafrecht, § 15 Rn. 9; *Fischer*, StGB Kommentar, § 15 Rn. 2; *Kindhäuser*, in: NK StGB, § 15 Rn. 5; *Kühl*, Strafrecht AT, § 5 Rn. 20; *Roxin*, Strafrecht AT I, § 12 I Rn. 80; *Zopfs*, in: MüKo StGB, § 142 Rn. 88.

767 *Zopfs*, in: MüKo StGB, § 142, Rn. 51 hebt hervor, dass die Vollendung seit der Neufassung des Gesetzes nicht mehr erst mit Abschluss des Entfernensvorgangs angenommen werden kann.

768 *Geppert*, Jura 1990, 78 (82); *Kraatz*, NZV 2011, 321 (324).

769 *Geppert*, Jura 1990, 79 (82).

770 *Geppert*, ebd.

771 BGH, Beschluss vom 20.01.1960 – 4 StR 292/59, BGHSt 14, 89 = NJW 1960, 1019 (1020); *Fischer*, StGB Kommentar, § 142 Rn. 21.

würde.[772] Bevor der Unfallbeteiligte den Unfallort im vorgenannten Sinne verlassen hat, ist die Tat noch nicht vollendet.[773] Liegt der Vorsatz zu diesem Zeitpunkt vor und verlässt der Unfallbeteiligte den Unfallort gleichwohl, macht er sich gemäß § 142 I Nr. 1 StGB strafbar. Maßgeblich ist hier also allein die Reichweite des Unfallorts.

Ebenfalls unstreitig macht sich der Unfallbeteiligte nicht strafbar, sofern er sich erst dann vorsätzlich weiter vom Unfallort entfernt, wenn die Tat bereits beendet ist, d.h. wenn der flüchtende Unfallbeteiligte das Ziel seiner Fahrt erreicht oder sich vom Unfallort genügend weit abgesetzt und damit vor möglichen Feststellungen so in Sicherheit gebracht hat, dass nach den Umständen mit einer Identifizierung nicht mehr zu rechnen ist.[774] Der Vorsatz muss nämlich bei Begehung der Tat vorliegen. Nach der gegenwärtigen Rechtslage ist nur das Sich-Entfernen vom Unfallort selbst strafbar. Der Unfallbeteiligte hat den Unfallort aber unter den genannten Umständen bereits verlassen, bevor er den Vorsatz fasst. In diesem Fall liegt der Vorsatz gerade nicht wie erforderlich bei, sondern erst nach Begehung der Tat vor. Es handelt sich daher um einen unbeachtlichen *dolus subsequens*.[775]

Das BVerfG stellt in seinem Obiter Dictum jedoch weder auf die Phase vor der Vollendung noch auf die Phase nach der Beendigung der Tat ab. Vielmehr rekurriert es maßgeblich auf die Phase zwischen Vollendung und Beendigung und suggeriert, dass ein für die Strafbarkeit beachtlicher Vorsatz auch noch während dieser Beendigungsphase gebildet werden könne.[776] Zu untersuchen ist daher, wie sich die Rechtslage darstellt, wenn der Unfallbeteiligte den Vorsatz während der Beendigungsphase bildet.

---

772 *Mitsch*, NZV 2009, 105 (108).

773 *Fischer*, StGB Kommentar, § 142 Rn. 61.

774 Vgl. nur BayObLG, Urteil vom 20.07. 1979 – RReg. 1 St 140/79, NJW 1980, 412; *Blum*, NZV 2008, 496 f.; *Geppert*, in: LK StGB, § 142 Rn. 179; ähnlich OLG Karlsruhe, Urteil vom 10.07.2017 – 2 Rv 10 Ss 581/16, NStZ-RR 2017, 355; kritisch *Brüning*, ZIS 2007, 317 (321); *Kretschmer*, in: K/N/P, § 142 Rn. 88, die ihr Unverständnis darüber äußern, dass die Erreichung des Fahrtziels eine konstitutive Wirkung für das Beendigungsstadium des § 142 I StGB haben sollte, obwohl es keinerlei Bezug zum Tatbestand der Norm aufweise. Ebenfalls kritisch *Kühl*, JuS 1982, 189 (191).

775 Zum *dolus subsequens* vgl. bereits oben unter **B.III.1.d.cc**.

776 BVerfG, Beschluss vom 19.03.2007 – 2 BvR 2273/06, NJW 2007, 1666 (1668).

### *bb. Strafrechtliche Relevanz des in der Beendigungsphase des § 142 I StGB eintretenden Vorsatzes*

Wie an der vom BVerfG verwendeten Formulierung, § 142 I StGB setze „keinen abgeschlossenen Sachverhalt des Sich-Entfernt-Habens“ [777] voraus, deutlich wird, scheint das BVerfG einen erst in der Beendigungsphase entwickelten Vorsatz für eine Tatbestandsverwirklichung nach § 142 I Nr. 1 StGB für ausreichend zu halten. Bevor auf die rechtliche Beurteilung der „sukzessiven Unfallflucht“ eingegangen wird (im Folgenden unter **(2)**), wird vorab in faktischer Hinsicht erläutert, ob im Rahmen des § 142 I StGB überhaupt eine eigenständige Beendigungsphase existiert, in der ein „sukzessiver Vorsatz“ gebildet werden kann (im Folgenden unter **(1)**).

#### *(1) Existenz einer Beendigungsphase bei § 142 I StGB*

Grundsätzlich ist dem StGB eine eigenständige Phase zwischen Vollendung und Beendigung einer Tat nicht fremd, wie etwa an § 252 StGB ersichtlich ist. Ob allerdings auch bei § 142 I StGB eine Beendigungsphase anzuerkennen ist, wird unterschiedlich beurteilt.[778] Beendigungsphase bedeutet, dass der Täter das Unrecht eines bereits vollendeten Delikts noch weiter verwirklicht,[779] was teilweise bereits deshalb als fragwürdig angesehen wird, weil es sich bei § 142 I StGB nicht um ein Dauer-, sondern ein Zustandsdelikt handele, bei dem sich der tatbestandliche Erfolg mit dem Sich-Entfernen vom Unfallort bereits erschöpfe.[780] Andererseits könnte der für ein abstraktes Gefährdungsdelikt typischerweise vorverlegte Vollendungszeitpunkt für ein Auseinanderfallen von Vollendungs- und Beendigungszeitpunkt und damit für die Existenz einer Beendigungsphase sprechen.[781]

Sollte die Beendigungsphase als Anknüpfungspunkt für die Vorsatzbildung dienen, so setzt dies jedenfalls voraus, dass die Beendigungsphase aufgrund ihrer strafbarkeitsbegründenden Wirkung im Sinne des Art. 103 II GG bestimmt ist.[782] Problematisch ist bereits, dass sich bisher keine klare Definition des Begriffs der

777 BVerfG, ebd.

778 Generell kritisch zur Unterscheidung von Vollendung und Beendigung *Kretschmer*, in: K/N/P, § 142 Rn. 130.

779 *Küper*, NStZ 2008, 598 (604).

780 *Brüning*, ZIS 2007, 317 (321).

781 *Mikla*, Die Strafbarkeit gem. § 142 II StGB nach unvorsätzlichem Entfernen vom Unfallort, 1996, S. 199.

782 *Brüning*, ZIS 2007, 317 (321).

Beendigungsphase durchsetzen konnte. Überwiegend wird das unerlaubte Sich-Entfernen vom Unfallort wohl erst als beendet angesehen, wenn der flüchtende Unfallbeteiligte das Ziel seiner Fahrt erreicht oder sich vom Unfallort genügend weit abgesetzt und damit vor möglichen Feststellungen so in Sicherheit gebracht hat, dass nach den Umständen mit einer Identifizierung nicht mehr zu rechnen ist.[783] In Frage kommt als Beendigungsphase also grundsätzlich nur ein schmaler Bereich zwischen der Grenze der Vollendung, bei welcher der Unfallbeteiligte den Unfallort „gerade eben" verlassen hat, und dem Zeitpunkt, in welchem er unmittelbar nicht mehr erreichbar ist.[784]

*Mitsch* erkennt einen Beendigungszeitraum an. Seiner Auffassung nach fallen Vollendung und Beendigung der Tat in der Regel auseinander. Denn während die Vollendung mit dem Entfernungserfolg, d.h. mit der Beeinträchtigung der Befunderhebung eintrete, sei die Tat erst dann beendet, wenn der Unfallbeteiligte aufhöre, sich noch weiter zu entfernen.[785] Auch *Zopfs* erkennt eine Beendigungsphase in engen Grenzen an.[786] Erforderlich sei dabei, dass der Täter gerade durch eine noch weitere Distanzierung vom Unfallort die geschützten Beweissicherungsinteressen intensiver und nachhaltiger beeinträchtige.[787] Die Fortführung der Tathandlung müsse das tatbestandstypische Unrecht vertiefen, indem die Möglichkeit unfallortbezogener Feststellungen durch das weitere Sich-Entfernen endgültig verloren gehe. [788] Unter der Prämisse, dass die Beweissicherungschancen nicht schon endgültig verloren gegangen seien, sei § 142 I StGB erst mit Erreichen des Fahrtziels oder wenn der Unfallbeteiligte sich anderweitig in Sicherheit gebracht habe, beendet.[789] Das OLG Karlsruhe

783 Vgl. nur BayObLG, Urteil vom 20.07. 1979 – RReg. 1 St 140/79, NJW 1980, 412; *Blum*, NZV 2008, 496 f.; *Fischer*, StGB Kommentar, § 142 Rn 61; *Geppert*, in: LK StGB, § 142 Rn. 179; ähnlich OLG Karlsruhe, Urteil vom 10.07.2017 – 2 Rv 10 Ss 581/16, NStZ-RR 2017, 355; kritisch *Brüning*, ZIS 2007, 317 (321); *Kretschmer*, in: K/N/P, § 142 Rn. 88, die ihr Unverständnis darüber äußern, dass die Erreichung des Fahrtziels eine konstitutive Wirkung für das Beendigungsstadium des § 142 I StGB haben sollte, obwohl es keinerlei Bezug zum Tatbestand der Norm aufweise. Ebenfalls kritisch *Kühl*, JuS 1982, 189 (191).

784 *Fischer*, ebd.

785 *Mitsch*, NZV 2009, 105 (108).

786 *Zopfs*, in: MüKo StGB, § 142 Rn. 51.

787 *Zopfs* ebd.; *Küper*, NStZ 2008, 597 (604), der im Ergebnis offen lässt, ob er ein Beendigungsstadium bei § 142 I StGB anerkennt und die durch das Obiter Dictum des BVerfG aufgeworfene Lösung aus anderen Gründen ablehnt.

788 *Zopfs*, ebd.

789 *Zopfs*, ebd.

hat diese Auffassung jüngst bestätigt.[790] In der Urteilsbegründung führte das Gericht aus, dass mit der Fortsetzung des Sich-Entfernens nach der Tatvollendung die Verletzung des geschützten Rechtsguts, das in erster Linie die Sicherung der zivilrechtlichen Interessen der Unfallbeteiligten und Geschädigten sei, intensiviert werde, indem mit der zunehmenden Entfernung vom Unfallort die Möglichkeit von Feststellungen weiter erschwert würde.[791]

*Kraatz* geht auf diese Konstellation unter dem Stichwort der „sukzessiven Alleintäterschaft" ein.[792] Er verweist darauf, dass der Zeitraum zwischen Vollendung und Beendigung bislang von der Rechtsprechung dogmatisch nur genutzt worden sei, um erst in diesem Zeitraum verwirklichte Qualifikationstatbestände bezüglich eines zuvor vollendeten Grundtatbestands strafschärfend wirken zu lassen[793] oder um erst im Beendigungsstadium verwirklichte Beihilfe- bzw. Mittäterhandlungen zu einer vollendeten Haupttat für eine sukzessive Beteiligung ausreichen zu lassen.[794] *Kraatz* gelangt allerdings zu dem Ergebnis, dass die Anerkennung einer Beendigungsphase gegen die Gesetzessystematik verstoße.[795] Dies führt er darauf zurück, dass jedes Verhalten nach Eintritt der räumlichen Distanz vom Unfallort durch erfolgreiches Sich-Entfernt-Haben allenfalls von § 142 II StGB erfasst werden könnte.[796]

### *(2) Stellungnahme*

Ob und nach welchen Kriterien eine Beendigungsphase in der Realität tatsächlich abgrenzbar ist,[797] kann offen bleiben, wenn man beachtet, dass die Verwirklichung eines Delikts eine vollständige, d.h. auch subjektivtatbestandliche Tatvollendung voraussetzt.[798] Strafbar ist ein Verhalten nur, wenn dieses Verhalten alle Merkmale aufweist, die nach dem Strafgesetz zu einer Straftat gehören.[799]

---

790 OLG Karlsruhe, Urteil vom 10.07.2017 – 2 Rv 10 Ss 581/16, NStZ-RR 2017, 355. Die Existenz einer Beendigungsphase bei § 142 I StGB ebenfalls bejahend BayObLG, Urteil vom 20.07.1979 – RReg. 1 St 140/79, NJW 1980, 412.

791 OLG Karlsruhe, ebd.

792 *Kraatz*, NZV 2011, 321 (323); vgl. auch *Brüning*, ZIS 2007, 317 (320).

793 Zur sukzessiven Verwirklichung eines Qualifikationstatbestands *Kraatz*, Jura 2009, 852 ff. m.w.N.

794 *Kraatz*, NZV 2011, 321 (323).

795 *Kraatz*, ebd.

796 *Kraatz*, ebd.

797 Bejahend BayObLG, Urteil vom 20.07.1979 – RReg. 1 St 140/79, NJW 1980, 412.

798 OLG Hamburg, Beschluss vom 27.03.2009 – 3-13/09, NJW 2009, 2074; *Küper*, NStZ 2008, 597 (604).

799 *Mitsch*, NZV 2009, 105 (108).

Im Falle des § 142 I StGB besteht die relevante Tathandlung im vorsätzlichen Sich-Entfernen vom Unfallort, wobei der Vorsatz nach §§ 8, 16 StGB zum Zeitpunkt der Tathandlung bestehen muss.[800] Die Vollendung gemäß § 142 I StGB setzt bereits ein abgeschlossenes Sich-Entfernt-Haben voraus.[801] Das bedeutet, dass der Unfallbeteiligte sich nach der Vollendung nicht mehr am Unfallort befindet, sich also auch nicht mehr vorsätzlich von ihm entfernen kann. Das Verhalten des Unfallbeteiligten nach der Vollendung ist nicht mehr tatbestandsmäßig und daher keine „*Begehung der Tat*" im Sinne der §§ 8, 16 StGB.[802]

Der Lösungsansatz über den Vorsatz in der Beendigungsphase ist daher systemwidrig.[803] Das Problem des unbeachtlichen *dolus subsequens*[804] setzt sich an dieser Stelle fort. Die Formulierung, der Wortlaut lasse ein „Sich-weiter-Entfernen" vom Unfall zu, kann nicht darüber hinwegtäuschen, dass der Täter in der maßgeblichen Konstellation bei Tatbegehung nicht vorsätzlich handelt. Ohne eine vorsätzliche Tatvollendung kann es auch keine vorsätzliche Tatbeendigung geben.[805] Die Beendigung der Tat setzt nämlich bereits begrifflich ihre Vollendung, d.h. die Erfüllung des objektiven und subjektiven Tatbestands, voraus.[806] Insofern genügt es nicht, wenn die Tat nur objektiv vollendet wurde und erst nach Vollendung ein „Beendigungsvorsatz" gebildet wird; solch ein nachträglicher Vorsatz ist unbeachtlich und kann den fehlenden Vollendungsvorsatz nicht ersetzen.[807] Ein nach vollendetem Sich-Entfernen vom Unfallort gebildeter Vorsatz stellt daher einen unbeachtlichen *dolus subsequens* dar.[808] Vor diesem Hintergrund hält *Beulke* in äußerst treffender Weise fest:

---

800 Vgl. BGH, Beschluss vom 15.11.2010 – 4 StR 413/10, NStZ 2011, 209 (210); *Beulke*, Festschrift Maiwald, S. 30; *Brüning*, ZIS 2007, 317 (321); *Duttge*, in: NK Strafrecht, § 15 Rn. 9; *Fischer*, StGB Kommentar, § 15 Rn. 2; *Kindhäuser*, in: NK StGB, § 15 Rn. 5; *Kühl*, Strafrecht AT, § 5 Rn. 20; *Roxin*, Strafrecht AT I, § 12 I Rn. 80; *Zopfs*, in: MüKo StGB, § 142 Rn. 88.

801 Vgl. *Jahn*, JuS 2011, 274 (275).

802 *Mitsch*, JuS 2010, 303 (306).

803 Vgl. *Beulke*, Festschrift Maiwald, S. 31; *Dehne-Niemann*, Jura 2008, 135 (140); *Küper*, NStZ 2008, 597 (604); *Kraatz*, NZV 2011, 321 (325); *Mitsch*, JuS 2010, 303 (306); *Rittig*, Unfallflucht, 2011, S. 97.

804 Vgl. bereits oben unter **B.III.1.d.cc.**

805 *Küper*, NStZ 2008, 597 (604).

806 *Brüning*, ZJS 2009, 442 (444); *Rittig*, Unfallflucht, 2011, S. 97.

807 OLG Hamburg, Beschluss vom 27.03.2009 – 3-13/09, NJW 2009, 2074; *Brüning*, ZIS 2007, 319, (321); *Dehne-Niemann*, Jura 2008, 135 (140); *Zopfs*, in: MüKo StGB, § 142 Rn. 88.

808 So auch *Dehne-Niemann*, Jura 2008, 135 (140); *Kraatz*, NZV 2011, 321 (323).

*„Der Vorsatz erfüllt seine Funktion als Voraussetzung der Strafbarkeit nur, wenn er sich bereits auf die Verwirklichung des objektiven Tatbestands bezieht und sich dadurch zu ihr kongruent verhält. Ein bloßer ‚Beendigungsvorsatz' reicht nicht aus."*[809]

*Küper* verweist in diesem Zusammenhang außerdem zutreffend auf die Systematik der Norm: Aus der Systematik folgt, dass das Nachtatverhalten bei zunächst straflosem Sich-Entfernen nur unter Vorliegen der speziellen Voraussetzungen des Absatzes 2 eine Strafbarkeit begründen kann.[810] Ist dieser Weg versperrt, kann er nicht über einen Rückgriff auf die Beendigungsphase wie in einem „Bypass" wieder eröffnet werden.[811]

Daraus ergibt sich folgendes Fazit: § 142 I StGB ist nur auf den Zeitraum zwischen Unfallgeschehen und Tatvollendung durch ein Verlassen-Haben des Unfallorts anwendbar. Hat der Täter den Unfallort einmal in strafloser Weise verlassen, bemisst sich seine Strafbarkeit nur nach § 142 II StGB.[812]

Die Annahme, dass § 142 I StGB hinreichende Lösungsansätze für das unvorsätzliche Sich-Entfernen vom Unfallort biete,[813] erweist sich deshalb als verfehlt. *Blums* Standpunkt, dass der Angriff auf das betroffene Rechtsgut noch nicht seinen unabänderlichen Abschluss gefunden habe, sodass es ausreiche, dass der Täter während der Flucht Vorsatz fasse,[814] überzeugt nicht. Er übersieht, dass der Vorsatz stets zum Zeitpunkt der Tathandlung bestehen muss. Auch *Laschewski*, seinerzeit Referent im Bundesministerium für Justiz, übergeht dieses Erfordernis, indem er das Obiter Dictum als „gangbaren Weg" einer verfassungskonformen Auslegung betitelt.[815]

*Laschewski* betont im selben Atemzug, dass sich aus dem Beschluss des BVerfG kein durchgreifender Unterschied zur bisherigen Rechtsprechung ergebe, da die Strafbarkeit des unvorsätzlichen-Sich Entfernens in beiden Fällen vom Bestehen eines räumlich-zeitlichen Zusammenhangs zum Unfall abhänge.[816] Auch diese

---

809 *Beulke*, Festschrift Maiwald, S. 30.

810 *Küper*, NStZ 2008, 597 (604)

811 *Küper*, ebd. Auch *Kraatz*, NZV 2011, 321 (325) betont: „Nachdem der Unfallbeteiligte den Bereich des Unfallorts verlassen hat, trifft ihn die Pflicht zur Nachholung der erforderlichen Feststellungen ausdrücklich nur unter den zusätzlichen gesetzlichen Voraussetzungen des § 142 II StGB."

812 So auch *Beulke*, Festschrift Maiwald, S. 32, der von „Nachtatverhalten" spricht; *Dehne-Niemann*, Jura 2008, 135 (140); *Kraatz*, NZV 2011, 321 (323).

813 *Blum*, NZV 2008, 495 (497).

814 *Blum*, ebd.

815 *Laschewski*, NZV 2007, 444 (448).

816 *Laschewski*, ebd.

Annahme ist falsch: Die Rechtsprechung zu § 142 StGB a.F. lässt sich bereits deshalb nicht auf § 142 StGB n.F. übertragen, weil die geltende Fassung der Norm ihrem eindeutigen Wortlaut zufolge voraussetzt, dass der Täter sich gerade vom Unfallort entfernt. § 142 I StGB ist dementsprechend nur auf den Zeitraum zwischen dem Unfallereignis und der Vollendung des Sich-Entfernens vom Unfallort anwendbar. Sobald der Täter die Tat objektiv vollendet hat, indem er den Unfallort verlassen hat, handelt es sich bei dem erst zu diesem Zeitpunkt eintretenden Vorsatz um einen unbeachtlichen *dolus subsequens.*

Das gilt gänzlich unabhängig davon, ob neben der Vollendung auch bereits Beendigung eingetreten ist oder ob noch ein räumlich-zeitlicher Zusammenhang zum Unfall besteht.[817] Während der räumlich-zeitliche Zusammenhang beim Lösungsansatz über § 142 II Nr. 2 StGB als einschränkendes Korrektiv dienen sollte, um die Zumutbarkeit einer nachträglichen Meldepflicht sicherzustellen, kann die Strafbarkeit nach § 142 I StGB – anders als *Laschewski* meint[818] – keineswegs von einem räumlich-zeitlichen Zusammenhang abhängen. Hier setzt der Wortlaut eine unüberwindbare Grenze. Strafbar ist das Sich-Entfernen vom Unfallort, nicht das Sich-Entfernen von einem Ort, der in einem zeitlich-räumlichen Zusammenhang mit dem Unfall steht. Folgerichtig hebt auch *Beulke* hervor, dass die Implantierung des überkommenen Merkmals des räumlich-zeitlichen Zusammenhangs wie ein „völlig ungeeigneter Atavismus" wirke, der seinerseits die Grenze des Wortsinns bei § 142 I StGB unter Kollision mit dem Analogieverbot verfassungswidrig durchbreche.[819]

Ein anderes Ergebnis kann auch nicht mittels einer Parallele zu den Fällen der sukzessiven Beihilfe oder Mittäterschaft begründet werden. Eine Verselbstständigung der Beendigungsphase ist für Fälle der sukzessiven Mittäterschaft bzw. Beihilfe anerkannt, um eine zeitlich nachgelagerte Beteiligung zu bestrafen, wenn eine volltatbestandliche Haupttat durch einen anderen vorliegt.[820] In der vorliegenden Konstellation versucht das BVerfG allerdings, die Beendigungsphase als Vehikel für die Begründung einer „sukzessiven Alleintäterschaft" [821] einzusetzen. Die Konstellation der sukzessiven Beihilfe weist gegenüber den

817 Vgl. *Dehne-Niemann*, Jura 2008, 135 (140).

818 *Laschewski*, NZV 2007, 444 (448).

819 *Beulke*, Festschrift Maiwald, S. 29.

820 Kritisch zur Ausdehnung der Strafbarkeit bei Beihilfe in der Beendigungsphase *Bottke*, JA 1980, 379.

821 *Brüning*, ZIS 2007, 317 (320 f.); *Rittig*, Unfallflucht, 2011, S. 96.

Fällen des unvorsätzlichen Sich-Entfernens vom Unfallort jedoch wesentliche Unterschiede auf.

Erstens handelt es sich im Fall der sukzessiven Beihilfe um die Tat eines anderen (Haupttat), zu der der Gehilfe lediglich Beihilfe leistet. Zweitens liegt mit der Haupttat eine vollendete, vorsätzlich begangene Tat vor. Das ist bei der unvorsätzlichen Vollendung des § 142 StGB anders; es fehlt am subjektiven Tatbestand. Im Rahmen der Figur der sukzessiven Beihilfe wird die Beihilfehandlung in der Beendigungsphase bestraft, weil sie die bereits eingetretene, durch einen anderen (den Täter) hervorgerufene Rechtsgutsverletzung vertieft. Dagegen lässt sich nicht einwenden, dass es auch im Falle des § 142 StGB so sei, dass eine Rechtsgutsverletzung durch das Verlassen des Unfallorts eingetreten sei, welche vertieft werden könne. Dass eine Rechtsgutsverletzung in Form der abstrakten Gefährdung der Beweissicherungsinteressen eingetreten ist, ist zwar zutreffend, allerdings spricht das Gesetz dieser Rechtsgutsbeeinträchtigung ihre Strafbarkeit ab, indem es bestimmt, dass nur ein vorsätzliches Verlassen des Unfallorts strafbar ist. Diese Wertung ist zu berücksichtigen.

Auch kann nicht damit argumentiert werden, dass der Wortlaut ein Sich-weiter-Entfernen vom Unfallort zulasse. Ein erst während der Beendigungsphase gebildeter Vorsatz reicht nicht aus, weil der grundsätzlichen Anerkennung einer solchen Phase der Gedanke zugrunde liegt, dass ein der Vollendung nachfolgendes Tatverhalten das tatbestandstypische Unrecht weiter verwirklicht, insbesondere intensiviert.[822] Dieses Unrecht kann aber nur *weiter* verwirklicht werden, wenn die Straftat schon vollständig vollendet wurde. Ein dritter entscheidender Unterschied zur Figur der sukzessiven Beihilfe besteht darin, dass es sich hier um ein und dieselbe Person handelt und keine Haupttat eines anderen vorliegt. Eine „sukzessive Alleintäterschaft“[823] kennt weder das Gesetz noch ist sie in der Rechtsprechung anerkannt. Der Lösungsansatz ist aufgrund der genannten Gründe abzulehnen.

Im Ergebnis stellt die im Obiter Dictum vorgeschlagene Lösung also keine verfassungskonforme Auslegung, sondern eine „implizite Überdehnung des Wortlauts des § 16 I 1 StGB“[824] dar. Der Vorsatz muss bei der Tathandlung, also beim Sich-Entfernen vom Unfallort vorliegen. Bildet der Täter erst nach der

---

822 OLG Hamburg, Beschluss vom 27.03.2009 – 3-13/09, NJW 2009, 2074; *Küper*, NStZ 2008, 597 (604); *Zopfs*, in: MüKo StGB, § 142 Rn. 51.

823 *Brüning*, ZIS 2007, 317 (320 f.); *Rittig*, Unfallflucht, 2011, S. 96.

824 *Dehne-Niemann*, Jura 2008, 135 (140 f.).

Vollendung einen „Entfernensvorsatz“, hat er den Unfallort gerade nicht vorsätzlich verlassen – er verlässt ihn allenfalls vorsätzlich *weiter*.

Dieses „Weiterverlassen“ des Unfallorts ist *de lege lata* strafrechtlich unbeachtlich. Nach § 142 I StGB tatbestandsmäßig ist unerlaubtes Sich-Entfernen vom Unfallort nur bis zu seiner Vollendung. Die Entfernung in der „Beendigungsphase“ erfüllt den Tatbestand des § 142 I StGB nicht mehr.[825] Durch ein anderes Verständnis würde zudem die Beendigungsphase in Konflikt mit dem Bestimmtheitsgrundsatz des Art. 103 II GG geraten.[826] Der Beendigungszeitraum würde strafbegründend wirken, obgleich das Gesetz dies nicht vorsieht.[827] Kennzeichnenderweise bietet das BVerfG diesen Weg in einem Beschluss an, in dem es an anderer Stelle über das verfassungsrechtliche Analogieverbot zu entscheiden hatte.[828]

### 3. *Fazit zur Gesamtanalyse der Argumente*

Die Untersuchung hat ergeben, dass sämtliche in der Rechtsprechung eingeschlagenen Wege zur Erfassung des vorsatzlosen Sich-Entfernens in § 142 StGB Irrwege darstellen. Zum einen ist das vorsatzlose Sich-Entfernen nicht von § 142 II Nr. 2 StGB erfasst. Die gegenteilige Auffassung verstößt gegen das Analogieverbot des Art. 103 II GG. Zum anderen ist eine weite Auslegung des Unfallortbegriffs, welche den Vollendungszeitpunkt des § 142 I StGB hinauszögern würde, nicht zielführend, weil damit eine Strafbarkeitseinschränkung einherginge. Zuletzt scheidet ein strafbarkeitsbegründender Vorsatz in der Beendigungsphase aus. Das Strafbarkeitsdefizit kann in der Beendigungsphase nicht mehr ausgeglichen werden; der nach Vollendung einer Tat gebildete Vorsatz stellt einen unbeachtlichen *dolus subsequens* dar.

## IV. Alternativer Lösungsansatz: Anwendung der Grundsätze des unechten Unterlassens

Nachdem im vorigen Abschnitt die Rechtsprechung analysiert wurde, wird sich die Untersuchung im kommenden Abschnitt den in der Literatur vorgeschlagenen Lösungsansätzen widmen, soweit diese noch nicht bereits im Rahmen der

---

825 *Mitsch*, NZV 2009, 105 (110).

826 *Beulke*, Festschrift Maiwald, S. 31; *Dehne-Niemann*, Jura 2008, 135 (140); *Mitsch*, JuS 2010, 303 (306).

827 *Kraatz*, NZV 2011, 321 (323) m.w.N.

828 *Dehne-Niemann*, Jura 2008, 135 (141) spricht insoweit von einem „Lapsus“.

Kritik an der dargestellten Rechtsprechung behandelt worden sind. Insbesondere wird vorgeschlagen, die Figur des vorsatzlosen Sich-Entfernens vom Unfallort durch die Anwendung der Grundsätze des unechten Unterlassens zu lösen.

### *1. „Unterlassenslösung" nach §§ 142 I, 13 I StGB*

In Betracht kommen könnte eine „Unterlassenslösung" dergestalt, dass sich ein Unfallbeteiligter gemäß §§ 142 I Nr. 1, 13 I StGB strafbar macht, indem er es nach der Kenntnisnahme von seiner möglichen Unfallbeteiligung vorsätzlich unterlässt, seinen Pflichten aus § 142 I Nr. 1 StGB nachzukommen. Dieses Konzept einer „Unterlassenslösung" hat *Mikla* aufgegriffen.[829] *Mikla* kommt zu dem Schluss, dass der Unfallbeteiligte, der noch innerhalb eines räumlichen und zeitlichen Zusammenhangs Kenntnis vom Unfall erlange, zur Rückkehr zum Unfallort verpflichtet sei; komme er dieser Pflicht nicht nach, so mache er sich nach §§ 142 I, 13 StGB strafbar.[830] Nach *Miklas* Konzept ist das Bestehen einer Rückkehrpflicht also davon abhängig, ob im Zeitpunkt der Kenntniserlangung ein enger räumlicher und zeitlicher Zusammenhang zum Unfall besteht. Dies sei in unmittelbarem Anschluss an die Dislokation der Fall, wenn am Unfallort weilende feststellungsbereite Personen vernünftigerweise noch mit einer Rückkehr rechnen könnten bzw. mit einer Rückkehr rechnen würden, sofern sie nicht am Unfallort anwesend wären.[831]

Ein Unterlassen sei *Mikla* zufolge trotz der Natur des § 142 I StGB als abstraktes Vermögensgefährdungsdelikt möglich. Denn der Begriff des Erfolgs sei nicht im engeren, sondern in einem weiteren Sinne zu verstehen.[832] Die Garantenstellung des Unfallbeteiligten leitet *Mikla* aus Ingerenz her.[833] Insbesondere erfordere eine derartige Garantenstellung aus Ingerenz nicht, dass das Vorverhalten,

829 *Mikla*, Die Strafbarkeit gem. § 142 II StGB nach unvorsätzlichem Entfernen vom Unfallort, 1996, S. 193 ff.

830 *Mikla*, Die Strafbarkeit gem. § 142 II StGB nach unvorsätzlichem Entfernen vom Unfallort, 1996, S. 234.

831 *Mikla*, ebd.

832 *Mikla*, Die Strafbarkeit gem. § 142 II StGB nach unvorsätzlichem Entfernen vom Unfallort, 1996, S. 193 f.

833 *Mikla*, Die Strafbarkeit gem. § 142 II StGB nach unvorsätzlichem Entfernen vom Unfallort, 1996, S. 228 f.

aus dem sie resultiere, vorsätzlich gewesen sei.[834] Es genüge stattdessen eine objektiv rechtswidrige Vortat.[835]

### *2. Kritische Betrachtung der „Unterlassenslösung“ nach §§ 142 I, 13 I StGB*

Die sogenannte „Unterlassenslösung“ ist aus dogmatischen Gründen abzulehnen.[836]

#### *a. Fehlende Tatbestandsverwirklichung*

Die „Unterlassenslösung“ verfolgt den Ansatz, dass sich derjenige strafbar macht, der es nach der Kenntnisnahme von seiner möglichen Unfallbeteiligung vorsätzlich unterlässt, seinen Pflichten aus § 142 I Nr. 1 StGB nachzukommen. Die „Unterlassenslösung“ überzeugt bereits deshalb nicht, weil dieses Unterlassen den Tatbestand des § 142 I StGB gar nicht mehr verwirklichen kann.

§ 142 I StGB stellt allein das Sich-Entfernen vom Unfallort unter Strafe. Die „Unterlassenslösung“ übersieht den entscheidenden Fakt, dass eine Tatbestandsverwirklichung nach § 142 I StGB ausgeschlossen ist, sobald der Unfallbeteiligte den Unfallort verlassen hat, d.h. sobald das Sich-Entfernen - vorsätzlich oder unvorsätzlich - vollendet ist. Nach dem Verlassen des Unfallorts ist kein Raum für eine Strafbarkeit nach § 142 I StGB, sei es durch Begehen oder Unterlassen.

Daran ändert auch das von *Mikla* vorgeschlagene Kriterium eines räumlichen und zeitlichen Zusammenhangs zwischen Kenntnisnahme und Unfallgeschehen nichts. Abgesehen davon, dass der räumliche und zeitliche Zusammenhang nach wie vor einer dogmatischen Grundlage entbehrt, vermag er auch nicht darüber hinwegzuhelfen, dass nach der Vollendungsgrenze kein Raum für eine Strafbarkeit nach § 142 I StGB ist. Erlangt der Unfallbeteiligte jedoch noch im Bereich des Unfallorts Kenntnis vom Unfall bzw. seiner Unfallbeteiligung, macht er sich nach § 142 I StGB strafbar, ohne dass es überhaupt auf eine Unterlassensstrafbarkeit ankäme. Erlangt er hingegen erst nach dem Verlassen des Unfallorts, d.h. nach Vollendung des Sich-Entfernens vom Unfallort Kenntnis vom Unfall, richtet sich die Strafbarkeit allein nach § 142 II StGB, der insoweit abschließend ist.

---

834 *Mikla*, Die Strafbarkeit gem. § 142 II StGB nach unvorsätzlichem Entfernen vom Unfallort, 1996, S. 190 und S. 228 f.

835 *Mikla*, ebd.

836 Ablehnend ebenfalls *Kretschmer*, in: K/N/P, § 142 Rn. 88.

Das Unterlassen, den in § 142 I Nr. 1 StGB statuierten Pflichten nachzukommen, kann entsprechend keine Strafbarkeit gemäß §§ 142 I Nr. 1, 13 I StGB begründen.

### *b. Rechtsnatur des § 142 I StGB: Kein unechtes Unterlassungsdelikt*

Ferner spricht gegen die „Unterlassenslösung" die Einordnung des § 142 I StGB als echtes Unterlassungsdelikt.[837] Ein echtes Unterlassungsdelikt ist dadurch gekennzeichnet, dass das Gesetz ein Handeln fordert, dessen Unterlassen den Tatbestand unmittelbar erfüllt, d.h. ein Verstoß gegen ein Handlungsgebot führt zur Strafbarkeit.[838] Das bedeutet, der Adressat wird zu einem gewissen Handeln verpflichtet, hat aber nicht als Garant für das Ausbleiben eines bestimmten Erfolgs einzustehen.[839] Diese Voraussetzungen erfüllt § 142 I StGB. Zwar ähnelt der bloße Wortlaut des Absatzes 1 eher einem Begehungs- als einem Unterlassungsdelikt, denn § 142 I StGB spricht eindeutig von einem Verbot, nämlich dem Verbot, sich unter bestimmten Voraussetzungen vom Unfallort zu entfernen.[840] Die Vorschrift pönalisiert also ein positives Verhalten, indem sie das Sich-Entfernen vom Unfallort bestraft.[841] Allerdings steht das Verbot, sich vom Unfallort zu entfernen, dem Gebot, am Unfallort zu verbleiben, gleich.[842]

---

837 So die vorherrschende Meinung, vgl. nur *Arloth*, GA 1985, 492 (494) m.w.N.; *Magdowski*, Die Verkehrsunfallflucht in der Strafrechtsreform, 1980, S. 54 f.; *Schmidhäuser*, JZ 1955, 433 (436); „verkapptes Unterlassungsdelikt": *Joecks* Studienkommentar, § 142 Rn, 27; *Kühl*, in: Lackner/Kühl, § 142 Rn. 9; *Steenbock*, Unfallflucht, 2004, S. 98 ff.; *Sternberg-Lieben*, in: Schönke/Schröder, § 142 Rn. 2; a.A.: BayObLG, Beschluss vom 16.02.1984 – RReg. 1 St 327/83, NJW 1984, 1365 (1366): „Entgegen der Meinung von *Janiszewski* ist deshalb § 142 I Nr. 1 StGB – anders als § 142 II StGB – weder ein echtes noch auch nur ein "verkapptes" Unterlassungsdelikt, sondern ein reines Handlungsdelikt, das nicht schon durch das Unterlassen der Vorstellung, sondern (…) immer erst durch das Verlassen der Unfallstelle, also eine positive Handlung, verwirklicht werden kann"; *Zopfs*, in: MüKo StGB, § 142 Rn. 14, der den Schwerpunkt des deliktischen Verhaltens ebenso in dem Sich-Entfernen sieht und § 142 I Nr. 1 StGB entsprechend als Begehungsdelikt einordnet.

838 OLG Frankfurt, Beschluss vom 18.08.2000 - 1 Ws 106/00, NStZ-RR 2001, 57 (58); *Freund*, in: MüKo StGB, § 13 Rn. 105; *Heger*, in: Lackner/Kühl, § 13 Rn. 4; *Ransiek*, JuS 2010, 490; *Steenbock*, Unfallflucht, 2004, S. 103.

839 *Schmidhäuser*, JZ 1955, 433 (436).

840 *Magdowski*, Die Verkehrsunfallflucht in der Strafrechtsreform, 1980, S. 48 f.; *Mikla*, Die Strafbarkeit gem. § 142 II StGB nach unvorsätzlichem Entfernen vom Unfallort, 1996, S. 41.

841 *Magdowski*, Die Verkehrsunfallflucht in der Strafrechtsreform, 1980, S. 47.

842 *Schmidhäuser*, JZ 1955, 433 (435 ff.).

*Magdowski* resümiert zutreffend, dass der Normbefehl eines Entfernungsverbots mit dem eines Dableibegebots identisch ist.[843] Strafbar ist, wer es unterlässt, am Unfallort zu bleiben, bevor die Feststellungen getroffen worden sind (Nr. 1) oder die Wartezeit erfolglos verstrichen ist (Nr. 2). Darüber hinaus enthält § 142 I StGB weitere Gebotselemente in Form der Feststellungsduldungs- und der Wartepflicht.[844] Auch §§ 142 II, III StGB enthält ein Gebot, nämlich die Ermöglichung nachträglicher Feststellungen. Ein Verstoß gegen diese Gebote führt unmittelbar zur Strafbarkeit. Der Vorwurf trifft im Kern folglich das Nicht-Ermöglichen bestimmter Feststellungen[845] oder anders formuliert: Das Unterlassen, Feststellungen zu ermöglichen.

Die Anwendung des § 13 StGB, wie von *Mikla* angeregt, ist hingegen auf unechte Unterlassungsdelikte beschränkt.[846] Unechte Unterlassungsdelikte beschreiben ihrem Wortlaut nach ein aktives Tun, der jeweilige Unrechtserfolg kann aber auch durch ein Unterlassen verwirklicht werden.[847] Sie sind im Gegensatz zu echten Unterlassungsdelikten erfolgsbezogen.[848] Die Charakteristika eines unechten Unterlassungsdelikts bestehen darin, dass eine Person den Eintritt eines Erfolgs nicht verhindert, obwohl sie dazu verpflichtet wäre, und dadurch einen Erfolg herbeiführt, der sonst regelmäßig durch aktives Tun verursacht wird.[849] Voraussetzung ist, dass der Täter die Rechtspflicht hat, einen rechtswidrigen Erfolg durch die unterlassene Handlung zu verhindern, wobei der Erfolg tatbestandsmäßig sein muss.[850] Dafür, dass ein außerhalb eines

843 *Magdowski*, Die Verkehrsunfallflucht in der Strafrechtsreform, 1980, S. 49 zieht daraus allerdings den Schluss, dass das unter Strafe stehende Sich-Entfernen an sich wegen des Wortlauts als verbotenes Handlungselement zu klassifizieren sei. Ihrer Argumentation zufolge weise § 142 I StGB dennoch in der Gesamtschau Gebotscharakter auf, da das Entfernungsverbot in den Handlungsgeboten vollständig enthalten sei und keinen eigenständigen Charakter entfalte, vgl. *Magdowski*, Die Verkehrsunfallflucht in der Strafrechtsreform, 1980, S. 55.

844 *Magdowski*, Die Verkehrsunfallflucht in der Strafrechtsreform, 1980, S. 49 ff.

845 *Joecks* Studienkommentar, § 142 Rn, 27; *Kühl*, in: Lackner/Kühl, § 142 Rn. 9.

846 *Fischer*, StGB Kommentar, § 13 Rn. 2.

847 OLG Frankfurt, Beschluss vom 18.08.2000 – 1 Ws 106/00, NStZ-RR 2001, 57 (58); *Freund*, in: MüKo StGB, § 13 Rn. 61; *Heger*, in: Lackner/Kühl, § 13 Rn. 4; Ransiek, JuS 2010, 490 (491); *Steenbock*, Unfallflucht, 2004, S. 103.

848 *Bosch*, in: Schönke/Schröder, § 13 Rn. 2; *Heger*, in: Lackner/Kühl, § 13 Rn. 5 f.; *Steenbock*, Unfallflucht, 2004, S. 103;.

849 *Fischer*, Vor § 13 Rn. 16.

850 *Bosch*, in: Schönke/Schröder, § 13 Rn. 2; *Heger*, in: Lackner/Kühl, § 13 Rn. 6; *Schmidhäuser*, JZ 1955, 433 (434).

gesetzlichen Tatbestands liegender Erfolg nicht eintritt, hat der Täter nicht gemäß § 13 StGB rechtlich einzustehen.[851] Entsprechend wird teilweise angenommen, dass nur Erfolgsdelikte durch unechtes Unterlassen gemäß § 13 I StGB erfüllt werden könnten.[852]

Dabei ist streitig, ob § 142 I StGB ein Erfolgsdelikt darstellt. Dies wird zwar vielfach bejaht.[853] Nach dieser Ansicht laufe der Vorhalt, dass § 142 I StGB ein reines Tätigkeitsdelikt sei, ins Leere, weil die Tathandlung der Norm sehr wohl erfolgsbezogen zu verstehen sei.[854] Sie setze nämlich einen Erfolg in Form einer tatsächlichen Dislozierung vom Unfallort voraus. Insofern erfordert der Tatbestand eine abgeschlossene Handlung in Form eines erfolgreichen Sich-Entfernens vom Unfallort.[855]

Dagegen wird jedoch eingewandt, dass § 142 I StGB kein typisches Erfolgsdelikt sei, weil der Abschluss des Sich-Entfernen-Vorgangs keinen Erfolg darstelle, welcher über die tatbestandliche Handlung hinausgehe.[856] Zwar dient die vom Gesetz geforderte Handlung der Vermeidung von Unrechtsfolgen, denn Sinn und Zweck der genannten Regelung ist es, die Feststellungsinteressen der anderen Unfallbeteiligten und der Geschädigten zu schützen. Doch kommt es für die Tatbestandsmäßigkeit des Unterlassens nicht auf das Verhindern des Erfolges an, sondern allein auf das Unterlassen der geforderten Handlung.[857] Insbesondere erfordert § 142 StGB als abstraktes Vermögensgefährdungsdelikt[858] keinen

851 *Bindokat*, NJW 1966, 1906 (1907); *Heger*, in: Lackner/Kühl, § 13 Rn. 6.

852 *Wessels/Beulke/Satzger*, § 19 II 3 Rn. 1167; a.A. *Bosch*, in: Schönke/Schröder, § 13 Rn. 2; *Freund*, in: MüKo StGB, § 13 Rn. 227; für eine Erfassung schlichter Tätigkeitsdelikte in engen Grenzen *Heger*, ebd.

853 *Fischer*, StGB Kommentar, § 142 Rn. 2; *Küper*, JZ 1981, 209 (214); *Mitsch*, NZV, 2009, 105 (108); *Kretschmer*, in: K/N/P, § 142 Rn. 14; *Küper/Zopfs*, Rn. 511.

854 *Hillenkamp*, Festschrift Beulke, S. 456; *Kühl*, in: Lackner/Kühl, § 142 Rn. 11.

855 *Küper*, JZ 1981, 209 (214); als Erfolg nicht auf die Dislozierung, sondern auf die Vereitelung der konkreten Beweissicherungschancen abstellend *Kretschmer*, in: K/N/P, § 142 Rn. 14.

856 *Schünemann*, Grund und Grenzen der unechten Unterlassungsdelikte, 1971, S. 368.

857 Vgl. BayObLG, Beschluss vom 22.01.1990 – Reg. 1 St 5/90, NZV 1990, 398.

858 *Arloth*, GA 1982, 492 (494); *Geppert*, Jura 1990, 78; *Duttge*, JR 2001, 181 (182); *Fischer*, StGB Kommentar, § 142 Rn. 2; *Krey/Hellmann/Heinrich*, Rn. 929; *Kühl*, in: Lackner/Kühl, § 142 Rn. 2; *Maurach/Schroeder/Maiwald*, § 49 Rn 6; *Rengier*, Strafrecht BT II, § 46 Rn. 1; *Stein*, in: SK StGB, § 142 Rn. 5; *Sternberg-Lieben*, in: Schönke/Schröder, § 142 Rn. 1a; *Zopfs*, in: MüKo StGB, § 142 Rn. 4; ähnlich: *Küper*, NJW 1981, 853: „ein dem ‚abstrakten Gefährdungsdelikt‘ analoges Gepräge“; kritisch *Loos/Schwerdtfeger*, DAR 1983, 209; ablehnend *Kretschmer*, in: K/N/P, § 142 Rn. 14.

tatbestandlichen Erfolg im Sinne einer Vermögensschädigung: Der Tatbestand ist unabhängig davon erfüllt, ob das Verbleiben am Unfallort zur Aufklärung der Unfallumstände geeignet gewesen wäre;[859] eine konkrete Gefahr oder der Eintritt eines Erfolgs in Form einer tatsächlichen Vermögensschädigung ist zur Tatbestandsverwirklichung nicht erforderlich.[860] Unter Strafe steht das Verlassen des Unfallorts, weil es die Feststellung und Sicherung der durch den Unfall begründeten zivilrechtlichen Ansprüche der Unfallbeteiligten typischerweise gefährdet.[861] Aus diesen Gründen lässt sich argumentieren, dass es sich bei § 142 I StGB "nicht um ein Erfolgsdelikt in dem für die unechte Unterlassung vorausgesetzten Sinne" handelt.[862]

Gewichtiger ist jedoch, dass § 142 I StGB auch die weiteren Charakteristika eines unechten Unterlassungsdelikts nicht aufweist. Wie oben erläutert, ist das Entfernensverbot spiegelbildlich identisch mit einem Dableibegebot. Die Vorschrift stellt damit bereits seinem Wortlaut nach ein Unterlassen unter Strafe. Gegen die „Unterlassenslösung" spricht somit die Einordnung als echtes statt als unechtes Unterlassungsdelikt.

### *c. Fehlende Begründbarkeit einer Garantenstellung im Sinne des § 13 I StGB*

Ein weiteres gewichtiges Argument gegen eine „Unterlassungslösung" ist die fehlende Begründbarkeit einer Garantenstellung.[863] Denkbar wäre von vornherein allenfalls eine Garantenstellung aus Ingerenz, wenn der Täter durch sein Vorverhalten - das Verlassen des Unfallorts - eine Gefahrerhöhung hinsichtlich der Aufklärung des Unfallgeschehens und der Durchsetzungsmöglichkeiten der zivilrechtlichen Ansprüche schaffen würde. Dieses Vorverhalten müsste zu

---

859 *Küper*, NJW 1981, 853; a.A. *Kretschmer*, ebd., demzufolge es erforderlich ist, dass die bestehende Chance einer Beweissicherung konkret vereitelt werden muss.

860 *Arloth*, GA 1982, 492 (494); */Sternberg-Lieben*, in: Schönke/Schröder, § 142 Rn. 83; *Magdowski*, Die Verkehrsunfallflucht in der Strafrechtsreform, 1980, S. 64; *Steenbock*, Unfallflucht, 2004, S. 41; *Zopfs*, in: MüKo StGB, § 142 Rn. 8.

861 *Stein*, in: SK StGB, § 142 Rn. 5.

862 *Schmidhäuser*, JZ 1955, 433 (434).

863 *Dehne-Niemann*, Jura 2008, 135 (141); *Schünemann*, Grund und Grenzen der unechten Unterlassungsdelikte, 1971, S. 368. Zu den einzelnen weiteren Garantenpflichten, die im Ergebnis allesamt ebenso verneint werden vgl. *Steenbock*, Unfallflucht, 2004, S. 105 ff.

einer naheliegenden Gefahr des Erfolgseintritts geführt haben.[864] Eine Garantenstellung aus Ingerenz wird nicht durch jedes kausale Vorverhalten begründet, sondern erfordert ein pflichtwidriges,[865] wenn auch nicht unbedingt schuldhaftes Vorverhalten,[866] das eine naheliegende Gefahr des Erfolgseintritts begründet oder zumindest erhöht.[867] Gerade die Untätigkeit muss zu einer Vergrößerung der Gefahr oder des Schadens führen, was im Umkehrschluss bedeutet, dass ein Handeln des Täters einen tatbestandsmäßigen Erfolg abwenden würde.[868] Eine Garantenstellung aus Ingerenz setzt also dogmatisch voraus, dass das Verhalten des Unfallbeteiligten zu einer Vergrößerung der Gefahr oder Vertiefung des Schadens führt.[869]

Diese Voraussetzung könnte jedoch im Widerspruch zur Natur eines abstrakten Gefährdungsdelikts stehen. Teilweise wird angenommen, dass abstrakte Gefährdungsdelikte als unechte Unterlassungsdelikte generell ausscheiden.[870] § 142 StGB weist die Natur eines abstrakten Gefährdungsdelikts auf, das gerade keine konkrete Gefahr im Sinne einer Verschlechterung oder Vereitelung der Beweissicherungschancen erfordert. Die Norm setzt nicht voraus, dass die Feststellungsinteressen der Unfallbeteiligten tatsächlich beeinträchtigt werden. Entsprechend entfällt die Strafbarkeit nicht, weil der Täter zwar die in § 142 I StGB

---

864 BGH, Beschluss vom 15.04.1997 – 4 StR 116/97, NStZ-RR 1997, 292 (292 f.); BGH, Urteil vom 13.09.1997 – 1 StR 430/97, NStZ 1998, 83 (84); BGH, Urteil vom 24.09.1998 – 4 StR 272/98, NJW 1999, 69 (71); *Heuchemer*, in: BeckOK StGB, § 13 Rn. 69.

865 Vgl. nur BGH, Urteil vom 19.07.1973 – 4 StR 284/73, BGHSt 25, 218 = NJW 1973, 1706; *Bosch*, in: Schönke/Schröder, § 13 Rn. 35; *Fischer*, StGB Kommentar, § 13 Rn. 52; *Freund*, in: MüKo StGB, § 13 Rn. 118 f.; *Gaede*, in: K/N/P, § 13 Rn. 43; *Heuchemer*, in: BeckOK StGB, § 13 Rn. 71; *Steenbock*, Unfallflucht, 2004, S. 107; a.A. *Herzberg*, JuS 1971, 74; differenzierend nach Fallgruppen *Kindhäuser*, in: NK StGB, § 13 Rn. 49 ff.; *Tag*, in: NK Strafrecht, § 13 Rn. 22.

866 BGH, Urteil vom 19.07.1973 – 4 StR 284/73, BGHSt 25, 218 = NJW 1973, 1706; *Steenbock*, Unfallflucht, 2004, S. 107; a.A. *Herzberg*, JuS 1971, 74.

867 Vgl. nur BGH, Urteil vom 25.09.1991 – 3 StR 95/91, NJW 1992, 1246 (1247).

868 *Schröder*, NJW 1966, 1001 (1002).

869 BGH, Beschluss vom 15.04.1997 – 4 StR 116/97, NStZ-RR 1997, 292 (292 f.); BGH, Urteil vom 13.09.1997 – 1 StR 430/97, NStZ 1998, 83 (84); BGH, Urteil vom 24.09.1998 – 4 StR 272/98, NJW 1999, 69 (71); *Bosch*, in: Schönke/Schröder, § 13 Rn. 42.

870 *Bindokat*, NJW 1966, 1906 (1907); a.A. *Bosch*, in: Schönke/Schröder, § 13 Rn. 3; *Heuchemer*, in: BeckOK StGB, § 13 Rn. 4; für eine Erfassung abstrakter Gefährdungsdlikte in engen Grenzen *Heger*, in: Lackner/Kühl, § 13 Rn. 6.

oder § 142 II StGB genannte Tathandlung ausgeführt hat, aber den anderen Unfallbeteiligten die Beweissicherung nichtsdestotrotz gelungen ist und sie ihre zivilrechtlichen Ansprüche ungeachtet der mangelnden Mitwirkung des Täters durchsetzen konnten. Unter Strafe stellt § 142 StGB stattdessen Verhaltensweisen, die abstrakt dazu geeignet sind, das Interesse an der Feststellung und Sicherung zivilrechtlicher Ansprüche der Unfallbeteiligten zu gefährden. Sowohl das Sich-Entfernen (Absatz 1) als auch das Unterlassen der nachträglichen Feststellungen (Absatz 2) sind abstrakt dazu geeignet, die Aufklärung des Unfallhergangs und damit auch die Durchsetzung der zivilrechtlichen Ansprüche der Beteiligten zu erschweren. § 142 StGB ist bereits durch die generelle Gefährlichkeit des unerlaubten Sich-Entfernens vom Unfallort legitimiert. [871]

Diese abstrakte Gefährdung der Beweissicherungschancen ist jedoch bereits mit dem vorzeitigen Verlassen des Unfallorts endgültig eingetreten.[872] Die „Unterlassenslösung" scheitert entsprechend daran, dass der tatbestandliche Erfolg bereits endgültig eingetreten ist, sobald sich der Unfallbeteiligte vom Unfallort entfernt hat;[873] eine Schadensvertiefung in Form einer verstärkten Beeinträchtigung durch das Weiterverlassen des Unfallorts findet nicht statt.[874] Vor diesem Hintergrund ist *Dehne-Niemanns* Schlussfolgerung, dass eine Unterlassensstrafbarkeit nach § 142 I StGB darauf hinausliefe, den Unfallbeteiligten für die Nichtabwendung eines in § 142 StGB nicht vorkommenden Erfolges verantwortlich zu machen,[875] richtig. Eine Unterlassensstrafbarkeit nach § 142 I StGB würde den Unfallbeteiligten verpflichten, die durch das unvorsätzliche Sich-Entfernt-Haben vom Unfallort eingetretene Vereitelung der Feststellungsmöglichkeiten wieder zu beseitigen.[876] Eine Unterlassensstrafbarkeit liefe damit letztlich nicht auf eine Pflicht zur Schadensabwendung, sondern zur Schadenswiedergutmachung hinaus, wie sie in den Grundsätzen der unechten

---

871 Zum Ganzen *Arloth*, GA 1982, 492 (494); *Geppert*, Jura 1990, 78; *Duttge*, JR 2001, 181 (182); *Kühl*, in: Lackner/Kühl, § 142 Rn. 2; *Maurach/Schroeder/Maiwald*, § 49 Rn 6; ähnlich: *Küper*, NJW 1981, 853: „ein dem ‚abstrakten Gefährdungsdelikt' analoges Gepräge". Kritisch *Loos/Schwerdtfeger*, DAR 1983, 209.

872 *Kraatz*, NZV 2011, 321 (325); *Kretschmer*, in: K/N/P, § 142 Rn. 88.

873 *Hillenkamp*, Festschrift Beulke, S. 457; so bereits *Schröder*, NJW 1966, 1001 (1002 f.) im Hinblick auf § 142 StGB a.F.

874 *Rittig*, Unfallflucht, 2011, S. 88.

875 Vgl. *Dehne-Niemann*, Jura 2008, 135 (141); ähnlich: *Schmidhäuser*, JZ 1955, 433 (434).

876 *Dehne-Niemann*, ebd.

Unterlassungsdelikte niemals vorgesehen sei.[877] Die nach dem Stadium der Vollendung des § 142 I StGB möglicherweise eintretende sekundäre, d.h. konkrete Rechtsgutsbeeinträchtigung ist nicht vom Schutz der Vorschrift erfasst. Sie stellt keinen tatbestandlichen Erfolg dar, zu dessen Abwendung ein Garant verpflichtet wäre.

Desweiteren spricht gegen die „Unterlassenslösung", dass die Nachholung der Feststellungen bereits abschließend durch § 142 II StGB geregelt ist, dessen Voraussetzungen nicht durch eine Unterlassensstrafbarkeit umgangen werden dürfen.[878] Außerhalb des § 142 II StGB bestehen gesetzlich keine Nachholpflichten.[879] In der Nachtatphase ist § 13 StGB daher *per se* nicht anwendbar.[880] Die detaillierten Strafbarkeitsvoraussetzungen, die der Gesetzgeber mit der Einführung dieses Absatzes an ein strafwürdiges Unterlassen im Rahmen des unerlaubten Entfernens vom Unfallort aufgestellt hat, würden auf simple Art und Weise konterkariert, wenn es möglich wäre, die nicht von § 142 II StGB erfassten Fälle gleichwohl durch die „Hintertür" der §§ 142 I, 13 I StGB zu erfassen. Ein solches Vorgehen stünde im Widerspruch zu den vom Gesetzgeber getroffenen Wertungen und ist deshalb unzulässig.

### *d. Fazit zur „Unterlassenslösung" nach §§ 142 I, 13 I StGB*

Die „Unterlassenslösung" überzeugt aus dogmatischen Gründen nicht. § 142 I StGB ist ein echtes Unterlassungsdelikt. § 13 I StGB ist auf echte Unterlassungsdelikte jedoch nicht anwendbar. Die Annahme eines unechten Unterlassens nach § 142 I StGB würde zudem verkennen, dass das unechte Unterlassen nur dem im Gesetz festgelegten Tun gleichgestellt werden kann. Dieses sieht aber eine Pflichterfüllung am Unfallort vor, die nach Verlassen der Unfallstelle nicht mehr vorsätzlich unterlassen werden kann. Zudem kann keine Garantenstellung, insbesondere nicht aus Ingerenz, begründet werden.

---

877 BayObLG, Urteil vom 18.07.1980 – RReg. 1 St. 2/80, NJW 1981, 879 (880); *Bosch*, in: Schönke/Schröder, § 13 Rn. 42; *Hillenkamp*, Festschrift Beulke, S. 457.

878 *Dehne-Niemann*, Jura 2008, 135 (141). Ähnlich *Hillenkamp*, Festschrift Beulke, S. 457, der hervorhebt, dass eine Unterlassensstrafbarkeit außerdem den vom Gesetzgeber in den Absätzen 2 und 3 integrierten *numerus clausus* der Nachholpflichten unterlaufen würde.

879 *Kraatz*, NZV 2011, 321 (325).

880 *Dehne-Niemann*, Jura 2008, 135 (141).

# C. Rechtsvergleich: Die tatbestandlichen Pendants in der Republik Österreich und der Schweizerischen Eidgenossenschaft

Eine rechtsvergleichende Betrachtung gibt Aufschluss darüber, wie andere Länder die Strafwürdigkeit eines bestimmten Verhaltens beurteilen. Sie kann insbesondere zeigen, inwieweit die Ansichten hinsichtlich des zu schützenden Rechtsguts sowie in strafrechtlichen, rechtspolitischen und rechtssystematischen Fragen in anderen Rechtsordnungen vom deutschen Verständnis abweichen bzw. mit ihm übereinstimmen.[881]

Der nächste Teil dieser Arbeit widmet sich daher exemplarisch einem Blick in die Rechtsordnungen zweier Nachbarländer der Bundesrepublik Deutschland, der Republik Österreich („Österreich") und der Schweizerischen Eidgenossenschaft („Schweiz"). Dabei zeigt sich, dass in der Schweiz Vorschriften zur Verkehrsunfallflucht existieren, die der deutschen Gesetzeslage in Grundstruktur und Zielsetzung ähneln, aber dennoch Unterschiede gegenüber § 142 StGB aufweisen. Im österreichischen Strafgesetz hingegen existiert keine Vorschrift betreffend die Verkehrsunfallflucht, sondern lediglich eine generellere Norm zum Imstichlassen eines Verletzten,[882] die qualifizierte Fälle einer unterlassenen Hilfeleistung unter Strafe stellt und infolge ihres offenen Tatbestands insbesondere auch nach einem Unfall zur Anwendung gelangt. Im Folgenden werden die inhaltlichen Grundzüge der jeweiligen Verkehrsnormen illustriert.

## I. Rechtslage in der Schweiz

Die Rechtslage in der Schweiz weist aus deutscher Perspektive zwei Besonderheiten auf. Bemerkenswert ist zunächst, dass die Schweizer Rechtsordnung die Verkehrsunfallflucht nicht etwa im Schweizer Strafgesetzbuch, sondern im Schweizer Straßenverkehrsgesetz („SchwStVG")[883] adressiert. Anders als im deutschen Recht ist auch, dass das SchwStVG Verhaltensappell und Rechtsfolge in zwei unterschiedlichen Normen regelt: Art. 51 SchwStVG formuliert den zu

881 Die jeweiligen Regelungen lassen sich infolge dieser Verschiedenartigkeiten nicht ohne Weiteres auf die das deutsche Rechtssystem übertragen, vgl. *Janiszewski*, DAR 1975, 169 (170).

882 § 94 ÖStGB.

883 Schweizer Straßenverkehrsgesetz vom 19.12.1985; online verfügbar unter https://www.admin.ch/opc/de/classified-compilation/19580266/index.html (zuletzt abgerufen am 10.08.2019).

befolgenden Verhaltensappell und Art. 92 SchwStVG, die eigentliche Strafnorm, bestimmt die Rechtsfolgen eines pflichtwidrigen Verhaltens. § 51 SchwStVG lautet:

> „*(1) Ereignet sich ein Unfall, an dem ein Motorfahrzeug oder Fahrrad beteiligt ist, so müssen alle Beteiligten sofort anhalten. Sie haben nach Möglichkeit für die Sicherung des Verkehrs zu sorgen.*
> *(2) Sind Personen verletzt, so haben alle Beteiligten für Hilfe zu sorgen, Unbeteiligte, soweit es ihnen zumutbar ist. Die Beteiligten, in erster Linie die Fahrzeugführer, haben die Polizei zu benachrichtigen. Alle Beteiligten, namentlich auch Mitfahrende, haben bei der Feststellung des Tatbestandes mitzuwirken. Ohne Zustimmung der Polizei dürfen sie die Unfallstelle nur verlassen, soweit sie selbst Hilfe benötigen, oder um Hilfe oder die Polizei herbeizurufen.*
> *(3) Ist nur Sachschaden entstanden, so hat der Schädiger sofort den Geschädigten zu benachrichtigen und Namen und Adresse anzugeben. Wenn dies nicht möglich ist, hat er unverzüglich die Polizei zu verständigen.*
> *(4) Bei Unfällen auf Bahnübergängen haben die Beteiligten die Bahnverwaltung unverzüglich zu benachrichtigen.*“

Gemäß § 51 I SchwStVG besteht nach einem Verkehrsunfall unter Beteiligung eines Motorfahrzeugs oder eines Fahrrads für alle Unfallbeteiligten eine sofortige Anhaltepflicht. Dazu genügt, dass lediglich die Möglichkeit einer Unfallbeteiligung besteht.[884] Die weiteren Verhaltenspflichten richten sich danach, ob ein Personenschaden (§ 51 II SchwStVG) oder lediglich ein Sachschaden (§ 51 III SchwStVG) eingetreten ist. Falls es zu einem Personenschaden gekommen ist, besteht in erster Linie eine Pflicht zur Hilfeleistung. Desweiteren ist die Polizei zu benachrichtigen und an der Feststellung des Unfallhergangs mitzuwirken. Bei einem Sachschaden stellen sich die Anforderungen geringer dar: Der Schädiger muss lediglich den Geschädigten benachrichtigen; nur wenn dies nicht möglich ist, hat der Schädiger die Polizei zu verständigen.[885] Zusammenfassend etabliert § 51 SchwStVG positive Normbefehle und stellt ein echtes Unterlassungsdelikt dar.[886]

Die Rechtsfolgen eines Verstoßes gegen diese Verhaltenspflichten stellen sich gemäß § 92 SchwStVG wie folgt dar:

> „*(1) Mit Busse wird bestraft, wer bei einem Unfall die Pflichten verletzt, die ihm dieses Gesetz auferlegt.*

---

884 *Himmelreich/Bücken/Krumm*, Verkehrsunfallflucht, S. 279; *Schaffhauser*, Grundriss des schweizerischen Straßenverkehrsrechts, 1984, Rn. 798.

885 Zu den Pflichten im Einzelnen *Leipold*, Verkehrsunfallflucht, 1987, S. 141 ff.

886 *Leipold*, Verkehrsunfallflucht, 1987, S. 141.

*(2) Mit Freiheitsstrafe bis zu drei Jahren oder Geldstrafe wird bestraft, wer als Fahrzeugführer bei einem Verkehrsunfall einen Menschen getötet oder verletzt hat und die Flucht ergreift."*

Es wird deutlich, dass § 92 I SchwStVG ("*Pflichten verletzt, die ihm dieses Gesetz auferlegt*") an einen Verstoß gegen die in Art. 51 SchwStVG etablierten Verhaltenspflichten nach einem Unfall anknüpft. Es handelt sich um einen Übertretungstatbestand, der mit Haft oder Geldbuße bestraft wird.[887] Die Höhe der Geldbuße wird nach den Bemessungsrichtlinien der einzelnen Kantone festgesetzt.[888]

Im Gegensatz dazu sieht § 92 II SchwStVG („*Führerflucht*") eine Bestrafung unabhängig von den in Art. 51 SchwStVG etablierten Verhaltenspflichten vor. Da wegen § 92 II SchwStVG bestraft wird, wer die Flucht ergreift, obwohl er bei einem Verkehrsunfall einen Menschen getötet oder verletzt hat, handelt es hierbei sich um einen qualifizierten Fall der unterlassenen Hilfeleistung.[889] § 92 II SchwStVG fußt auf der Erwägung, dass infolge der Verletzung oder Tötung einer Person eine besondere Rechtsbeziehung entsteht.[890] Anders als der Wortlaut suggeriert, bedarf es keiner Flucht im Sinne eines übereilten Verlassens des Unfallorts; es kommt vielmehr darauf an, dass sich der Fahrer seiner notwendigen Verfügbarkeit am Unfallort in irgendeiner Weise entzieht.[891] Der Tatbestand ist auch bei fahrlässiger Begehung erfüllt, Art. 100 Nr. 1 i.V.m. Art. 92 SchwStVG.[892]

## II. Rechtslage in Österreich

In Österreich existiert keine Vorschrift, welche die Verkehrsunfallflucht als solche im Sinne eines echten Krimimaldelikts unter Strafe stellt. Jedoch ist § 94 des österreichischen Strafgesetzbuchs („ÖStGB"), der allgemein das sogenannte Imstichlassen eines Verletzten mit Strafe bedroht, aufgrund seines offen formulierten Tatbestands insbesondere auch im straßenverkehrsrechtlichen Kontext einschlägig.[893] § 94 ÖStGB lautet:

---

887 *Himmelreich/Bücken/Krumm*, Verkehrsunfallflucht, S. 280.
888 *Himmelreich/Bücken/Krumm*, ebd.
889 *Duttge*, ZStr 2001, 147 (165); *Leipold*, Verkehrsunfallflucht, 1987, S. 127.
890 *Leipold*, Verkehrsunfallflucht, 1987, S. 150.
891 *Himmelreich/Bücken/Krumm*, Verkehrsunfallflucht, S. 281.
892 *Himmelreich/Bücken/Krumm*, Verkehrsunfallflucht, S. 281 m.w.N.
893 *Leipold*, Verkehrsunfallflucht, 1987, S. 158.

*„(1) Wer es unterläßt, einem anderen, dessen Verletzung am Körper (§ 83) er, wenn auch nicht widerrechtlich, verursacht hat, die erforderliche Hilfe zu leisten, ist mit Freiheitsstrafe bis zu einem Jahr oder mit Geldstrafe bis zu 720 Tagessätzen zu bestrafen.*
*(2) Hat das Imstichlassen eine schwere Körperverletzung (§ 84 Abs. 1) des Verletzten zur Folge, so ist der Täter mit Freiheitsstrafe bis zu zwei Jahren, hat es seinen Tod zur Folge, mit Freiheitsstrafe bis zu drei Jahren zu bestrafen.*
*(3) Der Täter ist entschuldigt, wenn ihm die Hilfeleistung nicht zuzumuten ist. Die Hilfeleistung ist insbesondere dann nicht zuzumuten, wenn sie nur unter der Gefahr des Todes oder einer beträchtlichen Körperverletzung oder Gesundheitsschädigung oder unter Verletzung anderer überwiegender Interessen möglich wäre.*
*(4) Der Täter ist nach Abs. 1 und 2 nicht zu bestrafen, wenn er schon wegen der Verletzung mit der gleichen oder einer strengeren Strafe bedroht ist.“*

§ 94 ÖStGB weist seinem Wortlaut nach keinen spezifischen Bezug zu einer Unfallsituation im Straßenverkehr auf.[894] Nichtsdestotrotz wirkt sich die Vorschrift in der Praxis gerade in Unfallsituationen aus. Denn die Vorschrift etabliert für den Verletzungsverursacher unmittelbar die Pflicht, Hilfe zu leisten und damit mittelbar auch die Pflicht anzuhalten.[895] Ausnahmsweise kann aus der Hilfspflicht auch die Pflicht zur Rückkehr erwachsen; das ist etwa dann der Fall, wenn der Verletzte erst nachträglich hilfsbedürftig wird und der Verletzte davon erfährt.[896]

§ 94 ÖStGB stellt ebenfalls ein echtes Unterlassungsdelikt dar.[897] Da § 94 ÖStGB im Abschnitt „*Straftaten gegen Leib und Leben*“ enthalten ist, dient er anders als § 142 StGB nicht der Wahrung zivilrechtlicher Beweisinteressen, sondern allein dem Schutz von Leib und Leben – in § 94 ÖStGB kommt die „gesteigerte Solidarität zwischen dem Verursacher einer Körperverletzung und seinem hilfsbedürftigen Opfer“ zum Ausdruck.[898] Er ist auf die grundsätzliche Pflicht, die nachteiligen Folgen seines eigenen Handelns abzuwenden, zurückzuführen.[899]

---

894 Die Norm ist daher auch etwa auf Sport- und Arbeitsunfälle anwendbar, vgl. *Steenbock*, Unfallflucht, 2004, S. 185.

895 Vgl. *Leipold*, Verkehrsunfallflucht, 1987, S. 160, der betont, dass die im alten österreichischen Strafgesetz von 1945 ausdrücklich enthaltene „Nachschaupflicht“ gleichermaßen von der heutigen Fassung des § 94 ÖStGB erfasst wird, obwohl sie darin keine explizite Erwähnung mehr findet.

896 *Leipold*, Verkehrsunfallflucht, 1987, S. 164 f.

897 *Leipold*, Verkehrsunfallflucht, 1987, S. 159.

898 *Leipold*, Verkehrsunfallflucht, 1987, S. 160 f.

899 *Leipold*, Verkehrsunfallflucht, 1987, S. 159.

Daneben konkretisiert § 4 der österreichischen Straßenverkehrsordnung („ÖStVO") die Pflichten nach einem Verkehrsunfall.[900] Die Verletzung der in § 4 ÖStVO festgeschriebenen Pflichten stellt keine Straftat, sondern eine sogenannte Verwaltungsübertretung dar, die einer Ordnungswidrigkeit im deutschen Recht entspricht und im Rahmen eines Verwaltungsstrafverfahrens durch die Verwaltungsbehörden verfolgt wird.[901] Sie ist nach § 99 II a), II b) ÖStVO mit Geldstrafe zu bestrafen. Die Höhe der Geldstrafe richtet sich nach Art und Ausmaß des Schadens und liegt zwischen 36,- und 2180,- Euro.[902]

Nach § 4 I ÖStVO müssen alle Personen, deren Verhalten am Unfallort mit einem Verkehrsunfall in ursächlichem Zusammenhange steht,

> *„a) wenn sie ein Fahrzeug lenken, sofort anhalten,*
> *b) wenn als Folge des Verkehrsunfalles Schäden für Personen oder Sachen zu befürchten sind, die zur Vermeidung solcher Schäden notwendigen Maßnahmen treffen,*
> *c) an der Feststellung des Sachverhaltes mitwirken."*

§ 4 I ÖStVO gilt für sämtliche Unfälle auf öffentlichen Straßen.[903] Voraussetzung für das Entstehen der Anhalte- und Meldepflicht ist objektiv der Eintritt eines Schadens und subjektiv das Wissen vom Eintritt dieses Schadens.[904] Wenn der Fahrer erst im Nachhinein von dem Unfall erfährt, besteht insbesondere auch keine Rückkehrpflicht.[905] Die Anhaltepflicht ist auf den Bereich der Unfallstelle beschränkt.[906] Sie verfolgt den Zweck, dass der Fahrzeugführer sich der Situation vergewissern und die gesetzlichen Maßnahmen treffen kann.[907] Alle Unfallbeteiligten müssen ferner an der Feststellung des Sachverhalts, d.h. insbesondere dem Unfallhergang sowie den beteiligten Personen und Fahrzeugen,[908] mitwirken. Diese Mitwirkungspflichten umfassen eine aktive Komponente in Form einer Mitwirkung an der Feststellung des Unfallhergangs und eine passive Komponente in Form eines Verbots von Verdunkelungsmaßnahmen.[909] Aus der

---

900 Online verfügbar unter https://www.jusline.at/gesetz/stvo/paragraf/4 (zuletzt abgerufen am 10.08.2019).

901 *Himmelreich/Bücken/Krumm*, Verkehrsunfallflucht, S. 273.

902 *Himmelreich/Bücken/Krumm*, ebd.

903 *Himmelreich/Bücken/Krumm*, Verkehrsunfallflucht, S. 271.

904 *Himmelreich/Bücken/Krumm*, ebd.

905 *Himmelreich/Bücken/Krumm*, Verkehrsunfallflucht, S. 271 m.w.N.

906 *Himmelreich/Bücken/Krumm*, ebd.

907 *Leipold*, Verkehrsunfallflucht, 1987, S. 168.

908 *Leipold*, Verkehrsunfallflucht, 1987, S. 171.

909 *Leipold*, Verkehrsunfallflucht, 1987, S. 169.

Pflicht zur Mitwirkung an der Sachverhaltsfeststellung resultiert mittelbar ein Entfernungsverbot, denn die Feststellung des Sachverhalts ist ohne die Anwesenheit des Unfallbeteiligten nicht möglich. § 4 I lit. c ÖStVO wird als zulässiges begrenztes Verbot der Selbstbegünstigung verstanden und mit dem höherrangigen Interesse der Entschädigung der anderen Unfallbeteiligten gerechtfertigt.[910] Eine Grenze bei der Sachverhaltsfeststellung besteht jedoch dort, wo der Unfallbeteiligte eine strafbare Handlung gestehen müsste – ein solches Geständnis abzuverlangen wäre verfassungswidrig.[911]

Der Umfang der weiteren Pflichten hängt – wie auch in der Schweiz – davon ab, ob es sich um einen Unfall mit Personenschaden (§ 4 II, III ÖStVO) oder mit Sachschaden (§ 4 V ÖStVO) handelt. Sind Personen bei dem Unfall verletzt worden, haben die Unfallbeteiligten Hilfe zu leisten und sofort die Polizei zu verständigen (§ 4 II ÖStVO). Sofern erforderlich, trifft die Pflicht zur Hilfeleistung auch die Zeugen des Verkehrsunfalls und andere, die Folgen des Unfalls wahrnehmende Personen (§ 4 III ÖStVO).

Ist lediglich ein Sachschaden eingetreten, so muss die nächste Polizeidienststelle „*ohne unnötigen Aufschub*" verständigt werden (§ 4 V 1 ÖStVO). Eine Verständigung der Polizei darf unterbleiben, wenn die Unfallbeteiligten bzw. Geschädigten ihre Namen und Adressen einander nachgewiesen haben (§ 4 V 2 ÖStVO). Hervorzuheben ist, dass § 4 V 1 ÖStVO auch fahrlässig verwirklicht werden kann, d.h. es genügt, wenn dem Täter bei gehöriger Aufmerksamkeit Umstände hätten zu Bewusstsein kommen können, aus denen er die Möglichkeit eines Verkehrsunfalls mit Sachschaden hätte ableiten können.[912]

Überschneidungen zu § 94 ÖStGB bestehen nur, wenn es sich um einen Unfall mit verletzten Personen handelt. Zwar erfasst § 4 ÖStVO – wie aufgezeigt – sowohl Unfälle mit Personen- als auch mit Sachschaden; § 94 ÖStGB setzt jedoch eine verletzte Person voraus und ist daher bei Unfällen mit reinen Sachschäden nicht einschlägig. Zum Konkurrenzverhältnis zwischen § 94 ÖStGB einerseits und § 99 i.V.m. § 4 ÖStVO andererseits besagt § 99 lit. c ÖStVO, dass im Falle der gleichzeitigen Einschlägigkeit eines Straftatbestands kein Verwaltungsverfahren eingeleitet wird (Absorptionsprinzip). Das bedeutet, dass § 94 ÖStGB Vorrang genießt.

---

910 *Leipold*, Verkehrsunfallflucht, 1987, S. 173.

911 *Leipold*, Verkehrsunfallflucht, 1987, S. 169 und S. 174 m.w.N.

912 *Leipold*, Verkehrsunfallflucht, 1987, S. 183 f. mit Verweisen auf die österreichische Rechtsprechung.

Im Gegensatz zu § 94 ÖStGB dient § 4 ÖStVO der Sicherung etwaiger zivilrechtlicher Ansprüche der Unfallbeteiligten untereinander.[913] Auch die stets bestehende Meldepflicht gegenüber der Polizei soll dazu dienen, durch zeitgerechte Erhebungen am Unfallort Beweise zur Sicherung der zivilrechtlichen Ansprüche der Geschädigten zu sichern.[914]

## III. Vergleich der Rechtsordnungen

Gemeinsam in den drei verglichenen Rechtsordnungen ist der zugrundeliegende Strafzweck, der konsensual nicht im öffentlichen Interesse gesehen wird.[915] Die Regelungswerke der Schweiz und Österreichs zielen ebenfalls auf den Schutz des zivilrechtlichen Beweissicherungsinteresses ab,[916] wobei jedoch anhand der normierten Pflichten deutlich wird, dass jedenfalls gemäß der Schweizer Rechtslage das zivilrechtliche Beweissicherungsinteresse neben dem Schutz der körperlichen Unversehrtheit anzusiedeln ist.[917] Hier besteht somit ein Unterschied zur deutschen Rechtslage, die § 142 StGB „ganz und gar" als Vermögensdelikt einstuft und die dem Schutz von Leib und Leben dienende allgemeine Hilfeleistungspflicht in jedweder Art von Unglücksfall, d.h. losgelöst von einem Verkehrsunfall, in § 323c StGB statuiert.[918]

Ein weiterer Unterschied besteht zudem darin, dass die entsprechenden Schweizer bzw. österreichischen Normen – wie aufgezeigt – nicht in den jeweiligen Strafgesetzbüchern der Länder enthalten sind. Die bloße Gefährdung der zivilrechtlichen Ersatzansprüche ist nach österreichischem Recht keine Straftat im eigentlichen Sinne, sondern entspricht dem Rang einer deutschen Ordnungswidrigkeit. Dasselbe gilt in der Schweiz. Entsprechend ist auch die Strafandrohung deutlich milder als im deutschen Recht. Während das Verhalten nach

---

913 *Leipold*, Verkehrsunfallflucht, 1987, S. 167 f.

914 *Leipold*, Verkehrsunfallflucht, 1987, S. 175.

915 *Kubatta*, Zur Reformbedürftigkeit der Verkehrsunfallflucht, 2008, S. 122; *Leipold*, Verkehrsunfallflucht, 1987, S. 135 (betreffend die Schweiz) und S. 167 (betreffend Österreich), wobei darauf hingewiesen wird, dass sich die österreichische Rechtslage nach der Veröffentlichung von *Leipolds* Werk geändert hat. Zur vergleichenden Betrachtung s. ferner *Leipold*, 1987, S. 201 ff.

916 *Duttge*, ZStrR 2001, 147 (161); *Leipold*, Verkehrsunfallflucht, 1987, S. 214.

917 *Leipold*, Verkehrsunfallflucht, 1987, S. 128 ff. *Duttge*, ZStrR 2001, 147 (162) weist darauf hin, dass daran auch die Existenz des Straftatbestandes des § 94 ÖStGB nichts ändere, da er nicht von Rechts wegen, sondern nur in der Lebenswirklichkeit mit Unfällen im Straßenverkehr zusammenhänge.

918 Vgl. *Duttge*, ZStrR 2001, 147 (151).

einem Unfall mit bloßem Sachschaden in Österreich mit Geldstrafe geahndet wird (§§ 99 III a), II b), 4 ÖStVO), ist in der Schweiz eine Geldbuße vorgesehen (§ 92 I SchwStVG).

Dadurch wird deutlich, dass der Unrechtsgehalt des unerlaubten Sich-Entfernens vom Unfallort dort grundsätzlich niedriger gewichtet wird und die Sanktionierung als Kriminalstrafe „eine deutsche Besonderheit“ [919] ist. Während sowohl die Schweiz als auch Österreich eine „wohltuende Zurückhaltung“ [920] zeigen, differenziert das deutsche Recht bei der Strafbarkeit des unerlaubten Sich-Entfernens vom Unfallort nicht: Die Pflichten und die abstrakte Strafandrohung des § 142 StGB sind unabhängig davon, ob eine bloße Vermögensgefährdung vorliegt, von der Schwere des Schadens und von der Frage, ob es sich bei dem etwaigen Schaden um einen Personen- oder Sachschaden handelt. So kann ein Täter nach § 142 StGB mit Freiheitsstrafe bis zu drei Jahren bestraft werden, wenn er sich nach einem Unfall im Straßenverkehr unerlaubt vom Unfallort entfernt, obwohl der Unfall lediglich eine Vermögensgefährdung bewirkt hat. Demgegenüber kann der Täter in der Schweiz mit einer solch hohen Freiheitsstrafe nur dann bestraft werden, wenn er nach einem Unfall mit Personenschaden die Flucht ergreift.[921]

Ein Vergleich zeigt zudem, dass der Schweizer Tatbestand im Gegensatz zu § 142 StGB auch bei fahrlässiger Begehung erfüllt ist.[922] Die Hürde zur Einschlägigkeit ist damit gegenüber der deutschen Rechtsordnung niedriger. Auch für § 4 V 1 ÖStVO genügt es, wenn dem Täter die Möglichkeit eines Verkehrsunfalls mit Sachschaden hätte erkennen können.[923] Demgegenüber setzt § 142 StGB als reines Vorsatzdelikt zumindest bedingten Vorsatz voraus.[924]

---

919 *Rittig*, Unfallflucht, 2011, S. 136 f.

920 *Duttge*, ZStrR 2001, 147 (165).

921 In diesem Fall handelt es sich nach Art. 10 Schweizer StGB um ein Vergehen.

922 *Himmelreich/Bücken/Krumm*, Verkehrsunfallflucht, S. 281 m.w.N.

923 *Leipold*, Verkehrsunfallflucht, 1987, S. 183 f. mit Verweisen auf die österreichische Rechtsprechung.

924 *Bücken*, in: Anwaltkommentar StGB, § 142 Rn. 39; *Kindhäuser*, in: NK StGB, § 142 Rn. 31; *Kühl*, in: Lackner/Kühl, § 142 Rn. 31; *Pflieger/Quarch*, in: NK Strafrecht, § 142 Rn. 26; *Stein*, in: SK StGB, § 142 Rn. 59. Ob im Rahmen des § 34 StVO Fahrlässigkeit ausreicht, ist umstritten, vgl. nachfolgend unter **A.I.2.b**.

## D. Gesamtfazit zur Strafbarkeit des vorsatzlosen Sich-Entfernens vom Unfallort de lege lata

Die Untersuchung hat gezeigt, dass das vorsatzlose Sich-Entfernen vom Unfallort nebst Verhalten in der Anschlussphase *de lege lata* weder von § 142 I StGB noch von § 142 II StGB erfasst wird.[925]

Eine Subsumtion unter § 142 II Nr. 2 StGB (berechtigtes oder entschuldigtes Sich-Entfernen) überschreitet die Wortlautgrenze und stellt daher eine gegen Art. 103 II GG verstoßende, verbotene Analogie dar. Eine Lösung über § 142 I StGB ist gleichermaßen abzulehnen. Eine weite Auslegung des Begriffs des Unfallorts würde zu Strafbarkeitseinschränkungen führen und wäre mit Art. 103 II GG nicht in Einklang zu bringen. Ein strafbarkeitsbegründender Vorsatz in der Beendigungsphase scheidet aus, da der nach Vollendung einer Tat gebildete Vorsatz einen unbeachtlichen *dolus subsequens* darstellt. Die in der Literatur angeregte „Unterlassenslösung" nach §§ 142 I, 13 I StGB überzeugt ebenfalls nicht. Das Unterlassen, den in § 142 I Nr. 1 StGB statuierten Pflichten nach Kenntnisnahme nachzukommen, kann schon deshalb keine Strafbarkeit gemäß §§ 142 I Nr. 1, 13 I StGB begründen, weil nach der Vollendung des Sich-Entfernens vom Unfallort eine Strafbarkeit gemäß § 142 I StGB generell ausgeschlossen ist. Zudem stellt § 142 I StGB kein unechtes Unterlassungsdelikt dar und es lässt sich keine Garantenstellung begründen.

Damit bleibt abschließend festzuhalten, dass unvorsätzliches Sich-Entfernen vom Unfallort nebst Verhalten in der Anschlussphase *de lege lata* straffrei ist. So wie das BVerfG die Bedeutung der in Art. 103 II GG enthaltenen Grundsätze hervorhob,[926] sei an dieser Stelle besonders auf das aus dem Rechtsstaatsprinzip folgende Analogieverbot hingewiesen, das es verbietet, nachträglich die Tragweite einer Norm zu erweitern. Es gilt: *Nullum crimen sine lege.*

---

925 So auch *Dehne-Niemann*, Jura 2008, 135 ff.

926 BVerfG, Beschluss vom 19.03.2007 – 2 BvR 2273/06, NJW 2007, 1666.

# 3. Teil Lösungsvorschläge de lege ferenda

## A. Einführung einer Strafbarkeit des vorsatzlosen Sich-Entfernens vom Unfallort

*„Bis der Gesetzgeber eine derartige Neuregelung* […] *schafft, kann man (nun endlich) mit* Augustinus *ausrufen: ‚Causa finita est.'“*[927]

Nachdem nunmehr feststeht, dass das unvorsätzliche Sich-Entfernen vom Unfallort nach der hier vertretenen Auffassung *de lege lata* straflos ist, stellt sich die Frage nach der Einführung einer Strafbarkeit *de lege ferenda*. Bleibt es bei „*Causa finita est*“?

Das wird von mehreren Faktoren abhängen: Zunächst müsste in der Praxis überhaupt eine Sanktionierungslücke bestehen (im Folgenden unter **I.**). Außerdem dürfte der *nemo tenetur*-Grundsatz einer Unterwerfung des vorsatzlosen Sich-Entfernens unter die Pflichten des § 142 StGB nicht entgegenstehen (im Folgenden unter **II.**). Die Einführung einer Strafbarkeit nach § 142 StGB kommt ferner nur dann in Betracht, wenn das vorsatzlose Sich-Entfernen vom Unfallort als strafwürdig und strafbedürftig anzusehen ist (im Folgenden unter **III.**). Vor dem Hintergrund, dass es sich bei § 142 StGB *de lege lata* um ein reines Vorsatzdelikt handelt, ist ferner zu untersuchen, wie es sich auswirkt, dass der sich vorsatzlos Entfernende in vielen Fällen erst durch den Hinweis eines Dritten auf das zuvor geschehene Unfallgeschehen aufmerksam wird (im Folgenden unter **IV.**). Der Abschnitt schließt mit einem Fazit (im Folgenden unter **V.**).

### I. Bestehen einer Sanktionierungslücke

Der Einführung einer Strafbarkeit des vorsatzlosen Sich-Entfernens vom Unfallort bedürfte es nicht, wenn diese Fälle bereits *de lege lata* sanktionierbar wären. Es wird zunächst erörtert, ob nicht aufgrund technischer Neuerungen eine bessere Nachweisbarkeit des Vorsatzes gewährleistet ist, sodass jedenfalls in Fällen, in denen es sich bei der Einlassung des Angeklagten, vom Unfall nichts bemerkt zu haben, um eine bloße Schutzbehauptung handelt, der Weg über § 142 I StGB bestritten werden könnte (im Folgenden unter **1.**). Geprüft wird außerdem, ob § 34 StVO auch das fahrlässige Sich-Entfernen vom Unfallort erfasst und einen ausreichenden „Auffangtatbestand“ darstellen könnte (im Folgenden unter **2.**).

927 *Kraatz*, NZV 2011, 321 (326).

### *1. Sanktionierungslücke trotz verbesserter Nachweisbarkeit des Vorsatzes*

In der Zeit vor dem wegweisenden Beschluss des BVerfG[928] konnte die Rechtsprechung beim vorsatzlosen Sich-Entfernen vom Unfallort offen lassen, ob sie die Verurteilung des Unfallbeteiligten auf § 142 I StGB oder auf § 142 II StGB stützte, sofern der Unfallbeteiligte seine Pflichten nicht zumindest nachträglich erfüllte.[929] Ließ sich ein Vorsatz beim Sich-Entfernen vom Unfallort nicht zweifelsfrei nachweisen, so war jedenfalls § 142 II Nr. 2 StGB einschlägig. Nachdem das BVerfG der Subsumtion des vorsatzlosen Sich-Entfernens unter § 142 II Nr. 2 StGB eine Absage erteilt hat, ist das nicht mehr möglich. Umso wichtiger ist nun auch praktisch die Nachweisbarkeit des Vorsatzes, welcher Voraussetzung für eine Verurteilung nach § 142 I StGB ist.

Zur Tatbestandsverwirklichung ist mindestens bedingter Vorsatz erforderlich.[930] Bedingter Vorsatz setzt zunächst das Bewusstsein voraus, dass ein Unfall mit einem nicht ganz unerheblichen Schaden stattgefunden hat.[931] Er erfordert darüber hinaus, dass der Unfallbeteiligte selbst mit der Möglichkeit seiner Mitverursachung rechnet und die als möglich erkannte Feststellungsvereitelung als Folge seines Sich-Entfernens billigend in Kauf nimmt.[932] Dieser Nachweis gestaltet sich in der Praxis häufig als diffizil, sofern kein Geständnis des Angeklagten vorliegt. Die Schlussfolgerung vom Schadensbild auf einen Tatvorsatz ist problematisch; auch die Behauptung von Erfahrungssätzen in Unfallfluchtsachen erscheint wenig zielführend.[933] Selbst wenn die äußeren, dem Täter bekannten Umstände so beschaffen sind, dass sich einem verantwortungsbewussten Fahrer nach allgemeiner Lebenserfahrung die Annahme aufdrängt, dass sich ein Unfall

---

928 BVerfG, Beschluss vom 19.03.2007 – 2 BvR 2273/06, NJW 2007, 1666.

929 *Schröder*, JZ 2011, 187 (192) bezeichnet diese Vorgehensweise als „Mittel der Gerichte, die häufige Schutzbehauptung, den Unfall nicht bemerkt zu haben, ohne komplizierte Beweiswürdigung zu erledigen."

930 BayObLG, Beschluss vom 16.08.1978 – RReg. 1 St 110//78, BayObLGSt 1978, 124 (125), *Bücken*, in: Anwaltkommentar StGB, § 142 Rn. 39; *Kindhäuser*, in: NK StGB, § 142 Rn. 31; *Krumm/Staub*, NZV 2016, 362 (363): *Kühl*, in: Lackner/Kühl, § 142 Rn. 31; *Pflieger/Quarch*, in: NK Strafrecht, § 142 Rn. 26; *Stein*, in: SK StGB, § 142 Rn. 59.

931 *Kühl*, in: Lackner/Kühl, § 142 Rn. 31; *Wessels/Hettinger/Engländer*, BT I, § 22 VI 2 Rn. 1123.

932 *Anton*, Bedingter Vorsatz beim Vergehen der Verkehrsunfallflucht, 1980, S. 224 und S. 239 f.; *Krumm/Staub*, NZV 2016, 362 (363).

933 *Kühl*, in: Lackner/Kühl, § 142 Rn. 31; *Pflieger/Quarch*, in: NK Strafrecht, § 142 Rn. 26.

mit nicht ganz belangloser Schadensfolge ereignet hat, liegt nicht notwendigerweise Vorsatz vor.[934]

In Fällen, in denen der Angeklagte bestreitet, den Unfall registriert zu haben, wird daher regelmäßig nach Maßgabe von § 244 II StPO ein Sachverständigengutachten eingeholt. Zur Unfallanalyse kommt insbesondere ein sogenanntes Unfallrekonstruktionsgutachten in Betracht.[935] Die Basis einer Unfallanalyse sind meist die von der Polizei gesicherten Spuren.[936] Ausgewertet werden insbesondere die Fahrzeugverformungen und weitere Spuren am Fahrzeug, Spurfragmente, Reifenspuren, Endstellung von Fahrzeugen, Endlagen von Personen sowie die Beschaffenheit der Unfallstelle.[937] Rückschlüsse darauf, ob der Angeklagte den Unfall wahrgenommen haben muss, können objektive Unfallanzeichen wie Anstoß- oder Berührungsgeräusche, Erschütterungen, Sicht- und Anstoßwinkel geben.[938] Das Sachverständigengutachten kann so unter anderem Aufschluss über die taktile, akustische und optische Wahrnehmbarkeit des Unfalls geben.[939]

Auch können technische Applikationen, welche das Fahrverhalten aufzeichnen, ausgelesen werden, um das Unfallgeschehen zu rekonstruieren. In vielen Kraftfahrzeugen befindet sich eine Vielzahl an Speichergeräten, welche das Auftreten bestimmter, vom Normalzustand abweichender Ereignisse festhalten.[940] Das Auslesen dieser Fahrzeugelektronik kann insbesondere Aufschluss geben über das Lenk- und Bremsverhalten des Fahrers vor, während und nach der Kollision, das Eingreifen aktiver Assistenzsysteme (z.B. ABS, ESP, Bremsassistenzsysteme, sowie Systeme zur teil- oder vollautonomen Fahrzeugführung), die Geschwindigkeit vor der Kollision, eine etwaige kollisionsbedingte Geschwindigkeitsänderung des Fahrzeugs sowie Anstöße und gegebenenfalls eine Auslösung von Rückhaltesystemen wie Airbags oder Gurtstraffern.[941] So können Fahrauffälligkeiten während der Fahrt, vor allem abruptes Bremsen oder

---

934 *Krumm/Staub*, NZV 2016, 362 (363); *Kühl*, in: Lackner/Kühl, § 142 Rn. 31 m.w.N.

935 Zu den Einzelheiten eines Unfallrekonstruktionsgutachtens vgl. *Weber*, in: *Berz/Burmann*, Handbuch des Straßenverkehrsrechts, Kapitel 21 Rn. 1 ff.

936 *Weber*, in: *Berz/Burmann*, Handbuch des Straßenverkehrsrechts, Kapitel 21 Rn. 1.

937 *Weber*, in: *Berz/Burmann*, Handbuch des Straßenverkehrsrechts, Kapitel 21 Rn. 1 ff.

938 *Karl*, NZV 2003, 457 (459).

939 Zum Beweisumfang derartiger Gutachten vgl. die Darstellungen bei *Heublein*, DAR 1985, 15 (16); *Kuckuk/Reuter*, DAR 1978, 57 (60 ff.); *Weber*, in: *Berz/Burmann*, Handbuch des Straßenverkehrsrechts, Kapitel 21 Rn. 1 ff.

940 *Franzke/Nugel*, NJW 2015, 2071 (2076).

941 *Franzke/Nugel*, ebd.

Lenkrichtungswechsel, registriert werden, welche für die Feststellung des Vorsatzes relevant sein können.

Eine weitere Möglichkeit, die zu einem Verkehrsunfall führenden Geschehnisse nachzuvollziehen, besteht durch am Fahrzeug angebrachte Kameras, welche die Fahrt filmen.[942] Wäre die Nachweisbarkeit des Vorsatzes durch diese Mittel inzwischen so optimiert, dass man die Fälle über § 142 I StGB erfassen könnte, bestünde von vornherein nicht der Bedarf, das vorsatzlose Sich-Entfernen in § 142 StGB unter Strafe zu stellen.

Dies erscheint jedoch zweifelhaft. Im Rahmen des § 142 StGB muss nämlich zur sicheren Überzeugung des Tatrichters feststehen, dass der Angeklagte den Unfall bemerkt oder seinen Eintritt für möglich gehalten hat. Indes ist für eine Verurteilung nicht ausreichend, dass der Angeklagte den Unfall hätte wahrnehmen können oder dass ein durchschnittlicher Kraftfahrer ihn erkannt hätte oder hätte erkennen müssen.[943] Aspekte wie die Lautstärke und Wucht des Anpralls und der Umfang des Schadens stellen äußere Umstände dar, die zwar eine gewisse Indizwirkung entfalten, jedoch für sich nicht ausreichen, um rechtsfehlerfrei auf den erforderlichen Vorsatz zu schließen. Entscheidend ist die konkrete Vorstellung des Angeklagten beim Verlassen der Unfallstelle: Während der bewusst fahrlässig Handelnde auf den Nichteintritt einer als möglich erkannten Folge vertraut, nimmt der bedingt vorsätzlich Handelnde deren Eintreten billigend in Kauf oder findet sich mit der Tatbestandsverwirklichung ab. Aufgrund des engen Beieinanderliegens der bewussten Fahrlässigkeit und des bedingten Vorsatzes müssen die Merkmale der inneren Tatseite besonders sorgfältig durch tatsächliche Feststellungen belegt werden.[944]

Nach alledem kann die bloße Wahrnehmbarkeit des Unfalls allenfalls einen Fahrlässigkeitsvorwurf begründen.[945] Ein in Auftrag gegebenes Gutachten kann aber naturgemäß nur Aufschluss über die taktile, akustische und optische Wahrnehmbarkeit des Unfalls geben.[946] Das Gutachten wird folglich nur nachweisen können, dass der Angeklagte den Unfall hätte registrieren können, besitzt aber

---

942 Zur Verwertbarkeit von Videoaufzeichnung als Beweismittel im Unfallhaftpflichtprozess vgl. BGH, Urteil vom 15.05.2018 – VI ZR 233/17, BGHZ 218, 348 = NJW 2018, 2883.

943 *Krumm/Staub*, NZV 2016, 362 (363).

944 Zu diesem Absatz KG, Beschluss vom 21.12.2011 – (3) 1 Ss 289/11 (127/11), NZV 2012, 497.

945 *Krumm/Staub*, NZV 2016, 362 (363).

946 Zum Beweisumfang derartiger Gutachten vgl. die Darstellungen bei *Heublein*, DAR 1985, 15 (16); *Kuckuk/Reuter*, DAR 1978, 57 (60 ff.).

keinerlei Aussagekraft über das subjektive Vorstellungsbild des Fahrers, d.h. darüber, ob er den Unfall auch tatsächlich registriert hat.

Dasselbe gilt für technische Applikationen, die das Fahrverhalten aufzeichnen. Sie können zwar ein abruptes Bremsen oder einen plötzlichen Wechsel der Lenkrichtung registrieren und somit Indizien dafür liefern, dass der Fahrer den Unfall bemerkt hat. Es verbleibt aber stets die Möglichkeit, dass die registrierten Fahrauffälligkeiten auf einem anderen Grund beruhen. Die Einlassung des Angeklagten, sein Fahrmanöver sei etwa darauf zurückzuführen, dass ihm unerwartet ein Kind oder ein Tier vor das Fahrzeug gelaufen ist, kann nur schwerlich entkräftet werden.

Auch durch am Fahrzeug angebrachte Kameras zeigt sich kein anderes Ergebnis. Sie zeichnen die Fahrt als äußeren Vorgang auf. Der Vorsatz ist aber ein rein inneres Element. Die Aufzeichnungen können so allenfalls Anhaltspunkte für die Glaubhaftigkeit der Einlassung des Angeklagten geben. Naturgemäß kann ein tatsächlicher Vorsatz auf diese Weise aber nicht nachgewiesen werden.

In diesem Zusammenhang ist auch die Argumentation von *Kuckuk/Reuter* nicht zielführend.[947] Sie verweisen auf die zahlreichen Verhaltensregeln in der StVO und resümieren, Verstöße gegen diese Verhaltensregeln hätten zur Folge, dass der Fahrer jedenfalls billigend in Kauf nehme, einen Unfall zu verursachen, sodass eine Verurteilung nach § 142 I StGB möglich sei.[948] Für den Vorsatz nach § 142 I StGB reicht es aber gerade nicht aus, dass der Fahrer in abstrakter Weise billigend in Kauf nimmt, durch sein Verhalten möglicherweise einen Unfall in der Zukunft zu verursachen. Er muss es stattdessen für möglich halten, dass sich unter seiner Mitwirkung ein Unfall ereignet hat,[949] er also Unfallbeteiligter an einem konkret stattgefundenen Unfall ist.[950] Der Verstoß gegen die durch die StVO objektivierten Sorgfaltspflichten kann keinerlei Rückschlüsse auf das Bestehen dieses Vorsatzes geben.

Zu beachten ist ferner, dass die Option über eine verbesserte Nachweisbarkeit des Vorsatzes von vornherein nur die Fälle betrifft, in denen eine Verurteilung nach § 142 I StGB allein daran scheitert, dass der Vorsatz nicht nachweisbar ist, obwohl der Unfallbeteiligte den Unfall bemerkt hat. Fälle, in denen der Unfallbeteiligte tatsächlich keinen Vorsatz hatte, als er den Unfallort verließ, sind dadurch nicht betroffen. Durch eine bessere Nachweisbarkeit des Vorsatzes wäre

947 *Kuckuk/Reuter*, DAR 1978, 57 (58 ff.).
948 *Kuckuk/Reuter*, ebd.
949 *Pflieger/Quarch*, in: NK Strafrecht, § 142 Rn. 26.
950 Vgl. OLG Köln, Beschluss vom 03.05.2011 – III-1 RVs 80/11, NZV 2011, 510 (511).

also allenfalls ein partieller Lückenschluss möglich. Sie stellt auch aus diesem Grund keine echte Alternative zu der zu erwägenden Einführung der Strafbarkeit des vorsatzlosen Sich-Entfernens dar.

### 2. *Sanktionierungslücke trotz der Existenz des § 34 StVO*

Allerdings stellt sich die Frage, ob angesichts der Existenz des § 34 StVO i.V.m. §§ 49 I Nr. 29 StVO, 24 StVG überhaupt eine Lücke in der Sanktionierung besteht oder ob die Fälle des vorsatzlosen Sich-Entfernens vom Unfallort jedenfalls bei fahrlässiger Unkenntnis vom Unfall bereits hinreichend durch diese Vorschriften geregelt werden.[951]

#### a. *Regelungsgehalt des § 34 StVO und Verhältnis zu § 142 StGB*

Während § 142 StGB eine Verbotsnorm darstellt, stellt § 34 StVO Verhaltensgebote nach einem Verkehrsunfall auf. § 34 StVO weist gegenüber § 142 StGB gewisse Parallelen auf. Die Vorschrift lautet:

> *„(1) Nach einem Verkehrsunfall hat, wer daran beteiligt ist,*
> *1. unverzüglich zu halten,*
> *2. den Verkehr zu sichern und bei geringfügigem Schaden unverzüglich beiseite zu fahren,*
> *3. sich über die Unfallfolgen zu vergewissern,*
> *4. Verletzten zu helfen (§ 323c des Strafgesetzbuchs),*
> *5. anderen am Unfallort anwesenden Beteiligten und Geschädigten*
> *a) anzugeben, dass man am Unfall beteiligt war und*
> *b) auf Verlangen den eigenen Namen und die eigene Anschrift anzugeben sowie den eigenen Führerschein und den Fahrzeugschein vorzuweisen und nach bestem Wissen Angaben über die Haftpflichtversicherung zu machen,*
> *6. a) so lange am Unfallort zu bleiben, bis zugunsten der anderen Beteiligten und Geschädigten die Feststellung der Person, des Fahrzeugs und der Art der Beteiligung durch eigene Anwesenheit ermöglicht wurde oder*
> *b) eine nach den Umständen angemessene Zeit zu warten und am Unfallort den eigenen Namen und die eigene Anschrift zu hinterlassen, wenn niemand bereit war, die Feststellung zu treffen,*
> *7. unverzüglich die Feststellungen nachträglich zu ermöglichen, wenn man sich berechtigt, entschuldigt oder nach Ablauf der Wartefrist (Nummer 6 Buchstabe b) vom Unfallort entfernt hat. Dazu ist mindestens den Berechtigten (Nummer 6 Buchstabe a) oder einer nahe*

951 Die folgende Prüfung bezieht sich allein auf fahrlässiges Verhalten. Hervorzuheben ist die Prämisse, dass ein Verhalten, das nicht die Grenze der Fahrlässigkeit überschreitet, wegen des geltenden Schuldprinzips von vornherein weder nach dem StGB noch nach der StVO bestraft werden kann.

*gelegenen Polizeidienststelle mitzuteilen, dass man am Unfall beteiligt gewesen ist, und die eigene Anschrift, den Aufenthalt sowie das Kennzeichen und den Standort des beteiligten Fahrzeugs anzugeben und dieses zu unverzüglichen Feststellungen für eine zumutbare Zeit zur Verfügung zu halten.*
*(2) Beteiligt an einem Verkehrsunfall ist jede Person, deren Verhalten nach den Umständen zum Unfall beigetragen haben kann.*
*(3) Unfallspuren dürfen nicht beseitigt werden, bevor die notwendigen Feststellungen getroffen worden sind.*" (Hervorhebungen durch die Verfasserin)[952]

Hinsichtlich des Verhältnisses zu § 142 StGB wiederholt § 34 StVO nicht lediglich Teile des § 142 StGB, sondern enthält darüber hinaus auch andersartige Pflichten, die deutlich weiter gehen als die Feststellungsduldungspflicht des § 142 StGB.[953] Dabei genießt die Strafnorm § 142 StGB uneingeschränkt Vorrang gegenüber § 34 StVO, sofern beide Vorschriften vorsätzlich, rechtswidrig und schuldhaft verwirklicht worden sind. § 34 StVO tritt also zurück, wenn § 142 StGB einschlägig ist. Dies ergibt sich aus § 21 I OWiG, der lautet:

> *„Ist eine Handlung gleichzeitig Straftat und Ordnungswidrigkeit, so wird nur das Strafgesetz angewendet."*

### *b. Erstreckung des § 34 StVO auf fahrlässiges Handeln*

Fraglich ist, ob § 34 StVO i.V.m. § 49 I Nr. 29 StVO auch dann einschlägig ist, wenn der Täter den Unfallort nicht (nachweisbar) vorsätzlich verlassen hat und deshalb nicht nach § 142 StGB bestraft werden kann.

Problematisch könnte sein, dass auch im Rahmen der Ordnungswidrigkeiten grundsätzlich nur vorsätzliches Handeln unter Strafe steht. Dies folgt aus § 10 OWiG, der Parallelvorschrift zu § 15 StGB. Für den hier relevanten Geltungsbereich der StVO besteht jedoch eine Sonderregelung. § 24 I StVG lässt unter anderem im Geltungsbereich der StVO auch einen fahrlässigen Verstoß genügen.[954] Das bedeutet, dass für § 34 StVO i.V.m. § 49 I Nr. 29 StVO – anders als für § 142 StGB – Fahrlässigkeit ausreicht. Scheidet eine Bestrafung gemäß § 142 StGB mangels (nachweisbaren) Vorsatzes aus, verbleibt also grundsätzlich die Möglichkeit einer Ahndung als Ordnungswidrigkeit.

---

952 Die hervorgehobenen Stellen zeigen die Überschneidungen zu § 142 StGB auf.

953 *Krumm*, in: NK Verkehrsrecht, § 34 StVO Rn. 1.

954 Der Regelung des § 10 OWiG, wonach grundsätzlich nur vorsätzliches Handeln als Ordnungswidrigkeit zu ahnden ist, es sei denn das Gesetz bestimmt, dass auch fahrlässiges Handeln mit Geldbuße bedroht ist, ist damit Genüge getan.

Ein fahrlässiges Handeln gemäß § 24 I StVG setzt dabei voraus, dass der Unfallbeteiligte den Unfall und seine Beteiligung daran sorgfaltswidrig verkennt, d.h. bei pflichtgemäßer Sorgfalt hätte erkennen können und müssen.[955] Einige Autoren sprechen sich unter diesen Voraussetzungen wegen der gefährdeten Ausgleichsinteressen der Unfallbeteiligten für eine Anwendung des § 34 I Nr. 5a, 5b, 6b i.V.m. § 49 I Nr. 29 StVO aus.[956]

Andere Autoren argumentieren hingegen, dass der Weg über § 34 StVO wegen einer älteren Entscheidung des BGH aus dem Jahr 1982[957] versperrt sei.[958] Vertreter dieser Auffassung meinen, der BGH habe in der zitierten Entscheidung klargestellt, dass die Vorschrift des § 34 StVO nicht dazu bestimmt sei, die Beschränkung des § 142 StGB auf Vorsatztaten durch die Bestrafung einer fahrlässigen Ordnungswidrigkeit zu unterlaufen.[959] § 34 StVO komme vielmehr eine „Präzisierungsfunktion" zu, weil der Zweck der Vorschrift darin bestehe, dem Unfallbeteiligten bestimmte Pflichten aufzuerlegen, wie er sich nach einem von ihm wahrgenommenen Unfall zu verhalten habe.[960] Unter Verweis auf den Willen des Verordnungsgebers und die sonst drohenden Wertungswidersprüche zu § 142 StGB ist auch das OLG Hamburg dieser Linie unter Verweis auf den „ausdrücklichen Willen des Verordnungsgebers" sowie „das Bemühen, Wertungswidersprüche zwischen § 142 StGB und §§ 34, 49 StVO zu vermeiden" gefolgt.[961]

Dem könnte jedoch entgegengehalten werden, dass der BGH zum Zeitpunkt seiner Entscheidung noch einen selbst gelegten Grund hatte, die fahrlässige Verletzung von Pflichten aus § 34 StVO aus der „Schusslinie der Bußgeldvorschriften"[962] herauszuhalten. Vor dem Hintergrund der damals geltenden Rechtsprechungspraxis, das unvorsätzliche Verlassen des Unfallorts als von § 142 II Nr. 2 StGB erfasst anzusehen, überrascht die Haltung des BGH wenig.[963] Denn sein damaliges Judikat wäre vor dem Hintergrund des *nemo tenetur*-Grundsatzes

---

955 BayObLG, Beschluss vom 16.08.1978 – RReg. 1 St 110/78, BayObLGSt 1978, 124 (125).

956 *Beulke*, Festschrift Maiwald, S. 32; *Mitsch*, NZV 2009, 105 (106); *Rittig*, Unfallflucht, 2011, S. 120 ff.

957 BGH, Beschluss vom 29.04.1982 – 4 StR 138/81, BGHSt 31, 55 = MDR 1982, 688; ebenso zuvor bereits OLG Karlsruhe, Beschluss vom 07.11.1977 – 2 Ss 207/77, VRS 54, 462.

958 *Hillenkamp*, Festschrift Beulke, S. 457; *Kraatz*, NZV 2011, 321 (325).

959 Ebd.

960 *Kraatz*, NZV 2011, 321 (325).

961 OLG Hamburg, Beschluss vom 27.03.2009 – 3-13/09, NJW 2009, 2074 (2075).

962 *Mitsch*, NZV 2008, 217 (220).

963 *Kraatz*, NZV 2011, 321 (325).

nicht haltbar gewesen, wenn fahrlässiges Sich-Entfernen vom Unfallort als Ordnungswidrigkeit mit Geldbuße ahndbar gewesen wäre und sich der Unfallbeteiligte bei der Erfüllung seiner Pflichten aus § 142 II Nr. 2 StGB durch die nachträgliche Meldung dementsprechend einer Ordnungswidrigkeit nach § 34 StVO hätte bezichtigen müssen.[964] Ob der BGH diese Frage nun, nachdem das BVerfG der Erfassung des vorsatzlosen Sich-Entfernens durch § 142 II Nr. 2 StGB eine eindeutige Absage erteilt hat, noch gleichermaßen entscheiden würde, erscheint fraglich.

Gegen eine Sperrwirkung, welche dem Weg über § 34 StVO entgegenstehen würde, spricht, dass das OWiG selbst eine differenzierte Regelung zu den rechtlichen Folgen eines Zusammentreffens von Straftat und Ordnungswidrigkeit enthält, welche von der obigen Argumentation nicht berücksichtigt wird. Entsprechend ließe sich argumentieren, dass allein anhand der relevanten Regelung § 21 OWiG zu bestimmen ist, ob eine Sperrwirkung eintritt.

Demzufolge besteht eine formelle Subsidiarität der Ordnungswidrigkeit gegenüber der Straftat, soweit beide durch dieselbe Handlung verwirklicht werden. Diese Subsidiarität ist auf den regelmäßig höheren Unrechtsgehalt der Straftat zurückzuführen.[965] Eine formelle Subsidiarität kommt aber nur dann in Betracht, wenn überhaupt eine Straftat vorliegt. Die Verwirklichung einer Straftat setzt dabei eine voll tatbestandliche, d.h. auch subjektive Verwirklichung einer Strafnorm voraus. Im Falle des unvorsätzlichen Sich-Entfernens vom Unfallort ist diese Voraussetzung nicht gegeben.

Die Sperrwirkung des § 21 OWiG steht einer Ahndung des vorsatzlosen Sich-Entfernens vom Unfallort als Ordnungswidrigkeit folglich grundsätzlich nicht entgegen.[966] Demnach könnte auch der Unfallbeteiligte ordnungswidrig handeln, der nach einem Verkehrsunfall deshalb nicht unverzüglich hält, weil er den Unfall nicht bemerkt hat, obwohl er ihn bei pflichtgemäßer Sorgfalt hätte bemerken können und müssen.[967] Der Sinn und Zweck des § 34 StVO spricht indessen gegen eine solche Interpretation, sodass eine teleologische Reduktion geboten ist.

Zunächst spricht gegen die Anwendbarkeit des § 34 StVO bereits, dass der förderungswillige Entschluss des Unfallbeteiligten, sich im Nachhinein doch

---

964 *Mitsch*, NZV 2008, 217 (220).

965 *Sackreuther*, in: BeckOK OWiG, § 21 Rn. 1.

966 Zum selben Ergebnis gelangt *Rittig*, Unfallflucht, 2011, S. 121 f.

967 Vgl. BGH, Beschluss vom 29.04.1982 – 4 StR 138/81, BGHSt 31, 55 = NJW 1982, 2081 (2082).

noch zu stellen, eher zu erwarten scheint, wenn die Gefahr der Ahndung wegen einer Ordnungswidrigkeit nicht besteht.[968] Dem Unfallbeteiligten sollte im Hinblick auf das Feststellungsinteresse des Geschädigten ein Anreiz gegeben werden, die Feststellungen nachträglich zu ermöglichen, um das Unfallgeschehen aufzuklären und etwaige Ansprüche zu sichern. Dieses Ziel wird nicht gefördert, wenn ihm dabei die Ahndung wegen einer Ordnungswidrigkeit droht.

§ 34 StVO beabsichtigt darüber hinaus nicht, das Vorsatzdelikt des § 142 StGB durch eine Bußgeldvorschrift zu ergänzen, welche dasselbe Verhalten auch bei nur fahrlässigem Verhalten erfasst.[969] Verstöße gegen die durch § 34 StVO aufgestellten Pflichten stehen teilweise durch § 142 StGB unter Strafe. Diesen mit Strafandrohung versehenen Pflichten misst der Gesetzgeber eine größere Bedeutung bei. Dennoch hat er in § 142 StGB die Wertung getroffen, dass Verstöße gegen diese Pflichten nur im Falle vorsätzlichen Handelns strafbar sein sollen. In Anbetracht dessen wäre es widersprüchlich, bei den nur als Ordnungswidrigkeiten eingestuften und damit geringer gewichteten Pflichtverstößen Fahrlässigkeit ausreichen zu lassen.[970]

Des Weiteren spricht auch folgende Erwägung gegen eine Erstreckung des § 34 StVO auf Fälle, in denen der Unfallbeteiligte den Unfall bzw. seine Beteiligung daran nicht wahrnimmt: § 34 StVO erlegt dem Unfallbeteiligten eine Reihe von Verhaltenspflichten nach einem Verkehrsunfall auf. Dazu muss der Unfallbeteiligte sich jedoch zumindest bewusst sein, dass er Adressat der Norm ist. Entsprechend argumentiert auch die Rechtsprechung, dass die fahrlässige Unkenntnis des Täters vom Eintritt des Verkehrsunfalls im Rahmen des § 34 I StVO nicht ausreichend ist.[971] Eine (sinnvolle) Erfüllung der in § 34 StVO niedergeschriebenen Pflichten ist ohne die Kenntnis des Unfallereignisses und seiner eigenen Unfallbeteiligung nämlich gar nicht möglich.[972]

968 *Hillenkamp*, Festschrift Beulke, S. 458.

969 BGH, Beschluss vom 29.04.1982 – 4 StR 138/81, BGHSt 31, 55 = NJW 1982, 2081 (2082); BayObLG, Beschluss vom 16.08.1978 – RReg. 1 St 110/78, BayObLGSt 1978, 124 (125); *König*, in: Beck'sche Kurzkommentare Straßenverkehrsrecht, § 34 StVO Rn. 2; *Mitsch*, NZV 2008, 217 (220).

970 Zu diesem Absatz BGH, Beschluss vom 29.04.1982 – 4 StR 138/81, BGHSt 31, 55 = NJW 1982, 2081 (2082).

971 BGH, Beschluss vom 29.04.1982 – 4 StR 138/81, BGHSt 31, 55 = NJW 1982, 2081 (2082); BayObLG, Beschluss vom 16.08.1978 – RReg. 1 St 110/78, BayObLGSt 1978, 124 (125); OLG Hamburg, Beschluss vom 27.03.2009 – 3-13/09, NJW 2009, 2074 (2075).

972 BGH, ebd; BayObLG, ebd.

Voraussetzung für eine Ahndung als Ordnungswidrigkeit ist demnach stets, dass der Unfallbeteiligte weiß oder in Kauf nimmt, dass ein Unfall stattgefunden hat. Insoweit genügt Fahrlässigkeit entgegen des Wortlauts des § 49 I Nr. 29 StVO nicht; der Unfallbeteiligte muss zumindest damit rechnen und in Kauf nehmen, dass sich ein Verkehrsunfall ereignet hat.[973] Im Ergebnis ist § 34 StVO daher nicht anwendbar, wenn der Unfallbeteiligte fahrlässig verkennt, dass ein Unfall mit einem nicht ganz unerheblichen Schaden stattgefunden hat, an dem er möglicherweise beteiligt ist.

## II. Vereinbarkeit der Sanktionierung des vorsatzlosen Sich-Entfernens vom Unfallort mit dem „nemo tenetur se ipsum accusare"-Grundsatz

Nachdem nun grundsätzlich feststeht, dass eine Lücke in der Sanktionierbarkeit besteht, wird untersucht, ob einer Erweiterung des Tatbestandes um das vorsatzlose Sich-Entfernen der Grundsatz *nemo tenetur se ipsum accusare*, das sogenannte Selbstbelastungsverbot, entgegensteht. Sollte dies der Fall sein, wäre der Weg von vornherein versperrt. Dazu wird zunächst auf die allgemeinere Frage eingegangen, ob der Tatbestand des § 142 StGB, welcher den Unfallbeteiligten entgegen seiner Selbstbegünstigungstendenz zwingt, Feststellungen zu ermöglichen, mit dem Selbstbelastungsverbot als Ausfluss des Rechtsstaatsprinzips vereinbar ist (im Folgenden unter **1.**). Sodann wird erörtert, ob eine Erweiterung des Tatbestands um das vorsatzlose Sich-Entfernen vom Unfallort mit dem Selbstbelastungsverbot zu vereinbaren wäre (im Folgenden unter **2.**).

### *1. Vereinbarkeit des gegenwärtigen § 142 StGB mit dem „nemo tenetur se ipsum accusare"-Grundsatz*

> *„Der Strafrechtsordnung liegt ganz allgemein die Vorstellung zugrunde, daß eine Selbstbegünstigung straflos ist, sofern sie nicht in der Form einer aus anderen Gründen strafbaren Tat begangen wird."*[974]

---

973 BGH, ebd; BayObLG, ebd.; *König*, in: Beck'sche Kurzkommentare Straßenverkehrsrecht, § 34 StVO Rn. 2, *Krumm*, in: NK Verkehrsrecht, § 34 StVO Rn. 21; *Mitsch*, NZV 2008, 217 (220).

974 Gesetzesentwurf der Bundesregierung zum 14. Strafrechtsänderungsgesetz, BT-Drucksache 7/2434, S. 4.

Um zu prüfen, ob eine Nivellierung des *nemo tenetur*-Grundsatzes durch die von § 142 StGB geforderten Maßnahmen zu befürchten ist, muss zunächst die inhaltliche Reichweite des *nemo tenetur*-Grundsatzes skizziert werden.

### a. *Gesetzlicher Hintergrund und inhaltliche Reichweite des „nemo tenetur se ipsum accusare"-Grundsatzes*

In den Worten des BGH ist unter dem Selbstbelastungsverbot das Recht zu verstehen, dass „der Beschuldigte nicht verpflichtet ist, an der Aufklärung des Sachverhalts aktiv mitzuwirken und zur eigenen Überführung tätig zu werden."[975] Es gilt das allgemeine Prinzip, dass eine Selbstbegünstigung grundsätzlich straflos und eine Selbstbelastung grundsätzlich verboten ist.[976] Niemand darf zum Beweismittel gegen sich selbst gemacht werden und hat entsprechend das Recht, alle Handlungen zu unterlassen, die die eigene Überführung zur Folge hätten.[977] Der *nemo tenetur*-Grundsatz verleiht also das Recht zum Unterlassen aktiver Selbstbezichtigung.[978]

Obgleich der *nemo tenetur*-Grundsatz als solcher nicht im Gesetz festgeschrieben ist, wird seine Existenz von mehreren Vorschriften vorausgesetzt[979] und vom BVerfG zu den anerkannten Grundsätzen des Strafprozesses gezählt.[980] Der *nemo tenetur*-Grundsatz hat nach einhelliger Ansicht Verfassungsrang und wurzelt in der Garantie der Menschenwürde (Art. 1 I GG), dem allgemeinen Persönlichkeitsrecht (Art. 2 I GG i.V.m. Art. 1 I GG) sowie der rechtsstaatlichen Grundordnung (Art. 20 III GG).[981] Teilweise wird der *nemo tenetur*-Grundsatz

---

975 BGH, Urteil vom 09.04.1986 – 3 StR 551/85, BGHSt 34, 39 = NJW 1986, 2261 (2263); BGH, Urteil vom 24.02.1994 – 4 StR 317/93, BGHSt 40, 66 = NJW 1994, 1807 (1808).

976 Laut *Leipold*, Verkehrsunfallflucht, 1987, S. 44 wurzelt die Straflosigkeit der Selbstbegünstigung geschichtlich im Prinzip „No man is bound to give evidence against himself" des englischen Rechts. Zur Abgrenzung des Selbstbegünstigungsprivilegs zum Verbot der zwangsweisen Selbstbelastung vgl. *Dietrich*, § 142 StGB und das Verbot zwangsweiser Selbstbelastung, 1998, S. 111 ff.

977 *Rogall*, Der Beschuldigte als Beweismittel gegen sich selbst, 1977, S. 155.

978 *Dietrich*, § 142 StGB und das Verbot zwangsweiser Selbstbelastung, 1998, S. 114.

979 Dies gilt vor allem im Hinblick auf die Belehrungsvorschriften der StPO: § § 136 I 2, 243 IV 1, 115 III 1, 128 I 2, 163a III 2, IV 2.

980 BVerfG, Beschluss vom 08.10.1974 – 2 BvR 747/73, NJW 1975, 103 (104); BVerfG, Beschluss vom 31.03.2008 – 2 BvR 467/08, WM 2008, 989; BVerfG, Beschluss vom 27.04.2010 – 2 BvL 13/07. *Von Münch*, DAR 1957, 205 (206) spricht insoweit von einem „gesicherten und anerkannten Bestandteil des rechtsstaatlichen Strafrechts."

981 Vgl. nur BVerfG, Beschluss vom 31.03.2008 – 2 BvR 467/08, WM 2008, 989; OLG Frankfurt, Beschluss vom 03.02.2004 – 3 Ws 1401/03, BeckRS 2004 30338585;

überdies im Recht auf ein faires Verfahren, das durch Art. 6 EMRK gewährleistet wird, verankert.[982]

Der *nemo tenetur*-Grundsatz entfaltet seine Gültigkeit im formellen Strafprozess, dessen Ziel die Klärung der Tatverantwortung ist.[983] Es stellt sich daher die Vorfrage, ob der Tatbestand § 142 StGB überhaupt mit dem *nemo tenetur*-Grundsatz kollidieren kann, da zum Zeitpunkt der möglichen Tathandlung noch gar kein formelles Strafverfahren anhängig ist. Auch wenn der *nemo tenetur*-Grundsatz grundsätzlich nur im formellen Strafprozess gilt, ist es zu seiner vollen Wirkungsentfaltung erforderlich, dass er auch schon zum Zeitpunkt des Unfalls – d.h. vor dem Beginn eines formellen Strafprozesses – Beachtung findet, wenn ansonsten die Gefahr bestünde, dass der Grundsatz im späteren Strafprozess leerliefe.[984] Wenn und so lange die Erfüllung von rein privatnützigen Pflichten die Gefahr der Verfolgung wegen einer Straftat oder Ordnungswidrigkeit durch ein staatliches Beweisverfahren begründet, kommt der *nemo tenetur*-Grundsatz zur Anwendung.[985] Ansonsten könnte dieses verfassungsmäßige Prinzip auf simple Art und Weise durch Maßnahmen im Vorfeld des Strafprozesses nivelliert werden.[986] Gelangt man also zu dem Ergebnis,

---

*Magdowski*, Die Verkehrsunfallflucht in der Strafrechtsreform, 1980, S. 65 ff. Zu weiteren Herleitungsansätzen vgl. *Henseler*, § 142 IV StGB, 2011, S. 184 ff. m.w.N.

982 Weiterführend *Dietrich*, § 142 StGB und das Verbot zwangsweiser Selbstbelastung, 1998, S. 35 m.w.N.; a.A. *Rogall*, Der Beschuldigte als Beweismittel gegen sich selbst, 1977, S. 116.

983 *Kubatta*, Zur Reformbedürftigkeit der Verkehrsunfallflucht, 2008, S. 69; *Leipold*, Verkehrsunfallflucht, 1987, S. 49.

984 So auch *Dietrich*, § 142 StGB und das Verbot zwangsweiser Selbstbelastung, 1998, S. 131. Vgl. ferner *Henseler*, § 142 IV StGB, 2011, S. 191 ff., der die Frage, ob der *nemo tenetur*-Grundsatz aus den oben genannten Gründen außerhalb eines formellen Strafverfahrens Beachtung finden muss, als eine Frage des Bedürfnisses einer Sicherungswirkung bezeichnet. Für eine uneingeschränkte Geltung auch außerhalb des strafprozessualen Verfahrens unter Hinweis auf die verfassungsrechtlichen Grundlagen des Selbstbelastungsverbots *Leipold*, Verkehrsunfallflucht, 1987, S. 47.

985 *Rogall*, Der Beschuldigte als Beweismittel gegen sich selbst, 1977, S. 167.

986 Wie das BVerfG betont, wäre das verfassungsrechtlich gebotene Schweigerecht im Strafverfahren illusorisch, wenn eine außerhalb des Strafverfahrens erzwungene Selbstbezichtigung gegen den Willen des Beschuldigten strafrechtlich gegen ihn verwendet werden dürfte, vgl. BVerfG, Beschluss vom 31.03.2008 – 2 BvR 467/08, WM 2008, 989. Ergänzend sei darauf hingewiesen, dass die Lösung über ein richterliches Beweisverwertungsverbot sich nicht auf § 142 StGB übertragen lässt, da die Einführung eines Beweisverwertungsverbots bei nachkonstitutionellem Recht allein dem

dass eine Nivellierung durch eine Maßnahme im Vorfeld eines Strafprozesses zu befürchten ist, so müssen diese Maßnahmen so ausgestaltet sein, dass der *nemo tenetur*-Grundsatz nicht seine Wirkung verliert. Vorliegend hat dies zur Konsequenz, dass § 142 StGB so ausgelegt werden muss, dass er die Wirkung des *nemo tenetur*-Grundsatzes im späteren Strafverfahren nicht konterkariert.[987]

Inhaltlich gewährt der *nemo tenetur*-Grundsatz Schutz vor aktiver Selbstbelastung.[988] Entsprechend wäre ein Gebot zur aktiven Selbstbelastung verfassungsrechtlich unzulässig;[989] der Gesetzgeber darf keine Handlungspflichten zur Selbstbelastung aufstellen.[990] Dem Beschuldigten steht es danach frei, sich zum Tatvorwurf zu äußern oder von seinem Schweigerecht Gebrauch zu machen. Auch im Übrigen darf der Beschuldigte nicht gezwungen werden, aktiv an der Aufklärung des Sachverhaltes mitzuwirken;[991] es besteht eine „negative Mitwirkungsfreiheit".[992]

Dagegen steht der *nemo tenetur*-Grundsatz einer bloß passiven Selbstbelastung, etwa in Form einer Duldung,[993] nicht entgegen.[994] Entsprechend sieht auch die StPO vor, dass ein Beschuldigter zwar Maßnahmen erdulden muss.[995] Er muss aber keine Aussage zur Sache machen,[996] weil dies auf eine aktive Teilnahme an seiner eigenen Überführung hinausliefe. Der *nemo tenetur*-Grundsatz

---

Gesetzgeber zusteht, vgl. *Dietrich*, Selbstbelastung, 1998, S. 67 und S. 134 f.; *Henseler*, § 142 IV StGB, 2011, S. 204.

987 *Henseler*, § 142 IV StGB, 2011, S. 193 erörtert, dass dies beispielsweise durch eine Einschränkung der Mitwirkungspflichten oder ein Beweisverwertungsverbot im Strafverfahren realisiert werden könne; vgl. ferner *Seebode*, JA 1980, 493 (497 f.) m.w.N.

988 BGH, Urteil vom 09.04.1983 - 3 StR 551/85, BGHSt 34, 39 = NJW 1986, 2261 (2263); *Magdowski*, Die Verkehrsunfallflucht in der Strafrechtsreform, 1980, S. 68; *Rogall*, Der Beschuldigte als Beweismittel gegen sich selbst, 1977, S. 104; *Schünemann*, DAR 1998, 424 (427).

989 *Schünemann*, DAR 2003, 207 (212) m.w.N.

990 *Rogall*, Der Beschuldigte als Beweismittel gegen sich selbst, 1977, S. 159.

991 BVerfG, Beschluss vom 27.04.2010 - 2 BvL 13/07.

992 *Dietrich*, § 142 StGB und das Verbot zwangsweiser Selbstbelastung, 1998, S. 103.

993 Vgl. dazu *Henseler*, § 142 IV StGB, 2011, S. 216 f.; *Rogall*, Der Beschuldigte als Beweismittel gegen sich selbst, 1977, S. 104.

994 BVerfG, Beschluss vom 13.01.1981 - 1 BvR 116/77, NJW 1981, 1431; BGH, Urteil vom 09.04.1986 - 3 StR 551/85, BGHSt 34, 39 = NJW 1986, 2261 (2263).

995 Als Beispiele dienen hier etwa die Duldung der Sicherstellung und Beschlagnahme von Gegenständen zu Beweiszwecken (§ 94 StPO) oder der Durchsuchung (§ 102 StPO).

996 Vgl. § § 136 I 2, 163a III 2, 243 V 1 StPO.

streitet im Ergebnis also gegen eine Pflicht zur aktiven Mitwirkung an der eigenen Strafverfolgung und gewährt ein „Recht zur Passivität".[997]

Aus dem Vorhergesagten folgt, dass Pflichten zu aktiven Mitwirkungshandlungen und Pflichten zu bloß passiven Duldungen vor dem *nemo tenetur*-Grundsatz unterschiedlich zu bewerten sind. Da § 142 StGB sowohl aktive als auch passive Pflichten beinhaltet, ist folglich eine getrennte rechtliche Würdigung der in § 142 StGB enthaltenen Aktivpflichten einerseits und der Passivpflichten andererseits vorzunehmen. Der folgende Abschnitt wird daher zunächst die in § 142 StGB enthaltenen Passivpflichten vor dem Hintergrund des *nemo tenetur*-Grundsatzes beleuchten (im Folgenden unter **b.**) und sodann zur Vereinbarkeit der in § 142 StGB enthaltenen Aktivpflichten mit dem *nemo tenetur*-Grundsatz Stellung beziehen (im Folgenden unter **c.**).

### *b. Passivpflichten nach § 142 StGB*

§ 142 I Nr. 1 StGB erlegt dem Unfallbeteiligten die Pflicht auf, die zur Beweissicherung des zivilrechtlichen Anspruchs erforderlichen Feststellungen durch seine Anwesenheit zu ermöglichen.[998] Er muss passiv dulden, dass andere die genannten Feststellungen treffen.[999] § 142 I Nr. 2 StGB etabliert eine Wartepflicht. Der Unfallbeteiligte genügt dieser Wartepflicht, indem er am Unfallort wartet, d.h. ebenfalls mit seiner bloßen Anwesenheit.[1000] Wie vorstehend erläutert, gewährt der *nemo tenetur*-Grundsatz das Recht, Handlungen zu unterlassen, die aktiv zur eigenen Strafverfolgung beitragen würden. Umgekehrt steht der *nemo tenetur*-Grundsatz rein passiven Selbstbelastungen nicht entgegen. Die gemäß § 142 I Nr. 1 StGB bestehende Feststellungsduldungspflicht sowie die § 142 I Nr. 2 StGB bestehende Wartepflicht am Unfallort sind allein mit einer solchen passiven Selbstbelastung verbunden; ihre Erfüllung erfordert keinerlei aktive Selbstbelastungshandlungen. Vielmehr verbieten sie nur eine aktive Selbstbegünstigung und kollidieren deshalb nicht mit dem Schutzbereich des *nemo tenetur*-Grundsatzes.[1001]

---

997 *Leipold*, Verkehrsunfallflucht, 1987, S. 49; *Rogall*, Der Beschuldigte als Beweismittel gegen sich selbst, 1977, S. 158.

998 *Zopfs*, in: MüKo StGB, § 142 Rn. 52, 61.

999 *Geppert*, Jura 1990, 78 (83); *Kindhäuser*, in: NK StGB, § 142 Rn. 12; *Krey/Hellmann/Heinrich*, Rn. 958.

1000 *Zopfs*, in: MüKo StGB, § 142 Rn. 78.

1001 So auch *Dietrich*, § 142 StGB und das Verbot zwangsweiser Selbstbelastung, 1998, S. 103; *Kubatta*, Zur Reformbedürftigkeit der Verkehrsunfallflucht, 2008, S. 70; *Schneider*, Grund und Grenzen des strafrechtlichen Selbstbegünstigungsprinzips,

Daran ändert auch das teilweise angeführte Argument nichts, dass der Täter auch bei anderen Straftaten nicht verpflichtet werde, zwecks Aufklärung dieser Tat am Tatort zu verweilen, weil es dem Urtrieb des Menschen entspreche, sich der strafrechtlichen Verfolgung zu entziehen.[1002] Zwar ist es richtig, dass unsere Rechtsordnung grundsätzlich darauf verzichtet, „den Täter nach der Tat durch ein Wartegebot am Tatort mittelbar gegen sich selbst einzusetzen."[1003] Allerdings ist diese Konstellation bereits von den Grundzügen her nicht mit den Passivpflichten des § 142 StGB vergleichbar: Es ist keineswegs so, dass der Unfallbeteiligte stets vorab einen anderen Straftatbestand verwirklicht hat, dessen zufällige Entdeckung er zu befürchten hat, wenn er am Unfallort wartet bzw. die Feststellungen durch seine Anwesenheit ermöglicht. § 142 StGB knüpft nicht an eine Straftat, sondern an ein vorheriges Schadensereignis nach einem Verkehrsunfall an, damit die durch die Schnelligkeit des Straßenverkehrs bedingte „faktische Schwäche der Position des Anspruchsberechtigten" einen Ausgleich findet.[1004]

Ein wesentlicher Unterschied zwischen den beiden Konstellationen besteht ferner darin, dass der Unfallbeteiligte sich im Rahmen der Wartepflicht des § 142 StGB – sofern überhaupt – eines *anderen* Delikts, das den Schutz eines *anderen* Rechtsguts als § 142 StGB bezweckt, belastet,[1005] während es in den üblichen zum Vergleich herangezogenen Konstellationen (Der Dieb muss nicht warten, um sich des Diebstahls zu überführen) stets um ein und dasselbe Delikt und Rechtsgut geht.[1006] Trotz dieses strukturellen Unterschieds ließe sich zwar wiederum als Gemeinsamkeit einwenden, dass gleichwohl in beiden Konstellationen die Bezichtigung mit einer Straftat einhergeht. Allerdings bezwecken die Passivpflichten des § 142 StGB allein die Aufklärung des Unfalls; sie zielen aber

---

1991, S. 140 ff.; *Verrel*, Die Selbstbelastungsfreiheit im Strafverfahren, 2001, S. 93. Zur Abgrenzung zwischen dem (zulässigen) Verbot einer aktiven Selbstbegünstigung und dem (unzulässigen) Gebot einer aktiven Selbstbelastung s. *Schünemann*, DAR 2003, 207 (212).

1002 AG Ulm, Vorlagebeschluss vom 08.02.1963 – 7 Ds 1418/62, NJW 1963, 688; *Erdsiek*, NJW 1963, 632 (634); vgl. ferner *Heublein*, DAR 1985, 15 (17); *O. Küper*, Die Flucht nach einem Verkehrsunfall, 1964, S. 31 ff.; *W. Pieper*, Die Verkehrsunfallflucht, 1970, S. 16.

1003 *O. Küper*, Die Flucht nach einem Verkehrsunfall, 1964, S. 33.

1004 *Verrel*, Die Selbstbelastungsfreiheit im Strafverfahren, 2001, S. 100.

1005 In Betracht kommen hier insbesondere Körperverletzungsdelikte oder Straßenverkehrsdelikte wie beispielsweise § 316 StGB.

1006 Diese Tatsache scheint weitestgehend übersehen zu werden, wird aber von *Seib*, JR 1986, 397 hervorgehoben.

nicht darauf ab, den Unfallbeteiligten zum Warten zu verpflichten, um ihn einer möglicherweise zuvor begangenen Straftat zu überführen. In dem zum Vergleich herangezogenen Szenario wäre dies aber gerade der Fall.

Des Weiteren ist – wie aufgezeigt – gerade zwischen aktiven und passiven Selbstbelastungen zu differenzieren. Die Argumentation übersieht, dass sowohl die Wartepflicht als auch die Feststellungsduldungspflicht allenfalls einer passiven Selbstbelastungspflicht gleichkommt, welcher der *nemo tenetur*-Grundsatz *per se* nicht entgegensteht.

### c. *Aktivpflichten nach § 142 StGB*

Anders zu beurteilen sind demgegenüber die Vorstellungspflicht in § 142 I Nr. 1 StGB sowie die Sekundärpflichten des § 142 II, III StGB. Diese Pflichten implizieren eine aktive Mitwirkungshandlung des Unfallbeteiligten.[1007] Durch die Vorstellungspflicht in § 142 I Nr. 1 StGB wird dem Unfallbeteiligten auferlegt, sich als Unfallbeteiligter zu erkennen zu geben; er muss die Angabe machen, an dem Unfall beteiligt zu sein.[1008] *Dornseifer* spricht von einer „minimalen aktiven Mitwirkungspflicht", deren Kernstück darin bestehe, dass der Unfallbeteiligte deutlich zu machen habe, möglicherweise zur Unfallverursachung beigetragen zu haben.[1009] Die Vorstellungspflicht soll dabei die Durchsetzung der passiven Feststellungspflicht ermöglichen.[1010]

Die Sekundärpflichten in § 142 II, III StGB gehen noch darüber hinaus. Ihre Erfüllung erfordert nicht nur die Offenbarung der eigenen Unfallbeteiligung, sondern darüber hinaus auch Angaben betreffend das Kennzeichen und den Standort des Kraftfahrzeugs sowie die Adresse und den Aufenthaltsort des Unfallbeteiligten. Diese Pflichten fordern somit eine aktive Informationspreisgabe und werden deshalb in der Literatur als „Pflicht zur Selbstanzeige" kritisiert.[1011]

Nachfolgend wird zunächst die Sichtweise des Gesetzgebers sowie der Rechtsprechung über die Vereinbarkeit der Aktivpflichten des § 142 StGB mit dem

---

1007 Vgl. *Fischer*, StGB Kommentar, § 142 Rn. 28; *Krey/Hellmann/Heinrich*, Rn. 959; *Kretschmer*, in: K/N/P, § 142 Rn. 19.; a.A. *Zopfs*, Unfallflucht bei eindeutiger Haftungslage, 1993, S. 140.

1008 *Kühl*, in: Lackner/Kühl, § 142 Rn. 17; *Rengier*, Strafrecht BT II, § 46 Rn. 17; *Sternberg-Lieben*, in: Schönke/Schröder, § 142 Rn. 30; *Zopfs*, in: MüKo StGB, § 142 Rn. 52 und Rn. 61.

1009 *Dornseifer*, JZ 1980, 299 (299 f.).

1010 *Zopfs*, Unfallflucht bei eindeutiger Haftungslage, 1993, S. 142.

1011 *Bürgel*, MDR 1976, 353 (354).

*nemo tenetur*-Grundsatz dargestellt (im Folgenden unter **aa.**). Im Anschluss wird der in der Literatur bestehende Meinungsstreit aufgezeigt (im Folgenden unter **bb.**). Es folgt eine Stellungnahme (im Folgenden unter **cc.**).

*aa. Erläuterungen des Gesetzgebers und der Rechtsprechung*

Im Jahr 1963 hatte sich das AG Ulm mit der Verfassungsmäßigkeit des § 142 StGB a.F. zu befassen und sie im Ergebnis bestritten. [1012] Der Täter werde zum bloßen Objekt der Strafverfolgung degradiert. Der wirkliche Zweck des § 142 StGB bestehe in der Erleichterung polizeilicher Feststellungen, sodass die Vorschrift §§ 136, 136a StPO aushöhle und auf ein Gebot der Selbstanzeige hinauslaufe. Durch die Vorschrift werde dem Täter die ihm sonst offenstehende Möglichkeit zur Selbstbegünstigung genommen.[1013]

Im Jahr 1974 stellte der Gesetzgeber im Zuge der Neufassung des Tatbestands fest, dass ein Tatbestand der Verkehrsflucht im Einzelfall auf den Zwang zur Selbstbezichtigung hinauslaufen könne und dass ein Tatbestand, der es bezwecke, den Täter einer Strafverfolgung auszuliefern, dem Prinzip der straflosen Selbstbegünstigung widerspreche.[1014] In der amtlichen Begründung führte der Gesetzgeber jedoch im Weiteren aus, dass der Gesichtspunkt, dass Fälle der Selbstbegünstigung durch § 142 StGB strafbar gemacht werden, nicht durchschlage, da den privaten Interessen der anderen Unfallbeteiligten der Vorzug gebühre.[1015] Der Grundsatz der Straflosigkeit der Selbstbegünstigung werde zudem nur in dem zur Durchsetzung des erstrebten Rechtsgüterschutzes unbedingt notwendigen Umfang durchbrochen.[1016] Dabei werde eine Meldung bei der Polizei nicht unbedingt gefordert. Sie sei nur erforderlich, wenn es keine andere Möglichkeit zur Sicherung des kriminalpolitischen Ziels gebe.[1017] Der Zwang zur Selbstbezichtigung werde überdies nicht vom Gesetz erstrebt, sondern sei

---

1012 AG Ulm, Vorlagebeschluss vom 08.02.1963 – 7 Ds 1418/62, NJW 1963, 688.

1013 Darstellung bei *Erdsiek*, NJW 1963, 632 (633).

1014 Gesetzesentwurf der Bundesregierung zum 14. Strafrechtsänderungsgesetz, BT-Drucksache 7/2434, S. 4. Der Gesetzgeber betonte ferner, dass es deshalb außerhalb des § 142 StGB kein vergleichbares Verbot der Selbstbegünstigung gebe.

1015 Gesetzesentwurf der Bundesregierung zum 14. Strafrechtsänderungsgesetz, BT-Drucksache 7/2434, S. 5.

1016 Gesetzesentwurf der Bundesregierung zum 14. Strafrechtsänderungsgesetz, BT-Drucksache 7/2434, S. 6.

1017 BT-Drucksache, ebd.

nur eine willkommene Nebenfolge.[1018] Überdies brächten die Feststellungen, die der Unfallbeteiligte nach § 142 I StGB ermöglichen müsse, keinerlei Selbstbezichtigungen oder Offenbarung der strafrechtlichen Relevanz seiner Verhaltensweise mit sich.[1019]

Die Vorschrift § 142 StGB wurde auch vom BVerfG als verfassungskonform eingestuft.[1020] Bereits in Bezug auf § 142 StGB a.F. führte das BVerfG aus, dass die Vorschrift bei richtiger Auslegung mit dem Grundgesetz vereinbar sei.[1021] Das begrenzte Verbot der Selbstbegünstigung widerspreche weder dem Rechtsstaatsprinzip noch der Unantastbarkeit der Menschenwürde.[1022] Aus dem Verfassungsrecht lasse sich kein Satz herleiten, nach dem die Selbstbegünstigung immer erlaubt sein müsse.[1023] Dass die Rechtsordnung Selbstbegünstigungen nicht ausnahmslos billige, zeige sich bereits an der Existenz der Haftgründe der Flucht- und Verdunkelungsgefahr.[1024] Es bestehe kein ausnahmsloses Gebot, dass niemand zu Auskünften oder sonstigen Handlungen gezwungen werden dürfe, durch die er eine von ihm begangene Straftat offenbare.[1025] Die Unantastbarkeit der Menschenwürde werde überdies nicht verletzt, wenn ein Individuum für die Folgen seines Handelns geradestehen müsse und die Aufklärung der Unfallursachen wenigstens nicht erschwere oder gar vereitele.[1026] Diese Begründung, die das BVerfG im Hinblick auf § 142 StGB a.F. abgab, kann gleichermaßen für § 142 StGB n.F. Geltung beanspruchen.[1027] Entsprechend hat das BVerfG

1018 Gesetzesentwurf der Bundesregierung zum 14. Strafrechtsänderungsgesetz, BT-Drucksache 7/2434, S. 5.

1019 Gesetzesentwurf der Bundesregierung zum 14. Strafrechtsänderungsgesetz, BT-Drucksache 7/2434, S. 6.

1020 BVerfG, Beschluss vom 29.05.1963 – 2 BvR 161/63, BVerfGE 16, 191 (194) = NJW 1963, 1195 bezogen auf § 142 StGB a.F.; BVerfG, Nichtannahmebeschluss vom 16.03.2001 – 2 BvR 65/01, BeckRS 2001, 30168011 bezogen auf § 142 StGB n.F.

1021 BVerfG, Beschluss vom 29.05.1963 – 2 BvR 161/63, BVerfGE 16, 191 = NJW 1963, 1195.

1022 BVerfG, Beschluss vom 29.05.1963 – 2 BvR 161/63, BVerfGE 16, 191 (194) = NJW 1963, 1195.

1023 BVerfG, ebd.

1024 BVerfG, ebd.

1025 BVerfG, Beschluss vom 13.01.1981 – 1 BvR 116/77, NJW 1981, 1431.

1026 BVerfG, Beschluss vom 29.05.1963 – 2 BvR 161/63, BVerfGE 16, 191 (194) = NJW 1963, 1195.

1027 *Zopfs*, Unfallflucht bei eindeutiger Haftungslage, 1993, S. 138.

im Jahr 2001 die Verfassungsmäßigkeit des § 142 StGB n.F. bestätigt.[1028] Dabei ließ das BVerfG allerdings offen, ob der *nemo tenetur*-Grundsatz es erfordere, dass dem Unfallbeteiligten bei der Frage, wem gegenüber (Unfallgegner oder Polizei) er die notwendigen Feststellungen zu ermöglichen hat, ein Wahlrecht zuzubilligen sei.[1029]

*bb. Meinungsstand in der Literatur*

In der Literatur hingegen ist die Frage der Verfassungskonformität der Aktivpflichten des § 142 StGB umstritten. Sofern ein Verstoß gegen den *nemo tenetur*-Grundsatz verneint wird, werden dazu unterschiedliche Begründungsansätze herangezogen (im Folgenden unter **(1)**). Andere Stimmen sprechen den Aktivpflichten des § 142 StGB das „harsche Verdikt der Verfassungswidrigkeit“[1030] aus (im Folgenden unter **(2)**).

*(1) Verfassungsmäßigkeit der Aktivpflichten des § 142 StGB*

Teilweise wird die Norm im Ganzen als verfassungskonform angesehen.[1031] Dazu werden unterschiedliche Begründungsansätze vertreten. Teilweise wird bereits eine Kollision mit dem *nemo tenetur*-Grundsatz verneint, teilweise wird eine Kollision zwar grundsätzlich anerkannt, aber die Verfassungskonformität dennoch bejaht.

Eine Auffassung sieht in § 142 StGB einen Ausnahmebereich, der nicht dem *nemo tenetur*-Grundsatz unterfalle.[1032] Der Tatbestand sei wegen des gesteigerten Aufklärungsrisikos infolge des Massenverkehrs und des anonymen Schädigerkreises erforderlich geworden.[1033] Die Sonderbehandlung der Verkehrsunfallflucht rechtfertige sich durch die deutliche Abhebung von „herkömmlichen Deliktstypen mit vorsätzlicher oder fahrlässiger Begehung“ und lasse sich auf

---

1028 Nichtannahmebeschluss vom 16.03.2001 – 2 BvR 65/01, BeckRS 2001, 3016801 bezogen auf § 142 StGB n.F.

1029 BVerfG, Nichtannahmebeschluss vom 16.03.2001 – 2 BvR 65/01, BeckRS 2001, 3016801.

1030 *Verrel*, Die Selbstbelastungsfreiheit im Strafverfahren, 2001, S. 93.

1031 *Leipold*, Verkehrsunfallflucht, 1987, S. 49 f.; *Schneider*, Grund und Grenzen des strafrechtlichen Selbstbegünstigungsprinzips, 1991, S. 148 ff.; *Seib*, JR 1986, 397 (398); vgl. ferner *Kühl*, in: Lackner/Kühl, § 142 Rn. 18.

1032 *Säzler*, Die Verkehrsunfallflucht im geltenden und zukünftigen Strafrecht, 1965, S. 33 ff.

1033 *Säzler*, ebd.

den „Gedanken der Verkehrsgemeinschaft“ zurückführen.[1034] Teilweise wird angenommen, dass dies jedenfalls bei einer Selbstbelastung bezüglich einer Strafbarkeit wegen des Unfalls selbst (z.B. § 315c StGB) gelte – für diese Delikte habe der Gesetzgeber einen Ausnahmetatbestand geschaffen.[1035]

Eine andere Ansicht wiederum räumt zwar grundsätzlich eine Kollision mit dem *nemo tenetur*-Grundsatz ein, rechtfertigt diese Kollision aber – wie die amtliche Gesetzesbegründung – mit dem Vorrang der durch § 142 StGB geschützten Beweissicherungsinteressen.[1036] § 142 StGB bezwecke nicht, dem öffentliche Interesse an einer lückenlosen Erfassung von Verkehrsunfällen zu dienen, um die Verkehrssicherheit zu erhöhen.[1037] Die Vorschrift sei verfassungsrechtlich unbedenklich, weil das stattdessen ausnahmslos von der Vorschrift geschützte Rechtsgut der Beweissicherungsinteressen Priorität gegenüber dem Selbstbegünstigungsinteresse des Unfallbeteiligten genieße.[1038] Entscheidend sei, dass im Rahmen einer Abwägung das Interesse der Unfallbeteiligten an der Sicherung ihrer Ansprüche das natürliche Interesse der anderen Unfallbeteiligten, nicht einer Straftat überführt zu werden, überwiege.[1039] Die Pflichten des § 142 StGB seien zum Rechtsgüterschutz unbedingt nötig.[1040] Räumte man demgegenüber den Fluchtinteressen des Schädigers Priorität ein, so würde dies den für den Rechtsfrieden unerlässlichen Rechtsgüterschutz stark gefährden.[1041] In dieselbe Richtung argumentiert wohl *Erdsiek*, der zwar die Beweissicherungsinteressen nicht explizit als vorrangig betitelt, aber zum gleichen Ergebnis gelangt, indem er hervorhebt, dass das Grundgesetz neben der Menschenwürde auch den sozialen Gedanken schütze, der ein Verweilen am Unfallort gebiete.[1042]

---

1034 *Säzler*, Die Verkehrsunfallflucht im geltenden und zukünftigen Strafrecht, 1965, S. 34 f.

1035 *Magdowski*, Die Verkehrsunfallflucht in der Strafrechtsreform, 1980, S. 139 ff. Hinsichtlich des Selbstbelastungsrisikos bezüglich anderer Straftaten, die lediglich anlässlich des Unfalls aufgedeckt werden könnten (z.B. Diebstahl des benutzten Kraftfahrzeugs) verbleibe *Magdowski* zufolge im Einzelfall das Korrektiv der Unzumutbarkeit normgemäßen Verhaltens.

1036 *Jagusch*, NJW 1976, 504 (506); *Magdowski*, Die Verkehrsunfallflucht in der Strafrechtsreform, 1980, S. 70; *Seib*, JR 1986, 397 (398); kritisch, aber im Ergebnis zustimmend *Lackner*, DAR 1972, 283 (287).

1037 *Keller*, JR 1989, 343 (344).

1038 *Jagusch*, NJW 1976, 504 (506); *Seib*, JR 1986, 397 (398).

1039 *Seib*, ebd.

1040 *Seib*, ebd.

1041 *Seib*, ebd.

1042 *Erdsiek*, NJW 1963, 632 (634).

Eine weitere Ansicht begründet die Verfassungskonformität des § 142 StGB mit einer restriktiven Auslegung der Norm[1043] und erkennt damit ebenfalls implizit ein gewisses Spannungsfeld an. Die Vorstellungspflicht sollte derart verfassungskonform ausgelegt werden, dass ein Verstoß gegen das Verbot aktiver Selbstbelastung verhindert und dem Übermaßverbot Rechnung getragen werde.[1044] Teilweise werden selbst aktive Mitwirkungspflichten für verfassungskonform erachtet, sofern das Übermaßverbot und insbesondere der Verhältnismäßigkeitsgrundsatz gewahrt blieben.[1045] Zunächst wird dabei betont, dass § 142 StGB allein den zivilrechtlichen Informationsfluss sichern solle. Wenn damit eine strafrechtliche Selbstbelastung einhergehe, sei dies nur eine mittelbare Folge.[1046] Da der *nemo tenetur*-Grundsatz nur für staatliche Beweisverfahren und nicht zwischen Privaten gelte, solle die Polizei aus der zivilrechtlichen Abwicklung nach dem Unfall herausgehalten werden. So lehnen Vertreter dieser Auffassung eine Meldepflicht gegenüber den staatlichen Behörden gänzlich ab und möchten sie stattdessen nur gegenüber den anderen Unfallbeteiligten entstehen lassen.[1047] Auf diese Weise erzwinge die Norm keinen Informationsfluss zu den Strafverfolgungsbehörden, welcher mit dem *nemo tenetur*-Grundsatz kollidieren könnte.[1048] Die Wahrscheinlichkeit, mit der die betreffenden Unfallabwicklungsbeiträge eine strafprozessuale Verwendung fänden, werde ohne Einschaltung der Polizei deutlich gesenkt.[1049] Eine Primärpflicht zur

---

1043 So etwa *Leipold*, Verkehrsunfallflucht, 1987, S. 234 f.; *Magdowski*, Die Verkehrsunfallflucht in der Strafrechtsreform, 1980, S. 67 ff.; *Schneider*, Grund und Grenzen des strafrechtlichen Selbstbegünstigungsprinzips, 1991, S. 148 ff.

1044 *Leipold*, Verkehrsunfallflucht, 1987, S. 50 und S. 234; *Magdowski*, Die Verkehrsunfallflucht in der Strafrechtsreform, 1980, S. 142.

1045 Vgl. nur *Leipold*, Verkehrsunfallflucht, 1987, S. 50: „[...] bleibt festzuhalten und zu fordern, daß der Täter geringfügige Einschränkungen seines Selbstbegünstigungsprivilegs auch in Form aktiver Mitwirkungspflichten hinnehmen muß [...].“

1046 *Verrel*, Die Selbstbelastungsfreiheit im Strafverfahren, 2001, S. 96; ähnlich: *Leipold*, Verkehrsunfallflucht, 1987, S. 49.

1047 *Kölbel*, Selbstbelastungsfreiheiten, 2006, S. 479 f.; *Leipold*, Verkehrsunfallflucht, 1987, S. 234 f.; *Magdowski*, Die Verkehrsunfallflucht in der Strafrechtsreform, 1980, S. 69; *Schneider*, Grund und Grenzen des strafrechtlichen Selbstbegünstigungsprinzips, 1991, S. 149; *Schünemann*, DAR 2003, 207 (212); *Verrel*, Die Selbstbelastungsfreiheit im Strafverfahren, 2001, S. 96 f.; kritisch zur praktischen Umsetzbarkeit einer solchen Lösung *Zopfs*, Festschrift Küper, S. 747 (750 ff.).

1048 *Schneider*, Grund und Grenzen des strafrechtlichen Selbstbegünstigungsprinzips, 1991, S. 149.

1049 *Kölbel*, Selbstbelastungsfreiheiten, 2006, S. 479 f.

Benachrichtigung der Polizei provoziere staatliche Ermittlungstätigkeit und sei aus diesem Grund mit dem Verhältnismäßigkeitsgrundsatz unvereinbar.[1050]

Auch § 142 II StGB, der ebenfalls lediglich einen privatnützigen Informationsfluss bezwecke, sei verfassungskonform auszulegen und zwar derart, dass die nachträgliche Meldung nicht bei der Polizei, sondern beim Geschädigten zu erfolgen habe,[1051] sodass der Unfallbeteiligte keine staatliche Ermittlungstätigkeit gegen sich selbst provoziere.[1052] Diese Lösung läuft also letztlich darauf hinaus, die von der herrschenden Meinung im Lichte des Unverzüglichkeitsgebots vorgenommene Einschränkung des Wahlrechts, ob sich der Unfallbeteiligte in Erfüllung seiner Sekundärpflichten beim Feststellungsberechtigten oder bei einer nahe gelegenen Polizeidienststelle meldet, wieder aufzuheben.

*(2) Verfassungswidrigkeit der Aktivpflichten des § 142 StGB*

Andere Stimmen in der Literatur halten die Aktivpflichten des § 142 StGB für verfassungswidrig.[1053] Im Unterschied zum Fluchtverbot, das lediglich eine aktive Selbstbegünstigung verbiete, forderten die Aktivpflichten eine aktive Selbstbelastung, was aufgrund des *nemo tenetur*-Grundsatzes verfassungsrechtlich unzulässig sei.[1054]

*Ruck* führt die Verfassungswidrigkeit der in § 142 StGB enthaltenen Aktivpflichten darauf zurück, dass sie nicht verhältnismäßig im Hinblick auf den intendierten Rechtsgüterschutz seien.[1055] Eine Abwägung des privaten Beweissicherungsinteresses gegenüber dem in Art. 2 I, 1 I GG verankerten *nemo tenetur*-Grundsatz ergebe einen Vorrang des Letzteren. Das Recht, sich bei drohender Strafe passiv verhalten zu dürfen, sei im Kernbereich der Grundrechte angesiedelt und werde durch die Aktivpflichten des § 142 StGB irreversibel verletzt. Diese Verletzung sei nicht durch die abstrakte Gefahr der Verletzung

---

1050 *Leipold*, Verkehrsunfallflucht, 1987, S. 234 f.

1051 *Schneider*, Grund und Grenzen des strafrechtlichen Selbstbegünstigungsprinzips, 1991, S. 149 ff.; *Kölbel*, Selbstbelastungsfreiheiten, 2006, S. 481.

1052 *Magdowski*, Die Verkehrsunfallflucht in der Strafrechtsreform, 1980, S. 69.

1053 *Dietrich*, § 142 StGB und das Verbot zwangsweiser Selbstbelastung, 1998, S. 135 f.; *Rogall*, Der Beschuldigte als Beweismittel gegen sich selbst, 1977, S. 163 f.; *Ruck*, § 142 StGB als Vermögensdelikt, 1985, S. 107; *Schünemann*, DAR 1998, 424 (427 ff.); *Steenbock*, Unfallflucht, 2004, S. 24 ff.; *Verrel*, Die Selbstbelastungsfreiheit im Strafverfahren, 2001, S. 93.

1054 *Geppert*, Jura 1990, 78 (78 f.); *Schünemann*, DAR 2003, 207 (212); *Seebode*, JA 1980, 493 (497 f.).

1055 *Ruck*, § 142 StGB als Vermögensdelikt, 1985, S. 109 ff.

des Beweissicherungsinteresses zu rechtfertigen, sodass sich der Eingriff in den *nemo tenetur*-Grundsatz als unverhältnismäßig erweise.[1056] Ähnlich argumentiert *Rogall*. Er rekurriert dabei auf das Verbot, als Beweismittel gegen sich selbst eingesetzt zu werden, und schlussfolgert einen klaren Verstoß gegen das Verbot zur aktiven Mitwirkung an der eigenen Strafverfolgung durch §§ 142 I Nr. 1, II, III StGB.[1057] Diese aktive Mitwirkung stelle sich als unzumutbar dar, weil dem hohen Verfassungswert der Art. 2 I, 1 I GG lediglich ein privates Feststellungsinteresse gegenüberstehe.[1058]

Auch *Kubatta* scheint es als gegeben anzusehen, dass der Beschuldigte durch § 142 StGB dazu veranlasst werde, Angaben zu machen, die geeignet sein können, ihn einer zuvor begangenen Straftat/Ordnungswidrigkeit zu überführen. Sie hebt in diesem Kontext hervor, dass der Unfallbeteiligte bei Ermöglichung der geforderten Feststellungen selbst die Voraussetzungen für eine strafrechtliche Sanktion schaffe; der Unfallbeteiligte werde somit dazu gezwungen, Belastungsmaterial gegen sich selbst zu liefern – dies gelte umso mehr, weil rund 50 % der Fluchtfälle unter Alkoholeinfluss stattfänden.[1059] Dem Unfallbeteiligten drohten in der Folge Strafverfahren wegen Straßenverkehrsgefährdung und anderer Delikte sowie Bußgeldverfahren wegen einer Verkehrsordnungswidrigkeit.[1060]

*Schünemann* wertet die nachträgliche Meldepflicht als einen ungerechtfertigten Eingriff in den Schutzbereich des *nemo tenetur*-Grundsatzes:[1061] Der Unfallbeteiligte werde zu einer Selbstbelastung durch aktives Tun gezwungen. Durch die Vorstellungspflicht am Unfallort sowie die nachträgliche Vorstellungspflicht müsse der Unfallbeteiligte Belastungsmaterial gegen sich selbst liefern. Der *nemo tenetur*-Grundsatz verbiete es aber, dem Täter einen aktiven Beitrag zu seiner Strafverfolgung abzuverlangen. Insbesondere bei Meldung gegenüber der Polizei werde ein Ermittlungsverfahren provoziert. Dieser Effekt werde dadurch verstärkt, dass dem Unfallbeteiligten wegen des Unverzüglichkeitsgebots auch häufig nur die Meldung gegenüber der Polizei verbleibe.[1062] Ebenso

1056 *Ruck*, § 142 StGB als Vermögensdelikt, 1985, S. 109 ff.
1057 *Rogall*, Der Beschuldigte als Beweismittel gegen sich selbst, 1977, S. 163.
1058 *Rogall*, Der Beschuldigte als Beweismittel gegen sich selbst, 1977, S. 163 f.
1059 *Kubatta*, Zur Reformbedürftigkeit der Verkehrsunfallflucht, 2008, S. 72 f.
1060 *Kubatta*, Zur Reformbedürftigkeit der Verkehrsunfallflucht, 2008, S. 72.
1061 *Schünemann*, DAR 1998, 424 (427 ff.).
1062 *Schünemann*, DAR 1998, 424 (427 ff.). Zu den Einschränkungen der Wahlfreiheit geeigneter Gebotserfüllung und den Folgen einer Übersteigerung der Anforderungen an das Unverzüglichkeitsgebot vgl. *Dornseifer*, JZ 1980, 299 (300 f.); *Leipold*,

scheint *Steenbock* eine ungerechtfertigte Kollision des § 142 StGB mit dem *nemo tenetur*-Grundsatz – allerdings ohne eine nähere Begründung – zu bejahen.[1063]

*Von Münchs* Argumentation geht in eine ähnliche Richtung. Er geht im Kern davon aus, dass der Grundsatz der Straflosigkeit der Selbstbegünstigung nur durch einen triftigen Grund durchbrochen werden dürfe.[1064] Jedoch stelle keiner der Zwecke, denen § 142 StGB diene, einen solchen triftigen Grund dar. Insbesondere die privaten Feststellungsinteressen könnten laut *von Münch* nicht als Rechtfertigung dienen, da das Feststellungsinteresse eines durch einen Verkehrsunfall Geschädigten nicht schwerer wiege als beispielweise das Feststellungsinteresse eines Bestohlenen an der Person des Diebes.[1065]

*Henseler* vertritt dazu eine differenzierende Ansicht. Laut *Henseler* verstoße § 142 StGB nur dann gegen den *nemo tenetur*-Grundsatz, wenn trotz restriktiver Auslegung Fallgestaltungen verblieben, die zu einer Selbstbelastung führten.[1066] *Henseler* unterscheidet in Fällen der vorherigen Begehung einer Straftat wiederum zwischen zwei Fallgestaltungen:

Hat der Unfallbeteiligte vorher eine Straftat ohne Zusammenhang mit dem Unfall/Führen eines Kraftfahrzeugs begangen, sieht *Henseler* keine Kollision mit dem *nemo tenetur*-Grundsatz.[1067] Es bestehe nämlich jederzeit nach einer Straftat die Gefahr, als Täter derselben ermittelt zu werden. Diese allgemeine Entdeckungsgefahr bestehe unabhängig von der Erfüllung der Pflichten aus § 142 StGB; die Erfüllung der Pflichten aus § 142 StGB setze den Täter lediglich dem allgemeinen Risiko aus, auffällig zu werden, ohne ihn zu einer Selbstbelastung zu zwingen. Damit schaffe § 142 StGB *Henseler* zufolge eine „rein faktische Belastungstendenz".[1068] Es realisiere sich unter diesen Umständen lediglich zufällig das allgemeine Lebensrisiko, welches der *nemo tenetur*-Grundsatz nicht schütze.[1069]

Anders beurteilt *Henseler* Fallgestaltungen, in welchen der Unfallbeteiligte zuvor eine Straftat begangen hat, die im Zusammenhang mit dem Unfall/Führen eines Kraftfahrzeugs steht, wie beispielsweise eine Gefährdung

---

Verkehrsunfallflucht, 1987, S. 90 ff.; weiterführend *Zopfs*, Unfallflucht bei eindeutiger Haftungslage, 1993, S. 123 ff.

1063 *Steenbock*, Unfallflucht, 2004, S. 24 ff. und S. 199.

1064 *Von Münch*, DAR 1957, 205 (206).

1065 *Von Münch*, ebd.

1066 *Henseler*, § 142 IV StGB, 2011, S. 217.

1067 *Henseler*, § 142 IV StGB, 2011, S. 219.

1068 *Henseler*, ebd.

1069 *Verrel*, Die Selbstbelastungsfreiheit im Strafverfahren, 2001, S. 100.

des Straßenverkehrs gemäß § 315c I Nr. 1 StGB oder eine Trunkenheitsfahrt gemäß § 316 StGB.[1070] Hier sei *Henseler* zufolge eine Kollision mit dem *nemo tenetur*-Grundsatz möglich. Der Unfallbeteiligte stehe vor widerstreitendenden Interessen: Einerseits müsse er am Unfallort verbleiben und Feststellungen ermöglichen, um sich nicht gemäß § 142 StGB strafbar zu machen; andererseits riskiere er mittels der Feststellungen die Offenbarung der vorherigen Straftat.[1071] Als Lösung schlägt *Henseler* eine restriktive Auslegung des § 142 StGB im Einzelfall vor.[1072] Die Angaben zur Art der Beteiligung seien auf die zur zivilrechtlichen Durchsetzung notwendigen zu beschränken.[1073]

### *cc. Stellungnahme*

Zunächst sei vorausgeschickt, dass nicht jeder Unfall im Straßenverkehr mit einer Straftat einhergeht. *Von Münchs* Behauptung, dass der Unfallbeteiligte durch die Erfüllung seiner Pflichten gezwungen werde, seine „Beteiligung an einem Verkehrsunfall – also in der Regel ein Delikt – zuzugeben",[1074] erweist sich als unfundiert. Die Umstände, die zu einem Unfall führen, beinhalten vielfach kein strafbares Verhalten, sodass der Unfallbeteiligte sich durch die Pflichterfüllung nach § 142 StGB regelmäßig keiner strafrechtlichen, sondern allenfalls einer Durchsetzung zivilrechtlicher Ansprüche aussetzt.[1075] Vor einer zivilrechtlichen Anspruchsdurchsetzung schützt der *nemo tenetur*-Grundsatz aber gerade nicht, da er seine Wirkung nur im Strafprozess entfaltet.[1076] In vielen Fällen kollidiert die Erfüllung der Pflichten aus § 142 StGB also von vornherein gar nicht mit dem *nemo tenetur*-Grundsatz.[1077]

---

1070 *Henseler*, § 142 IV StGB, 2011, S. 220. Dieselbe Differenzierung trifft *Verrel*, Die Selbstbelastungsfreiheit im Strafverfahren, 2001, S. 99 f.

1071 Zu der diesbezüglichen Spannungslage vgl. OLG Köln, Urteil vom 19.01.1999 – Ss 526/98, NStZ-RR 1999, 251.

1072 *Henseler*, § 142 IV StGB, 2011, S. 210 und S. 217.

1073 *Henseler*, § 142 IV StGB, 2011, S. 228. Beispielhaft führt er hier an, dass eine Feststellung der Alkoholisierung zu treffen sei, soweit sie für die zivilrechtliche Haftung von Relevanz ist.

1074 *Von Münch*, DAR 1957, 205.

1075 So auch *Henseler*, § 142 IV StGB, 2011, S. 209, der aus diesem Grund folgerichtig zu dem Schluss gelangt, dass *Rogalls* Analyse zu kurz greift; vgl. auch *Verrel*, Die Selbstbelastungsfreiheit im Strafverfahren, 2001, S. 96 f.

1076 Vgl. bereits oben S. 215 f.

1077 So im Ergebnis auch *Henseler*, § 142 IV StGB, 2011, S. 218.

Eine Kollision mit dem *nemo tenetur*-Grundsatz ist überhaupt erst dann möglich, wenn der Unfallbeteiligte sich durch die Erfüllung der Pflichten des § 142 StGB tatsächlich der Verfolgung einer Straftat aussetzen würde, etwa weil er zum Unfallzeitpunkt unter Drogeneinfluss stand oder nicht im Besitz einer (gültigen) Fahrerlaubnis war.[1078] Dasselbe gilt, wenn die Gefahr besteht, dass sich der Unfallbeteiligte einer Ordnungswidrigkeit bezichtigen würde.[1079] Ob eine Verletzung des *nemo tenetur*-Grundsatzes unter diesen Gegebenheiten tatsächlich vorliegt, wird dann davon abhängen, welche Angaben der Unfallbeteiligte nach § 142 StGB machen muss und ob diese Angaben abstrakt geeignet sind, ihn einer Straftat/Ordnungswidrigkeit zu belasten. Nur wenn er durch diese Angaben preisgeben würde, dass er zuvor eine Straftat/Ordnungswidrigkeit begangen hat, wäre eine Verletzung des *nemo tenetur*-Grundsatzes zu befürchten. Abzugrenzen ist letztlich die Pflicht zur aktiven, die Strafverfolgungsgefahr erhöhenden Selbstbelastung von dem allgemeinen, jederzeit bestehenden latenten Entdeckungsrisiko einer Straftat, das den *nemo tenetur*-Grundsatz nicht tangiert.[1080]

Geboten ist folglich eine differenzierte Betrachtung, wie unter anderem *Henseler* sie vornimmt: Beizupflichten ist *Henseler* vor allem darin, dass zwischen der vorherigen Begehung einer Straftat, welche im Zusammenhang mit dem Führen des am Unfall beteiligten Fahrzeugs steht, und einer Straftat, welche keinerlei Zusammenhang dazu aufweist, zu unterscheiden ist. Wird der Täter anlässlich der Erfüllung seiner Pflichten aus § 142 StGB einer Straftat überführt, die nicht im Zusammenhang mit dem Führen eines Kraftfahrzeugs steht, so realisiert sich lediglich das allgemeine Lebensrisiko, welches nicht durch den *nemo tenetur*-Grundsatz geschützt wird. Die Entdeckung erfolgt vielmehr rein zufällig. Dies gilt insbesondere deshalb, weil die Angaben, die der Unfallbeteiligte im Rahmen des § 142 StGB zu machen hat, gar nicht geeignet sind, ihn einer unabhängig vom Unfallgeschehen begangenen Straftat zu überführen. Eine Kollision mit dem *nemo tenetur*-Grundsatz ist hier nicht zu befürchten.

---

1078 *Henseler*, § 142 IV StGB, 2011, S. 211.

1079 Aus § 55 I StPO ergibt sich mittelbar, dass der *nemo tenetur*-Grundsatz auch für die Gefahr der Verfolgung wegen einer Ordnungswidrigkeit gilt, s. auch *Magdowski*, Die Verkehrsunfallflucht in der Strafrechtsreform, 1980, S. 69; *Rogall*, Der Beschuldigte als Beweismittel gegen sich selbst, 1977, S. 164 f.

1080 Vgl. auch *Schneider*, Grund und Grenzen des strafrechtlichen Selbstbegünstigungsprinzips, 1991, S. 140.

Anders stellt sich die Situation dar, wenn der Unfallbeteiligte eine Straftat begangen hat, die im Zusammenhang mit dem Führen eines Kraftfahrzeugs steht. Die Erfüllung der Pflichten des § 142 StGB kollidiert hier mit dem *nemo tenetur*-Grundsatz, weil der Unfallbeteiligte mittels der Feststellungen die Offenbarung der vorherigen Straftat riskiert, wobei sich anders als in der anderen Fallgestaltung nicht nur das allgemeine Lebensrisiko realisiert. Dieser Spannungslage ist mittels einer restriktiven Auslegung im Einzelfall, welche auch das Übermaßgebot wahrt, Rechnung zu tragen.[1081]

Die gebotene restriktive Auslegung kann über zwei Wege realisiert werden. Zum einen können die Angaben zur Art der Beteiligung auf die zur zivilrechtlichen Verfolgung notwendigen beschränkt werden, sodass der Betroffene nicht dazu gezwungen wird, unmittelbar auf ein strafverfolgungsfähiges Verhalten hinzuweisen.[1082] Zum anderen kann die Meldepflicht teleologisch derart zu reduzieren sein, dass sie nur gegenüber den anderen Unfallbeteiligten gilt („konfliktmindernde Tatbestandsauslegung").[1083] Auch wenn die Benachrichtigung des Berechtigten in der Praxis häufig mit größerem Aufwand verbunden sein wird als die Benachrichtigung der „omnipräsenten Polizei",[1084] bleibt festzustellen, dass der Wortlaut des § 142 III 1 StGB der Meldung bei der Polizei keinerlei Priorität einräumt, sondern beide Meldealternativen gleichwertig nebeneinander listet. Die teilweise propagierte Einschränkung des Wahlrechts im Lichte des Unverzüglichkeitsgebots des § 142 II StGB ist daher keinesfalls zwingend und steht der Lösung nicht entgegen. Der Informationsfluss hat daher regelmäßig gegenüber dem privaten Berechtigten ohne Meldung gegenüber der Polizei zu erfolgen.[1085] Eine zwingende Meldepflicht gegenüber der Polizei besteht nur in marginalen Ausnahmefällen,[1086] nämlich wenn sich eine Benachrichtigung des Berechtigten von vornherein als aussichtslos erweist oder erst zu einem Zeitpunkt Aussicht auf Erfolg verspricht, zu dem keine Feststellungen mehr möglich

---

1081 Folgerichtig *Henseler*, § 142 IV StGB, 2011, S. 210 und S. 217.

1082 *Henseler*, § 142 IV StGB, 2011, S. 228. Beispielhaft führt er hier an, dass eine Feststellung der Alkoholisierung zu treffen sei, soweit sie für die zivilrechtliche Haftung von Relevanz ist.

1083 *Kölbel*, Selbstbelastungsfreiheiten, 2006, S. 479 ff.

1084 Vgl. dazu im Einzelnen *Zopfs*, Unfallflucht bei eindeutiger Haftungslage, 1993, S. 115 ff.

1085 Vgl. auch *Verrel*, Die Selbstbelastungsfreiheit im Strafverfahren, 2001, S. 96 f.

1086 *Schneider*, Grund und Grenzen des strafrechtlichen Selbstbegünstigungsprinzips, 1991, S. 151.

sind.[1087] Der *nemo tenetur*-Grundsatz gebietet es, dass die Selbstbelastungen auf ein geringstmögliches Maß beschränkt werden. Auch der Schutzzweck des § 142 StGB erfordert nicht zwingend eine Meldung gegenüber der Polizei. Sofern die privaten Vermögensinteressen der anderen Unfallbeteiligten auch durch eine Meldung ihnen gegenüber gesichert werden können, ist eine Meldung bei der Polizei obsolet.[1088] Dies gilt umso mehr, da § 142 StGB die aus dem verkehrsbedingten Selbsthilfedefizit resultierenden Nachteile kompensieren, nicht aber ein beweisrechtliches Optimum sicherstellen soll.[1089]

Die anderen dargestellten Auffassungen überzeugen hingegen aus verschiedenen Gründen nicht. Soweit *Kubatta* die Auffassung, welche den privaten Beweissicherungsinteressen Vorrang einräumt, mit der Begründung angreifen will, das Argument der Priorität könne nur im Rahmen der nicht durch den *nemo tenetur*-Grundsatz geschützten Passivpflichten des § 142 StGB als Rechtfertigung herangezogen werden,[1090] erschließt sich diese Argumentationslinie nicht. Vielmehr versagt sie bereits deshalb, weil im Hinblick auf die rein passiven Pflichten des § 142 StGB der *nemo tenetur*-Grundsatz gar nicht tangiert wird und diese Pflichten entsprechend auch keiner Rechtfertigung – sei es durch die Priorität eines anderen Rechtsguts oder anderer Art – bedürfen. Unabhängig davon kann dem Argument der Priorität des durch § 142 StGB geschützten Rechtsguts auch aus einem anderen Grund nicht zugestimmt werden. Da der *nemo tenetur*-Grundsatz wie aufgezeigt unter anderem in der Garantie der Menschenwürde aus Art. 1 I GG wurzelt, ist er keiner Güterabwägung zugänglich.[1091] Die Menschenwürdegarantie besteht absolut und uneingeschränkt.[1092]

Auch der Ansicht, welche in § 142 StGB einen Ausnahmetatbestand vom Grundsatz der Straflosigkeit der Selbstbegünstigung sehen will,[1093] kann nicht gefolgt werden. Zwar erkennt der Gesetzgeber selbst an, dass eine Ausnahme vom Prinzip der straflosen Selbstbegünstigung nicht schlechthin ausgeschlossen ist, sofern dafür zwingende kriminalpolitische Gründe vorgebracht werden können.[1094] Ferner ist der Argumentation insoweit zuzustimmen, als die spezifischen

1087 *Stein*, in: SK StGB, § 142 Rn. 52; *Dornseifer*, JZ 1980, 299 (301).
1088 So auch *Dornseifer*, JZ 1980, 299 (301).
1089 *Verrel*, Die Selbstbelastungsfreiheit im Strafverfahren, 2001, S. 96.
1090 *Kubatta*, Zur Reformbedürftigkeit der Verkehrsunfallflucht, 2008, S. 75 f.
1091 *Dietrich*, § 142 StGB und das Verbot zwangsweiser Selbstbelastung, 1998, S. 114 f.
1092 *Höfling*, in: Sachs, GG, Art. 1 Rn. 11.
1093 *Magdowski*, Die Verkehrsunfallflucht in der Strafrechtsreform, 1980, S. 139 ff.
1094 Gesetzesentwurf der Bundesregierung zum 14. Strafrechtsänderungsgesetz, BT-Drucksache 7/2434, S. 4.

Verhältnisse des Straßenverkehrs ein gesteigertes Schutzbedürfnis der Unfallbeteiligten bedingen, welchem die Vorschrift dient. Dies bedeutet jedoch nicht *per se*, dass § 142 StGB auch verfassungskonform ist. Der Ansicht ist vielmehr entgegenzuhalten, dass ein bestehendes Aufklärungsrisiko nicht dazu herangezogen werden kann, Ausnahmen von verfassungsmäßig verankerten Prinzipien zu rechtfertigen. Ansonsten könnten verfassungsmäßige Prinzipien ohne Weiteres ausgehebelt werden. Dementsprechend ist der einfache Gesetzgeber auch nicht befugt, Vorschriften zu erlassen, die nicht mit der Verfassung in Einklang stehen; solche Gesetze sind im Umfang ihrer Unvereinbarkeit mit der Verfassung nichtig, Art. 20 III Hs. 1 GG.[1095] Der einfache Gesetzgeber kann sich folglich nicht über den *nemo tenetur*-Grundsatz als Grundsatz von Verfassungsrang hinwegsetzen.[1096] Eine Auffassung, welche vertritt, dass der einfache Gesetzgeber Ausnahmen zu Prinzipien von Verfassungsrang definieren könne, ist mit dem Rang der Normgeber nicht zu vereinbaren und deshalb abzulehnen.[1097] *Dietrich* gelangt deshalb folgerichtig zu dem Schluss, dass ein teleologisches Argument allein nicht die Einschränkung eines verfassungsrechtlichen Gebots dogmatisch zu begründen vermag.[1098] Dieses Ergebnis steht auch im Einklang mit der Gesetzesbegründung, die erörtert, dass keinerlei zwingende kriminalpolitische Gründe vorliegen, welche eine Ausnahme von der allgemeinen Möglichkeit strafloser Selbstbegünstigung rechtfertigen könnten.[1099]

Zuletzt darf die Frage, ob die Pönalisierung einer Selbstbegünstigungshandlung durch die Auferlegung aktiver Mitwirkungspflichten zulässig ist, nicht von der Einordnung des Schutzzwecks des § 142 StGB und der daraus resultierenden Frage, ob das Selbstbelastungsverbot unmittelbar oder nur als „Nebenfolge“ tangiert wird, abhängen.[1100] Die Erörterungen im Gesetzesentwurf der Bundesregierung sind bereits insofern widersprüchlich, als die Gesetzesbegründung einerseits ausführt, der Zwang zur Selbstbezichtigung sei nur eine „willkommene

---

1095 Vgl. *Sachs*, in: Sachs, GG, Art. 20 Rn. 94 ff.

1096 So auch *Henseler*, § 142 IV StGB, 2011, S. 213.

1097 So im Ergebnis auch *Kubatta*, Zur Reformbedürftigkeit der Verkehrsunfallflucht, 2008, S. 75.

1098 *Dietrich*, § 142 StGB und das Verbot zwangsweiser Selbstbelastung, 1998, S. 110.

1099 Vgl. Gesetzesentwurf der Bundesregierung zum 14. Strafrechtsänderungsgesetz, BT-Drucksache 7/2434, S. 4.

1100 So auch *Dietrich*, § 142 StGB und das Verbot zwangsweiser Selbstbelastung, 1998, S. 120; *Loos/Schwerdtfeger*, DAR 1983, 209.

Nebenfolge",[1101] andererseits aber die Behauptung aufstellt, die Feststellungen, die der Unfallbeteiligte nach § 142 I StGB ermöglichen müsse, brächten gar keine Selbstbezichtigungen mit sich.[1102]

Abgesehen von dieser Widersprüchlichkeit ist folgende Erwägung ausschlaggebend: Ließe man die Frage, ob die Pönalisierung einer Selbstbegünstigungshandlung zulässig ist, davon abhängen, ob die jeweilige Norm eine solche Pönalisierung bezweckt, könnten verfassungsrechtliche Grundsätze ohne Weiteres unter Berufung auf die Schutzrichtung einer Vorschrift umgangen werden. Diesen Ansatz verfolgte nicht zuletzt auch das BVerfG im Gemeinschuldnerbeschluss, in welchem es die Grenze zur unzulässigen Selbstbelastung allein abhängig von den Auswirkungen eines Aussagezwangs durch Abwägung der Belange der verschiedenen Beteiligten zog.[1103] Ob die Vorschrift zivilrechtlichen oder öffentlichen Interessen dient, ist für die Frage, ob sie Selbstbegünstigungskonflikte hervorruft, deshalb irrelevant,[1104] zumal die Auswirkungen der Vorschrift davon unabhängig sind. Einen Verstoß gegen das Selbstbelastungsverbot *a priori* unter Verweis auf den zivilrechtlichen Rechtsgüterschutz zu verneinen, wäre deshalb falsch – entscheidend ist vielmehr allein der „Verbots- bzw. Gebotsinhalt" der Vorschrift,[1105] d.h. ob ein Zwang zur aktiven Selbstbelastung von der Vorschrift ausgeht. Das bedeutet, es ist darauf abzustellen, welche tatsächlichen Auswirkungen die Vorschrift auf den Täter hat.

Abschließend ist festzustellen, dass § 142 StGB verfassungskonform ist. Zwar kann im Einzelfall eine Kollision mit dem *nemo tenetur*-Grundsatz in Betracht kommen. Sollte dies der Fall sein, kann dieser Kollision aber mit einer restriktiven Auslegung im Einzelfall Rechnung getragen werden.

---

1101 Gesetzesentwurf der Bundesregierung zum 14. Strafrechtsänderungsgesetz, BT-Drucksache 7/2434, S. 5.

1102 Gesetzesentwurf der Bundesregierung zum 14. Strafrechtsänderungsgesetz, BT-Drucksache 7/2434, S. 6.

1103 BVerfG, Beschluss vom 13.01.1981 – 1 BvR 116/77, NJW 1981, 1431 (1432 f.).

1104 *Magdowski*, Die Verkehrsunfallflucht in der Strafrechtsreform, 1980, S. 23. Die im Rahmen der Frage der rechtlichen Zulässigkeit der Einschränkung der Selbstbegünstigungsbefugnis durch *O. Küper*, Die Flucht nach einem Verkehrsunfall, 1964, S. 20 ff. vorgenommene Differenzierung danach, ob § 142 StGB dem öffentlichen oder dem privaten Feststellungsinteresse dient, ist daher nicht überzeugend.

1105 Zutreffend *Magdowski*, Die Verkehrsunfallflucht in der Strafrechtsreform, 1980, S. 68.

### 2. *Vereinbarkeit einer Erweiterung des Tatbestands mit dem „nemo tenetur se ipsum accusare"-Grundsatz*

Fraglich ist, ob dasselbe Ergebnis auch im Hinblick auf eine Erweiterung des Tatbestandes in § 142 StGB um das vorsatzlose Sich-Entfernen gelten würde.

Manche Autoren sprechen sich vor dem Hintergrund der „Gratwanderung" des Gesetzgebers im Hinblick auf den *nemo tenetur*-Grundsatz mit den unbestritten in § 142 II StGB geregelten Konstellationen für einen engen Anwendungsbereich der Norm aus.[1106] Als eine „doppelte Einschränkung der Selbstbegünstigungsfreiheit" wird die Erstreckung des § 142 II StGB auf das unvorsätzliche Sich-Entfernen vom Unfallort bezeichnet.[1107] Denn der Unfallbeteiligte müsse erstens seine Stellung als Unfallbeteiligter einräumen und zweitens zugeben, dass er sich objektiv tatbestandsmäßig vom Unfallort entfernt habe.[1108] Demgegenüber stützt *Mitsch* die vermeintliche Verschärfung der Pflichtanforderungen darauf, dass derjenige, dem ein Rechtfertigungs- bzw. Entschuldigungsgrund zur Seite stehe, sich hinsichtlich der Umstände, auf denen seine Straflosigkeit beruht (Vorliegen eines Rechtfertigungs- bzw. Entschuldigungsgrundes), in einer günstigeren Beweislage befände.[1109] Auch *Loos/Schwerdtfeger* stellen darauf ab, dass es sich bei Rechtfertigungs- bzw. Entschuldigungsgründen um äußere, gut fassbare Vorgänge handele, deren Darlegung sich als einfacher erweise, als einen fehlenden Vorsatz als rein inneres Merkmal plausibel zu machen.[1110] Charakteristisch sei beim vorsatzlos handelnden Unfallbeteiligten, dass er sich in einer „äußerst schwierigen Beweislage" befinde, die eine Befreiung von der Nachholpflicht unter Zumutbarkeitsgesichtspunkten bedinge.[1111]

Dagegen wendet *Küper* wiederum ein, dass diese Argumentation irreführend sei, da der Unfallbeteiligte, der sich berechtigt oder entschuldigt vom Unfallort entfernt hat, derselben „doppelten" Einschränkung der Selbstbegünstigungsfreiheit unterliege.[1112] Die Offenlegung der Unfallbeteiligung werde in jedem Fall verlangt, sodass auch der gerechtfertigt/entschuldigt Handelnde einräumen

---

1106 *Mikla*, Die Strafbarkeit gem. § 142 II StGB nach unvorsätzlichem Entfernen vom Unfallort, 1996, S. 180.

1107 *Beulke*, NJW 1979, 400 (403); *Mitsch*, NZV 2008, 217 (218).

1108 *Mitsch*, NZV 2008, 217 (218).

1109 Vgl. *Mitsch*, NJZ 2008, 217 (218).

1110 *Loos/Schwerdtfeger*, DAR 1983, 209 (214); ebenso *Kretschmer*, in: K/N/P, § 142 Rn. 129.

1111 *Beulke*, NJW 1979, 400 (403); *Loos/Schwerdtfeger*, DAR 1983, 209 (213 f.).

1112 *Küper*, Festschrift Heidelberg, S. 474.

müsse, dass er den Tatbestand des § 142 I StGB verwirklicht hat. *Küper* teilt den Standpunkt, dass der Unfallbeteiligte, welcher sich vorsatzlos vom Unfallort entfernt habe, ein erhöhtes Risiko trage, trotz strafloser unvorsätzlicher Distanzierung vom Unfallort nach § 142 I StGB belangt zu werden.[1113] Dieses „eigentümliche Sonderrisiko“ müsse insbesondere unter dem Gesichtspunkt des Interesses des Rechtsstaates am Schutz vor unberechtigten Strafverfolgungsmaßnahmen bedacht werden.[1114]

Gleichwohl werden gewichtige Bedenken gegen eine so begründete Ausklammerung des vorsatzlosen Primärverhaltens vorgebracht. Denn in allen Fällen des § 142 II Nr. 2 StGB könnten Zweifel an den vom Unfallbeteiligten vorgebrachten Umständen aufkommen, auf die er sich zu seiner Entlastung hinsichtlich einer Strafbarkeit nach § 142 I StGB berufe.[1115] Zwar seien äußere Vorgänge, wie beispielsweise das Verlassen der Unfallstelle zur Versorgung eines Verletzten, leichter nachweisbar als der fehlende Vorsatz.[1116] Nichtsdestotrotz kennzeichneten Nachweisschwierigkeiten nicht allein den sich vorsatzlos Entfernenden, sondern insbesondere auch denjenigen, der sich nach Ablauf der Wartezeit (§ 142 I Nr. 2 StGB) entferne und den ebenfalls die Sekundärpflichten nach § 142 II StGB träfen.[1117] Zweifel an den Schilderungen eines Unfallbeteiligten seien mittels einer strikten Anwendung des prozessrechtlichen Grundsatzes *in dubio pro reo* zu lösen.[1118] Die Ausklammerung des vorsatzlosen Sich-Entfernens aus dem Anwendungsbereich des § 142 II Nr. 2 StGB durch eine einschränkende Interpretation stellt nach *Küper* kein geeignetes Mittel dar, um ein bestehendes Strafverfolgungsrisiko nach § 142 I StGB zu verringern oder gar auszuschließen.[1119] Die Plausibilität bzw. fehlende Plausibilität seines Vorsatzmangels sei gänzlich unabhängig vom Bestehen einer Nachholpflicht nach § 142 II StGB. *Küper* resümiert, dass die besseren Gründe für eine Einbeziehung des unvorsätzlichen

---

1113 *Küper*, Festschrift Heidelberg, S. 475. *Küper* betont dabei, dass dieses Risiko strikt von dem Strafverfolgungsrisiko wegen der Unfallbeteiligung an sich zu trennen sei.

1114 *Küper*, ebd.

1115 *Küper*, Festschrift Heidelberg, S. 475 f.

1116 *Beulke*, NJW 1979, 400 (403).

1117 *Küper*, Festschrift Heidelberg, S. 476.

1118 *Küper*, ebd. *Loos/Schwerdtfeger*, DAR 1983, 209 (214) weisen in diesem Zusammenhang jedoch darauf hin, dass das *in dubio pro reo*-Prinzip aufgrund der allgemeinen Feststellungsschwierigkeiten subjektiver Elemente „immer prekär“ sei.

1119 *Küper*, Festschrift Heidelberg, S. 477.

Verlassens des Unfallorts in § 142 StGB sprächen.[1120] Er nimmt folglich keinen Verstoß gegen den *nemo tenetur*-Grundsatz an.

Dieser Meinung ist uneingeschränkt beizupflichten. Nachweisschwierigkeiten allein sind kein Spezifikum des sich vorsatzlos vom Unfallort Entfernenden. Sie bestehen gleichermaßen bei demjenigen, der sich unter Vorliegen eines Rechtfertigungs- oder Entschuldigungsgrunds vom Unfallort entfernt. Unter diesem Gesichtspunkt kann der *nemo tenetur*-Grundsatz einer Erfassung des vorsatzlosen Sich-Entfernens nicht entgegenstehen. Daran vermag auch der Einwand, dass dem sich vorsatzlos Entfernenden mangels Kenntnis vom Unfallgegner unter Umständen nur die Meldung bei der Polizei verbleibt, nichts zu ändern. Denn auch diese Tatsache stellt kein Spezifikum des vorsatzlosen Sich-Entfernens dar, sondern ist beim berechtigten/entschuldigten Sich-Entfernen regelmäßig nicht anders. Im Vergleich zu den bestehenden Regelungen des § 142 II StGB ist letztlich kein erhöhtes Risiko erkennbar, da in allen Fällen die „Beweislast" für das Vorliegen belastender bzw. das Fehlen entlastender Tatsachen beim Gericht liegt.

Daher liegt keine Verschärfung des Strafverfolgungsrisikos gegenüber den bereits erfassten Fällen vor. Im Ergebnis gelten deshalb dieselben Erwägungen: Der Spannungslage mit dem *nemo tenetur*-Grundsatz könnte auch beim vorsatzlosen Sich-Entfernen durch eine restriktive Auslegung im Einzelfall begegnet werden. Der *nemo tenetur*-Grundsatz steht einer Erfassung des vorsatzlosen Sich-Entfernens damit nicht entgegen.

## III. Lückenschluss durch Einführung einer Sanktionierung des vorsatzlosen Sich-Entfernens vom Unfallort

Da das Strafrecht keine „Allesstraferei" bezweckt und das StGB entsprechend nur fragmentarischen Charakter besitzt, bedeutet nicht jede Lücke in der Sanktionierung für sich allein auch die Legitimation, diese Lücke mittels eines ergänzenden Straftatbestands zu schließen.[1121] Die Legitimation dazu besteht vielmehr nur dann, wenn ansonsten der Rechtsgüterschutz empfindlich geschmälert oder der generalpräventive Zweck des Strafrechts gemindert würde.[1122] Zu verhindern ist, dass ein „(Schlupf)Loch im strafrechtlichen Schutzwall" entsteht.[1123]

---

1120 *Küper*, ebd.

1121 Zum „fragmentarischen Charakter aller Strafgesetze" vgl. *Hillenkamp*, Festschrift Beulke, S. 458 m.w.N.

1122 *Hillenkamp*, Festschrift Beulke, S. 458 f.

1123 *Hillenkamp*, Festschrift Beulke, S. 459.

Ob durch die fehlende rechtliche Sanktionierbarkeit des vorsatzlosen Sich-Entfernens vom Unfallort ein „Schlupfloch" besteht, das es zu stopfen gilt, soll im Folgenden untersucht werden. Dabei wird zunächst die Strafwürdigkeit des vorsatzlosen Sich-Entfernens vom Unfallort bewertet (im Folgenden unter **1.**). Anschließend wird die Frage adressiert, ob eine Regelung auf der Ebene des Ordnungswidrigkeitenrechts ausreichend wäre oder ob ein Bedürfnis zur Schaffung eines entsprechenden Straftatbestands besteht (im Folgenden unter **2.**).

### *1. Strafwürdigkeit des vorsatzlosen Sich-Entfernens vom Unfallort*

Die Einführung einer Strafbarkeit des vorsatzlosen Sich-Entfernens vom Unfallort kommt nur dann in Frage, wenn das Verhalten strafwürdig ist. Obwohl Einigkeit darüber herrscht, dass die Strafwürdigkeit unabdingbare Voraussetzung für eine Kriminalisierungsentscheidung des Gesetzgebers ist, hat sich in der strafrechtswissenschaftlichen Literatur bislang keine feststehende Definition des Strafwürdigkeitsbegriffes, soweit er im Kontext legislativer Pönalisierungsentscheidungen gebraucht wird, etabliert.[1124] Aus den Wortbestandteilen „Strafe" und „würdig" lässt sich jedoch ableiten, dass Strafwürdigkeit im Sinne von „Strafe verdienen" zu verstehen ist. Durch die Frage, ob ein bestimmtes Verhalten strafwürdig ist, d.h. kriminalisiert werden darf, ist daher zu ergründen, ob sein Unwertgehalt so hoch ist, dass es mit Strafe zu bedrohen ist.[1125] Strafwürdig ist demnach nur ein Verhalten, das deshalb sozialethisch zu missbilligen ist, weil es geeignet ist, die sozialen Beziehungen innerhalb der Rechtsgesellschaft erheblich zu gefährden oder zu schädigen.[1126]

Die Strafwürdigkeit des vorsatzlosen Sich-Entfernens vom Unfallort wird konträr beurteilt. Das Obiter Dictum des BVerfG indiziert, dass das BVerfG das unvorsätzliche Sich-Entfernen vom Unfallort als strafwürdig erachtet. Diese Meinung wird in der Literatur vielfach geteilt: *Laschewski* bezeichnet das Verhalten als „unzweifelhaft strafwürdig".[1127] *Geppert* meint, dass es sich bei der Tatsache, dass das vorsatzlose Sich-Entfernen *de lege lata* straffrei ist, um einen Redaktionsfehler handele, der nur vom Gesetzgeber repariert werden könne; eine Erfassung sei teleologisch erwünscht.[1128]

*Hillenkamp* äußert sich ähnlich:

---

1124 *Deckert*, ZIS 2013, 266 (266 f.).

1125 Vgl. *Deckert*, ZIS 2013, 266 (270 ff.) m.w.N.

1126 *Otto*, Grundkurs Strafrecht – Allgemeine Strafrechtslehre, S. 10.

1127 *Laschewski*, NZV 2007, 444 (447).

1128 *Geppert*, BA 1991, 31 (40).

> *„All das spricht dafür, dem Gesetzgeber nicht nur eine Legitimation für die Aufnahme der Unvorsätzlichkeit als dritte Variante in § 142 II Nr. 2 StGB zu bescheinigen, sondern ihm den hierdurch bewirkten Lückenschluss zu empfehlen.“*[1129]

*Blum von Ann* argumentiert zudem, es bestehe ein kriminalpolitisches Bedürfnis für die Einbeziehung des vorsatzlosen Sich-Entfernens in § 142 StGB, weil trotz der Möglichkeit, einen Sachverständigen heranzuziehen, zahlreiche Fälle verblieben, in denen die Schutzbehauptung des Täters, er habe den Unfall weder optisch noch akustisch wahrgenommen, nicht entkräftet werden könne.[1130]

Andere wiederum plädieren dafür, es bei der Straflosigkeit zu belassen. *Seib* etwa findet, für eine Änderung des § 142 StGB bestehe kein praktisches Bedürfnis.[1131] Zweifel an der Strafwürdigkeit des Unterlassens nachträglicher Meldung nach vorsatzlosem Sich-Entfernen vom Unfallort äußert auch *Zopfs*. Er hebt hervor, dass ein Verhalten, mit dem sich ein möglicher Schuldner weigere, an der Durchsetzung des gegen ihn gerichteten zivilrechtlichen Anspruchs mitzuwirken, sicher nicht „unzweifelhaft strafwürdig“ sei.[1132] *Dehne-Niemann* erachtet das vorsatzlose Sich-Entfernen vom Unfallort ebenfalls für nicht strafwürdig. Er führt aus, dass Beweisschwierigkeiten bei der tatrichterlichen Feststellung des Vorsatzes kein teleologisch tragfähiger Grund für eine Einbeziehung des vorsatzlosen Sich-Entfernens in den Tatbestand seien:

> *„Im Hinblick auf Sinn und Zweck der Norm täte der Gesetzgeber also gut daran, auch nach dem ‚Machtwort‘ des BVerfG keine Änderung des Wortlauts des § 142 II Nr. 2 StGB vorzunehmen und es bei der Straflosigkeit des unvorsätzlichen Sich-Entfernens nach § 142 StGB insgesamt zu belassen.“*[1133]

Diese Argumentation vermag nicht zu überzeugen. Anders als *Dehne-Niemann* meint, sprechen teleologische Erwägungen durchaus für eine Erfassung des vorsatzlosen Sich-Entfernens vom Unfallort. Die relevanten teleologischen Erwägungen bestehen dabei nicht in den andernfalls drohenden Beweisschwierigkeiten bei der tatrichterlichen Feststellung des Vorsatzes, sondern in Form der andernfalls drohenden Beweisnot des Geschädigten. Der Gesetzgeber hat den Tatbestand des unerlaubten Sich-Entfernens vom Unfallort zum Schutz der zivilrechtlichen Ansprüche bzw. zwecks Abwehr unberechtigter Ansprüche

---

1129 *Hillenkamp*, Festschrift Beulke, S. 465.

1130 *Blum von Ann*, Die Straftat des unerlaubten Sich-Entfernens vom Unfallort als Vermögensdelikt, 1987, S. 95.

1131 *Seib*, JR 1986, 397 (401).

1132 *Zopfs*, DAR 2020, 602 (607).

1133 *Dehne-Niemann*, Jura 2008, 135 (140). Vgl. auch *Zopfs*, in: MüKo StGB, § 142 Rn. 23.

geschaffen. Dieser Schutzzweck ist beim vorsatzlosen Sich-Entfernen mindestens gleichermaßen betroffen wie beim vorsätzlichen Sich-Entfernen vom Unfallort. Aus der Sicht des Geschädigten droht ein Beweisverlust und dieser ist unabhängig davon, ob sich der Täter in Kenntnis oder Unkenntnis aller relevanten Umstände vom Unfallort entfernt hat. Ebenfalls gilt es zu bedenken, dass es für den Geschädigten in der Regel sogar schwieriger sein wird, denjenigen Unfallbeteiligten nachträglich aufzuspüren, der sogleich weiterfuhr, weil er vom Unfall nichts bemerkt hat als denjenigen, der an der Unfallstelle angehalten und sich unter Vergewisserung des Bestehens eines Rechtfertigungs- oder Entschuldigungsgrundes von der Unfallstelle entfernt hat.[1134]

Gegen eine teleologische Begründung der Einbeziehung des vorsatzlosen Sich-Entfernens in den Tatbestand wird wiederum vorgebracht, diese Betrachtung stelle zu einseitig auf die Interessen des Geschädigten ab und führe zu einer ausufernden Auslegung des § 142 StGB, denn bei jedem Schadensfall im Straßenverkehr habe der Geschädigte ein Interesse an der Sicherung seiner Ansprüche.[1135] Zwar ist der Einwand richtig, dass die Strafwürdigkeit eines Verhaltens nicht allein darauf gestützt werden kann, dass der Geschädigte ein Interesse an der Feststellung des Täters hat, was wohl bei nahezu jedem Schadensfall gegeben ist. Intendiert ein Tatbestand aber gerade den Schutz zivilrechtlicher Ansprüche, wie es bei § 142 StGB der Fall ist, kann der mit der Norm bezweckte Rechtsgüterschutz des Geschädigten durchaus zur Begründung einer Strafwürdigkeit herangezogen werden. Dies gilt hier insbesondere deshalb, weil die teleologischen Erwägungen, welche hinter der Schaffung des Tatbestands stehen, gleichermaßen auch auf das vorsatzlose Sich-Entfernen vom Unfallort zutreffen.

Obwohl bei jeder Art der Sachbeschädigung ein Interesse des Geschädigten an der Feststellung des Täters zwecks Sicherung seiner zivilrechtlichen Ansprüche besteht, hat der Gesetzgeber eine nachträgliche Feststellungsduldungspflicht nur im Rahmen des § 142 II StGB, nicht hingegen bei der allgemeinen Sachbeschädigung nach § 303 StGB eingeführt. Das ist auf die Schnelligkeit und Anonymität des Straßenverkehrs und die damit verbundenen besonderen Schwierigkeiten an der Feststellung des Täters zurückzuführen. Dementsprechend schützt § 142 StGB einen Geschädigten in seinen Beweissicherungschancen strafrechtlich nicht schlechthin.[1136] Eine genauere Betrachtung des § 142 II StGB zeigt vielmehr, dass der Gesetzgeber eine ausdifferenzierte Regelung geschaffen hat,

1134 *Hillenkamp*, Festschrift Beulke, S. 465.
1135 *Zopfs*, DAR 2020, 602 (607).
1136 *Zopfs*, ebd.

weil er nicht alle Fälle, in denen ein Interesse des Geschädigten an Feststellungen besteht, vom Tatbestand erfassen wollte. Wie sich anhand des Tatbestandsmerkmals „Unfall im Straßenverkehr" zeigt, knüpft die Strafbarkeit gemäß § 142 StGB an einen straßenverkehrsspezifischen Gefahrenzusammenhang, d.h. es müssen sich gerade die typischen Gefahren des Straßenverkehrs verwirklicht haben.[1137] Nach der Rechtsprechung ist eine solche Reduzierung des Tatbestandes erforderlich, um schädigende Geschehensabläufe von der Bewertung als „Verkehrsunfall" auszuschließen, die völlig außerhalb des Straßenverkehrs liegen, d.h. bei denen der eingetretene Schaden weniger die unmittelbare Folge eines Verkehrsvorganges als vielmehr das Ergebnis ausschließlich verkehrsfremden Verhaltens ist.[1138] Der Gesetzgeber hat also die Wertung getroffen, dass nur eine Schadensverursachung, bei der sich ein straßenverkehrsspezifisches Risiko verwirklicht, Pflichten nach § 142 StGB auslöst. Denn hier ist Position des Anspruchsberechtigten wegen gesteigerter Schwierigkeiten an der Feststellung des Täters besonders schwach.

Zieht man diese Grundsätze heran, bleibt es bei dem Befund, dass teleologische Erwägungen für eine Strafwürdigkeit des vorsatzlosen Sich-Entfernens vom Unfallort sprechen. Denn wie in den normierten Fällen des § 142 StGB liegt auch im Falle des vorsatzlosen Sich-Entfernens vom Unfallort ein straßenverkehrsspezifischer Gefahrenzusammenhang vor. Es handelt sich um eine weitere Fallgruppe, in der sich nicht ein verkehrsfremdes, sondern gerade ein verkehrstypisches Unfallrisiko realisiert und infolgedessen das Beweissicherungsinteresse des Geschädigten beeinträchtigt wird. Der Gesetzgeber hat durch die Schaffung des ausdifferenzierten Tatbestands des § 142 StGB gezeigt, dass er eine Verletzung des Beweissicherungsinteresses nach einem Unfall im Straßenverkehr grundsätzlich für strafwürdig hält. Die Voraussetzungen, die der Gesetzgeber an diese Strafwürdigkeit knüpft (straßenverkehrsspezifischer Gefahrenzusammenhang), liegen auch im Fall des vorsatzlosen Sich-Entfernens vom Unfallort vor. Der Einwand des einseitigen Abstellens auf die Interessen des Geschädigten wird damit widerlegt.

Eine abweichende Beurteilung der Strafwürdigkeit folgt auch nicht aus dem Umstand, dass den Sekundärpflichten gemäß § 142 II StGB *de lege lata* nur eine Ersatzfunktion zukommt.[1139] Sie entstehen nach der aktuellen Konzeption des Gesetzes in Fällen, in denen der Täter sich ausnahmsweise vom Unfallort

---

1137 BGH, Urteil vom 15.11.2001 – BGH 4 StR 233/01, BGHSt 47, 158 = NJW 2002, 626.
1138 OLG Köln, Urteil vom 19.07.2011 – III-1 RVs 138/11, NStZ-RR 2011, 354.
1139 A.A. *Zopfs*, DAR 2020, 602 (607).

entfernen durfte,[1140] nämlich gemäß Nr. 1 im Falle des erfolglosen Ablaufs der Wartefrist und gemäß Nr. 2 nach berechtigtem oder entschuldigtem Sich-Entfernen vom Unfallort. Auch der ohne Vorsatz handelnde Täter unterliegt keiner Wartepflicht am Unfallort, weil § 142 I StGB nur ein vorsätzliches Sich-Entfernen vom Unfallort verbietet. Ein Unterschied zwischen den normierten Fallgruppen und dem unvorsätzlichen Sich-Entfernen besteht jedoch darin, dass die Rechtsordnung dem vorsatzlos Handelnden das Verlassen der Unfallstelle lediglich mittelbar gestattet, indem sie es nicht unter Strafe stellt. Das ist in den normierten Fallgruppen anders. Hier bestimmt das Gesetz unmittelbar, dass der Täter sich unter den gegebenen Voraussetzungen ausnahmsweise vom Unfallort entfernen darf. In den von § 142 II StGB vorgesehenen Fallgruppen wird der Unfallbeteiligte also zunächst von den Pflichten des § 142 I StGB erfasst, sie entfallen aber und setzen sich schließlich in Form der Sekundärpflichten des § 142 II StGB fort. Nach der Konzeption des Gesetzes steht das Unterlassen der nachträglichen Meldung also nur dann unter Strafe, wenn der Täter zunächst von den Pflichten des § 142 I StGB erreicht wurde. § 142 II StGB gestattet ihm unter bestimmten Voraussetzungen den Unfallort zu verlassen und die Beweissicherungsinteressen der anderen Unfallbeteiligten ausnahmsweise zugunsten anderer Interessen zurückstellen.[1141]

Die Zugrundelegung dieser Wertung scheint zwar auf den ersten Blick gegen eine Strafwürdigkeit des Unterlassens von Feststellungen nach vorsatzlosem Sich-Entfernen vom Unfallort zu sprechen.[1142] Es ließe sich argumentieren, dass der vorsatzlos handelnde Täter einen geringeren Unrechtsgehalt verwirklicht, weil er von den Primärpflichten des § 142 I StGB von vornherein nicht erfasst wird. Der Normappell des § 142 I StGB erreicht ihn nicht und er stuft die Beweissicherungsinteressen der anderen Unfallbeteiligten beim Verlassen des Unfallorts nicht bewusst zurück.

Ob die Unkenntnis des Normappells beim Verlassen des Unfallorts tatsächlich gegen eine Strafwürdigkeit spricht, wird jedoch vor allem davon abhängen, ob relevante psychologische Unterschiede zwischen bewusstem und unbewusstem Sich-Entfernen vom Unfallort bestehen, die eine verschiedenartige Beurteilung der Strafwürdigkeit rechtfertigen[1143] und gegen eine Einführung einer Strafbarkeit des unvorsätzlichen Sich-Entfernens vom Unfallort sprechen. Der

1140 *Kretschmer*, in: K/N/P; § 142 Rn. 122.

1141 *Zopfs*, in: MüKo StGB, § 142 Rn. 95.

1142 Vgl. *Dehne-Niemann*, Jura 2008, 135 (140); *Zopfs*, in: MüKo StGB, § 142 Rn. 105.

1143 So etwa *Kühl*, in: Lackner/Kühl, § 142 Rn. 25.

Unrechtsgehalt des vorsatzlosen Sich-Entfernens bemisst sich also insbesondere anhand eines Vergleichs mit dem Unrechtsgehalt der *de lege lata* von § 142 II StGB geregelten Fälle, da diese Varianten allesamt Fälle betreffen, in denen den Unfallbeteiligten jeweils nur nachträglich der Appell eines bestimmten Verhaltens treffen kann, dessen Unterlassen gegebenenfalls zur Strafbarkeit führt.

Nach *Zopfs* bestehen relevante Unterschiede zwischen bewusstem und unbewusstem Sich-Entfernen vom Unfallort, die eine verschiedenartige Beurteilung der Strafwürdigkeit rechtfertigen. *Zopfs* wendet gegen eine Strafwürdigkeit ein, dass der vorsatzlos handelnde Täter – anders als in den sonstigen Konstellationen des § 142 II StGB – seine pflichtbegründende Sachlage nicht schon am Unfallort erkennt und sich folglich über die Beweissicherungschancen des Geschädigten *ex ante* keinerlei Gedanken macht, d.h. seine Interessen nicht über die Interessen des Geschädigten stellt und den Unfallort nicht in dem Bewusstsein verlässt, die dortige Spurensicherung zu erschweren.[1144]

*Küper* zufolge treffe der Unfallbeteiligte jedoch auch bei Vorliegen eines Rechtfertigungs- oder Entschuldigungsgrundes die Entscheidung zugunsten des geschützten Feststellungsinteresses erst im Nachhinein und mache sich während des Verlassens des Unfallorts darüber häufig gar keine Gedanken.[1145] *Küper* scheint folglich nicht davon auszugehen, dass relevante psychologische Unterschiede zwischen bewusstem und unbewusstem Sich-Entfernen bestehen, welche eine differenzierte Beurteilung der Strafwürdigkeit rechtfertigen könnten.

*Küper* ist zwar darin beizupflichten, dass der Unfallbeteiligte auch bei Vorliegen eines Rechtfertigungs- oder Entschuldigungsgrundes die Entscheidung zugunsten des geschützten Feststellungsinteresses erst im Nachhinein trifft. Das ändert aber nichts daran, dass er bereits beim Verlassen des Unfallorts die Möglichkeit hat, sich zwischen Normbefolgung und Normübertretung zu entscheiden, weil er weiß, dass ein Unfall stattgefunden hat und ein nicht nur belangloser Schaden eingetreten ist. Dieses Wissen ist bei dem ohne Vorsatz handelnden Täter nicht vorhanden. Insofern ist es richtig, dass die von *Zopfs* angeführten psychologischen Unterschiede beim Verlassen des Unfallorts bestehen.

Diese psychologischen Unterschiede rechtfertigen jedoch nicht die Schlussfolgerung, dass das vorsatzlose Sich-Entfernen vom Unfallort nicht strafwürdig sei. Der zeitlich vorgelagerte Unterschied in Form der Unkenntnis beim Verlassen des Unfallorts ist für die Beurteilung der Strafwürdigkeit des Unterlassens der Feststellungsermöglichung nach vorsatzlosem Sich-Entfernens nicht relevant.

---

1144 *Zopfs*, DAR 2020, 602 (607).

1145 *Küper*, Festschrift Heidelberg, S. 472.

Der Schwerpunkt des Unrechts liegt bei § 142 II StGB nämlich nicht darin, dass der Unfallbeteiligte beim Sich-Entfernen vom Unfallort die Beweissicherungsinteressen der anderen Unfallbeteiligten bewusst zurückstuft, denn genau dieses Verhalten wird ihm durch das Gesetz (§§ 34, 35 StGB) gestattet. Vielmehr liegt der Grund für die Strafbarkeit gemäß § 142 II StGB allein darin, dass der Unfallbeteiligte die Feststellungen nicht nachträglich ermöglicht und damit zugunsten der Wahrnehmung eigener Interessen auf die Beweissicherung verzichtet. Der Vorwurf betrifft folglich erst die Phase nach dem Wegfall des berechtigenden bzw. entschuldigenden Umstands bzw. nach Ablauf der Wartefrist, mithin einen Zeitpunkt, der dem Sich-Entfernen vom Unfallort nachgelagert ist.

Aus diesem Grund ist der Einwand, dass der sich ohne Vorsatz entfernende Unfallbeteiligte beim Verlassen des Unfallorts nicht zwischen Normbefolgung und Normübertretung entscheiden konnte und die Beweissicherungsinteressen der anderen Unfallbeteiligten nicht bewusst zurückgestuft hat, lediglich von untergeordneter Bedeutung. Derjenige, der sich vorsatzlos vom Unfallort entfernt hat und die Feststellungen nicht nachträglich ermöglicht, verwirklicht im Rahmen seiner späteren Entscheidung, keine Feststellungen zu ermöglichen, einen vergleichbaren Unrechtsgehalt wie derjenige, der sich berechtigt bzw. entschuldigt vom Unfallort entfernen durfte und die Feststellungen nicht nachträglich ermöglicht. In all diesen Fällen entsteht die Notwendigkeit, eine Entscheidung für oder gegen die Befolgung der nachträglichen Pflichten zu treffen, erst nach dem Verlassen der Unfallstelle. Der Angriff auf das geschützte Rechtsgut, die Beweissicherungsinteressen des Geschädigten, ist insoweit strukturell vergleichbar, als der Grund des straflosen Sich-Entfernens – wie in den bereits normierten Fällen des § 142 II StGB – üblicherweise kurz nach Unfall wegfällt. Dies wiegt umso schwerer, als Feststellungen typischerweise besonders erfolgsversprechend sind, je näher am Unfallgeschehen sie getroffen werden. Zudem haben alle Fallkonstellationen das spätere Zurückstufen der Beweisinteressen in Form des Unterlassens einer Meldung gemeinsam. Auch der Unfallbeteiligte, der sich zunächst vorsatzlos vom Unfallort entfernt hat, stuft die Beweissicherungsinteressen der anderen Unfallbeteiligten zurück, wenn er trotz Kenntnis vom Unfall untätig bleibt. Insofern unterscheidet sich das vorsatzlose Sich-Entfernen nicht maßgeblich von den normierten Fallgruppen des § 142 II StGB.

Bei den bereits geregelten Fällen des § 142 II StGB kommt aber ein zusätzlicher Ansatzpunkt für die Vorwerfbarkeit des dort sanktionierten Verhaltens hinzu: Denn hier erlaubt das Gesetz dem Unfallbeteiligten zwar das Verlassen des Unfallorts. Diese Erlaubnis gilt jedoch nur unter der Prämisse späterer Meldung. Hier räumt das Gesetz dem Unfallbeteiligten also einen „Vertrauensvorschuss" ein, weil es dem Unfallbeteiligten ausnahmsweise gestattet, den Unfallort verlassen zu dürfen und diese Erlaubnis an eine Bedingung, die Erfüllung nachträglicher Meldepflichten, knüpft. Indem der Unfallbeteiligte dem Appell der späteren Meldung gleichwohl nicht nachkommt, missbraucht er dieses gesetzliche „Privileg", den Unfallort ausnahmsweise straffrei verlassen zu dürfen.

Hier besteht der einzig relevante Unterschied zwischen den geregelten Fällen des § 142 II StGB und Fällen des vorsatzlosen Sich-Entfernens. Denn beim vorsatzlosen Sich-Entfernen räumt das Gesetz dem Unfallbeteiligten keinen solchen „Vertrauensvorschuss" beim Verlassen des Unfallorts ein. Der sich vorsatzlos vom Unfallort entfernende Unfallbeteiligte missbraucht also kein „Privileg" des ausnahmsweise straffreien Sich-Entfernens vom Unfallort. Vielmehr erreicht der Normappell des § 142 StGB den Unfallbeteiligten, der sich vorsatzlos vom Unfallort entfernt, zu diesem Zeitpunkt noch nicht. Er verwirklicht deshalb gegenüber den bereits normierten Fällen des § 142 II StGB einen insgesamt leicht geringfügigeren Unrechtsgehalt. Dieser leicht abgemilderte Unrechtsgehalt steht der Einführung einer entsprechenden Strafbarkeit jedoch nicht entgegen, sondern kann im Wege einer abgeschwächten Strafandrohung einer *de lege ferenda* einzuführenden Strafnorm berücksichtigt werden.

Zuletzt spricht gegen eine Strafwürdigkeit auch nicht der Umstand, dass die Beweissicherungschancen beim vorsatzlosen Sich-Entfernen von vornherein reduziert sind, weil die Unfallsituation bei Kenntniserlangung nicht mehr unverändert vorliegt. Wie oben erläutert, ist § 142 StGB ein abstraktes Gefährdungsdelikt, d.h. unter Strafe stehen Verhaltensweisen, die abstrakt dazu geeignet sind, das Interesse an der Feststellung und Sicherung zivilrechtlicher Ansprüche der Unfallbeteiligten zu gefährden.[1146] Der Tatbestand des § 142 StGB ist unabhängig davon erfüllt, wie gut oder schlecht die Beweissicherungschancen im konkreten Fall stehen und ob die Erfüllung der tatbestandlichen Pflichten zur Aufklärung der Unfallumstände geeignet gewesen wäre. Dass die Unfallsituation nicht mehr unverändert vorliegt und infolgedessen die Beweissicherungschancen reduziert sein können, ist zudem auch in anderen Fällen des § 142 StGB der Fall, z.B. wenn die Fahrzeuge nach einem Unfall auf der Autobahn erst weit weg von der Unfallstelle zum Stehen kommen. Dies eliminiert jedoch nicht die Strafbarkeit gemäß § 142 StGB. Ein Unfallbeteiligter, der seine Pflichten nach § 142 StGB nicht erfüllt, macht sich ungeachtet der tendenziell reduzierten Beweissicherungschancen strafbar. Dies zeigt, dass reduzierte Beweissicherungschancen nach der Konzeption des Gesetzes kein Argument gegen eine Strafwürdigkeit darstellen.

---

1146 Vgl. bereits oben unter **2. Teil, B.IV.2.c.**

Nach alledem ist das unvorsätzliche Sich-Entfernen vom Unfallort, bei dem der Unfallbeteiligte nicht nachträglich die Feststellungen ermöglicht, grundsätzlich strafwürdig. Das Entstehen von strafbewehrten Pflichten sollte wegen des Schwerpunkts des vorwerfbaren Handelns, welcher zeitlich nach dem Sich-Entfernen vom Unfallort liegt, unabhängig davon sein, ob der Normappell den Täter bereits am Unfallort erreicht hat.

Dies alles gilt unter der einschränkenden Bedingung, dass – wie in den Fällen des berechtigten bzw. entschuldigten Sich-Entfernens – der die Pflichten auslösende Umstand, d.h. die Kenntniserlangung, in einem kurzen zeitlichen Abstand zum Unfallgeschehen eintritt. Ansonsten ist eine Vergleichbarkeit der Fälle nicht gegeben. Auch der Schutzzweck, die Feststellungsinteressen zu sichern, kann bei einem zu großen Zeitfenster nicht mehr erreicht werden. Den nachträglichen Beweissicherungschancen ist zwar stets eine Verschlechterung gegenüber den Beweissicherungschancen direkt am Unfallort immanent. Am Unfallort gibt es Spuren, die häufig nachträglich nicht mehr gesichert werden können. Doch das ist bei allen Fällen der nachträglichen Feststellungen der Fall und eliminiert nicht *per se* die Strafwürdigkeit. Die Strafwürdigkeit entfällt nur, wenn die Kenntniserlangung in einem deutlichen zeitlichen Abstand zum Unfallgeschehen erfolgt, denn dann haben sich die Beweissicherungschancen regelmäßig so sehr verschlechtert, dass die nachträglichen Feststellungen ihren Zweck überhaupt nicht mehr erfüllen könnten.[1147] Dies ist vor allem darauf zurückzuführen, dass der Geschädigte nach gewisser Zeit nicht mehr mit einer Meldung des Schädigers rechnet und daher typischerweise selbst die Beweislage verschlechtert, indem er das geschädigte Objekt entfernt oder repariert.

### 2. *Strafbedürftigkeit: Regelung auf der Ebene der Ordnungswidrigkeiten als Alternative zur Schaffung eines Straftatbestands*

Die Strafwürdigkeit eines bestimmten Verhaltens an sich legimitiert noch nicht die Einführung einer entsprechenden Strafbarkeit. Die Schaffung eines Straftatbestands ist vielmehr nur dort angezeigt, wo ein strafwürdiges Verhalten auch strafbedürftig ist, denn die Sanktionierung als Straftat ist die „*ultima ratio*" der Instrumentarien des Gesetzgebers.[1148] Eine Strafbedürftigkeit ist nur dann zu bejahen, wenn die Strafe unerlässliches Mittel ist, um die Gesellschaft vor

1147 Zur konkreten zeitlichen Begrenzung vgl. unten unter **B.III**.

1148 *Otto*, Grundkurs Strafrecht – Allgemeine Strafrechtslehre, S. 10.

strafwürdigen Rechtsgutsbedrohungen oder -verletzungen zu schützen und die Rechtsordnung zu bewähren.[1149]

Nachdem die Strafwürdigkeit des vorsatzlosen Sich-Entfernens vom Unfallort festgestellt wurde, ist dementsprechend zu klären, ob die Einführung einer entsprechenden Strafbarkeit unerlässlich ist oder ob eine Regelung betreffend das unvorsätzliche Sich-Entfernen vom Unfallort auf der Ebene des Ordnungswidrigkeitenrechts anstatt des Strafrechts eine mildere, aber denselben Erfolg bewirkende Alternative darstellen könnte.

*Beulke* etwa hält den Weg über § 34 StVO angesichts der gefährdeten Ausgleichsinteressen der Unfallbeteiligten jedenfalls bis zu einer Neuregelung des § 142 StGB für angemessen, gibt jedoch zu bedenken, dass es sich dabei infolge des geringeren Sanktionsdrucks, der von einer Ordnungswidrigkeit gegenüber einer Straftat ausgehe, nur um eine Behelfslösung handeln könne.[1150]

Der Aussage, dass es sich dabei allenfalls um eine Behelfslösung handeln könne, ist zuzustimmen. Die Schwere des Unrechtsgehalts des unvorsätzlichen Sich-Entfernens vom Unfallort gebietet eine Einordnung im Straf- statt im Ordnungswidrigkeitenrecht.

Zur Frage, welche materiellen Merkmale zur Entscheidung über die Einordnung einer zu sanktionierenden Handlung als Straftat oder Ordnungswidrigkeit heranzuziehen sind, werden unterschiedliche Auffassungen vertreten.[1151] Die herrschende Meinung erblickt den Kern der Kriminalstrafe in einem sozialethischen Unwerturteil, das eine Ahndung nur mit einer Geldbuße als unerträglich erscheinen ließe.[1152] Wiegt dieses autoritative Unwerturteil so schwer, dass es nach der grundgesetzlichen Ordnung nur vom Richter ausgesprochen werden kann, kommt eine Einordnung als Ordnungswidrigkeit nicht in Betracht.[1153] Das BVerfG hebt hervor, dass zum Kernbereich des Strafrechts alle bedeutsamen Unrechtstatbestände gehören, während das Ordnungswidrigkeitenrecht Fälle mit geringerem Unrechtsgehalt erfasst.[1154]

1149 *Otto*, Grundkurs Strafrecht – Allgemeine Strafrechtslehre, S. 10.

1150 *Beulke*, Festschrift Maiwald, S. 32; weitere Überlegungen gegen eine pauschale Herabsetzung zu einer Ordnungswidrigkeit *Weigend*, Festschrift Tröndle, S. 755.

1151 Übersicht über den Meinungsstand bei *Gerhold*, in: BeckOK OWiG, Einleitung zum OWiG, Rn. 7.

1152 BVerfG, Urteil vom 06.06.1967 – 2 BvR 375, 53/60, 18/65, BVerfGE 22, 49 = NJW 1967, 1219 (1221).

1153 BVerfG, ebd.

1154 BVerfG; Beschluss vom 21.06.1977 – 2 BvR 70, 361/75, BVerfGE 45, 272 = NJW 1977, 1629 m.w.N.

Ordnungswidrigkeiten sind hingegen Gesetzesverstöße, die der Gesetzgeber als nicht so erheblich ansieht, dass sie durch strafgerichtliche Geld- oder Freiheitsstrafe geahndet werden müssten, sondern die auch durch eine Verwaltungsbehörde mit einer Geldbuße belegt werden können.[1155] Eine Ordnungswidrigkeit weist demnach einen geringen Unrechtsgehalt als eine Straftat auf.[1156] Sie bringt „einen bloßen Ungehorsam gegenüber dem Ordnungsrecht der staatlichen Verwaltung zum Ausdruck",[1157] sodass das Bußgeld nichts als eine „bloße Pflichtenmahnung gegenüber dem Betroffenen" ist.[1158] Der Ordnungswidrigkeit fehlt der „Ernst der staatlichen Strafe" und sie hat „keine ins Gewicht fallende Beeinträchtigung des Ansehens und des Leumundes des Betroffenen zur Folge." [1159]

Nach diesen Kriterien scheidet eine Regelung des unvorsätzlichen Sich-Entfernens vom Unfallort als Ordnungswidrigkeit aus. Den die Kriminalstrafe kennzeichnenden ethischen Schuldvorwurf[1160] trifft auch denjenigen Unfallbeteiligten, der er sich unvorsätzlich vom Unfallort entfernt, aber nachträglich keinerlei Feststellungspflichten erfüllt.[1161] Er stuft das Beweissicherungsinteresse der anderen Unfallbeteiligten zwar nicht am Unfallort zurück, sodass das Sich-Entfernen vom Unfallort ethisch neutral ist und daher keinen Anknüpfungspunkt für eine Strafbarkeit bilden kann. Er handelt aber ab dem Zeitpunkt vorwerfbar, in dem er vom Unfall bzw. seiner möglichen Beteiligung daran erfährt und dann keinerlei Feststellungen ermöglicht. Das tangierte Schutzgut in Form des Beweissicherungsinteresses der anderen Unfallbeteiligten ist zwar kein hochrangiges, aber ein in der Situation des Straßenverkehrs besonders verletzliches Gut.[1162] Diese besondere Verletzlichkeit macht sich der Unfallbeteiligte, der

---

1155 Definition des Bundesministeriums der Justiz und für Verbraucherschutz in „Das Ordnungswidrigkeitenrecht", online verfügbar unter https://www.bmjv.de/SharedDocs/Publikationen/DE/Ordnungswidrigkeitenrecht.pdf?__blob=publicationFile&v=10 (zuletzt abgerufen am 20.11.2020).

1156 *Gerhold*, in: BeckOK OWiG, Einleitung zum OWiG, Rn. 7 m.w.N.

1157 BVerfG, Beschluss vom 04.02.1959 – 1 BvR 197/53, BVerfGE 9, 167 = NJW 1959, 619.

1158 BVerfG; Beschluss vom 16.07.1969 – 2 BvL 2/69, BVerfGE 27, 18 = NJW 1619 (1622).

1159 BVerfG, Beschluss vom 04.02.1959 – 1 BvR 197/53, BVerfGE 9, 167 = NJW 1959, 619; BVerfG; Beschluss vom 16.07.1969 – 2 BvL 2/69, BVerfGE 27, 18 = NJW 1619 (1622).

1160 BVerfG; Beschluss vom 21.06.1977 – 2 BvR 70, 361/75, BVerfGE 45, 272 = NJW 1977, 1629.

1161 Vgl. oben unter **A.III.1**.

1162 *Weigend*, Festschrift Tröndle, S. 754.

nach Kenntniserlangung vom Unfall keinerlei Feststellungen ermöglicht, ebenso in verwerflicher Weise zunutze wie derjenige Unfallbeteiligte, der sich in strafbarer Weise vom Unfallort entfernt. Diese Erwägung spricht gegen eine Regelung als Ordnungswidrigkeit.[1163]

Zudem wird durch die Einordnung im StGB die Einprägsamkeit und Verbindlichkeit der Regel hinreichend unterstrichen.[1164] Für den Durchschnittsbürger kreiert die dogmatische Einordnung als Straftat gegenüber einer Ordnungswidrigkeit einen höheren Sanktionsdruck und damit einen höheren Anreiz zur Pflichterfüllung.[1165] Dies ist nicht zuletzt darauf zurückzuführen, dass Ordnungswidrigkeiten gemäß § 35 OWiG durch Verwaltungsbehörden ermittelt und geahndet werden, und erst in einem zweiten Schritt der gerichtlichen Kontrolle unterliegen.

Die generalpräventive Wirkung wird mittels einer echten Kriminalstrafandrohung eher erreicht werden. Zwar vermag die Geldbuße das Vermögen des Betroffenen gleichermaßen zu belasten wie eine vergleichbare Geldstrafe. Jedoch ist das sozialethische Unwerturteil einer in Folge der Begehung einer bloßen Ordnungswidrigkeit auferlegten Geldbuße geringer als das der echten Kriminalstrafe.[1166] Eine verbesserte generalpräventive Wirkung folgt auch aus dem Umstand, dass nur bei einer Einordnung als Straftat eine Freiheitsstrafe verhängt werden kann, was die Abschreckungswirkung verstärkt.

Für eine Regelung im StGB spricht ferner, dass der Tatbestand des unerlaubten Sich-Entfernens vom Unfallort bereits im StGB enthalten ist. Das Unterlassen der Feststellungen nach vorsatzlosem Sich-Entfernen vom Unfallort stellt eine weitere Tatvariante neben den bereits von § 142 StGB erfassten Fällen dar und sollte im Sinne eines einheitlichen Regelungskomplexes dort ergänzt werden. Eine Abspaltung dieser Tatvariante durch die Einordnung als Ordnungswidrigkeit erscheint nicht nur wegen des vergleichbaren Unrechtsgehalts als unangemessen, sondern würde auch eine unnatürliche Abspaltung bedeuten.

Ergänzend ist anzumerken, dass für die Frage, ob das vorsatzlose Sich-Entfernen vom Unfallort im Ordnungswidrigkeitenrecht zu regeln ist, der

---

1163 Aus demselben Grund spricht sich *Weigend*, Festschrift Tröndle, S. 755 gegen die pauschale Herabsetzung der Verkehrsunfallflucht zu einer Ordnungswidrigkeit aus.

1164 *Kubatta*, Zur Reformbedürftigkeit der Verkehrsunfallflucht, 2008, S. 125.

1165 A.A. *Janiszewski*, DAR 1994, 1 (3 ff.) und *Steenbock*, Unfallflucht, 2004, S. 198, die annehmen, dass die hohen Fallzahlen belegten, dass auch die strenge Kriminalstrafandrohung ihre generalpräventive Wirkung verfehle.

1166 Vgl. *Leipold*, Verkehrsunfallflucht, 1987, S. 228 f.

Umstand, dass das vorsatzlose Sich-Entfernen vom Unfallort insbesondere im österreichischen Recht eine bloße Ordnungswidrigkeit darstellt,[1167] ohne Aussagekraft ist. Eine Schlussfolgerung dahingehend, dass andere Länder das vorsatzlose Sich-Entfernen vom Unfallort nicht als strafbedürftig ansehen, lässt sich daraus nicht herleiten, da im österreichischen Recht der Unrechtsgehalt des unerlaubten Sich-Entfernens vom Unfallort grundsätzlich als niedriger angesehen wird und dementsprechend der gesamte Tatbestand, d.h. nicht bloß die vorsatzlose Variante, auf der Ebene der Ordnungswidrigkeiten geregelt ist.

Als Fazit bleibt festzuhalten, dass der Weg über § 34 StVO in rechtlicher Hinsicht zwar gangbar wäre. In tatsächlicher Hinsicht stellt er jedoch nicht zuletzt wegen des Schweregrads des Unrechtsgehalts der Tat und des geringeren Sanktionsdrucks, der von einer Ordnungswidrigkeit gegenüber einer Straftat ausgeht, keinen adäquaten Lückenschluss dar. Eine Regelung des unvorsätzlichen Sich-Entfernens vom Unfallort auf der Ebene der Ordnungswidrigkeiten ist somit kein taugliches Instrumentarium, welches die Einführung einer entsprechenden Strafbarkeit obsolet machen würde. Geboten ist vielmehr die Schaffung eines einheitlichen Regelungskomplexes des unerlaubten Sich-Entfernens vom Unfallort durch die Einführung einer weiteren Tatvariante in § 142 StGB.

## IV. Problematik des Überschreitens der Vorsatzschwelle

*De lege lata* ist § 142 StGB ein reines Vorsatzdelikt, das mindestens bedingten Vorsatz erfordert. Wie bereits erläutert, muss der Unfallbeteiligte insbesondere selbst mit der Möglichkeit seiner Mitverursachung rechnen.[1168] Sofern man die *de lege ferenda* einzuführende Strafbarkeit des vorsatzlosen Sich-Entfernens nicht als reines Fahrlässigkeitsdelikt ausgestaltet, gilt auch hier, dass der der Unfallbeteiligte jedenfalls im Nachhinein mit der Möglichkeit seiner Beteiligung an einem Unfall rechnen muss.

Problematisch dabei könnte sein, dass der sich vorsatzlos Entfernende zwar nicht notwendigerweise, aber in vielen Fällen erst durch den Hinweis eines Dritten, typischerweise in Form eines nachfahrenden Zeugen, auf das zuvor geschehene Unfallgeschehen aufmerksam wird. Vor diesem Hintergrund stellt sich die Frage, inwieweit der zunächst unüberprüfbare Hinweis eines Dritten dazu geeignet sein kann, strafrechtlich relevante Pflichten nach § 142 StGB auszulösen und einen entsprechenden Vorsatz zu begründen. Das gilt umso mehr,

---

1167 Vgl. bereits oben unter **2. Teil, C.II.**

1168 *Anton*, Bedingter Vorsatz beim Vergehen der Verkehrsunfallflucht, 1980, S. 224 und S. 239 f.

als sich der Unfallbeteiligte durch die nachträgliche Meldung jedenfalls eines unvorsätzlichen Sich-Entfernens vom Unfallort nach § 142 I StGB bezichtigen müsste. Dabei kann er zunächst nicht wissen, ob der Hinweis des Dritten zutrifft oder ob er unberechtigterweise verdächtigt wird. Die Information stammt aus einer Quelle, über deren Zuverlässigkeit und Vertrauenswürdigkeit der Unfallbeteiligte nichts weiß.[1169]
Zutreffend pointiert *Dornseifer*:

> *„Wer würde sich auch als Verkehrsteilnehmer von jedwedem darüber belehren lassen, er habe vor kurzem einen Unfall mitverursacht und müsse nunmehr notwendige Feststellungen ermöglichen.“* [1170]

Zum Nachweis des erforderlichen Vorsatzes reicht es nicht aus, lediglich die Behauptung eines Dritten entgegengenommen zu haben. Von dieser äußeren Tatsache (Behauptung eines Dritten) allein kann nicht auf die erforderliche innerliche Komponente (Vorsatz) geschlossen werden. Der Täter muss zumindest billigend in Kauf nehmen, dass diese Behauptung zutrifft und er als Unfallbeteiligter in Betracht kommt. In der Praxis könnte sich die Frage stellen, was es für strafrechtliche Konsequenzen hat, wenn der Angeklagte vorträgt, er habe den Hinweis des Dritten auf den Unfall für unzutreffend gehalten. Zu prüfen ist, ob der Angeklagte dann die Grenze von der *de lege lata* straflosen bewussten Fahrlässigkeit zum strafbaren bedingten Vorsatz überschritten hat. Erstaunlicherweise haben die Gerichte dieses Problem in der Vergangenheit nicht thematisiert, sondern den erforderlichen Vorsatz nach Mitteilung durch Dritte mehr oder minder floskelhaft unterstellt.[1171] Berechtigterweise ist dieses Vorgehen auf Kritik gestoßen, denn:

> *„[d]ie Annahme des Vorsatzes […] weicht zugunsten einer Strafbarkeit wegen vorsätzlicher Unfallflucht aus behauptetem kriminalpolitischem Bedürfnis.“*[1172]

*Dornseifer* nimmt an, dass durch dieses Vorgehen nahezu uferlose Handlungspflichten zugunsten der Interessen der vermeintlich Geschädigten entstünden.[1173] Dem ist jedoch entgegenzutreten. Nicht jeder vage Hinweis eines Dritten kann eine Nachholpflicht begründen. Erforderlich ist vielmehr, dass der Hinweis

1169 *Mitsch*, NZV 2010, 225 (230).
1170 *Dornseifer*, JZ 1980, 299 (302). Ebenfalls kritisch *Schroth*, Festschrift Schünemann, S. 279.
1171 Kritisch *Frisch*, Vorsatz und Risiko, 1983, S. 387 f.
1172 *Anton*, Bedingter Vorsatz beim Vergehen der Verkehrsunfallflucht, 1980, S. 179.
1173 *Dornseifer*, JZ 1980, 299 (302).

plausibel und konkret genug ist, den Unfallbeteiligten dazu zu veranlassen, mit der eigenen Unfallbeteiligung zumindest ernsthaft zu rechnen.[1174] Auch *Küper* vertritt die Meinung, dass die Tatsache, dass die Kenntnisnahme häufig durch Dritte vermittelt wird, kein wesentlicher Unterschied sei, der es für sich rechtfertige, das vorsatzlose Verhalten aus dem Anwendungsbereich der Vorschrift auszuklammern.[1175] Zunächst ist es – wie erläutert – nicht notwendigerweise der Fall, dass der Betroffene erst durch den Hinweis eines Dritten auf den Unfall aufmerksam wird. Auch die eigene nachträgliche Wahrnehmung durch Spuren am Fahrzeug oder die retrospektive Verarbeitung kann die Kenntnis begründen. Wird der Unfallbeteiligte erst durch einen Dritten auf den Unfall aufmerksam, wird man verlangen müssen, dass die Informationen genau genug sind, um den Unfallbeteiligten in die Lage zu versetzen, das Schadensereignis, die Schadensstelle und den Schadensumfang nachvollziehen zu können.[1176] So verbleibt dem Unfallbeteiligten die Möglichkeit, die Schilderung des Dritten einer Plausibilitätsprüfung zu unterziehen und sein Fahrzeug auf das Vorhandensein von Unfallspuren zu untersuchen, die zur Schilderung des Dritten passen. Ist der Hinweis nicht plausibel und konkret genug, überschreitet der Unfallbeteiligte nicht die Vorsatzschwelle und eine Strafbarkeit gemäß § 142 StGB kommt nicht in Betracht.

## V. Fazit zur Einführung einer Strafbarkeit des vorsatzlosen Sich-Entfernens vom Unfallort

Die Untersuchung hat gezeigt, dass trotz der Existenz des § 34 StVO eine Sanktionierungslücke besteht. Auch Sachverständigengutachten und technische Applikationen zur Nachweisbarkeit von Fahrauffälligkeiten können nur Indizien für die Wahrnehmbarkeit des Unfalls liefern, beseitigen die Sanktionierungslücke aber nicht gänzlich. Das unvorsätzliche Sich-Entfernen vom Unfallort, bei dem der Unfallbeteiligte nachträglich keinerlei Feststellungen ermöglicht, ist grundsätzlich strafwürdig und strafbedürftig. Der *nemo tenetur*-Grundsatz steht der Einführung einer gesetzlichen Strafbarkeit nicht entgegen.

---

1174 Vgl. *Küper*, Festschrift Heidelberg, S. 472 m.w.N.

1175 *Küper*, Festschrift Heidelberg, S. 472.

1176 *Zopfs*, DAR 2020, 602 (608).

## B. Mögliche Ausgestaltung einer gesetzlichen Regelung

Zu bestimmen ist zuletzt, wie sich die im vorherigen Abschnitt gefundenen Ergebnisse bestmöglich in Form einer gesetzlichen Regelung umsetzen lassen. Grundsätzlich in Betracht kommt sowohl eine Ausgestaltung als Fahrlässigkeits- als auch als Vorsatzdelikt. Dazu werden unterschiedliche Lösungsideen vorgestellt und bewertet.

### I. Einführung einer Strafbarkeit der fahrlässigen „Primärflucht"

Da eine Strafbarkeit nach § 142 I StGB in Fällen des unvorsätzlichen Sich-Entfernens *de lege lata* an der Rechtsnatur des § 142 StGB als Vorsatzdelikt scheitert, ist die Einführung einer Strafbarkeit für Fälle des fahrlässigen unerlaubten Sich-Entfernens vom Unfallort zu erwägen. Dem deutschen StGB liegt das Schuldprinzip *nulla poena sine culpa* zugrunde, wonach niemand für eine Tat bestraft werden darf, wenn ihn persönlich keine Schuld trifft.[1177] Eine Strafbarkeit unterhalb der Fahrlässigkeitsschwelle scheidet daher von vornherein aus; sie liefe dem Schuldprinzip zuwider.

In Betracht käme zunächst, in Anlehnung an § 316 II StGB folgenden Absatz in § 142 StGB einzufügen:

*„Nach Absatz 1 wird auch bestraft, wer die Tat fahrlässig begeht."*

Dieser Vorschlag würde sämtliche Fälle des vorsatzlosen Sich-Entfernens erfassen, bei denen dem Unfallbeteiligten ein Fahrlässigkeitsvorwurf zur Last fällt. Der Tatbestand wäre entsprechend nicht nur in Fällen anwendbar, in denen der Unfallbeteiligte den Unfall fahrlässig nicht bemerkt, sondern auch in Fällen, in denen der Unfallbeteiligte seine Pflichten nach § 142 I StGB fahrlässig nur unzureichend erfüllt.[1178] Diese Lösung würde folglich über den erstrebten Lückenschluss hinausgehen. Um die Fahrlässigkeitsstrafbarkeit auf den erstrebten Lückenschluss zu beschränken, könnte die Formulierung in Orientierung an § 261 V StGB alternativ folgendermaßen lauten:

1177 Das Schuldprinzip ist Ausfluss des Rechtsstaatsprinzips gemäß Art. 20 III GG sowie Ausdruck der Menschenwürde und in § 46 I 1 StGB ausdrücklich geregelt.

1178 Zu den verschiedenen möglichen Fahrlässigkeitskonstellationen im Rahmen des § 142 StGB vgl. ferner *Hillenkamp*, Festschrift Beulke, S. 461.

*„Nach Absatz 1 wird auch bestraft, wer fahrlässig nicht erkennt, dass er an einem Unfall beteiligt ist oder die durch seine Beteiligung an einem Unfall nach Absatz 1 ausgelösten Pflichten bestehen."*[1179]

Obwohl diese Lösung die Fahrlässigkeitsstrafbarkeit nicht über den erstrebten Lückenschluss hinaus ausdehnen würde, äußert *Hillenkamp* ihr gegenüber Skepsis und rät von der Einführung des dargestellten Fahrlässigkeitstatbestands ab. Die Einführung eines Fahrlässigkeitstatbestands bedeute in der Praxis nicht selten eine Einladung zur Verhängung von Verdachtsstrafen bei vermutetem, aber nicht eindeutig nachweisbarem Vorsatz und würde so einen Konflikt mit der Unschuldsvermutung begründen. Im Bereich der Vermögensdelikte, zu denen § 142 StGB zähle, könne einer fahrlässigen Vermögensbeeinträchtigung mit den Mitteln des Zivilrechts ausreichend begegnet werden. [1180]

Dieser Einwand ist berechtigt. Eine Bestrafung der fahrlässigen Verkennung der Unfallsituation wäre zu weitgehend, weil der fahrlässig handelnde Unfallbeteiligte nicht über das erforderliche Kriminalunrecht verfügt. Der Unrechtsgehalt eines solchen Augenblickverhaltens ist denkbar gering, beruht regelmäßig nur auf leichter Fahrlässigkeit und kann dementsprechend *de lege lata* noch nicht einmal als Ordnungswidrigkeit geahndet werden.[1181]

*Zopfs* ist ferner darin beizupflichten, dass es außerdem widersprüchlich wäre, einen typischerweise vorsätzlich begangenen Verkehrsverstoß, der zu einer Ablenkung vom Verkehrsgeschehen führt, selbst bei einer dadurch verursachten Gefährdung nur als Ordnungswidrigkeit einzustufen, wie es etwa bei der verbotswidrigen Nutzung eines Kommunikationsgeräts der Fall ist, demgegenüber aber die fahrlässige Verkennung der Unfallsituation und der damit verbundenen Pflichten mit einer Strafbarkeit zu verbinden.[1182]

Gegen eine Fahrlässigkeitsstrafbarkeit spricht weiterhin die Tatsache, dass der Gesetzgeber davon abgesehen hat, eine Fahrlässigkeitsvariante in § 142 StGB einzufügen, obwohl Fahrlässigkeitsstrafbarkeiten bei den Verkehrsdelikten weit verbreitet sind: So ist § 315 StGB zwar als Vorsatzdelikt zu qualifizieren.

---

1179 Vorschlag des Gesetzestextes von *Hillenkamp*, Festschrift Beulke, S. 461, der allerdings vorschlägt, den oben zitierten Text folgendermaßen zu ergänzen, um Fälle des Erlaubnistatbestandsirrtums unabhängig von seiner dogmatischen Einordnung gleichermaßen zu erfassen: „(…) oder dass keine Gründe vorliegen, die das Sich-Entfernen berechtigt oder entschuldigt sein ließen".

1180 Zum Ganzen *Hillenkamp*, Festschrift Beulke, S. 462.

1181 *Zopfs*, DAR 2020, 602 (607).

1182 *Zopfs*, DAR 2020, 602 (607).

Gleichwohl enthält die Vorschrift in Absatz fünf eine Fahrlässigkeitsvariante, die den Strafrahmen herabsenkt, wenn der Täter die tatbestandliche Handlung zwar vorsätzlich ausführt, die konkrete Gefahr für Leib und Leben oder eine fremde Sache von bedeutendem Wert aber nicht vorsätzlich, sondern nur fahrlässig verursacht. Der Fahrlässigkeitsstrafrahmen in § 315 VI StGB greift demgegenüber für Taten nach § 315 I StGB, wenn hinsichtlich sämtlicher Tatbestandsmerkmale, also der tatbestandlichen Handlung sowie der konkreten Gefährdung, Fahrlässigkeit vorliegt. §§ 315a, 315b, 315c StGB enthalten vergleichbare Regelungen. § 316 II StGB enthält sogar einen eigenen Tatbestand für fahrlässiges Handeln.

Der Grund für die unterschiedliche Behandlung des § 142 StGB gegenüber §§ 315 ff. StGB ist auf die qualitativen Unterschiede zwischen den jeweils geschützten Rechtsgütern zurückzuführen. §§ 315, 315a, 315b StGB erfordern eine konkrete Gefahr für Leib oder Leben eines anderen Menschen oder fremde Sachen von bedeutendem Wert. Die Vorschriften dienen somit dem Schutz der bedeutenden Rechtsgüter des Leibs und Lebens von Personen sowie dem Schutz fremder Sachen, also dem Individualrechtsschutz, sowie – da mit dem in der Vorschrift aufgestellten Erfordernis der Beeinträchtigung der Verkehrssicherheit ein eigenständiger Erfolg verlangt wird – der Sicherheit des öffentlichen Verkehrs.[1183] § 316 StGB schützt ebenfalls die Sicherheit des öffentlichen Verkehrs.[1184] Demgegenüber dient § 142 StGB wie bereits erläutert allein der Feststellung und Sicherung der durch den Unfall entstandenen zivilrechtlichen Ansprüche. Das geschützte Rechtsgut in Form der Vermögensinteressen der geschädigten Unfallbeteiligten nimmt „keinen hohen Rang in der Hierarchie der sozial ankerkannten Werte ein";[1185] es ist weniger bedeutend als der Schutz von Leib und Leben und der Sicherheit des öffentlichen Verkehrs.

Auch die Tatsache, dass eine bloß abstrakte Gefährdung der Vermögensinteressen im Rahmen des § 142 StGB für eine Strafbarkeit ausreicht, spricht gegen die Herabsetzung der Strafbarkeitsschwelle durch die Einführung einer

---

1183 Str. Wie oben *Fischer*, StGB Kommentar, § 315 Rn. 2; § 315a Rn. 2; § 315b Rn. 2; 315c Rn. 2; *Hecker*, in: Schönke/Schröder, § 315 Rn. 1; *Zieschang*, in: K/N/P, § 315 Rn. 6 m.w.N.; a.A. BGH, Beschluss vom 28.10.1976 – 4 StR 465/76, BGHSt 27, 40 = NJW 1977, 1109; BGH, Beschluss vom 23.05.1989 – 4 StR 190/89, NJW 1989, 2550; *Heger*, in: Lackner/Kühl, § 315 Rn. 1 (vorrangiger Schutz der allgemeinen Sicherheit des Straßenverkehrs); Überblick über den Streitstand bei *Pegel*, in: MüKo StGB, § 315 Rn. 3 ff.

1184 OLG München, Beschluss vom 13.03.2006 – 4 StRR 199/05, NZV 2006, 277; *Fischer*, StGB Kommentar, § 316 Rn. 2, 3; *Pegel*, in: MüKo StGB, § 316 Rn. 1.

1185 *Weigend*, Festschrift Tröndle, S. 754.

Fahrlässigkeitsstrafbarkeit. Die Fahrlässigkeitsstrafbarkeit der §§ 315 ff. StGB rechtfertigen sich unter anderem dadurch, dass die Normen eine konkrete Gefahr in Form einer „Beinaheverletzung" der genannten Individualrechtsgüter, d.h. einen höheren Grad der Wahrscheinlichkeit eines Schadenseintritts, voraussetzen.[1186]

Zuletzt spricht gegen die Einführung einer Fahrlässigkeitsstrafbarkeit in § 142 StGB, dass eine solche Strafbarkeit einer Hürde zur freiwilligen nachträglichen Meldung gleichkäme. Derjenige Unfallbeteiligte, der sich bereits durch fahrlässiges Sich-Entfernen vom Unfallort strafbar gemacht hätte, würde davon abgehalten werden, sich freiwillig nachträglich zu melden, weil er dann „in das aufgeklappte Messer der Bestrafung" liefe.[1187] Besteht die Möglichkeit in das „aufgeklappte Messer" zu laufen von vornherein nicht, weil das fahrlässige Sich-Entfernen vom Unfallort straflos bleibt, ist die Wahrscheinlichkeit einer freiwilligen nachträglichen Meldung größer.

Die Einführung einer Fahrlässigkeitsstrafbarkeit ist aus diesen Gründen abzulehnen.

## II. Einführung einer Strafbarkeit der Nichterfüllung der Sekundärpflichten des § 142 StGB nach unvorsätzlichem Sich-Entfernen vom Unfallort

Stattdessen könnte es in Betracht kommen, eine Strafbarkeit durch Ausweitung der Sekundärpflichten einzuführen. Zunächst ist zu erwägen, die Sekundärpflichten des § 142 II StGB auf alle Fälle des vorherigen straflosen Sich-Entfernens zu erstrecken und die differenzierten Fallgruppen, die *de lege lata* in § 142 II StGB aufgelistet sind, zu streichen. Da auch das unvorsätzliche Sich-Entfernen vom Unfallort einen Fall des straflosen Sich-Entfernens darstellt, wäre die Nichterfüllung der normierten Sekundärplichten entsprechend strafbar. Die Vorschrift könnte beispielsweise lauten:

> *„Nach Absatz 1 wird auch ein Unfallbeteiligter bestraft, der sich, ohne nach Absatz 1 strafbar zu sein, vom Unfallort entfernt hat und die Feststellungen nicht unverzüglich nachträglich ermöglicht."*

Alternativ, aber hinsichtlich des unvorsätzlichen Sich-Entfernens vom Unfallort mit derselben Wirkung, könnte das unvorsätzliche Sich-Entfernen explizit

---

1186 Vgl. nur *Fischer*, StGB Kommentar, § 315c Rn. 15a; *Kudlich*, in: BeckOK StGB, § 315 Rn. 14.

1187 *Hillenkamp*, Festschrift Beulke, S. 463.

in den Tatbestand aufgenommen werden. Dies könnte beispielsweise als dritte Variante in § 142 II Nr. 2 StGB geschehen oder als neu einzuführender § 142 II Nr. 3 StGB. Beide Alternativen wären unterschiedslos und würden wegen des oben erläuterten Schuldprinzips wiederum nur einschlägig sein, wenn der Unfallbeteiligte seine Unfallbeteiligung fahrlässig nicht erkannt hat.[1188]

In ersterem Fall könnte § 142 II StGB folgendermaßen lauten:

> *„Nach Absatz 1 wird auch ein Unfallbeteiligter bestraft, der sich*
> *1. nach Ablauf der Wartefrist (Absatz 1 Nr. 2) oder*
> *2. unvorsätzlich, berechtigt oder entschuldigt vom Unfallort entfernt hat und die Feststellungen nicht unverzüglich nachträglich ermöglicht."*

In zweiterem Fall könnte für § 142 II Nr. 3 StGB folgende Formulierung gewählt werden:

> *„Nach Absatz 1 wird auch ein Unfallbeteiligter bestraft, der sich unvorsätzlich vom Unfallort entfernt hat und die Feststellungen nicht unverzüglich nachträglich ermöglicht."*

Für eine solche Lösung spricht sich etwa *Hillenkamp* aus. Er regt an, „die verfallene Rechtsprechung in Gesetzesform umzugießen."[1189] Für diese Lösung wird angeführt, dass sie sich jedenfalls insoweit in die Systematik einfügen würde, als die Fälle des § 142 II StGB nicht bloß die straflose Tatvollendung nach § 142 I StGB kennzeichne. Vielmehr solle § 142 II StGB alle Fälle erfassen, in denen die primäre Feststellungsermöglichung am Unfallort keinen Sinn (mehr) machen würde.[1190] Geschützt ist in der Tat nicht nur das strikt unfallbezogene Beweissicherungsinteresse, sondern auch das Interesse an einer späteren Aufklärung des Unfallgeschehens.[1191] Ein Gleichklang mit den bereits normierten Alternativen zur Wahrung der Interessen würde zudem den Rechtsgüterschutz der Unfallbeteiligten verbessern.

Ein problematischer Aspekt könnte jedoch die den obigen Formulierungsvorschlägen immanente fehlende zeitliche Begrenzung der Sekundärpflichten sein. Erst die Kenntnis von den pflichtbegründenden Umständen kann überhaupt eine Pflicht nach § 142 StGB konstituieren.[1192] Obwohl die Nachholpflicht

---

1188 *Hillenkamp*, Festschrift Beulke, S. 466.

1189 *Hillenkamp*, Festschrift Beulke, S. 463.

1190 *Mikla*, Die Strafbarkeit gem. § 142 II StGB nach unvorsätzlichem Entfernen vom Unfallort, 1996, S. 187.

1191 *Küper*, JZ 1981, 251 (253): „sekundärer Schutzzweck"; *Mikla*, Die Strafbarkeit gem. § 142 II StGB nach unvorsätzlichem Entfernen vom Unfallort, 1996, S. 212.

1192 *Dornseifer*, JZ 1980, 299 (302).

damit an das „Faktum späterer Kenntnisnahme“ [1193] gebunden ist, kann der Unfallbeteiligte in Ausnahmefällen erst Wochen, Monate oder gar Jahre später Kenntnis vom Unfall erlangen. Eine nachträgliche Feststellungsermöglichung wird in diesen Fällen häufig nicht mehr erfolgversprechend sein. Zwar können bis zum Ablauf der gesetzlichen Verjährungsfristen noch zivilrechtliche Ansprüche bestehen, sodass eine Meldung jedenfalls so lange grundsätzlich sinnvoll erscheint. In den meisten Fällen werden die Schäden aber in der Zwischenzeit bereits behoben worden sein. Weder die Verursachungsbeiträge noch die kausalen Schäden werden sich zweifelsfrei nachvollziehen und zuordnen lassen. Die nachträgliche Meldung würde ihren anvisierten Zweck deshalb nicht erreichen. Aus diesem Grund und um eine uferlose Pflichtenentstehung zu vermeiden, wäre eine zeitliche Begrenzung zwingend nötig. *Blum* spricht sich dafür aus, § 142 II StGB um eine neue Nr. 3 zu ergänzen, die wie folgt lauten solle:

> *„ohne Vorsatz vom Unfallort entfernt, aber in einem räumlichen und zeitlichen Zusammenhang zu dem vorangegangenen Unfall auf diesen hingewiesen wird.“*[1194]

Die Idee, eine zeitliche Begrenzung ins Gesetz aufzunehmen, ist im Ergebnis zu begrüßen. Die in der Vergangenheit vielfach zu Tage getretenen Differenzen in der Auslegung des räumlich-zeitlichen Zusammenhangs lassen jedoch Zweifel an der Geeignetheit dieses Kriteriums aufkommen. Alternativ käme es in Betracht, eine konkrete zeitliche Begrenzung zu normieren, beispielsweise in der Form, dass nur strafbar ist, wer innerhalb eines Tages nach dem Unfall Kenntnis von seiner Stellung als Unfallbeteiligter erlangt hat. Gegen eine solche Lösung lässt sich jedoch wiederum die mangelnde Flexibilität anführen. Wie lange die nachträgliche Pflichterfüllung noch sinnvoll und zumutbar ist, ist einzelfallabhängig und sollte entsprechend individuell durch die Rechtsprechung entschieden werden.[1195]

Unabhängig von der konkreten Ausgestaltung sind jedoch auch generelle Einwände gegen eine Erfassung des vorsatzlosen Sich-Entfernens in § 142 II StGB zu erheben.

Zwar dringt *Mikla* mit seinem Fazit, dass die Fallgruppe des unvorsätzlichen Sich-Entfernens deshalb nicht aufgenommen werden sollte, weil sie sich von den geregelten Konstellationen insofern unterscheide, als es beim unvorsätzlichen – anders als beim berechtigten oder entschuldigten – Sich-Entfernen gerade nicht

1193 *Küper*, Festschrift Heidelberg, S. 471.
1194 *Blum*, SVR 2011, 286 (289).
1195 *Hillenkamp*, Festschrift Beulke, S. 466.

so sei, dass eine Feststellungsermöglichung am Unfallort sich generell als unsinnig erweise,[1196] aus zwei Gründen nicht durch.

Der erste Grund ist rein faktischer Natur: Obwohl es zutreffend ist, dass eine Feststellungsermöglichung am Unfallort nach unvorsätzlichem Sich-Entfernen vom Unfallort unter Umständen sinnvoll sein kann, ist dies gleichermaßen beim berechtigten oder entschuldigten Sich-Entfernen der Fall, sodass sich die Fallgruppe nicht grundlegend von den gesetzlich normierten Fallgruppen unterscheidet. Auch beim berechtigten oder entschuldigten Sich-Entfernen erweist sich die Feststellungsermöglichung am Unfallort nicht *per se* als unsinnig. Vielmehr kommt es in allen Fällen darauf an, wie viel Zeit seit dem Unfall im Zeitpunkt der Entstehung der Sekundärpflichten bereits vergangen ist. Ob eine Feststellungsermöglichung am Unfallort sinnvoll ist, hängt nämlich primär davon ab, ob sich bei Wegfall des Rechtfertigungs-/Entschuldigungsgrundes noch feststellungsbereite Personen am Unfallort befinden. Wie bei der Fallgruppe des unvorsätzlichen Sich-Entfernens kann dies auch bei den Fallgestaltungen des berechtigten oder entschuldigten Sich-Entfernens der Fall sein, muss es aber nicht. Ebenso wie der Zeitpunkt der Kenntniserlangung variabel ist, ist auch der Zeitpunkt des Wegfalls eines Rechtfertigungs-/Entschuldigungsgrundes variabel. Je früher der Zeitpunkt liegt, desto wahrscheinlicher befinden sich generell noch feststellungsbereite Personen am Unfallort und desto eher erweist sich die Feststellungsermöglichung am Unfallort als sinnvoll.

Der zweite Grund, weshalb *Miklas* vermeintliches Argument gegen eine Einbeziehung des vorsatzlosen Sich-Entfernens in die Sekundärpflichten des § 142 II StGB nicht überzeugt, ist rechtlicher Natur: Nach der Wertung des Gesetzgebers hängt die Entstehung von Sekundärpflichten im Fall des § 142 II Nr. 2 StGB nicht davon ab, ob eine Feststellungsermöglichung am Unfallort sinnvoll wäre. Das Gesetz differenziert gerade nicht danach, wann der berechtigende bzw. entschuldigende Umstand wegfällt. Sobald sich der Unfallbeteiligte einmal berechtigt oder entschuldigt vom Unfallort entfernen durfte, muss er selbst dann nicht zum Unfallort zurückkehren, wenn sich noch feststellungsbereite Personen am Unfallort befinden und eine dortige Feststellungsermöglichung erfolgversprechend wäre. Stattdessen lässt § 142 II StGB pauschal die Sekundärpflichten an die Stelle der Primärpflichten treten. Das zeigt, dass die Frage, ob sich eine Feststellungsermöglichung am Unfallort generell als sinnig erweist, nach der Auffassung des Gesetzgebers für die Entstehung der Sekundärpflichten irrelevant ist.

---

1196 *Mikla*, Die Strafbarkeit gem. § 142 II StGB nach unvorsätzlichem Entfernen vom Unfallort, 1996, S. 187 ff.

Allerdings führt *Zopfs* aus, eine Ergänzung um eine dritte Variante in § 142 II StGB übersehe, dass die nachträgliche Meldepflicht die Kenntnis vom Unfallort und dem Geschädigten voraussetze und dass sie deshalb der Systematik der Fallgruppen des Absatzes 2 widerspreche. Die nachträgliche Feststellungsermöglichung spreche einen Unfallbeteiligten an, dem der Geschädigte und der Unfallort bekannt seien.[1197]

Dem ist grundsätzlich zuzustimmen. So muss der Unfallbeteiligte sich im Rahmen der nachträglichen Feststellungsermöglichung unter anderem als Unfallbeteiligter vorstellen, was die nähere Bezeichnung des Unfallorts und der Unfallzeit umfasst.[1198] Zu diesen Aspekten besitzt er keine originär eigene Kenntnis. Je nach den Umständen des Einzelfalls kann sich für ihn aber durch die Verarbeitung seiner Eindrücke und Spurensichtung auch im Nachhinein ein vollständiges Bild ergeben. Insbesondere, wenn er unmittelbar nach dem Unfallgeschehen auf den Unfall aufmerksam gemacht wird, hat er Kenntnis von der Unfallzeit und es ist ihm möglich, die Beweislage am Unfallort zu sichten. Eine nachträgliche Meldepflicht ist deshalb nicht prinzipiell abzulehnen.

Entscheidend gegen eine Einbeziehung des unvorsätzlichen Sich-Entfernens vom Unfallort unter § 142 II StGB spricht jedoch Folgendes: Wie oben dargestellt, zeigt ein Vergleich innerhalb der etablierten Fallgruppen des § 142 II StGB, dass allen Konstellationen gemeinsam ist, dass der Unfallbeteiligte schon beim Verlassen des Unfallorts Kenntnis vom Unfall hat.[1199] Es erscheint naheliegend, dass sich die Verschärfung der Pflichten nach §§ 142 II, III StGB gegenüber § 142 I StGB insbesondere durch die Kenntnis vom Normappell rechtfertigt. *Kraatz* hält es aus diesem Grund für überzogen, dem sich vorsatzlos Entfernenden, dem nicht bewusst ist, dass eine Notwendigkeit zur Feststellungsermöglichung besteht, die gleichen Pflichten aufzubürden wie demjenigen, den der Normappell erreicht hat.[1200]

Für diese Sichtweise spricht, dass der Schweregrad des Unrechts, welches der sich vorsatzlos entfernende Unfallbeteiligte verwirklicht, sich mangels Kenntnis des Normbefehls des § 142 I StGB als etwas geringer darstellt als in den normierten Fällen des § 142 II StGB. Die pauschale Auferlegung der gegenüber den Primärpflichten verschärften Sekundärpflichten[1201] erscheint vor diesem

---

1197 *Zopfs*, in: MüKo StGB, § 142 Rn. 23.

1198 *Zopfs*, in: MüKo StGB, § 142 Rn. 115.

1199 Vgl. bereits S. 136 f.

1200 *Kraatz*, NZV 2011, 321 (326); ebenfalls für Einschränkungen *Geppert*, DAR 2007, 380 (382).

1201 Vgl. bereits oben unter **2. Teil, B.III.1.d.dd(3)**.

Hintergrund nicht ohne Weiteres zu rechtfertigen. Der geringere Schweregrad des Unrechtsgehalts des sich vorsatzlos vom Unfallort Entfernenden, den der Normappell des § 142 I StGB beim Verlassen des Unfallorts nicht erreicht hat und der sich kein „Privileg" des ausnahmsweise erlaubten Sich-Entfernens vom Unfallort missbräuchlich zunutze macht, streitet allgemein für einen beschränkten Anwendungsbereich der Sekundärpflichten.

Überdies zeichnet es die Sekundärpflichten des § 142 II StGB gerade aus, dass sie verlängerte Primärpflichten nach § 142 I StGB in Fällen darstellen, in denen der Unfallbeteiligte sich ausnahmsweise vom Unfallort entfernen durfte. Diese Voraussetzungen liegen beim unvorsätzlichen Sich-Entfernen vom Unfallort aber nicht vor, da hier keinerlei Primärpflichten nach § 142 I StGB entstehen, welche sich in Sekundärpflichten umwandeln könnten. Insofern fügt sich das unvorsätzliche Sich-Entfernen nicht in die Systematik des § 142 II StGB ein.

Zuletzt würde die pauschale Einführung einer nachträglichen Meldepflicht für alle Fälle des vorsatzlosen Sich-Entfernens eine undifferenzierte Lösung darstellen. Gegebenenfalls erfährt der Unfallbeteiligte bereits kurz nach dem Verlassen des Unfallorts von seiner Stellung als Unfallbeteiligter. Das ist üblicherweise dann der Fall, wenn er von einem Dritten verfolgt und schließlich mit dem Unfallgeschehen konfrontiert wird. In diesen Fällen wäre eine Feststellungspflicht am Unfallort im Hinblick auf den Schutzzweck der Norm vorzugswürdig. Insbesondere wenn wenig Zeit seit dem Umfall verstrichen ist und sich noch andere Unfallbeteiligte oder Geschädigte am Unfallort befinden, wäre es zielführender, den zunächst vorsatzlos Handelnden zu verpflichten, zum Unfallort zurückzukehren, um dort die Feststellungen zu ermöglichen.

Insgesamt sprechen die besseren Gründe folglich gegen die undifferenzierte Einführung einer sekundären Feststellungsermöglichungspflicht nach unvorsätzlichem Sich-Entfernen vom Unfallort.

## III. Einführung einer Strafbarkeit durch eine differenzierende Lösung

Nach alledem erscheint es sinnvoll, auch im Rahmen der einzuführenden Strafbarkeit des vorsatzlosen Sich-Entfernens vom Unfallort eine Differenzierung von Primär- und Sekundärpflichten beizubehalten.

Generell sollte das unvorsätzliche Sich-Entfernen vom Unfallort aus den oben genannten Gründen nicht zeitlich unbegrenzt Pflichten nach § 142 StGB auslösen. Sinnvoll erscheint eine Begrenzung dergestalt, dass Pflichten nach dem unvorsätzlichen Sich-Entfernen vom Unfallort nur dann entstehen, wenn die Kenntniserlangung zwar nach der Vollendung des Sich-Entfernens, aber noch während der weiteren Fortbewegung vom Unfallort erfolgt. Dieser Gedanke entspringt sinngemäß bereits der vom BVerfG *obiter dictu* angedeuteten Lösungsmöglichkeit einer strafbarkeitsbegründenden Vorsatzbildung innerhalb der „Beendigungsphase" des Sich-Entfernens nach § 142 I StGB. Zwar kann ein solcher Vorsatz – wie erörtert – keine nachträgliche Strafbarkeit nach § 142 I StGB begründen, da die dort relevante Tathandlung des Sich-Entfernens bereits vollendet ist. Der nach der (straflosen) Vollendung des Sich-Entfernens gebildete Vorsatz kann jedoch stattdessen Anknüpfungspunkt für eine Strafbarkeit durch einen *de lege ferenda* einzuführenden Tatbestand sein.

Für die zeitliche Beschränkung auf eine Vorsatzbildung in der „Beendigungsphase" des § 142 I StGB sprechen Zumutbarkeitsgesichtspunkte und teleologische Erwägungen: Je mehr Zeit seit dem Unfallgeschehen vergangen ist, desto weniger kann der Schutzzweck der Norm durch die Feststellungen noch erfüllt werden. Je näher der zeitliche Zusammenhang zum Unfallgeschehen, desto effektiver werden die Beweissicherungsinteressen der anderen Unfallbeteiligten und Geschädigten geschützt. Feststellungen am Unfallort selbst sind durch das Sichten und Sichern von Spuren, die gegebenenfalls zu späterer Zeit nicht mehr vorhanden sind, möglich. Auch kann eine etwaige Alkoholisierung des Unfallbeteiligten später nicht mehr ohne Weiteres feststellbar sein. Erlangt der Unfallbeteiligte hingegen erst nach der Beendigung des Sich-Entfernens Kenntnis von seiner Stellung als Unfallbeteiligter, treffen ihn demnach keine Pflichten nach § 142 StGB und er bleibt straflos.

Der Unfallbeteiligte sollte auch nach unvorsätzlichem Sich-Entfernen vom Unfallort primär zu Feststellungen direkt am Unfallort verpflichtet werden. Um die bestehende Beweislage am Unfallort vorübergehend zu sichern, sind Feststellungen am Unfallort nämlich grundsätzlich geeigneter als nachträgliche Feststellungen. Sie sind immer dann sinnvoll, wenn feststellungsbereite Personen am Unfallort anwesend sind. Es böte sich an, die gesetzliche Regelung so auszugestalten, dass der Unfallbeteiligte, der sich vorsatzlos vom Unfallort entfernt hat, aber noch während der weiteren Fortbewegung vom Unfallort Kenntnis vom Unfall erlangt, verpflichtet wird, zum Unfallort zurückzukehren und dort seine Feststellungspflichten zu erfüllen. Die Erfüllung der Feststellungspflichten am Unfallort setzt freilich voraus, dass zu diesem Zeitpunkt feststellungsbereite Personen am Unfallort anwesend sind.

Die verschärften Sekundärpflichten sollten hingegen nur subsidiär eingreifen. Dafür sprechen zunächst die oben erwähnten höheren Beweissicherungschancen direkt am Unfallort. Zudem gebieten die mit den Sekundärpflichten des § 142 StGB verbundenen Mehrbelastungen für den Unfallbeteiligten unter Berücksichtigung des „*nemo tenetur*-Grundsatzes eine restriktive Anwendung.

Diese Lösung fügt sich in die Systematik des § 142 StGB, nach der Feststellungen direkt am Unfallort gegenüber unfallortunabhängigen Feststellungen vorrangig sind; sie erhält den Ausnahmecharakter der Sekundärpflichten und ihre Ersatzfunktion für nicht erfüllbare Primärpflichten.

Sekundäre Feststellungspflichten sollten demnach nur in zwei Fällen entstehen: Erstens, wenn der Unfallbeteiligte bei Rückkehr zum Unfallort keine feststellungsbereiten Personen am Unfallort antrifft. Eine primäre Feststellungsermöglichung ist dann nämlich nicht möglich. Zweitens sollten den Unfallbeteiligten sekundäre Feststellungspflichten dann treffen, wenn er berechtigt oder entschuldigt nicht zum Unfallort zurückkehrt, um dort die Feststellungen zu ermöglichen. Diese Lösung fügt sich in die Systematik des § 142 StGB, weil sie einen Gleichklang mit § 142 II StGB herstellt.

Als problematisch erweist sich dabei nicht, dass die nachträgliche Meldepflicht die Kenntnis vom Unfallort voraussetzt.[1202] Die in Abs. 3 vorgesehenen Sekundärpflichten sind auch dann ohne weiteres erfüllbar, wenn ein Unfallbeteiligter den Unfallort vorsatzlos verlassen hat. Denn der Unfallbeteiligte überschreitet nur dann die zur nachträglichen Pflichtenentstehung relevante Vorsatzschwelle, wenn er zumindest weiß, wo der Unfall stattgefunden hat. Die weiteren im Rahmen des Abs. 3 erforderlichen Angaben (Anschrift des Unfallbeteiligten, sein Aufenthalt sowie Kennzeichen und Standort seines Fahrzeugs) betreffen ohnehin den Unfallbeteiligten selbst.

Die Strafandrohung nach unvorsätzlichem Sich-Entfernen vom Unfallort sollte etwas geringer ausfallen als bei der unterlassenen nachträglichen Meldung nach Ablauf der Wartefrist (Nr. 1) oder nach berechtigtem bzw. entschuldigtem Sich-Entfernen (Nr. 2). Der Unfallbeteiligte, der sich nach Ablauf der Wartefrist oder berechtigt bzw. entschuldigt vom Unfallort entfernt hat und später keine Feststellungen ermöglicht, verwirklicht insofern einen höheren Unrechtsgehalt, als er sich die Erlaubnis des Gesetzes, den Unfallort zu verlassen, in verwerflicher Weise zunutze macht. Denn das Gesetz erlaubt ihm das Verlassen des Unfallorts nur unter der Prämisse der späteren Meldung und gewährt ihm insoweit eine Art „Vertrauensvorschuss". Verlässt der Unfallbeteiligte den Unfallort, so nutzt er diese Privilegierung zu seinem Vorteil, kommt aber ungeachtet dessen nicht seinen nachträglichen Feststellungspflichten nach. Dies ist ein erschwerender Umstand, der bei einem Unfallbeteiligten, der den Unfallort vorsatzlos verlassen hat und erst später Kenntnis vom Unfallgeschehen erlangt, nicht vorliegt.[1203] Die Vorwerfbarkeit dieses Verhaltens wiegt umso schwerer, als es sich

---

1202 *Zopfs*, in: MüKo StGB, § 142 Rn. 23.

1203 Vgl. bereits oben unter **A.III.1**.

dabei aufgrund der bestehenden Zeitspanne zwischen dem berechtigten bzw. entschuldigten Sich-Entfernen vom Unfallort und dem Wegfall dieses Umstands typischerweise nicht um eine unreflektierte Impulshandlung handelt. Demnach erscheint im Falle der Verletzung der vorgesehenen Pflichten nach vorsatzlosem Sich-Entfernen eine reduzierte Strafandrohung in Form einer Freiheitsstrafe bis zu zwei Jahren oder Geldstrafe angemessen.

Sollte den Unfallbeteiligten im Einzelfall nur ein geringer Schuldvorwurf treffen, weil er zwar noch während der weiteren Fortbewegung vom Unfallort, aber erst in großer Distanz zum Unfallort vom Unfall Kenntnis erlangt (Verfolgung über eine längere Strecke), sodass nachträgliche Feststellungen ohnehin wenig erfolgsversprechend gewesen wären, besteht in der Praxis die Möglichkeit der „Korrektur" durch Einstellung des Strafverfahrens nach § 153 StPO.

Auf den vorigen Erwägungen aufbauend sollte § 142 StGB *de lege ferenda* um einen neuen Absatz 3 ergänzt werden und wie folgt lauten:

§ 142 Unerlaubtes Sich-Entfernen vom Unfallort

*(1) Ein Unfallbeteiligter, der sich nach einem Unfall im Straßenverkehr vom Unfallort entfernt, bevor er*

*1. zugunsten der anderen Unfallbeteiligten und der Geschädigten die Feststellung seiner Person, seines Fahrzeugs und der Art seiner Beteiligung durch seine Anwesenheit und durch die Angabe, dass er an dem Unfall beteiligt ist, ermöglicht hat, oder*

*2. eine nach den Umständen angemessene Zeit gewartet hat, ohne dass jemand bereit war, die Feststellungen zu treffen,*
*wird mit Freiheitsstrafe bis zu drei Jahren oder mit Geldstrafe bestraft.*

*(2) Nach Absatz 1 wird auch ein Unfallbeteiligter bestraft, der sich*

*1. nach Ablauf der Wartefrist (Absatz 1 Nr. 2) oder*

*2. berechtigt oder entschuldigt*
*vom Unfallort entfernt hat und die Feststellungen nicht unverzüglich nachträglich ermöglicht.*

*(3) Mit Freiheitsstrafe bis zu zwei Jahren oder mit Geldstrafe wird ein Unfallbeteiligter bestraft, der sich unvorsätzlich vom Unfallort entfernt hat, aber noch während der weiteren Fortbewegung vom Unfallort Kenntnis von seiner Stellung als Unfallbeteiligter erlangt und*

*1. nicht unverzüglich zum Unfallort zurückkehrt und dort die Feststellungen nach Abs. 1 Nr. 1 ermöglicht oder*

*2. die Feststellungen durch Rückkehr an den Unfallort (Nr. 1) mangels Anwesenheit feststellungsbereiter Personen am Unfallort oder berechtigt oder entschuldigt nicht ermöglicht hat und die Feststellungen nicht unverzüglich nachträglich ermöglicht.*

*(4) Der Verpflichtung, die Feststellungen nachträglich zu ermöglichen, genügt der Unfallbeteiligte, wenn er den Berechtigten oder einer nahe gelegenen Polizeidienststelle mitteilt, dass er an dem Unfall beteiligt gewesen ist, und wenn er seine Anschrift, seinen Aufenthalt sowie das Kennzeichen und den Standort seines Fahrzeugs angibt und dieses zu unverzüglichen Feststellungen für eine ihm zumutbare Zeit zur Verfügung hält. Dies gilt nicht, wenn er durch sein Verhalten die Feststellungen absichtlich vereitelt.*

*(5) Das Gericht mildert in den Fällen der Absätze 1, 2 und 3 die Strafe (§ 49 Abs. 1) oder kann von Strafe nach diesen Vorschriften absehen, wenn der Unfallbeteiligte innerhalb von vierundzwanzig Stunden nach einem Unfall außerhalb des fließenden Verkehrs, der ausschließlich nicht bedeutenden Sachschaden zur Folge hat, freiwillig die Feststellungen nachträglich ermöglicht (Absatz 4).*

*(6) Unfallbeteiligter ist jeder, dessen Verhalten nach den Umständen zur Verursachung des Unfalls beigetragen haben kann.*

## C. Fazit zur Einführung einer Strafbarkeit des vorsatzlosen Sich-Entfernens vom Unfallort

Die Untersuchung hat ergeben, dass trotz der stetigen Weiterentwicklung technischer Applikationen zur Aufzeichnung des Fahrverhaltens sowie der Existenz des § 34 StVO eine Sanktionierungslücke besteht. Da das vorsatzlose Sich-Entfernen vom Unfallort strafwürdig und strafbedürftig ist, sollte diese Lücke mittels einer gesetzlichen Regelung geschlossen werden. Der *nemo tenetur*-Grundsatz steht dem nicht entgegen. In Betracht kommt grundsätzlich sowohl eine Ausgestaltung als Fahrlässigkeits- als auch als Vorsatzdelikt. Vorzugswürdig erscheint es, den Unfallbeteiligten, der den Unfallort unvorsätzlich verlassen hat, aber noch während des weiteren Sich-Entfernens vom Unfallort Kenntnis von seiner Unfallbeteiligung erlangt, zu verpflichten, zum Unfallort zurückzukehren, um gegenüber den dort anwesenden feststellungsbereiten Personen die in § 142 I Nr. 1 StGB genannten Feststellungen zu ermöglichen. Kann der Unfallbeteiligte nach Rückkehr keine Feststellungen am Unfallort ermöglichen, weil sich zu diesem Zeitpunkt keine feststellungsbereiten Personen am Unfallort befinden, oder kehrt der Unfallbeteiligte berechtigt oder entschuldigt nicht zum Unfallort zurück, sollte ihm subsidiär eine nachträgliche Meldepflicht obliegen.

# 4. Teil Thesenartige Zusammenfassung der Untersuchungsergebnisse

## A. Rechtslage vor der Novelle 1975

Bei zunächst vorsatzloser Flucht begründete die Kenntniserlangung des Täters nach zutreffender Ansicht keine Rückkehrpflicht zum Unfallort. Eine Rückkehrpflicht war dogmatisch nicht zu begründen. Der Tatbestand stellte die Flucht in Form einer Absatzbewegung von der Unfallstelle weg unter Strafe. Eine unterlassene „Rückbewegung" hin zur Unfallstelle ist vom Begriff der Flucht nicht gedeckt und stellt daher keine tatbestandliche Handlung nach § 142 StGB a.F. dar.

Ob bei zufälliger Rückkehr zum Unfallort nach zunächst vorsatzloser Flucht eine Pflicht bestand, dort zu warten und Feststellungen zu dulden, richtet sich danach, ob die tatbestandliche Flucht zu diesem Zeitpunkt bereits vollendet war. Tatbestandliche Pflichten können nur bestehen, so lange noch keine Vollendung eingetreten ist. Dies hat zur Folge: War die Flucht zum Zeitpunkt der Rückkehr bereits vollendet, kam eine Strafbarkeit nach § 142 StGB a.F. durch ein erneutes Verlassen der Unfallstelle wegen des Koinzidenzprinzips nicht mehr in Betracht. Die Entscheidungen des BGH und des OLG Hamm übergehen diesen Aspekt.

Überzeugend ist hingegen die Annahme einer Wartepflicht am Ort der Kenntniserlangung. Weder der Wortlaut noch der Sinn und Zweck der Vorschrift geboten eine Beschränkung der Tathandlung auf den Unfallort. Eine Wartepflicht am Ort der Kenntniserlangung setzte aber gleichermaßen voraus, dass zum Zeitpunkt der Kenntniserlangung noch keine Tatvollendung eingetreten war. In der Regel war das auch nicht der Fall, denn die Möglichkeit der späteren Unterrichtung des Unfallbeteiligten zeigt, dass dieser für feststellungsfähige und -bereite Personen noch ohne Weiteres erreichbar war.

Eine Einschränkung der tatbestandlichen Pflichten mittels eines räumlich-zeitlichen Zusammenhangs war nicht geboten. Dem Kriterium fehlt eine dogmatische Grundlage und es hat sich aufgrund seiner mangelnden Präzisierung als ungeeignet erwiesen. Einzig relevant für die Frage, ob eine Tatbestandsverwirklichung noch möglich war, war die Frage der Tatvollendung. Der Zeitpunkt der Tatvollendung begrenzte die Strafbarkeit inzident, sodass eine übermäßige Ausweitung des Tatbestands nicht zu befürchten war.

Auch die Geringfügigkeit des Schadens konnte aus dogmatischen Gründen keine Auswirkungen auf die Entstehung von Pflichten nach § 142 StGB a.F. haben. Der Gesetzgeber hat die Wertung getroffen, dass eine Verkehrsunfallflucht nicht erst ab einer bestimmten Schadenshöhe strafbar sein sollte. Entsprechend musste die Schadenshöhe bei der Beurteilung der Strafbarkeit außer Betracht bleiben, obgleich die Einschränkung über die Geringfügigkeit des Schadens aus praktischen Gesichtspunkten insofern nachvollziehbar war, als sie der Entlastung der Staatsanwaltschaften und Gerichte dienen konnte.

## B. Rechtslage nach der Novelle 1975

Die Untersuchung hat gezeigt, dass das vorsatzlose Sich-Entfernen vom Unfallort *de lege lata* weder von § 142 I StGB noch von § 142 II StGB erfasst wird.

Das vorsatzlose Sich-Entfernen vom Unfallort löst keine Sekundärpflichten nach § 142 II, III StGB aus. Zwar hat die grammatikalische Auslegung ergeben, dass der Wortlaut („*berechtigtes oder entschuldigtes Sich-Entfernen*") in seiner alltagssprachlichen Bedeutung eine Einbeziehung des vorsatzlosen Sich-Entfernens in § 142 II Nr. 2 StGB zulässt. Die ergänzend vorzunehmende historische, systematische und teleologische Auslegung der Norm führt jedoch zu dem Ergebnis, dass der Wortsinn enger zu verstehen ist und einer Erfassung des vorsatzlosen Sich-Entfernens entgegensteht. Eine Einbeziehung des vorsatzlosen Sich-Entfernens in § 142 II Nr. 2 StGB ist damit wegen des Analogieverbots des Art. 103 II GG nicht statthaft. Auch das konstatierte einschränkende Kriterium eines „räumlich-zeitlichen Zusammenhangs" entbehrt wie zuvor jedweder gesetzlichen Grundlage.

Eine Lösung über § 142 I StGB scheidet ebenfalls aus. Eine weite Auslegung des Begriffs des Unfallorts würde zu Strafbarkeitseinschränkungen führen und wäre mit Art. 103 II GG nicht in Einklang zu bringen. Ein strafbarkeitsbegründender Vorsatz in der Beendigungsphase scheidet aus, da der nach Vollendung einer Tat gebildete Vorsatz einen unbeachtlichen *dolus subsequens* darstellt.

Die in der Literatur angeregte „Unterlassenslösung" nach §§ 142 I, 13 I StGB überzeugt ebenfalls nicht. Sie übersieht, dass den Tatbestand des § 142 I StGB nicht mehr verwirklichen kann, wer den Unfallort bereits verlassen hat. Zudem stellt § 142 I StGB weder ein unechtes Unterlassungsdelikt dar noch lässt sich eine Garantenstellung begründen.

Damit bleibt abschließend festzuhalten, dass vorsatzloses Sich-Entfernen vom Unfallort nebst Verhalten in der Anschlussphase *de lege lata* straffrei ist.

## C. Rechtslage de lege ferenda

*De lege ferenda* sollte § 142 StGB um einen eigenen Absatz betreffend die Strafbarkeit des unvorsätzlichen Sich-Entfernens vom Unfallort ergänzt werden.

Trotz der stetigen Weiterentwicklung technischer Applikationen zur Aufzeichnung des Fahrverhaltens sowie der Existenz des § 34 StVO besteht eine Sanktionierungslücke. Da das vorsatzlose Sich-Entfernen vom Unfallort sanktionswürdig ist, sollte diese Lücke mittels einer gesetzlichen Regelung geschlossen werden. Wegen des Schweregrads des Unrechtsgehalts ist eine Regelung auf Ebene des Strafrechts gegenüber dem Ordnungswidrigkeitenrecht vorzugswürdig. Der *nemo tenetur*-Grundsatz steht dem nicht entgegen.

Nach dem Ergebnis der Untersuchung wäre es empfehlenswert, in § 142 StGB einen Straftatbestand mit folgendem Inhalt einzufügen:

- Strafbar ist ein Unfallbeteiligter, der in der „Beendigungsphase" des Sich-Entfernens, d.h. noch während der weiteren Fortbewegung vom Unfallort, Kenntnis vom Unfall erlangt, aber nicht zum Unfallort zurückkehrt und dort die erforderlichen Feststellungen ermöglicht.
- Hat der Unfallbeteiligte die Feststellungen durch Rückkehr an den Unfallort mangels Anwesenheit feststellungsbereiter Personen am Unfallort oder berechtigt oder entschuldigt nicht ermöglicht, macht er sich strafbar, wenn er die Feststellungen nicht unverzüglich nachträglich ermöglicht.

**Schriften zum Verkehrsstrafrecht**

Herausgegeben von Jan Zopfs

Band 1 Sven Henseler: § 142 IV StGB. Ist eine tätige Reue des Gesetzgebers erforderlich? 2011.

Band 2 Martin Hörtz: Die Gefährdung von Tatbeteiligten im Anwendungsbereich der §§ 315 b, 315 c StGB. 2016.

Band 3 Sebastian Tauber: Konkrete Gefährdungen außerhalb des Straßenverkehrs. Zur Gefahr für die Sicherheit des Straßenverkehrs insbesondere beim verkehrsfremden Inneneingriff (§ 315b StGB). 2017.

Band 4 Christine Merkel: Die Strafbarkeit gemäß § 142 StGB wegen vorsatzlosen Sich-Entfernens vom Unfallort. Die Rechtslage de lege lata und de lege ferenda. 2021.

www.peterlang.com

FSC
www.fsc.org
MIX
Papier | Fördert gute Waldnutzung
FSC® C083411

Kolibri 360 GmbH
Ferdinand-Jühlke-Straße 7
99095 Erfurt, Deutschland
produktsicherheit@kolibri360.de

Druck:
CPI Druckdienstleistungen GmbH
im Auftrag der
Kolibri 360 GmbH
Ferdinand-Jühlke-Str. 7
99095 Erfurt